鎌倉幕府成立期の東国武士団

金澤正大 著

岩田書院

前言

歴史学への第一歩は、政治経済史学会が発足(一九六三年二月)して間もない時期、原典史籍研究会「増鏡」に参加したことでした。この関係から、当初は鎌倉時代中期の公家関係を対象として、論考を発表するにようになりました。同時に、原典史籍研究会「吾妻鏡」にも参加するようになり、前期・中期の武家にも対象が広がりました。以上により、鎌倉時代前・中期の京・鎌倉を包括した政治経済史を研究対象として現在に至っています。

一九八五年に縁があり中国陝西省西安市に所在する名門校西安交通大学の日本語学科創設に関わって以来、二〇一三年に帰国するまで二十数年にわたり西安市・武漢市・成都市の大学で日本語教育に携わっていました。この間、さすがに論考発表のペースは数年に一度と落ちましたが、発表そのものは継続させていました。本書に収載した源範頼関係の論考はその一部です。この間、一九九六年に横浜翠嵐高校以来の恩師で政治経済史学会会長玉川大学教授彦由一太先生が逝去されましたが、先生の甲斐源氏等に関する御論考の実証面を深める論考を幾つか発表して、これが本書に収載されています。

また、八〇年代初頭から埼玉県内の市史編纂に関与することになり、この関係もあり足立氏関係の論考を幾つか発表しており、これもまた本書に収載されています。帰国後は毎年必ず論考を発表するようにしており、この多くが本書に収載されています。

一九七四年から昨年二〇一七年までと多年にわたる二十編の論考が本書に収載されています。細部に於いて瑕疵はあると思いますが、基幹的論旨に於いては確信があり、誤字脱字は別として、以下の表記上の統一を行ない、原文通りに収載しています。

1. 年表記は和暦を基本とし、和暦年（西暦）か和暦年とする。
2. 註番号は（○）表記とする。
3. 史料名表記の統一。
4. 引用論考表記の統一。

目次

第一章　甲斐源氏

第一節　甲斐源氏の蜂起

序言

彦由一太氏が、従来は治承・寿永の内乱に於いて六波羅平家政権打倒に最初に蜂起した源頼朝の下で反乱に参加したとされてきた甲斐源氏に関して、その独自性を指摘して、頼朝から自立した反乱勢力と提示した(1)。これを受けて、石井進氏が一般向け通史に於いても、独自の目的を持った挙兵であって、頼朝の命令ではない、と記したように(2)、甲斐源氏の自立性が認識されてきた。その挙兵時期に関しては、石井進氏が「頼朝と同時期か、あるいはさらに早かったのではないかとさえ疑えるぐらいであり(3)」とするように、頼朝とほぼ同時期であるとの認識が一般化している。しかし、石井進氏は通史であるためか、論証抜きの結論であり、その後も挙兵時期を正面から考察した論考はほとんどない。ただ、秋山敬氏がこの問題を取り上げて、

甲斐源氏が挙兵を決意するに至った直接的な契機は、やはり山木攻めで、挙兵はその直後と考えるのが自然であろう。したがって、甲斐源氏の挙兵時期をあえて推定すれば、八月十八～二十二日の間と考えることができる。

と結論付けられている(4)。されど、近年の甲斐源氏に関する諸論考では正面から挙兵時期を取り上げたものはない(5)。そこで、改めて甲斐源氏の挙兵時期に関して考究してみたいと思う。と同時にこの中で甲斐源氏と頼朝との関係をも見

てみたい。

一、波志太山合戦から見る甲斐源氏の蜂起

甲斐源氏が治承・寿永の内乱に於いて反乱軍として史料初見するのは『吾妻鏡』治承四年（一一八〇）八月廿五日条の波志太山合戦記事である。まず、同日条の関係部分全文を示す。

俣野五郎景久相具駿河国目代橘遠茂軍勢、為襲武田一条等源氏、赴甲斐国、而昨日及昏黒之間、宿富士北麓之処、景久并郎従所帯百余張弓弦、為鼠被飡切畢、仍失思慮之刻、安田三郎義定、工藤庄司景光、同子息小次郎行光、市川別当行房、聞於石橋被遂合戦事、自甲州発向之間、於波志太山、相逢景久等、各廻轡飛矢、攻責景久、挑戦移刻、景久等依絶弓弦、雖取太刀、不能禦矢石、多以中之、安田已下之家人等、又不免釼刃、然而景久令雌伏、逐電云々、

まず、『吾妻鏡』は安田義定が石橋山合戦を知って、甲斐国を出陣したと主張しているが、石橋山と甲斐国との離れた距離を考えれば、石橋山合戦が行われた二十四日と同日に義定が波志太山付近に到着しており情報伝達の時間を考えれば、石橋山合戦を知って義定が出陣したのは不自然であり、むしろ義定、ひいては甲斐源氏が頼朝の挙兵に応じて行動したと主張するための作為とせざるをえない。

さて、波志太山の比定であるが、これに関しては杉橋隆夫氏が考究している。(6) 杉橋氏は河口湖と西湖の南方にそびえる足和田山（山梨県南都留郡河口湖町と鳴沢村との境）と比定しており、氏も述べるように、「富士北麓」との記述からくる両軍の進路推定からも、氏の比定には該当性があり、筆者としてもこれを支持する。

次いで、「昨日及昏黒之間」と、駿河目代橘遠茂軍について記していることから、同軍が足和田山近辺、おそらく少なくとも（北麓に進出していた可能性は排除しないが）南麓に二十五日までに陣を構えたことは確実である。同様に安田義定軍も遅くとも同日には足和田山近辺に到着していたであろう。そこで、両軍がそれぞれ何時出陣したかを考えてみよう。

まず、橘遠茂軍である。同軍の出陣は駿河国府からとするのが当然なことなので、駿河国国府（静岡県静岡市駿府城跡東南付近）(7)から足和田山南麓（山梨県南都留郡鳴沢村大和田）間の距離は約一一五キロとなる。(8)従って、現代の軍に於ける一日の徒歩行軍距離が三五から二五キロ程度が標準であるので、(9)この中間を取ると、移動に四日間を要したことになる。とすると、出陣は遅くとも二十一日早朝になされたと推定できる。一方、山木夜討ちから伊豆国府占拠という源頼朝反乱報が駿河国府に伝達されるのは、両国府間の距離が約六〇キロであり、急使であっても一日の移動距離は最大で六〇キロ程度と推定されているので、(10)伊豆国府占拠の十八日午後に出発したと推定して、翌十九日昼到着となろう。とすると、反乱報から出陣まで中一日となる。これは相模国の平家家人大庭景親が京都より関東不穏で下向したことに見るように、駿河国目代橘遠茂もこの情勢に何らかの対応を取っていたと思われるが、急速な出陣であり、石井進氏のいう、(11)「館之者共」を基本として、東海道を東下する途上の「国ノ者共」を動員したのが橘遠茂軍であり、この実数は大庭景親軍の三千騎に及ばない少数であったと推定できる。

一方、安田義定軍の出陣は何時だろうか。さて出陣地はどこであろうか。普通に考えれば名字の地である八幡庄安田郷（山梨県山梨市井尻周辺）か館跡があったと伝える牧庄内（山梨県山梨市窪平周辺）であろうが、果たしてそうであろうか。波志太山合戦は『吾妻鏡』には甲斐源氏では安田義定のみが参戦しており、他の甲斐源氏との連携がなく単独行動のようにも見られる。何等の支援もなしに本拠を空にして出撃することは軍事常識の基本に反していることはいうまでもないだろう。甲斐国衙や反義定勢力が反乱に立ち上がった義定の空の本拠に対して何等の行動を取らないことは考えられないだろう。とすれば、義定が安心して出撃するためには、これに連携して少なくとも国衙の行動を制する勢力が必要であろう。また、義定が安田郷から出陣したとすると、その進路には国府(山梨県笛吹市御坂町国衙付近)[12]がある。すなわち、甲斐源氏の他の勢力が義定に連携して、国衙に対して反乱に蹶起して、これを制圧したとするのが至当なのである。『吾妻鏡』にわざわざ橘遠茂軍が「為襲武田一条等源氏」と記しているのは、すでに武田信義・一条忠頼父子が反乱に蹶起したことを、示唆していることを表示していよう。すなわち、義定出陣以前に武田父子が蹶起して、義定と連携して国衙を制圧していたと考えるのである。以上により、義定は甲斐国衙から出陣したと考える。

杉橋隆夫氏の推定したとおりに大石峠経由(若彦路)で足和田山北麓に進出したとすれば[13]、甲斐国府から足和田山北麓までの距離は約四〇キロ弱である。従って、義定の出陣は遅くとも二十三日昼となるが、途中の大石峠越えを考えれば二十三日朝となろう。

では、源頼朝の蜂起を何時義定は知ったのであろうか。駿河国府への急使と同じように、甲斐国府への急使が十八日午後に出発したと推定すると、両国府間の距離は御坂峠経由で約七〇キロほどであり[14]、従って到着は翌十九日午後以降となろう。これから義定に本情報が伝わるには、上述の義定館とすれば、その間の距離が約一五キロなので、早ければ夕刻、遅くとも翌二十日朝であろう。同様に武田信義の下に伝わるのは、国府武田郷(山梨県韮崎市)間は約二〇キロとやや遠いが、少し遅れる程度であろう。

以上により、安田義定が頼朝の蜂起の報を受けて蹶起したとすれば、頼朝蜂起を知ってから出陣までの間は長くて三日間となろう。ところで義定とともに波志太山合戦を戦った武士に工藤庄司景光・行光父子と市川別当行房がいる。

工藤氏の甲斐国に於ける居所は不確かであるが、市川氏の名字の地は市川庄（山梨県西八代郡市川三郷町近辺）である。ここでは義定から市川氏に反乱参加を誘ったとする。とすると、まず参加要請とこの了承、次いで具体的な軍事行動策とこの確認と、複数回の相互連絡が必要となる。義定館と市川庄間の距離は約三〇キロ強である。従って、両者の往復に要する時間は最低一日を必要とする。そうすると、頼朝蜂起を受けて義定の内乱発起では出陣まで三日間の余裕しかないので、頼朝蜂起報を受けて直ちに反乱を決意したとしても、時間的に三日間で数度にわたるだろう相互間の連絡を終えて、出陣に至るには日数的に無理があろう。準備が間に合わないといえよう。以上の論理的帰結は、義定単独の蹶起としても、頼朝蜂起報を受けてからの決意ではなく、これ以前から決意していたとすべきことが至当なのである。

上述したように、安田義定の蹶起は単独のものではなく、武田信義と連携したものである。彼等の蹶起は、源頼朝が山木夜討ちに続いてつかさず伊豆国府を制圧したと同様に、まず甲斐国府の制圧からなされたのが至当である。とすれば、蹶起に当たって両者は事前に意見交換から意思統一、そして蹶起実行計画（蹶起日・行動策等）と、何度かの連絡が必要であったはずである。頼朝は、『吾妻鏡』では、六月二十四日に反乱参加要請の使者を派遣し、最初の行動を開始し、八月六日に反乱参加武士を集合させて蹶起の意思統一を行って、十七日に挙兵する。このように、蜂起決意・意思統一から蹶起実行までには日時がかかっているのである。これと同様な日時がかかったとはいえないが、武田信義と安田義定の蹶起、すなわち甲斐源氏の反乱決意と準備には相当の日時がかかったとするのが至当である。以上から、甲斐源氏の反乱は頼朝の反乱以前に決意・計画されて行われたもので、それ自体は独立して行われたものであると理解できる。

甲斐国府を甲斐源氏が制圧した後、出陣が二十三日朝と推定される安田義定は如何なる相手を対象として行動したのであろうか。可能性としては、一つは源頼朝との連携、もう一つは駿河国目代橘遠茂である。頼朝との連携なら、その蜂起が甲斐源氏の下にもたらされたのは、すでに甲斐源氏が国府を制圧しているとすると、十九日午後以降、そうでないとすると、早くてもその夕刻と推定される。これらの場合義定出陣までに中三日間を要しているので、『吾妻鏡』では頼朝が伊豆国制圧後中一日で相模国三浦一族等の合同を目指し進発しているのと比較すると、少し時間がかかっているであろう。従って、この場合、甲斐源氏の国府制圧は頼朝に少し遅れた可能性が出てくる。すなわち、甲斐源氏の蹶起は頼朝同日の十八日か一日程度遅れた可能性である。ただ、頼朝との連携なら、事前に両者は密に連絡を取っていなければならないが。

もう一つの橘遠茂迎撃である。橘遠茂軍が駿河国府を出発した時点では、その行動目的は源頼朝の蜂起に対応して伊豆国府を目指したとするのが至当である。では、同軍は何時甲斐源氏を目標として進路を変更しようとしたのであろうか。当然ながら甲斐源氏の蜂起の報を知った後であることはいうまでもないであろう。甲斐国と伊豆国府との分岐点は現在でいえば国道一号線と国道二四六号線の分岐点である静岡県沼津市上石田交差点である。普通に考えれば、ここに到着以前に甲斐源氏蜂起報を受け取ったとすべきである。駿河国府から同交差点までの距離は約五六キロであり、ここへの到着には約二日間を要し、橘軍は二十二日夕刻頃の到着となる。一方、甲斐国府から同交差点までの距離は御坂峠経由で約七〇キロである。とすると、甲斐国府からの急使は一日余かかり、遅くとも二十一日夕刻には出発したと推定できる。逆に、橘軍が甲斐国を目指しているのを甲斐源氏が知るのは何時かを推定してみると、同交差点から約七〇キロなので、同様に二十二日夕刻出発として、二十三日夕刻以降となる。とすると上述の安田義定の出陣日時の二十三日朝とすると、時間的に合わない。このことは甲斐源氏の蜂起がそれより一日以上早いことを示していよう。とするならば、甲斐源氏の蜂起は遅くとも二十日にはなされていたとすべきである。余裕を見れば遅くとも十九日として差し支えない。これならば、源頼朝蜂起に続いて、両国府間の距離は約一三〇キロなので、二十日には駿河国府に伝達されたことになり、二十日早朝に出陣した橘軍は早々に対頼朝と対甲斐源氏の両にらみの行動となる。武田信義の母は手越遊女と伝えるように(15)、信義は駿河国府に何らかの情報拠点を持っていたとすべきで、これにより橘遠茂の出陣をいち早く知ったとすると、早ければその出陣を二十一日中に知ったことになる。とすれば、橘軍迎撃に二十三日出陣と整合する。以上から、甲斐源氏は遅くとも十九日には蹶起したとするのが至当であり、頼朝の蹶起に後れを取るものではない。

以上、考察してきたごとく、甲斐源氏の蜂起は、源頼朝とは別に、独自に自立して行われて、遅くとも十九日には蹶起していたとするのが至当なのである。

本節の最後に、『吾妻鏡』では大庭景親の弟俣野景久が橘遠茂を率いていたことになっているが、石橋山のすぐ北の早川（神奈川県小田原市早川）から足和田山までの距離は約五〇キロあるので、二十四日朝に石橋山を発しても、その日のうちに到達することは無理で、本合戦に間に合わなかったとするのが至当である。このことは波志太山合戦が、駿河国目代橘遠茂の率いる「館之者共」を中核とした駿河勢と急派された安田義定を中核とした甲斐勢との、互いに数百騎程度の軍勢で衝突したものといえよう。

二、甲斐源氏と源頼朝との関係

前節で示した通り、甲斐源氏の蜂起は、源頼朝とは別に、独自に自立して行われたもので、その時期は遅くとも八月十九日と、ほぼ同時期である。では、甲斐源氏の蜂起は頼朝の蜂起とは全く無関係に相互の連絡なしに行われたのであろうか。この点を改めて考えてみよう。

波志太山合戦には工藤景光父子が安田義定軍に参加している。一方、源頼朝軍には工藤茂光が参加している。[16]「工藤二階堂系図」[17]によると、その祖為憲の四世孫維景を共通の祖として、景光は「甲斐」との傍注のある景任（維景子）の四世孫、茂光は「伊豆国押領使」との傍注を持つ維職（維景子）の孫となっている。この点、両人の世代に格差があり、同時代人としては系図の世代数には何らかの誤謬があるのかもしれない。一方、『尊卑分脈』[18]では茂光は維職の曽孫となっており、これなら世代的にも大きな差はなく、これに従うべきである。すなわち、景光は維景の五世孫、茂光は四世孫である。そして、ともに『吾妻鏡』では工藤と称しており、両人は同族であることは疑いえない。

工藤茂光の本拠は、頼朝の蜂起に初頭から参加しており、「工藤介」と称しており、また子宗茂が「狩野介」と称していることから、[19]伊豆国であることは疑うことはできない。一方、景光は上述のことから甲斐国に本拠があったと考えられている。[20]そして、両者の共通の祖から三世以上離れており、この点からいうと両者は独立した別の家として存在するといってもいいかもしれない。すなわち、茂光家は伊豆国、景光家は甲斐国の武士であるとするのである。確かに、鎌倉中期では「諸国分」として甲斐国御家人に「工藤右衛門尉跡」が見えており、[21]景光の子孫が甲斐国御家人として定着したことを示している。

さて、『吾妻鏡』文治元年（一一八五）十月廿四日条に、勝長寿院供養行列記事の「次随兵六十人」の「東方」五列目に、

天野平内　　工藤小次郎　　新田四郎　　佐野又太郎

とある。この内天野光家・新田忠常が伊豆国武士であることは問題ない。佐野又太郎も伊豆国田方郡佐野（静岡県三島市佐野）を名字の地とした武士である。[22]以上、五列目の武士三人は伊豆国武士、すなわち伊豆国御家人である。とする

ならば、工藤行光も伊豆国御家人といえないだろうか。そして、『吾妻鏡』同廿七日条に、

二品被立奉幣御使於伊豆筥根等権現、伊豆新田四郎、箱根工藤庄司也、

とある、この奉幣は異母弟源義経との対決のための上洛を控えた、いわば勝利を祈願する者であるが、伊豆社に伊豆国御家人の新田忠常が派遣されるのは順当であるが、甲斐国武士とされる工藤景光が同族の伊豆国御家人工藤宗茂・親光兄弟を差し置いて派遣されるのは不自然ではないだろうか。このことは景光が甲斐国武士、すなわち甲斐国御家人ではなく、伊豆国武士、すなわち伊豆国御家人として処遇されていたことになる。とすると、上述と合わせ考えると、工藤景光・行光親子は伊豆国にも拠点を有して、伊豆国武士としてもふさわしい実体、すなわち所領があったとすべきである。すなわち、景光父子は甲斐国に拠点があり居住していると共に伊豆国にも拠点があり、両国を交通していたとするが至当である。こう考えると、伊豆国の工藤氏（茂光宗茂等父子）と甲斐国の工藤氏（景光行光父子）には日常的な交流・交通があったとすべきである。

そして、『吾妻鏡』文治五年（一一八九）七月十九日条の源頼朝鎌倉進発記事での「御供輩」交名に於いて、百四十四名中の七十九番目の

工藤庄司景光　　同次郎行光　　同三郎助光　　狩野五郎親光

と八十二番目まで両工藤氏が集中して並んでいる。この交名に於ける行列編成が基本的に一族単位でなされていることはすでに筆者が実証したところである。(23)すなわち、甲斐工藤氏と伊豆工藤氏は同族として軍事編成されているのである。このことは阿津賀志合戦の場に於いても、『吾妻鏡』同年八月九日条の抜駆け先陣七騎に、

三浦平六義村、葛西三郎清重、工藤小次郎行光、同三郎祐光、狩野五郎親光、藤沢次郎清近、河村千鶴丸

両工藤氏は三騎と主力として同一行動を取っている。以上、甲斐工藤氏と伊豆工藤氏は極めて密接に行動しており、

軍事編成上からも工藤一族として統合・一体化された武士団とみることができる。両工藤氏は共通の祖（維景）から四世以上を隔てるにもかかわらず、このような関係にあることは他氏族では見られないことで、特異ともいえよう。前段の考察からの甲斐工藤氏が伊豆国にも拠点を有して両国を交通していたことと矛盾せず、これを強化するものである。

源頼朝の反乱決意のきっかけは、六月十九日にもたらされた、以仁王反乱に伴い東国の諸源氏を追討、とりわけ頼朝がその標的となっているから、奥州に逃げるようにとの、京の三善康信からの密使報であるとされてきた。そして、二十四日に安達盛長を使者に武士への参加要請を開始する。[24] しかし、頼朝が本当に反乱を決意したのは二十七日の京から帰ってきた三浦義澄・千葉胤頼とのとの会談後とするのが至当である。[25] 従って、実際の各武士への反乱参加要請は七月に入ってなされたとすべきである。これを示すのが、七月五日の走湯山住侶覚淵に、法華経千部転読を終えたいが、火急なことがあって、八百部で啓白としたいと、頼朝が伺い、覚淵がこれを了承した件である。[26] すなわち、これが頼朝の反乱決意を最終的に固めた日時で、これ以後、参加要請が本格化するとの理解がよいのである。

康信報は平家の追捕目標が頼朝であったとするが、周知のように、八月初頭に京から帰ってきた平家有力家人の相模国大庭景親が直接に追捕対象としたのは伊豆国に潜伏していたとされる源仲綱の子息（有綱）である。[27] もちろん、追捕対象がこれに止まらず、東国の諸源氏へと拡大されることは予想されることであるから、頼朝が危機感を抱いて、上述のように七月初頭には本格的な挙兵準備に入ったことは間違いない。

同様に、甲斐源氏も追捕対象となることも予想されることである。武田信義の子有義は小松家家人（故重盛家人）として在京中であったから、[28] 当然ながら平家の追捕の動きを知ってこれを国に通報したであろう。甲斐源氏も頼朝と同じ危機感を抱いたことになる。以上考えてくると、甲斐源氏の反乱決意理由と時期はほぼ頼朝と同じで、七月初頭には反乱準備が開始されたことになる。

波志太山合戦に甲斐工藤氏の景光が、石橋山合戦に伊豆工藤氏の茂光が参戦していることは、甲斐工藤氏が甲斐源氏から、伊豆工藤氏が源頼朝から、それぞれ反乱参加を要請されたからである。これらの要請が具体的に何時なされて、いかなる経緯をなしたかは史料に示すところがないので不明である。されど、両工藤氏は日常的に交通関係にある以上、その要請に関して、何らの情報交換もせずにお互いに無関係にいたとするよりも、情報交換したとするのが自然である。とすれば、頼朝の反乱決意は伊豆工藤氏から甲斐工藤氏を経て甲斐源氏へ、逆に甲斐源氏の反乱決意は甲斐工藤氏から伊豆工藤氏を経て頼朝へと伝えられたことであろう。このことは両者の反乱決意に、味方を得たことになり、より強固に決意を固めさせることになろう。このような中で、両者の蹶起行動計画は両工藤氏を媒介として何らかの打ち合わせがなされたことは予想されるところである。すなわち、両者の反乱蹶起は、それぞれが互いに無関係になされたというよりも、合意の下でなされたとするのが至当と考える。両者がほぼ同時期に蜂起したのは、偶然の一致でなく、それなりの連携があったとすべきなのである。

では、これらの東国での反乱情報は何時京都に伝達されたのであろうか。源頼朝の反乱報が伝えられたのは九月三日で(29)、頼朝が伊豆国衙を占拠した八月十八日出立とすると、京都への情報伝達に十四日間となる。三島京都間はおよそ四〇〇キロであるから、快速とはいえない普通の徒歩速度である。このことは、その時点ではそれほど重大な問題と認識されていなかったことを示している。次いで、『山槐記』治承四年九月七日条に、

義重入道（故義国子、）以書状申大相国云、義朝子領伊豆国、武田太郎領甲斐国、義重在前右大将（宗盛、）今（命イ）相乖彼家宗、（イ无）坂東
家人可追討之由被仰下、仍所下向也者、

とあり、続いて石橋山合戦注文を記載している。そして、最後に「八月廿八日脚力出国、今日到来、七日、」とある。

合戦注文があることは大庭景親から新田義重にこれが伝達されたことを示しており、この使者の出発は合戦が終結した二十四日以降、おそらく二十五日であろう。そうすると、早川・新田荘間はおよそ一六〇キロあまりなので、二日の行程で二十六日には到着していよう。従って、義重脚力が二十八日に出発の記載は順当である。そして、新田荘・京都間はおおよそ四〇〇キロあまりなので、脚力の日程七日間は騎馬による快速便で、ことの重要性を示している。

さて、「武田太郎領甲斐国」とあるのは波志太山合戦を含めた甲斐源氏の反乱動向を示していることになる。ここでは甲斐国は甲斐源氏に占拠されて、この首魁は「武田太郎」、すなわち武田信義であることを示している。すなわち、波志太山合戦以前に甲斐国国府を甲斐源氏が掌握したこと、少なくとも武田氏と安田氏の連携の下で甲斐国を占拠したのである。このことは前節での考究と矛盾せず、それを裏付けるものである。

終言

八月二十五日、石橋山合戦の追撃戦で源頼朝が山中に逃亡した同日、富士北麓波志太山合戦で安田義定軍は平家方の駿河国目代橘遠茂軍を撃破した。この同日に起きた勝敗の対照的な合戦、とりわけ波志太山合戦への経緯の考究で、甲斐源氏の蜂起は遅くとも八月十九日で、源頼朝ほぼ同時期であり、工藤景光(甲斐工藤氏)と工藤茂光(伊豆工藤氏)を媒介として何らかの連携の上で行われたものであるとすべきなのであることを解明した。

ところで、『吾妻鏡』が鎌倉幕府成立に関して、源頼朝が最初に六波羅平家政権打倒に蜂起して、反乱勢力は頼朝の影響・統制下に平家打倒を成就させたという、いわば『吾妻鏡』史観で記述されていることは周知なことである。これが如実に表れているのが、波志太山合戦記事に於いて「聞於石橋被遂合戦事」と、安田義定が石橋山合戦を知って合戦に及んだと記述していることである。これにより甲斐源氏は頼朝に追随して挙兵したことになり、頼朝の優位を主張しているのである。このように、『吾妻鏡』は、実際に起きた事実の上に事実の作為誤謬を加えることで、その史観主張を貫徹しようとしているのである。

註

（1）彦由一太氏「甲斐源氏と治承寿永争乱」『日本史研究』第四十三号一九五九年七月。
（2）石井進氏Ⅰ、『日本の歴史』7鎌倉幕府一九六五年中央公論社（一九七四年中公文庫頁七二）。
（3）石井進氏Ⅰ、同上。
（4）秋山敬氏Ⅰ、「治承四年の甲斐源氏」『甲斐の成立と地方展開』一九八九年角川書店（秋山敬『甲斐源氏の勃興と展開』二〇一四年岩田書院再録）
（5）野口実氏、「源平内乱期における「甲斐源氏」の再評価」『中世文学と隣接諸学』4中世の軍記物語と歴史叙述二〇一一年竹林舎（『東国武士と京都』二〇一五年同成社再録）。
西川広平氏Ⅰ、「甲斐源氏」『中世の人物●京・鎌倉の時代編』第二巻治承～文治の内乱と鎌倉幕府の成立二〇一四年清文堂出版。

同氏Ⅱ、「治承・寿永の内乱と甲斐源氏」『甲斐源氏　武士団のネットワークと由緒』二〇一五年戎光祥出版。

海老沼真治氏、「甲斐源氏の軍事行動と交通路」同書。
（6）杉橋隆夫氏、「富士川合戦の前提」『立命館文学』第五百九号一九八八年十二月。
（7）国府の位置は明確にはなっていないが、『静岡県史』通史編Ⅰ原始・古代一九九四年静岡県頁五〇七～八に従う。

（8）当時の道路の正確な経路は不確かで、これによる距離は測れないので、現在の道路距離により求め、一番利用可能な道路距離とする。以下に於いても同様。

（9）戦前の日本陸軍の諸兵連合部隊の行軍速度は時速四キロで、一日の行軍距離は約二四キロとしている（『作戦要務令』第二百六十四・五　一九三八年制定）。陸上自衛隊の徒歩行軍速度の基準は時速四キロで、一時間毎に一〇分間の小休止を取る。大休止を除き、八時間の行軍をすると、一日約二七キロ、一〇時間の行軍をすると、約三三キロ弱となる。武士は弓騎兵であるから、騎兵の行軍速度で計算すべきと考えるかもしれないが、武士には徒歩である従者が付随しており、従者と一体で戦闘を行うのが基本であるので、従者抜きの武士単独での行軍はありえない。従って、従者は徒歩なので、徒歩の行軍速度を基本とする。また、行軍時間を長くしたり速度を速めたりして、強行軍を行えば、一日の行軍距離が四〇キロ以上となることも可能であるが、これを数日も続ければ、行軍後の休息なしに戦闘を行えないことはいうまでもないことである。

（10）新城常三氏は、鎌倉幕府により駅馬が整備された東海道に於いて、昼夜兼行の逓送による最速で一日の走行距離は約一六〇キロとしている。そして、「公式令」により馬の一日の走行距離を約五〇キロとしている。さらに、疾走すれば二割程度速くなるとしている。（同氏、『鎌倉時代の交通』一九六七年吉川弘文館頁二七四〜九）。従って、まだ駅馬制が整備されていない当時に於いては急使の一日の走行距離は約六〇キロと推定する。

（11）石井進氏Ⅱ、「中世成立期軍制の一視点」『史学雑誌』第七十八巻十二号一九六九年十二月（『石井進著作集』第五巻二〇〇五年岩波書店所収）。

（12）『山梨県史』通史編1原始・古代二〇〇四年山梨日日新聞社頁五六九〜七三に従う。

（13）杉橋隆夫氏、註（6）前掲論文。

(14) 現在の国道百三十七号は新御坂トンネル経由なので、旧道での推定計算としている。
(15) 『尊卑分脈』第三篇頁三二四。
(16) 『吾妻鏡』治承四年八月六日条の蹶起日決定の時、反乱参加武士が頼朝の下に集合した記事の歴名筆頭に茂光が見え、また同月廿日条の伊豆国進発記事の交名に茂光・親光父子が見える。
(17) 「工藤二階堂系図」(『続群書類従』第六輯下・系譜部)。
(18) 『尊卑分脈』第二篇頁四九九〜五〇〇。
(19) 宗茂が茂光の子であること及び「狩野介」は「工藤二階堂系図」及び『尊卑分脈』第二篇頁五〇〇。
(20) 網野善彦氏、「甲斐国御家人についての新史料」『山梨県史研究』第一号一九九三年三月(『網野善彦著作集』第四巻二〇〇九年岩波書店所収)。
秋山敬氏Ⅱ、『山梨県史』通史編2中世・第一章第一節甲斐源氏の挙兵二〇〇七年山梨日日新聞社頁四。
(21) 海老名尚・福田豊彦氏、「『六条若宮造営注文』について」『国立歴史民俗博物館研究報告』第四十五号一九九二年十二月。
(22) 佐野又太郎の父と推定される佐野太郎忠家は、『吾妻鏡』寿永元年八月十一日条で、北条政子安産祈禱として伊豆山以下の十社に奉幣使を派遣した時、箱根社の奉幣使になっている。他の社の奉幣使はいずれも神社の位置する国の武士が奉幣使になっている(例示すると、伊豆山は土肥遠平)。従って、忠家は箱根神社の神圏内の武士であり、すると佐野氏は同社の西に接した伊豆国田方郡佐野を名字の地とした武士であることは至当である(なお、御家人制研究会『吾妻鏡人名索引』一九七一年吉川弘文館では下野国武士の基綱としているがこれは誤謬である)。
(23) 拙稿、「『奥州合戦』に於ける鎌倉幕府軍の構成」『政治経済史学』第五百四十七号二〇一四年十月。

(24)『吾妻鏡』治承四年六月廿四日条。
(25)『吾妻鏡』同廿七日条が会談記事である。以仁王の件で東国の源氏が追捕対象となり、特に頼朝が危ないから、奥州へ逃れるようにとの、京の三善康信からの密使情報により、(同書十九日条)二十四日の反乱参加要請の盛長派遣に至ったとする『吾妻鏡』に依拠した理解がされてきた。当然ながら要請された武士側からは同意者の有無の確認を求められて、これが参加するかの意思決定に重要な要素になることは当然の理である。しかし、康信情報直後段階ではまだ味方する武士はなく、反乱参加要請に対するプラスの反応を見込めるどころか、マイナスの反応、すなわち頼朝に反乱の意思ありとして平家に通報される危険の方が大きいとするのが順当であろう。とするならば、康信情報は頼朝の反乱決意を促した情報には違いないが、これで直ちに反乱を決意して行動を起こしたとするのには無理がある。やはり、相模国豪族の三浦氏、下総国豪族の千葉氏、とこの両有力武士の何らかの頼朝に対する支持が決起を決意させたとするのが至当である。
(26)『吾妻鏡』同年七月五日条。
(27)『玉葉』治承四年九月十一日条。
(28)五味文彦氏、「平家軍制の諸段階」『史学雑誌』第八十八編八号一九七九年八月。
(29)『玉葉』・『百練抄』治承四年九月三日条。

(『政治経済史学』第六百十一号二〇一七年十一月所収)

第二節　治承五年閏二月後白河院庁下文と「武田殿」源信義

―『吾妻鏡』養和元年三月七日条の検討―

序言

『吾妻鏡』は日記様式で書かれており、一見、古文書等と同様な同時代史料と思えるが、すでに諸先学が解明されたように北条氏執権権力によって、後世に著述された、所謂編纂物である。しかし、鎌倉幕府政権成立から、その展開を一貫して記述してある史料として、これに優るものはない故、鎌倉政権等の研究に必要条件となっている。だが、八代国治氏、『吾妻鏡の研究』(一九一三年)に集大成された如く、編纂主体たる北条氏によって、史実が曲筆されており、その文言を無条件に信用しえぬ点が多く存在している。この点、以後の諸先学の研究で、数多くの誤謬記事がさらに指摘されている。従って、所謂切張の誤に見られる、『吾妻鏡』自身の矛盾によって、確認される誤謬・作為は当然として、原則的には、『吾妻鏡』は他史料との比較検証が不可避となる。筆者も、先年に将軍家政所下文の別当署判との比較の中で、北条時房の武蔵守補任年時の誤謬を指摘した(1)。かく、『吾妻鏡』は、それ自身だけでは、十分条件を満たす史料とはいえない。

そこで、筆者は、次節で述べる如く、従前には全く問題とされていなかった、『吾妻鏡』養和元年(一一八一)三月七日条を素材として、幸いにも『玉葉』及び『平家物語』に関連史料が存在するので、両者との比較検証によって、当該記事の正当性を考究して見たい。そして、これを通して、治承・寿永内乱期前期に於ける東国反乱軍の二大巨魁、「鎌倉殿」源頼朝と「武田殿」源信義、すなわち甲斐源氏棟梁武田太郎信義との関係を考えてみたい。

一、『吾妻鏡』養和元年三月八日条

『吾妻鏡』養和元年三月七日条の全文は、

Ⓐ大夫属入道送状申云、㋑去月七日、於院殿上有議定、㋺仰武田太郎信義、可被下武衛追討庁御下文之由被定、㋩又諸国源氏平均可被追伐之条者無其実、所限武衛許也、風聞之趣如此者、Ⓑ依之、㊁於武田非無御隔心、被尋子細於信義之処、自駿河国今日参着、㋭於身全不奉追討使事、縦雖被仰下、不可進奉、本自不存異心之条、以去年度々功、定思食知歟之由、陳謝及再三之上、至于子々孫々、対御子孫、不可引弓之趣、書起請文、令献覧之間、㋬有御対面、此間、猶依有御用心、召義澄、行平、定綱、盛綱、景時、令候于御座左右云々、武田自取腰刀与行平、入御之後退出、返取之云々、

とある。この記事は、洛中の三善康信書状に関するⒶと、それによって、武田信義が陳謝し鎌倉に参上するⒷとに二分される。Ⓐは、㋑にて、去閏二月七日に、後白河院殿上の議定が開催されたことを告げ、その議題として、㋺で、武田信義へ頼朝追討院庁下文が発給されることを決定され、さらに㋩で、源氏追討は、源氏一般ではなく、頼朝に限定されることとなったとして、以上を洛中の風聞として、報告してきた。これによって、Ⓑの事態となる。まず、㊁にて、康信情報の釈明を求められた信義は、駿河より鎌倉に三月七日に参着し、㋭にて、再三にわたり陳謝した上、起請文、それも「至于子々孫々、対御子孫、不可引弓」という、頼朝に全面的に屈服する姿勢を表明したため、㋬に

て、頼朝は、対面を許したが、その席で、頼朝側が、用心のために有力御家人を左右に近侍させたのに対して、信義自身は、頼朝への全面的服従を示すが如く、無腰で対面の座に出た。以上が、Ⓑであるが、これは、少なくとも、この時点では、甲斐源氏棟梁武田太郎信義が、頼朝と対等な源氏棟梁の立場を放棄し、頼朝の麾下に入ったことを、彼自身が承認したことを示している。

さて、『大日本史』巻一百八十八・列伝第一百十五武田信義伝に、「久而京師流言、法皇詔信義討頼朝、時信義、在駿河、頼朝召問之、信義解謝曰、未嘗蒙詔、借使有詔、臣豈奉之、去歳臨軍、冒難踏死、公所素知、我子孫永世不敢懐異志、因献誓書明之、頼朝意乃釈」と、『吾妻鏡』記事を全面的に採用しているのを初めとして、これ以後も、本記事に疑問を生じた先学は筆者の知るところになく、甲斐源氏の独立性に高い評価を与えた彦由一太氏にしても、本記事を原則的には肯定されている(2)。最近の研究論考で、本記事に触れたものも若干あるが、甲斐源氏の独立性を否認される松井茂氏は、当然ながら、全面的肯定で、その論拠の一つとされているし(3)、五味文彦氏も「平氏軍制の諸段階」論文の註で触れているが、何の疑問も挟んでいない(4)。又、富士河合戦時には、甲斐源氏の独自性を認める安田元久氏も、本記事を根拠として、頼朝の支配下に入ったとされる(5)。以上の如く、甲斐源氏に対する評価は別として、本記事は諸先学にとって肯定されるものであった。しかしながら、諸先学は、『大日本史』に代表されるよう、本記事のみに依拠して、その史料批判を欠如させているか、たとえ他史料を合せ考察しても、本記事を主として、それを副次的なものとしているため、十分に史料批判のなされたものとはいえない。

本記事に於て、三善康信書状に関するⒶは、「依之」によって、武田信義と頼朝との関係を示すⒷへと接続する故に、Ⓐの有無が、Ⓑの存否を左右することになる。Ⓑが正当ならば、同年正月には頼朝と並んで、追討宣旨に名を記載された武田信義は(6)、前述の考察の如く、独立した源氏棟梁の立場を放棄し、頼朝の麾下に入ったことを、彼自身が承認したことを示しているのだから、Ⓐの事実の有無が問題である。それへの考究なくして、Ⓑの正当性は保証されない。従って、院殿上議定に関する他史料の有無が問題となってくる。

幸いにも、『玉葉』同年閏二月六日条に、

此日、於院殿上、被僉議関東乱逆之事云々、余依所労不参、摂政雖参、不候座、居閑居云々、左大臣已下、公卿十人参候云々、

とあり、同日に後白河院殿上に於て、「関東乱逆」、すなわち東国の諸源氏反乱に対する、公卿僉議が召集された。しかし、『玉葉』筆者たる右大臣九条兼実も召集されたが、病と称して欠席している。次節で詳述するよう、兼実は、この一件に熱心に筆を走らせている。これは、『吾妻鏡』記事の検証のために、不可欠な史料となりえよう。

ところで、この公卿僉議は、如何なる状況の下で開かれたのか、本年正月以来の動静を見よう。正月十四日、高倉院崩御。この手痛い打撃を平氏政権は受けながら、前年来の東国反乱に反撃の軍を進めるべく、十六日は越後の城助永、十七日は奥州の藤原秀衡に対して、源頼朝・信義追討宣旨を下し、十九日には平宗盛を所謂「惣官職」に補任し、平盛俊を丹波国諸荘園総下司職に任じたりして、着々と反撃体制を構築していた[7]。かくして、正月から二月へと、平氏政権は、来る春季攻勢の準備におわれていた。しかし、その総帥たる平清盛は、下旬に俄に病となり[8]、たちまち重病となった[9]。そして、閏二月四日には薨去した。当然ながら、彼の死は、平氏政権にとって打撃であり、安徳幼帝を「玉」とした平氏一族と、所謂治承クーデターにより権力を奪われたが、前年十二月に一応、治天の君に復帰した後白河院との間の関係に、新展開を示すことになる。

『玉葉』を見るに、五日条に、「昨日朝、禅門以円実法眼乱国家之濫觴天下之賊也、奏法皇云、愚僧早世之後、万事仰付宗盛了、毎事仰合、可被計行也云々者、勅答不詳」と、死を眼前にしていた清盛の院への申入に対して、後白河院は言質を与えな

かった。これにより、「禅門有含怨之色」となり、彼の死後、ただちに「法皇与前幕下有変異之心」と、院と宗盛の不和を噂されることとなり、平氏と後白河院との間は、緊迫することとなった。

清盛の薨去により、京洛は新事態を迎え、平氏と後白河院との関係は変動をなし、相対的にも平氏の基盤は低下した。従って、諸反乱に対しても、従前の方針を再検討せねばならないであろう。新たに、安徳＝宗盛という主柱に寄らねばならず、これが前者に比して弱体化し、その権威を欠くことは明瞭であろう。それ故に、後白河院権威の登場が必然となろう。

二、『玉葉』に見たる後白河院殿上公卿僉議

「六波羅相国禅門」平清盛が薨去し、その報が洛中を巡り「一定」となった翌五日に、「今日、経房朝臣送札云、明日、可被議定東国反逆之事、可参院者」と、[10]東国内乱対策のための議定が、後白河院によって、即日に召集された。

六日、前節で述べた如く、院殿上にて公卿僉議が開かれた。『玉葉』同日条全文は、

ⓐ此日、於院殿上、被僉議関東乱逆之事云々、余依所労不参、摂政雖参、不候座、左大臣已下、公卿十人参候云々、ⓑ前大将宗盛卿奏院云、故入道所行等、雖有不叶愚意之事、不能諫争、只守被命、所罷過也、於今者、万事偏以院宣之趣、可存行候、先関東兵粮已盡、無力征伐、如故入道之沙汰者、西海北陸道等運上物、併点定、可宛彼粮米云々、此条又何様可候哉、若有可被宥行之儀者、可被計仰下歟、又猶可被追討者、可存其旨、召公卿等於院、僉議之後、事一決之趣、可進退也云々者、依此申状、有今之群議云々、ⓒ議奏之趣、可尋問、余愚案、此定甚無由歟、被宥行之儀、為朝有耻、太見苦事也、而征伐之条、遂不可叶者、聊可被述其由緒也、所謂、内乱之逆臣、

蒙天罰夭亡了、於今者、法皇可知食天下之由、普可知遐邇歟、前幕下返権於君、暫可令表隠遁之由歟、此両条、共不然者、被宥行之条、首尾不相応、又賊徒不可和平、都以無所拠之沙汰歟、縦又雖可有此儀、法皇一旦不可受取、再三可被懸仰幕下歟、而一問一答、有御沙汰、果以有後悔歟、莫言々々、今日、念誦五万反、

とある。本記事は、ⓐにて、公卿僉議が開かれたこと、ⓑにて、平宗盛の後白河院への奏上内容、ⓒにて、これへの九条兼実の所感、以上に三分される。ここで、検討されるべきは、ⓑである。平氏の新棟梁たる宗盛は、院奏上の冒頭で、「故入道所行等、雖有不叶愚意之事、不能諫争」と、父清盛との差異を認め、「万事偏以院宣之趣、可存行候」と表明した。清盛が、「天下事、偏前幕下之最也」[11]と、死去の前日に、院に強いて認めさせたのと正反対に、宗盛は、後白河院の権威に全面的に依拠し、院宣に正当性を求めようとした。まさしく、後白河院＝安徳幼帝＝宗盛という主柱、それも院上位のものが、新たなる平氏政権となる。

この基本姿勢によって、内乱対策として、宗盛は、「粮米」、「宥行之儀」、「追討」の三ケ条を、院に申入れた。ここで、「兵粮已盡、無力征伐」と、宗盛は弱気を吐くが、結局のところ、「宥行之儀」ではなく、「猶可被追討者」を、「召公卿等於院、僉議之後、奉一決之趣」と、公卿僉議による公卿層の合意と後白河院権威の裏打により、決定し、東国反乱追討を果さんとしている。かく、宗盛は院殿上の公卿僉議召集を要求した。そこで、「依此申状、有今之群議」と、宗盛奏上を基本として、六日の公卿僉議は開始された。

右大臣九条兼実は、宗盛奏上への疑念を強く持ち、それをⓒで詳述しながら、自身は病と称して欠席した。しかし、出席者等からその内容を知り、翌七日条に詳細に記している。この全文を示すと、

昨日僉議、問実守卿之処、返事如此、ⓓ昨日群議之趣、雖有少異、大略一同候歟、左大臣、大納言四人、隆季、実房、実国、宗家、中納言三人、忠親、朝方、実家、参議二人、家通、実守、候殿上座、隆房朝臣伝仰、綸旨云、関東逆乱之間、依天下飢饉、御祈不

合期、又兵粮已盡了、賊首群集尾張国、猶可被追討歟、若又被宥行之儀如何、一同申云、先被下院宣、随其状跡、可有沙汰、云御祈、云兵粮米、随堪可有沙汰之趣候、重仰云、被成庁御下文、其状如何、又使者誰人哉、西海有謀反之間、又如何、人々申云、西海事、同可被下庁下文、使者事、両様、或主典代、若庁官、或四位院司云々、状跡事、或一通、載国々、可令廻見、或国々各別、付国司可遣、其後、人々退出、今日、左大臣、帥、堀川納言参入、庁下文之間事、其沙汰可候之由、承及候、大略、暫休征伐、先以院宣、可被宥之儀候歟、ⓔ伝聞、今旦、以僉議之旨、為使静賢法印、被仰遣宗盛卿許、於門外、以能円伝示仰旨、幕下返奏云、猶於重衡者、来十日一定可下遣也、然者、東国勇士等、乖頼朝、可随重衡之由、可載院宣者、静賢云、若為此儀者、被遣院宣無益、只一向不可変征伐之儀事歟、素付令申給之状、已有群議、今被報奏之旨、依違了、何様可候哉云々、重示云、招頼盛、教盛等卿相議、重可令申云々、ⓕ凡次第、切腹事也、余愚案相叶了、大将縦雖有猶予之申状、重有問答、不可有後之違乱之様被定同議了、可及議定也、然者、何有此異論哉、

とある。公卿僉議出席者の参議三条実守の情報による僉議内容のⓓ、「伝聞」情報による僉議後の院と平氏との折衝内容のⓔ、そして兼実自身の見解のⓕと、上文は三分される。

昨年十一月三十日、富士川合戦敗北後に召集された、高倉院殿上僉議の参席者六人と比して[12]、今回はより多数の十人が出席した。さて、「関東乱逆之間、依天下飢饉、御祈不合期、又兵粮已盡了、賊首群集尾張国」との情勢分析により、「猶可被追討歟」と、「若又被宥行之儀如何」との二方策の議題が提示されたが、これは、前日条のⓑで示された宗盛が後白河院へ奏上した内容に、ほぼ一致しており、兼実の情報源の確度を裏打ちしている。この「綸旨」によって、僉儀は、「先被下院宣、随其状跡、可有沙汰」と、結論したのは、『百錬抄』六日条に、「先遣院宣、可尋子細之由定申之」と、僉議を要約しているのと一致している。この定申は、東国反乱軍に対して、「追討」とも「宥行」とも結論を

出さず、反乱軍にとって、「宥行」的な意味合を含んだ「院宣」への対応によって、態度を決定しようとする、いわば平氏と反乱軍との狭間での京洛貴顕の、一時休戦的日和見姿勢を表示するものといえる。この点で、宗盛の企図は貫徹していない。この定申を受けて、再度の勅問により、院庁下文を発して、その使者及び廻見の案を定申して、僉儀を終了した。

僉議には、清盛死去による服喪という事情もあるが、見任の権中納言平時忠・頼盛以下の平氏公卿の出席はない。平氏は僉儀の結論に如何に対応したのであろうか。僉儀の結果に立脚して、後白河院は、「院内ノ御気色ハ諸臣肩並フル人ナシ」[13]と称された、寵僧の静賢を、宗盛への使節として遣し、己が意向を伝達した。従って、この意向が、「暫休征伐、先以院宣、可被宥之儀」の方向であって、「猶可被追討」でないといえよう。当然ながら宗盛は反発した。彼の返事は、重衡を大将軍として十日に下向させるので、「東国勇士等、乖頼朝、可随重衡之由」との文言を、院宣に載せよという要求であった。静賢は、「若為此儀者、被遣院宣無益、只一向不可変征伐之儀事歟」と、応対して、宗盛の要求が、「依違了」と、僉儀に反していると応酬した。ここに、院と平氏の意向が相反したのだ。院の意志は、いわば「若又被宥行之儀」であり、平氏のそれは、「猶可被追討」である。反乱蹶起書たる「最勝親王宣」にも、「応早追討清盛法師并従類叛逆輩事」と、掲げられているよう[14]、東国反乱軍の主敵は、平氏一党である。この反乱軍に対して、「宥行」的な院宣を発布するのは、いわば平氏にとって、敗北ともいえ、官軍としての正当性を失わされかねぬものである以上、宗盛にとって、とうてい呑みえないといえよう。従って、宗盛は、「招頼盛、教盛等卿相議、重可令申」と、返答した。ここに、清盛を失った平氏の弱体が見られ、宗盛は己が力量のみでは、公卿僉議に立脚した院の意志を、完全には拒絶出来ず、ようやく平氏一統総体の力で以って、反撃せんとしたのである。

明けて七日、大炊御門経宗、四条隆季、中山忠親の三人が、「庁下文之間、其沙汰可候之由承及候」と、院庁下文の起案を命じられて、「暫休征伐、先以院宣、可被宥之儀候歟」という、僉議定申の基本を一歩進めた内容で、検討を終えたといえる。かくして、僉議の動向は、当初の宗盛の目論見と、むしろ反対の方向へと進んだといえる。

では、平氏の反撃は成功したのであろうか。そこで、『玉葉』九日条全文を示すと、

ⓖ伝聞、一昨日、隆季、忠親等卿参院、議定庁御下文之趣、仰俊経卿、令草之云々、ⓗ今日、俊経卿持参件草、其趣、已無所拠、仍此儀、不可然之由、有法皇之仰、然而前幕下只賜此状、先立遣之、相続、可遣重衡之由、申請云々、御使召継云々、庁下文状、可注載之、

ⓘ入夜、静賢法師来、談世上事、毎事不足言、天下滅亡期、当此時、太以嘆息者也、庁下文、可書入、

とある。七日条にある如く、院議定にて、院庁下文を検討し、起草を式部大輔藤原俊経に命じたⓖ、その俊綱が、草案を兼実に見せ、これに対する兼実の意見と、草案を廻る院と平氏との交渉事情を示すⓗ、そして院寵僧の静賢の来訪とのⓘに、記事は三分される。

問題となるのは、ⓗ以後である。草案を見た兼実は、「其趣、已無所拠」と記して、予想外の内容であったことを窺わさせる。そして、院が、「仍此儀、不可然之由」と、表明したのに対して、宗盛が、「只賜此状、先立遣之」と、「申請」したと記述していることからも、草案は、本来の院の意向に反して、平氏の立場に立った内容であることを、示していよう。このことは、七日条で見た如く、院使節として宗盛との折衝に当たった静賢と、兼実の来談にて、「毎事不足言、天下滅亡期、当此時」として、「太以嘆息」したことで、明白である。結局のところ、草案は平氏の立場で書かれ、宗盛の反撃は成功しえたといえる。

以上の、公卿僉議から院庁下文草案までの過程の中で、『玉葉』筆者の九条兼実は、僉議出席者から、その内容を知り、後白河院使節として平氏との折衝に当たった院側近の静賢より、この経緯を聞き、そして起草者の俊経より、草

案を見る等、自身は病を理由に、僉議を欠席したにも拘らず、いわば第一等の当事者から情報を得た上で、記録している。それにも拘らず、『玉葉』では、前年の富士川合戦の勝者としての武田氏を認識しているのに、[15]今回の問題で、一言も武田氏への言及がないことが注意される。

残念にも、「庁下文状、可注載之」と記しながら、現存の『玉葉』写本には、草案は記載されていない。そこで、実際の庁下文原文が、如何なる内容であったかは、次節で検討することとし、何故、院庁下文・院宣の発給が、この時点で必要とされ、従前の如く太政官符・宣旨ではいけないか、考えてみよう。前節で述べた如く、高倉院と清盛との死去により、六波羅平氏政権は、高倉院＝安徳幼帝＝清盛の主柱を消失した。この結果、後白河院権威の登場を必須とした。まさしく、前述したよう、平氏の新棟梁宗盛は、後白河院＝安徳幼帝＝宗盛という新主柱に、依拠せざるをえなかった。後白河院権威という光は、平氏政権の必要条件となった。前年十一月三十日、富士川合戦敗北後になされた公卿僉議は、「新院」高倉院殿上に招集され、六波羅池殿亭にて開催された。[16]これと比すれば、今回の僉議は、後白河院殿上の最勝光院南御所（故建春門院平滋子御所）にて開催されており、[17]まさしく、平氏にとって、高倉院権威の喪失が、後白河院権威の復活となり、それも院を平氏が取込むのではなく、院権威のもとに平氏が在る。かくして、後白河院権威が平氏と一体化せねばならず、この具体的表現としては、安徳幼帝の宣旨ではなく、後白河院が発給する院庁下文・院宣でなくてはならない。ここに、高倉院生存時の追討官宣旨ではなく、後白河院庁下文の登場が、必然となる。かくて、十五日、追討使平重衡は、院庁下文を所持して、美濃国へと出陣したのである。[18]

三、『平家物語』に見る後白河院庁下文

『玉葉』の現存写本には、後白河院庁下文は残されておらず、その本文は不明である。だが、『平家物語』を見ると、長門本巻十二・兵庫島築始事の中で、

同六日宗盛卿院奏せらるけるは、入道既に薨じ候ぬ、天下の御政務、今は、御計ひたるべき由申けるに依て、院の殿上にて兵乱のこと定申さる、二月八日東国へは、本三位中将重衡を大将として遣はさるべし、鎮西には貞能下向すべし、伊予の国へは召次を下さるべき定め、其上兵衛佐頼朝以下、東国北国の賊徒を追討すべきよし、東海東山へ院庁の御下文を下さる、其文に云、

と見え、院庁下文を載せており、同様に延慶本第三本之十八・東海東山へ被下院宣事にも記載されている。この長門本の地の文の内容は、前節での『玉葉』の記載分析とも矛盾なく、信頼しうるものである。従って、長門本等に記載の「院庁下文」は、作者の完全なる創作というよりも、実際に発給された院庁下文に依拠したものと考えてよい。

さて、長門本では、「悉隋彼謀略之中」が、延慶本では、「悉従布略之中」と、又「近江美濃両国之叛者」が、「近江美乃両国之外者」とあるように、長門本の方が、延慶本に比較して、字句も正しく、意味も明瞭として、文章となっている。そこで、両本の「下文」の内容には大異がないので、ここでは、長門本の全文を示し、必要により延慶本を記すことにする。それは、

応早令追討流人右兵衛佐源頼朝事

有奉仰偁、①件頼朝去永暦元年、坐事配流伊豆国、須悔身之過、永可従朝憲之所、而尚懐梟悪之心、旁企狼戻之謀、或虐陵国宰之使、或侵奪土民之財、②東海東山両道国々、除伊賀伊勢飛騨出羽陸奥之外、皆従其勧誘之詞、悉隋彼謀略之中、③因兹差遣官軍、殊令防御之処、近江美濃両国之叛者、即敗績、④尾張三河以東之賊、尚以同、⑤抑源氏等皆悉可被誅戮之由、依有風聞、一姓之輩発悪云々、⑥此事於頼政法師者、依顕然之罪科、所被加刑罰

也、⑦従院宣之趣帰皇化者、仍奉仰下知件諸国、宜承知依宣行、敢不可遺失之、故下、

養和元年閏二月十二日　　左大史小槻宿禰奉

とある。一見して、これは院庁下文の様式とは異なり、「依宣行」あって、左大史が奉者として署判していることから、官宣旨と院庁下文の様式とが混合されており、そして年号も、改元日の七月十四日以前なのに、「養和元年」となっており、以上のことだけでも、偽文書とされても仕方無いところである。しかし、これが作者の創作でなく、実際に当時発給された院庁下文に依拠して、記載されたものとして考えられる以上、修辞上や様式の問題はあるが、この本文内容には、十分に検討の価値があるといえよう。

そこで、本文について見るに、①に於て、頼朝が、流人にも拘らず、朝憲を蔑にして、東国にて反乱を開始したことを、②に於て、東海東山両道諸国の大半が、反乱軍の手中に落ちたことを、③に於て、「官軍」平氏軍の反撃によって、近江・美濃の反乱軍を敗北させたことを、そして④に於て、当面する敵が尾張・三河の反乱勢力であることを記して、以上の如く、「官軍」側の情報分析をなしている。この分析は、公卿僉議に於ける綸旨の示す、「賊首群集尾張国」とも、[19] 一致している。さて、①が、前年八月の源頼朝の伊豆目代平兼隆への夜襲に、発火したところの東国反乱の事実に対応している。かの富士川合戦での平氏敗北により、十一月には、「遠江以東十五ケ国与力」[20] という状況を生じ、近江・美濃の諸源氏も蜂起し、[21] まさしく、東海東山両道では、「伊賀伊勢飛騨出羽陸奥」以外の各国は、反乱軍の簒奪する事態であり、[22] ②の示すところは事実である。かくして、足下にせまった反乱の炎を消すべく、十二月二日、平氏は追討使平知盛を近江に出陣させ、[23] 反乱軍の拠点化した園城寺を、十二日、焼払ったし、[24] 翌十三日、近江源氏の馬渕城を陥落させ、[25] そして、年を越して、美濃へと駒を進め、正月二十日、蒲倉城を攻略した。[26] まさに、③の示すところと一致する。しかし、平知盛は、二月十二日、「依病」として、帰洛した。[27] 美濃へと兵を進めた平氏軍の前には、

「謀叛賊源義俊、為義子、号十郎蔵人云々、率数万之軍兵、超来尾張国」とある、(28)源行家を中心として、尾張勢が立塞がったのである。このため、「官軍疲度々之合戦、頗有弱気」(29)と、近江・美濃の反乱軍との激闘に、消耗した平氏軍にとって、攻勢を止めるをえない状況であった。むしろ反乱軍の新手に対して、防勢を取らざるをえない状況であった。これは、④の示すところに他ならない。以上の如く、「下文」の情勢分析は、前年来の反乱の動向を、簡潔かつ正確に記述しているといえ、信頼しうる内容である。ここまでは、延慶本に於ても、字句の差異はあっても、全く同一の内容である。

以上の情勢分析により、「下文」は如何に命令するのであろうか。⑤に於て、諸源氏が蜂起したのは、「可被誅戮之由」「風聞」のためであると述べて、⑥に於て、源頼政が亡ばされたのは、罪が明白であったためとして、そして⑦に於て、「皇化」に帰すように令して、書止となってゆく。しかし、①から④までの文章の繋がるには問題がないが、⑤から⑥への段落は、「一姓之輩発悪云々、此事於頼政法師者」とあって、「此事」の語句が、前後と繋がらず、不自然さが残る。しかも、⑥から⑦へと、突然に「皇化」に帰すように令している点も、言葉足らずの感がある。では、延慶本では、その部分が如何になっているか見ると、

⑤抑源氏等皆悉可被誅之由、依有風聞、一姓之人々共起悪心云々、此事尤虚誕也、⑥於頼政法師者、依顕然之罪科、所被加刑罰也、其外源氏指無過怠、何故誅、⑦各守帝猷、可抽臣忠、自今以後、莫信浮説、兼存此子細、早可帰皇化者、

となっている。これによれば、不自然さはなくなり、文意もよくとれよう。「此事」の語句も、矛盾なく、文章に納まっている。延慶本では、「風聞」は「虚誕」であるから、頼政以外の源氏は、「指無過怠」のであるから、かかる「浮説」を信じることなく、「皇化」に帰することを命じているのである。ここでは、東国の反乱諸源氏に対して、帰順を求めていることが、明白である。

以上の「下文」本文検討により、院庁下文原文を考えてみよう。まず、宛所であるが、「諸国宜承知」とあり、公卿僉議上で、「状跡事、或一通、載国々、可令廻見、或国々各別、付国司可遣」と、[30]検討された如く、治承四年（一一八〇）九月一日付源頼朝追討官宣旨が東海道諸国宛になっていたのと同様に、[31]東海・東山両道諸国を宛所としていたと考えられる。事書は、官宣旨で、頼朝を「伊豆国流人源頼朝」としていることから、これに従って、長門本の事書における頼朝の肩書に手を入れねばならない。本文は、①から④が、長門本に従い、⑤より⑦が、延慶本を基盤として、字句の謬の補正をなし、院庁下文の様式に従った書止を用いればよかろう。院庁下文起草のための議定が七日になされ、翌々九日、右大臣九条兼実のもとへ、草案が持たらされたことは、前節で述べた。その『玉葉』同日条の最後に、「庁下文、可書入」とあるから、前掲の長門本の地の文に、八日、東国追討使派遣を決定した上で院庁下文を下したとあるので、日付は閏二月八日が適当であろう。そして、別当筆頭は、文治四年（一一八八）二月二十六日付源義経追討後白河院庁下文に、「左大臣藤原」経宗と見るよう、[32]公卿僉議に一上として出席した左大臣大炊御門経宗であろうし、その別当署判は、同様にその総員にほぼ一致する最大級の規模でなされたと考えられる。かく考えると、院庁下文は、京洛貴顕の合意の上に発給された形態となりえる。

以上に基づいて、院庁下文を復原してみると、

院庁下　東海東山両道諸国等

　可早令追討伊豆国流人源頼朝事

右、件頼朝去永暦元年、坐事配流伊豆国、須悔身之過、永可従朝憲之所、而尚懐梟悪之心、旁企狼戻之謀、或虐陵国宰之使、或侵奪土民之財、東海東山両道国々、除伊賀伊勢飛騨出羽陸奥之外、皆従其勧誘之詞、悉随彼謀略之中、因茲差遣官軍、殊令防御之処、近江美濃両国之叛者、即敗績、尾張三河以東之賊、尚以同、抑源氏等皆悉

可被誅戮之由、依有風聞、一姓之輩発悪云々、此事尤虚誕也、於頼政法師者、依顕然之罪科、所被加刑罰也、其外源氏指無過怠、何故令誅哉、各守帝猷、可抽臣忠、然自今以後、莫信浮説、兼存此子細、早可帰皇化之状、所仰如件、諸国等宜承知、勿違失、故下、

治承五年閏二月八日

別当左大臣藤原朝臣

（以下、略）

となる。

この院庁下文を見るに、第一に、事書に於て、源頼朝追討を掲げて、謀反追討のための下文であることを宣言している。前節での考察の如く、六日の公卿僉議に立脚して「宥行」的方向で院庁下文を発給せんとした後白河院に対して、直ちに「追討」を主張して反撃した宗盛を筆頭とした平氏の要求が、それによって、ともあれ成就した形となっている。大将軍平重衡は、ここに官軍として下向しえたのである。第二に、本文に於て、宗盛の主張した、「東国勇士等、乖頼朝、可随重衡之由」との文言は収載されず(33)、諸源氏に対して、皇化に帰すことを求めているのみで、「追討」的方向よりも、「宥行」的方向が色濃く出ている。ここに、事書は平氏の主張に従い、本文で院の意向の内容を出すことで、両者の妥協が成立して、本院庁下文が発給されたといえる。

本文の文言を詳細に見ると、謀反の源は、諸源氏を悉く誅戮するとの風聞であるとして、この風聞を全面否定した上で、頼政以外の諸源氏（当然、事書の頼朝は除外）に過怠がなければ誅伐しないのだから、臣忠を励んで、かかる浮説を信ずることなく、皇化に帰すことを求める、筋立となっている。しかし、単に皇化に帰すよう述べてあるのみで、この手順やその後の保証等は述べていない。従って、東国反乱軍側から見れば、一方的に皇化に帰すことを求められ

ているのみで、いわば帰降要求と同様である。すなわち、「宥行」的方向といっても、東国反乱軍に降伏を求めているのと同じである。当然ながら、降伏しないならば、事書の頼朝と同様に、追討対象となる意味を背後に明示しているのである。以上により、院庁下文の基調は、頼朝追討を明示した上で、他の諸源氏に対して降伏を要求しているものであって、あくまでも平氏の要求した「追討」の線で作成されたといえる。

ところで、前年十月の富士川合戦に平氏軍が敗北した後、十一月に発給された追討宣旨に、頼朝と共に武田信義が反乱首魁としてその名を載せられ、美濃源氏に対して、反乱軍への防衛を命じていた(34)。院庁下文では、追討対象としても、官軍参加対象としても、武田信義を筆頭とする甲斐源氏の名は、具体的には一字も見えていない。従って、いずれの場合にせよ、院庁下文は具体的に甲斐源氏を対象として発給されたものではない。本文の情勢分析にも示されたよう、大将軍平重衡の当面する反乱軍は、源行家を始めとする濃尾源氏であって、第一義的には、彼等を対象としてこれが発給されたのであって、その奥に位置した甲斐源氏等は第二義的存在としかなりえない。とまれ、前節での『玉葉』の分析と同様に、院庁下文に於ては、甲斐源氏は追討・官軍化のいずれに於ても、具体的な第一義的対象となっていないのである。

四、『吾妻鏡』に於ける諸源氏記事の誤謬・作為

第二節での、『玉葉』の分析による、公卿僉議と院庁下文発給への経緯、前節での、『平家物語』の考察による、頼朝追討院庁下文原文の復原、いずれの考究に於ても、この院庁下文発給に関して、甲斐源氏を追討・官軍化のいずれの対象として、具体的に検討されたことは見られなかったし、下文自体にもその名を一切見せていない。しかも、こ

の治承五年(一一八一)閏二月八日付頼朝追討後白河院庁下文は、左大臣大炊御門経宗以下の院別当のほぼ総員の署判がなされたと思われ、秘密とされるものではなく、むしろ広く宣布されるべきものであった。三善康信は、永暦元年(一一六〇)正月に右少史となり、この功により応保二年(一一六二)十月に従五位下に栄爵される一方で、同年二月には中宮少属を兼任しており、このときに同時に中宮大夫となったのが九条兼実であった[35]。官務家たる三善氏に相応しい官歴を有すると共に、何処か明らかにしえないが、彼は京洛貴顕の家司等としても活躍していたと推察される。内乱以前からの東国の源頼朝への京洛情報伝達は、彼の公私にわたる広い行動範囲によって得られたとすべきである。たとえ、院庁下文を受けた平氏が、甲斐源氏と頼朝との離反を策して、各種の風聞を造作したとしても、これに惑わされることなく、康信はその写を見ることが出来たとすべきで、正確な内容を知りえたとするのが自然である。

そこで、第一節で示した『吾妻鏡』養和元年(一一八一)三月七日条の当否に戻ってみよう。まず、康信送状による京洛情報のⒶである。閏二月七日に院殿上議定があったことを示すⓘは、第二節での考察により、六日の公卿僉議とそれを受けた七日の大炊御門経宗等による院庁下文起案の検討を指すといえ、ほぼ事実である。次に、これ等の場に於て、武田信義に頼朝追討院庁下文を発給すると決定したⓡは、第二節での考察で、僉議等の場や院と平氏との交渉に於ても、かかることは全く出ておらず、前節で復原して来たよう、実際に出された院庁下文に、全く武田信義以下の甲斐源氏の名を見出せないので、否定せざるをえない。源氏一般を追討するのでなく、頼朝に限定されることを示したⓗは、まさしく院庁下文の要約として的確である。このことは、康信が院庁下文の内容を見りえたことを示唆していよう。『吾妻鏡』では、以上を風聞の趣として、彼より送状されたと記している。しかし、前述の如く、彼は風聞ではなく、院庁下文そのものによって、この情報を頼朝に伝えて来たとすべきである。従って、Ⓐに関して、ⓘ・ⓗに挟まれたⓡの部分は、まさに虚構であって、本来の康信送状にはなかったといえる。

Ⓐの事実を釈明すべく、駿河国より鎌倉へ参上し、頼朝に忠誠を誓った武田信義のことを記すⒷは、どうであろうか。当然ながら、Ⓑは、まさにⒶの㋺が前提として、論理性を持って理解されるのである故に、㋺の事実が否定された以上、信義が頼朝に屈服したとするⒷの記述は、この時点での正当性を保証出来ない。逆に、この養和元年(一一八一)三月段階では、甲斐源氏を代表した武田信義は、鎌倉殿源頼朝の支配下に入らず、独立した源氏棟梁の地位を保っていたことになる。頼朝が鎌倉殿ならば、信義は「武田殿」とも称せられよう。

それでは、Ⓑの事実は全くの『吾妻鏡』編纂者の創作であろうか。そこで、同書における源氏関係記事の誤謬の例をみてみよう。養和元年(一一八一)閏二月廿日から廿八日条にかけての一連の野木宮合戦記事は、寿永二年(一一八三)二月の誤謬たることを、石井進氏が立証されている(36)。衆知のよう、南常陸に自立していた頼朝の叔父志田義広が反頼朝に蹶起したが、下野国豪族の小山一族を中核とする勢力と同国野木宮に衝突し、義広が敗北したのが本合戦である。これにより鎌倉殿頼朝の権力は鬼怒川をも越えて、北関東の地へと強く滲透してゆくことになり、逆に反頼朝の源氏棟梁の一人が、関東内より消えたことになる。

養和元年(一一八一)五月十六日条の信濃源氏村山義直への頼朝の本領安堵記事は、実は寿永二年(一一八三)十月以降であることを、郷道哲章氏が立証された(37)。信濃国高井郡に分布する頼季流出身の義直は、「木曽殿」源義仲の挙兵に参加し、信濃源氏の一員として、養和元年段階では頼朝の支配圏外にあった(38)。彼が次に『吾妻鏡』に登場するのは、頼朝の建久第一次上洛(一一九〇)まで待たねばならなかった(39)。

治承四年(一一八〇)十二月十日条の近江源氏山本義経が平氏軍の攻勢により敗退して鎌倉に参向して頼朝の下知を受けた記事に関して、浅香年木氏が、この時点では彼と平氏軍とが近江国内で交戦中であり、頼朝の下知を受けたとする『吾妻鏡』の主張を否定された(40)。浅香氏が立証されているよう(41)、元暦元年(一一八四)正月の源義仲滅亡の時まで、数少ない義仲派の源氏棟梁として、義経は没落を共にした。治承四年暮の平氏軍攻勢により、その本貫地たる北近江を失ったとしても、その後も濃尾源氏と共に執拗に対平氏戦を継続させており[42]、たとえ彼の鎌倉参向が事実であったとしても、それは翌養和元年（一一八一）三月の墨俣川合戦敗北後であり、一時的なものでしかないと推察され、義経は最後まで頼朝の指揮下に入ったとはいえない。以上の三点は、実際の出来事より早く記載された例である。

寿永元年（一一八二）五月十九日・廿九日条の源行家による伊勢大神宮への告文奉納記事は、八代国治氏が切張の誤謬の例として指摘されたもので、養和元年（一一八一）五月が正しい[43]。この告文は、墨俣川合戦に敗れて三河国に後退した行家が、伊勢大神宮の与力を要請すべく、送ったものである。延慶本『平家物語』第三本之廿四・行家太神宮へ進願書事には、長文の行家「願書」を収載しているが、『吾妻鏡』にはない。十九日条には、三河国目代大中臣以通の署判による幣物奉送状を記載しており、行家が同国在庁を指揮下に入れていたことになる。廿九日条では、伊勢大神宮返状を載せて、行家の要請を拒否したことを示している。これに比して、二月八日条に於て、伊勢大神宮への長文の頼朝願書を収載する等、より早い大神宮への接近を記している。従って、同年条のこれ等の記事は、伊勢大神宮の神威は行家ではなく頼朝にありと、読者に印象させるように編述されているといえる。

寿永元年（一一八二）十月九日条は、「筑磨河辺」合戦、すなわち横田河原合戦記事であるが、養和元年（一一八一）六月の出来事たることを、郷道哲章氏が立証された[44]。「木曽殿」源義仲を筆頭とする信濃源氏等が、越後一国を動員して来襲した城助職軍を敗走させた本合戦により、反乱は北陸道全体に燃上がり、平氏による北陸道から奥州への打通に依拠した反乱鎮定策は失敗に帰した。義仲は終始、頼朝と独立した源氏棟梁として、彼の競争者として、最終的には元暦元年（一一八四）正月に頼朝の上洛させた源義経等によって滅亡させられた。

寿永元年（一一八二）九月廿五日条の、土佐国流罪となっていた頼朝同母弟希義を平氏が誅戮した記事であるが、延慶本『平家物語』第二末之卅八・福田冠者希義ヲ被誅事では、治承四年（一一八〇）十二月一日の出来事としている。いずれが正しいであろうか。頼朝が挙兵したのは治承四年八月で、十月には平維盛軍が、甲斐源氏の前に、富士川合戦に大潰走し、東国は反乱諸源氏の簒奪するところとなった。維盛が京洛に逃帰った翌十二月に、甲斐源氏棟梁武田信義の息男兵衛尉有義の在京妻子が平氏によって殺害された(45)。反乱軍の一方の雄たる甲斐源氏に対して、かく断罪した平氏の態度からして、反乱首魁の同母弟希義がそのまま放置されていたはずはなかろう。『尊卑分脉』第二篇二九八頁の希義の傍註にも、「治承四年頼朝義兵之始、為平家之命（中略）即自害了」とある。従って、希義の誅戮は、『吾妻鏡』の記す寿永元年（一一八二）九月ではなく、延慶本『平家物語』の示す治承四年十二月の方が正しいといえる(46)。『吾妻鏡』上に於て、寿永元年十一月廿日条の、希義殺害の土佐国平氏家人蓮池家綱等を攻撃するために、源有綱を派兵した記事と、この一件は対になるものである。有綱は、源三位頼政嫡子の仲綱の息男で、後に頼朝異母弟義経婿となり、彼の与党として、文治元年（一一八五）十一月の西国下向に従い、翌年六月に大和国に潜伏中を北条時定により註戮された(47)。よって、有綱が上洛以前から頼朝の麾下にあって、その指揮を受けていたとは考えられず、独立した反乱軍の首魁の一人であったとすべきで、寿永元年十一月廿日条の有綱派兵記事は、この時点では否定されよう。以上、希義誅戮関係記事は、頼朝に最も近き血縁たる同母弟希義の真の註戮年時を隠蔽して遅らせると共に、頼政一党の上洛以前での頼朝傘下化を主張している。

かく、実際の出来事より早く記載された例と、逆に遅く記載された例を、それぞれ三点ずつ提示した。早く記載された例は、鎌倉殿源頼朝が、本来は自立していた諸源氏に対して、己が支配を貫徹したことを主張した記事である。それ故に、頼朝の支配がより早期に滲透していったことを、読者に印象づけさせよう。逆に遅く記載された例は、頼朝に自立していた諸源氏が、まさしく自立していたことを示す事実を、遅く記述することで、彼らの自立が頼朝の蜂起成功の早さに比して、遅れていることを主張している。それ故に、頼朝の棟梁性の優位を読者に印象づけさせよう。いずれの場合も、源氏棟梁に関する『吾妻鏡』の誤謬は、かかることを企図した編纂者の作為とすべきであって、所謂切張の誤謬といった編纂上の単純な技術上の問題とすべきではない。引用文書の年次を改竄しない等の少々の編纂上の杜撰さから、その足が出ているが、編纂者が実際にあった真の日時を隠蔽することで、鎌倉殿源頼朝が唯一の源氏棟梁として東国の反乱を主導し、これを成功させていったことを、読者に理解させることを企図したのであって、編纂に於ける作為とされよう。

武田信義に関する養和元年(一一八一)三月八日条も、Ⓐの㋺が否定されたことから、Ⓑの事実がこの時点でないと理解される。以上の考察により、Ⓑは全くの虚構というよりも、一定の事実に依拠した上で、日時を作為したと考えられる。Ⓑ、信義が頼朝に起請文を出してその支配に入ることを認める内容であるから。これを実際より遅らせた日時に作為する必要はないのは、当然の理である。故に、真の日時より早めた作為とすべきである。かくて、養和元年三月段階では、信義は自立した源氏の棟梁の一人として、前年の追討宣旨に示されたよう、頼朝に比肩する反乱の首魁であった。

終言

『吾妻鏡』養和元年(一一八一)三月八日条の、閏二月の後白河院殿上議定に於て、武田信義に頼朝追討院庁下文を発すると決定したと伝えた、洛中の三善康信送状により、駿河国より陳弁のために信義は、鎌倉営中に参上し、「至于子々孫々、対御子孫不可引弓之趣」との起請文を書いた記事は、彼が頼朝の支配下に入ったことを示すものである。

しかし、『玉葉』同年閏二月条の分析により、六日の公卿僉議に於ても、これを受けた頼朝追討院庁下文発給の経緯に於ても、信義を含めた甲斐源氏の名は一切出ておらず、発給対象とされてはいない。同じく、『平家物語』諸本の検討によるこの院庁下文原文の復原によって、この内容を見るに、頼朝追討を掲げると共に、諸源氏に帰伏を呼びかけており、信義以下の甲斐源氏の名は載せられていない。以上により、『吾妻鏡』の主張する信義宛の院庁下文は否定される。それ故に、これを前提とした、信義の頼朝への屈服記事も事実とはいえなくなる。他方、『吾妻鏡』に於ける治承・寿永の内乱前半での諸源氏関係記事の誤謬を見ると、全くの虚構な事実を創作するよりも、実際の事実に依拠した上で、その真の日時を改竄・隠蔽することで、頼朝が唯一の源氏棟梁として反乱を成就させたことを、読者に印象さすべく、企図して編纂されたといえる。故に、信義の頼朝への屈服記事も、創作ではなく、真の日時が隠蔽されており、実際より早く記述されたとすべきである、養和元年三月段階では、頼朝に比肩すべき源氏棟梁の一人が信義であった。

最後に、真の日時が何時であったかを考えて見よう。甲斐源氏は、治承四年(一一八〇)十月の富士川合戦に於て、頼朝と連帯しており、「木曽殿」源義仲が終始頼朝と対抗していたのと異なり、頼朝以下の諸源氏と複合した連横しつつ反乱を闘って来た。『吾妻鏡』に於ては、信義の子息、一条次郎忠頼・板垣三郎兼信・武田兵衛尉有義・伊沢五郎信光はいずれも、富士川合戦への一連の記事以後、元暦元年(一一八四)正月の義仲攻略戦まで所見せず(49)、信義父子は、源軍上洛以前の内乱前半期に於て、基本的には頼朝に自立した源氏棟梁たることを窺わせる記述となっている。寿永二年(一一八三)は『吾妻鏡』全文欠文であるが、この春、頼朝と義仲が軍事衝突をせんとし回避された一件に於て、その一因が伊沢信光による頼朝への密告とされており(50)、次いで、衆知のよう、源軍第一次上洛に於て、信義叔父の安田義定が上洛して遠江守になったのに比して、信義父子は在国して動かなかった。この段階で信義と頼朝が対決したとは考えられない。

そこで、注目されるのは、『吾妻鏡』元暦元年（一一八四）六月十六日条の、鎌倉営中での一条忠頼謀殺事件である。富士川合戦に於て、延慶本『平家物語』第二末之廿七・平家ノ人々駿河国ヨリ逃上事に、「甲斐源氏ニハ一条次郎忠頼ヲ宗トシテ二万余騎」とある如く、いわば内乱期では、彼は父信義に匹敵する棟梁として、その嫡子の立場にあったといえる。信義は、この年に『吾妻鏡』に所見せず、文治二年（一一八六）三月九日条の死去記事を見るのみであった。一方、義光流の信濃国佐久源氏の平賀義信・惟義父子は、武蔵・相模守に、信義弟の加賀美遠光は信濃守に、信義叔父の遠江守安田義定の嫡子義資は越後守と、それぞれ関東御分国の国司となったことは、公知の事実である。『吾妻鏡』文治五年（一一八九）六月八日条の鶴岡塔供養記事に於て、彼等は鎌倉殿源頼朝「御後人々」の筆頭に位置して供奉していた。これに比して、信義子の有義・信光は、同上に於て、小山朝政や北条義時等と共に「先陣随兵」として供奉した。兼信も、同二年正月三日条の鶴岡参詣記事中で、義信とは別に、「随兵十人」中に位置していた。かく、兼信以下の信義子息は、文治年間に入ると『吾妻鏡』にいずれも所見するようになるが、詳細に見ると新たに任官した様子もなく従前と変化がない。かくして、義信等が受領級として源家御一族の筆頭に位置していたのに反し、内乱初頭の立役者たる信義の子息は、任官することもなく、一般御家人と同等の位置で出仕し、源家御一族として一段と低い地位に留まっていた。以上、信義父子の『吾妻鏡』に於ける所見を考えてみると、信義が頼朝の前に屈服したのは、嫡子忠頼謀殺事件によるとするのが理となろう。これ以後、起請文の示すよう、彼の子息も頼朝に忠誠を誓い、その誇りある自立した源氏棟梁の立場に別を告げ、信義自身も甲斐国へ隠棲し、その死去を迎えたといえよう。とまれ、『吾妻鏡』養和元年（一一八一）三月七日条の信義の頼朝への屈服記事たるⒷの真の日時は、元暦元年の一条忠頼鎌倉営中謀殺事件の直後のこととなる。

以上、甲斐源氏棟梁武田信義と鎌倉殿源頼朝とを廻る『吾妻鏡』養和元年(一一八一)三月七日条に関して考察して来たが、次の二点を今後の課題として指摘して筆を終えたい。第一は、何故にこの年三月段階に記事が設定されたかということである。これは本年条全体の源氏関係記事の中で検討する必要がある。第二は、何故に忠頼が謀殺されたかである。『吾妻鏡』元暦元年(一一八四)六月十六日条は、「振威勢之余、乖濫世志之由」と記すのみである。この具体的な事実は述べておらず、抽象的な原因となっている。従って、彼の謀殺日時の厳密な検討と共に、この点の考察が必要とされよう。

註

(1) 拙稿Ⅰ、「武蔵守北条時房の補任年時について」『政治経済史学』第百二号一九七四年十一月。
(2) 彦由一太氏、「甲斐源氏と治承寿永争乱」『日本史研究』第四十三号一九五九年七月。
(3) 松井茂氏、「源頼朝と甲斐源氏」『文化』第四十二巻一・二号一九七八年九月。
(4) 五味文彦氏、「平氏軍制の諸段階」『史学雑誌』第八十八編八号一九七九年八月。
(5) 安田元久氏、『鎌倉開府と源頼朝』一九七七年歴史新書頁百二十。
(6) 延慶本『平家物語』第三本之十二・沼賀入道与河野合戦事。
(7) 拙稿Ⅱ、「治承寿永争乱に於ける信濃国武士団と源家棟梁」『政治経済史学』第百号一九七四年九月。
(8) 『玉葉』で、清盛の病が始めて所見するのは、二月二十七日条の「病頭風」である。
(9) 『玉葉』同二十八日条、延慶本『平家物語』第三本之十三・太政入道他界事。
(10) 『玉葉』養和元年閏二月五日条。

(11)　同上。
(12)　『山槐記』治承四年十一月三十日条。
(13)　延慶本『平家物語』第二本之廿六・院ヨリ入道ノ許へ静憲法印被遣事。
(14)　『吾妻鏡』治承四年四月廿七日条。さて、所謂「以仁王令旨」に関しては、従前からの文書様式を違式等とする否定論がある。これに対して、羽下徳彦氏は、違式の内容とその意義を考察され、以仁王が自己を正当な権力として、現平氏政権を叛逆者となし、追討令を発するためには、旧前の追討令が宣等の公文書様式で発布されている以上、それに従って、彼も又、公文書宣系統の文書でなければならず、それが違式の官宣旨類縁の様式となったと、説かれた上で、同時代人もそれを「宣」として意識していたと論じて、〈以仁王「宣」〉と呼ぶべきと提唱された(同氏、「以仁王〈令旨〉試考」『日本中世の政治と文化』一九八〇年吉川弘文館所収)。筆者としても、羽下氏の違式の史的意義に基づく肯定論には、賛意を表する。しかし、以仁王が、その「宣」の中で、自身を、「最勝親王」(延慶本『平家物語』第二中之八・頼政入道宮ニ謀叛申勧事)、「最勝王」(『吾妻鏡』治承四年四月廿七日条)と、称していたし、氏も論述されているよう、同時代人に「一院第三親王宣」・「最勝親王宣」と称される文書が、内乱中に存在していた故に、以仁王は「宣」に於ては、「最勝」王として認識されている以上、『玉葉』養和元年九月七日条に、「最勝親王宣」とあるので、所謂「以仁王令旨」は、氏の提唱を一歩進めて、「最勝親王宣」と呼ぶことにする。この名称こそ、九条兼実等の内乱期に、「宣」を知った人々の認識に、より近きものといえよう。(なお、筆者は、註(7)の拙稿Ⅱ頁一三七の中で、「最勝王勅宣」なる語句で、所謂「以仁王令旨」を表示したが、何らの理由をも示さなかった。ここで、羽下氏に研究を受けて、改めて、「最勝親王宣」と呼ぶことにする。)
(15)　『玉葉』治承四年十一月五日条。富士川合戦に於ける武田氏の勝利の意義は、彦由一太氏、註(2)前掲論文参照。

(16)『山槐記』治承四年十一月三十日条。

(17)『玉葉』養和元年閏二月六日条には、僉儀の場所は、「院殿上」とあるのみで、如何なる御所か明示していない。そこで、前年の福原遷都の放棄により、再び京洛に六波羅平氏政権が戻った後の、後白河院の在所を検討して見る。まず、平氏と共に福原より戻った院は、十一月廿六日、六波羅泉殿（清盛亭）に入り（『山槐記』同日条。なお、『玉葉』同日条では、泉殿を故重盛亭とする）、十二月八日、高倉院の居る六波羅池殿に遷ったが（『山槐記』同日条）、明けて、高倉院死去後、二月二日、最勝光院南御所（故建春門院御所）へ渡御し（『玉葉』同日条）、兼実も、廿九日、同御所に院参している（『玉葉』同日条）。そして、治承三年クーデターで追われた法住寺殿に、閏二月廿五日、還幸したのだ（『百錬抄』『玉葉』同日条）。

(18)『玉葉』養和元年閏二月十五日条。

(19)同書同七日条。

(20)同書治承四年十一月八日条。

(21)同書同十七日、廿一日条。『吉記』同廿二日条、等々。

(22)陸奥・出羽両国は、衆知の如く、内乱中、局外中立の立場を取った、奥州藤原政権の支配下にある。伊賀は、「伊賀国有云平田入道者、俗名家継、故家定法師男、定能兄云々、件法師寄攻近州」（『玉葉』治承四年十二月一日条）とあるよう、平氏有力家人の平田家継の拠点で（角田文衛氏『平家後抄』一九七八年頁七二参照）、平氏側の支配下にあったといえる。伊勢は、平氏本宗の出身地として、そこには有力家人が本拠を有していたことは、衆知の事実であり、『玉葉』・『吉記』・『山槐記』等も、この時期で、同国内での反乱側の動向を示す記事は所見しえず、「伊賀伊勢軍兵寄近江」（『山槐記』同日条）とある如く、伊賀・伊勢両国は平氏軍に編成されている。又、飛騨に関しては、内乱中に、平氏、反乱軍共に、その動向を示す史料は管見になく、この時点で、積極的に反乱軍側に組織されていたとは考えられない。以上の如く、長門本の院庁下文の示す国々は、反乱側に簒奪されていない国々を表現している。従って、これ以外の東国の国々が、逆に反乱軍に簒奪されていたことを表示している。

(23)『玉葉』・『山槐記』治承四年十二月二日条。
(24)『山槐記』同十二日条。
(25)同書同十三日条、『玉葉』同十五日条。
(26)『玉葉』養和元年正月廿五日条、『百錬抄』同廿日条。
(27)『玉葉』同二月十二日条。
(28)同書同一日条。
(29)同書同九日条。
(30)同書同閏二月七日条。
(31)『山槐記』治承四年九月五日条。
(32)『吾妻鏡』文治四年四月九日条。
(33)『玉葉』養和元年閏二月七日条。
(34)『吉記』治承四年十一月八日条。宣旨には、「美濃国勇武伝家之者」とあるが、同書六日条に、「関東事仰居住美濃国源氏等」とある故に、具体的にはそれは美濃源氏を示している。
(35)目崎徳衛氏、「鎌倉幕府草創期の吏僚について」『三浦古文化』第十五号一九七四年五月。
(36)石井進氏、「志田義広の蜂起は果たして養和元年の事実か」『中世の窓』第十一号一九六二年二月(『鎌倉武士の実像・石井進著作集』第五巻二〇〇五年一月岩波書店所収)。

(37) 郷道哲章氏、「鎌倉幕府による信濃支配の過程について」『信濃』第二十五巻十一、二号一九七三年十一、二月。
(38) 拙稿Ⅱ、註(7)前掲論文。
(39) 『吾妻鏡』建久元年十一月七日条。
(40) 浅香年木氏、『治承・寿永の内乱序説』一九八一年法政大学出版局頁一六四。
(41) 同書二三五～六頁。
(42) 『吾妻鏡』養和元年(一一八一)二月十二日条に、平氏軍が美濃国に於て討取った源氏等の首級と共に入洛する記事中に、濃尾源氏と共に、山本義経の息男蓑浦義明の首級があり、これは、正月二十日に陥落した美濃国蒲倉城(『玉葉』同廿五日条)攻防に関わるものといえ、山本義経父子が濃尾源氏に加わったことになる。
(43) 八代国治氏、『吾妻鏡の研究』第六章吾妻鏡の誤謬一九一三年吉川弘文館頁一三二～三。
(44) 郷道哲章氏、註(37)前掲論文。下出積與氏、『木曽義仲』一九六六年人物往来社参照。拙稿Ⅱ、註(7)前掲論文に於ても、横田河原合戦を主題として、その日時・史的意義等を考究している。
(45) 『山槐記』治承四年十二月廿四日条に、「甲斐国逆賊武田妻幷最愛之童頸夜切之、差串立武田門前」とある。この「武田」が有義たることは、五味文彦氏、註(4)前掲論文。
(46) 『保暦間記』(群書類従第二十六輯雑部所収)では、一一八〇(治承四)年十一月二十八日に希義首級が京洛に渡されたとする。しかし、『玉葉』と『山槐記』は十一・二月条が、『吉記』は十一月条が現存するが、当日は勿論、一切希義首級の件を記していない。従って、少なくとも、この時点での首級都渡しはなかったといえる。なお、中山厳水『土佐国編年記事略』巻二(一八四七年)に於て、『保暦間記』や長門本『平家物語』等を引用して、『吾妻鏡』に疑意を述べているが、ともあれ「今シハラク東鑑ニ従フ」とされた。

（47）『吾妻鏡』文治元年十一月三日・六日条、同二年六月廿八日条。
（48）浅香年木氏、註（40）前掲書頁二三〇～一。
（49）『吾妻鏡』治承四年十月十三日条に、「武田太郎信義、次郎忠頼、三郎兼信、兵衛尉有義（中略）伊沢五郎信光」と見えた後、元暦元年正月廿日条に「一条次郎忠頼」とあるまで、信義子息の所見はない。
（50）延慶本『平家物語』第三末之七・兵衛佐与木曽不和ニ成事。

（『政治経済史学』第百六十五号一九八〇年二月収載）
（『政治経済史学』第二百二十七号一九八五年二月収載）
（「治承五年閏二月後白河院庁下文と「甲斐殿」源信義」改題）

第三節　甲斐源氏棟梁一条忠頼鎌倉営中謀殺の史的意義

序言

元暦元年(一一八四)正月の源義仲滅亡、二月の一の谷合戦に続き、鎌倉殿源頼朝は、鎌倉営中に甲斐源氏の雄一条忠頼を謀殺した。『吾妻鏡』同年六月十六日条により、この日の事件として、疑問視されてこなかった。さて、『延慶本平家物語』第五末・廿二崇徳院神ト奉ル事に、

同廿六日、一条忠頼被誅ケリ、酒礼ヲ謀テ、宮藤次資経ニ仰テ、滝口朝次郎等抱エケリ、郎等数剣ヲ抜テ挺上ニ走昇リケルヲ、搦取ントシケル程ニ、疵ヲ被者多リケリ、忽三人被誅ヌ、其外ハ皆生取レニケリ、安田三郎義定ハ忠頼カ父武田信義ヲ追討ノ為ニ、甲斐国ヘソ趣ニケリ、

とある。『吾妻鏡』同上では、

及晩景、武衛出于西侍給、忠頼依召参入、候于対座、宿老御家人数輩列座、有献盃之儀、工藤一臈祐経取銚子、進御前、是兼被定于其討手訖、(中略)天野藤内遠景承別仰、取太刀進於忠頼之左方、早誅戮畢、此時武衛開御後之障子、令入給云々、其後、忠頼共侍新平太、及山村小太郎等、自地下見主人伏死、面々取太刀、奔昇于侍之上、縡起於楚忽、祗候之輩騒動、多為件三人被疵云々、既参于寝殿近々、重成、重朝、結城七郎朝光等相戦之、討取

新平太、与一畢、山村者、(中略)遠景郎従獲其首云々、

とある。仕手の「宮藤次資経」は、「工藤一臈祐経」であり、両書の内容には、大異がなく、忠頼殺害の現場を踏まえて記述されている。しかるに、本事件は、『吾妻鏡』での六月十六日に対して、『延慶本平家物語』では四月二十六日と、四十八日も前の出来事となっている。では、この『延慶本平家物語』の日付は、創作であろうか。

そこで、『尊卑分脉』第三篇三二四頁を見ると、忠頼の子、行忠の脚注に、

於鎌倉被召籠、配流常陸国、即元暦二四、於配所被誅了、

とあるのに注目される。父忠頼が鎌倉営中で殺害されたのが、元暦元年(一一八四)であり、彼が「於鎌倉被召籠」とあるのは、その時に、父と共に鎌倉に入っていて、連坐したと、考えるのが自然である。従って、「即」は即の意であり、「於配所被誅了」とある故、「元暦二」は、「元暦元」の誤謬と考えてよい。即ち、行忠の件は、元暦元年四月となるので、『延慶本平家物語』の日付と一致しうる。以上の如く、『吾妻鏡』の忠頼謀殺の日付には、疑念が生じてくる。

筆者は先稿に於て、(1)『吾妻鏡』養和元年(一一八一)三月七日条の「信義の頼朝への屈服記事も、創作ではなく、真の日時が隠蔽されており、実際より早く記述された」もので、その「真の日時は、元暦元年(一一八四)の一条忠頼鎌倉営中謀殺事件の直後のこととなる」、と記した。又、『吾妻鏡』元暦元年六月十六日条では、「振威勢之余、挿世志之由、有其聞」と、忠頼謀殺の理由を記すのみで、その具体的事実は述べていない。この点、一条忠頼謀殺と内乱前期に於ける甲斐源氏については、すでに彦由一太氏の諸論考があり、(2)甲斐源氏が内乱過程で主体性を保持し独立した源氏棟梁であり、元暦元年が、義仲・忠頼と続く、甲斐・信濃源氏ブロック解体にとってメルクマールたりえる年であるとの認識は、学界の共有するところである。そこで、改めて、治承・寿永内乱での忠頼の軌跡を検討してゆくことで、本謀殺の史的意義を考えてみたい。

一、第一次源軍入洛と甲斐源氏

新羅三郎義光の子義清を祖とする甲斐源氏が、治承・寿永内乱に於て、治承四年(一一八〇)秋、源頼朝とほぼ同時期に、独自に蜂起したことは、衆知のことである。同年十月の富士川合戦後、十一月七日付の口宣案で、「伊豆国流人源頼朝」「甲斐国住人源信義」を並列して、追討すべく命じている。(3)故に、六波羅平氏政権にとって、武田太郎信義は甲斐源氏の棟梁であり、頼朝と共に併置される反乱軍の首魁と位置付けられていたことが、理解される。寿永二年(一一八三)四月、平氏が全力を挙げて、「木曽殿」源義仲を筆頭とする反乱軍を、北陸道へ攻撃した時の追討宣旨にも、「源頼朝、同信義等、虜掠東国北陸」とあって、(4)未だに義仲は、反乱軍首魁として、平氏に認識されていないことを表わしており、その理解はこの時点まで変わっていない。又、一条忠頼は、信義の子であり、「次郎」とある故に、次男ともいえるが、富士川合戦に於て、『延慶本平家物語』第二末・廿七平家ノ人々駿河国ヨリ逃上事に、

甲斐源氏ニハ一条忠頼ヲ宗トシテ二万余騎ニテ、兵衛佐ニ加ル、

とある如く、甲斐源氏を代表する位置にあったと考えられる。又、信義父子の中で、当時唯一任官歴を有すると推定され、新羅三郎義光流の通字たる「義」を冠する有義は、平氏政権期に於ける信義嫡宗とも考えられるが、(5)彼の内乱前期に於ける活躍は、忠頼に比して、一段落ちる。(6)従って、内乱に於ては、忠頼が父信義の嫡宗といえる。信義・忠頼父子に甲斐源氏が代表されていたのである。

内乱前期に東国各地で蜂起した源氏の諸棟梁は、互いに連帯かつ対立していたが、寿永二年(一一八三)六月、平氏軍を都落させ、待望の入洛を果した。この時、鎌倉殿源頼朝は、駒を進めえず、関東の地を離れなかった。『延慶本平家

物語』第三末・卅四法皇天台山ニ登御座事に、

木曽冠者義仲近江国ヨリ東坂本ヲ通リテ同入リル、又其外甲斐・信乃・尾張ノ源氏共此両人ニ相共テ入洛ス、

とある如く、北陸道より南下した木曽殿源義仲と共に、甲斐源氏も入洛した。『愚管抄』第五に、源軍入洛直前のことを、

カヤウニシテケフアス、義仲・東国武田ナド云モ、イリナンズルニテアリケレバ、

と記してあり、甲斐源氏の武田氏が入洛した如く思える。だが、源軍入洛後の京中守護の諸将中に、甲斐源氏は武田信義の叔父、安田義定のみを見るだけである(7)。次いで、『吾妻鏡』建久元年(一一九〇)六月二十九日条所載の頼朝請文中に、

義仲ハ為山道手、義定は為海道手、入洛之時、

とある。この入洛により、勧賞として源義仲が越後守、源行家が備後守に任じられ、八月十六日の「受領除目(8)」で、伊予守と備前守に転じたことは広く知られている。この除目で、義定は、遠江守になった(9)。八月十六日・二十五日での勧賞にて、この他に、京中守護諸将中では、近江の山本兵衛尉義経が伊賀守、尾張の葦敷太郎重隆が佐渡守、源判官光長が伯耆守になったと推定される(10)。甲斐源氏では、首魁とされていた武田信義の名が、勧賞の受領名に見えず、安田義定のみである。信義・忠頼父子は、甲斐源氏の代表とされていた以上、入洛していれば、当然ながら、京中守護諸将中に顔を出すだろうし、勧賞で受領に補任されたはずである。従って、寿永二年(一一八三)の第一次源軍入洛では、甲斐源氏としては、従前から京洛に知られていた、追討宣旨にその名を載せた武田信義ではなく、叔父の安田義定が入洛したことになる。同様に、信義の子息たる忠頼以下も、父と同じく、在国して、上洛しなかったといえる。

かように、第一次源軍入洛では、甲斐源氏は、在国と入洛とに二分されたことになる。この年の春、木曽殿源義仲

と鎌倉殿源頼朝とが対決した因の一つとして、信義の子、伊沢五郎信光が、義仲が平氏と通じていると、頼朝に密告したとされていることに[11]、注意されよう。甲斐源氏は、清光の子、逸見太郎光長・武田太郎信義・加賀美次郎遠光等や、弟の安田三郎義定を中核とした、いわば対等的立場にある諸将の連合体とでもいえるものである。内乱前期に於いて、源頼朝が反乱側でも唯一の武家棟梁ではなく、諸源氏に対して絶対的な統率権を行使しえなかったと同様に、信義は嫡宗といえても、他の諸将の上に立って、絶対的な惣領権を行使して、甲斐源氏全体を統括しえたとはいえない。従って、富士川合戦時には、武田信義を筆頭に統一していた甲斐源氏も、その勢力の拡大と状況の変化により、本年には、内部に方向性の差異を示していたと考えるのが、信光の一件といえる。義仲等の信濃源氏と連帯を強める、より独自の政権を東海地方に樹立する、関東の頼朝と連携する等々の、いくつかの方向性が考えられるのである。よって、第一次源軍入洛に於て、安田義定が上洛しただけで、全軍を挙げて上洛しなかったことは、甲斐源氏がすでに一枚岩ではなくなっていたことを示している。

主力は、甲斐国を中核とする東海地方に、後置されていたといえるのである。

二、第二次源軍入洛と一条忠頼

鎌倉殿源頼朝は異母弟範頼・義経を上洛させた。元暦元年(一一八四)正月廿日、両将は勢多・宇治合戦で木曽殿源義仲を敗死させて、関東御家人を率いて入洛したのである。

『吾妻鏡』同日条に、「一条次郎忠頼已下勇士競走于諸方」と、治承・寿永内乱前期に活躍していた甲斐源氏が再び『吾妻鏡』に登場するのである。同日条では、範頼・義経と共に六条殿に参上した六人の関東御家人と義仲を討取った

石田次郎以外に、その名を登場しているのは忠頼のみである。まさしく特記されているといえよう。次いで、同月廿七日条に、

未尅、遠江守義定、蒲冠者範頼、源九郎義経、一条次郎忠頼等飛脚参着鎌倉、去廿日遂合戦、誅義仲并伴党之由申之、三人使者皆依召参北面北壷、聞食巨細之処、

とある。ここで注意されるのは、合戦報告の使者を発遣してきた義定・範頼・義経・忠頼の源軍諸将を、同等に記していることである(「三人使者」であったか四人使者であったかは別として)。以上が『吾妻鏡』の本合戦記事である。

一方、『延慶本平家物語』第五本での本合戦関係記事を見ると、まず、七・兵衛佐ノ軍兵等付宇治勢田事に、勢多手大将軍範頼の「相従輩」として武田信義・加賀美遠光・加賀美長清・一条忠頼・板垣兼信が、宇治手大将軍義経のそれとして安田義定・大内惟義が記されている。小山朝政・畠山重忠等の関東御家人が「侍大将」と表記されているのに比して、源家諸将は明らかに別格なのである。さらに、総勢六万騎と記してある中で、各武士がどれほどの兵数と記しているかを見てみると、畠山重忠五百騎・河越重秀三百騎・佐々木高綱二百騎・梶原景時三百騎・渋谷重国二百騎(なお源義経三百騎とある)で、記事内容からしてもこれらの兵数が彼等の直率騎数を示している。九・義仲都落ル事付義仲被討事には、土肥実平三百騎・佐原義連五百騎とあり、以上により、有力御家人でもその兵数は五百騎を越えることはないのである。義経軍を二万五千騎と記しても、義経自身の直率兵数は三百騎であり、当然その総数は彼の指揮下にある武士の兵数を合算したものである。しかるに、同上には、敗走し最後の戦いを挑む義仲に対して、それを迎え撃つ一条忠頼の兵数を六千騎と記している。忠頼の兵数は義経を含め彼等より一桁多いのである(もちろんこれらの兵数が過大であり実数とはいえないだろうが、全体の傾向を示していることは疑いえない)。このことは、自己の直率兵以外に義経と同様に指揮下の武士を忠頼が有していたことを示している。すなわち、義経と同様に一軍の将と考える

ことが出来よう。

以上、『吾妻鏡』・『延慶本平家物語』の本合戦関係記事を分析した結果は、一条忠頼が範頼・義経にも比肩する一軍の将たりうることを理解させるのである。また、安田義定も本合戦に参戦していることは、一谷合戦の『吾妻鏡』関係記事の分析により、彦由一太氏が明らかにしたように[12]、大手大将軍源範頼・搦手大将軍源義経に比して、安田義定はその麾下ではなく独立した対等な立場の将であったのであるから、本合戦に於ても義定は同様といえよう。従って、甲斐源氏嫡流たる一条忠頼がその義定の下位に位置したとはいえまい。故に、忠頼も彼等三人と並ぶ将といえる。すなわち、一条忠頼は独立した大将軍なのである。

第一次源軍入洛に於いては甲斐源氏では安田義定が独自に出陣したのに比して、この第二次源軍入洛に於いては嫡流一条忠頼・加賀美遠光・安田義定等の主力が出動し、彼等は頼朝派遣の異母弟範頼・義経とは独自の指揮系統にあったといえる。甲斐源氏軍の代表は武田信義嫡子の一条忠頼であり、彼は両将に比肩する大将軍なのであり、ここで初めて忠頼は入洛したのである。なお、父武田信義は『延慶本平家物語』の交名に名を載せているが、それは修飾であって事実ではなく、在国して甲斐源氏の要の役割となろう。本合戦に関して、最後に『延慶本平家物語』の交名に大内惟義があることに注意されよう。次節で述べるように、彼もここで入洛したのである。

正月の義仲滅亡に続いて、源軍は平氏軍との決戦に突入した。二月七日の摂津国一谷合戦である。

本合戦の交名関係記事を見ると、『吾妻鏡』同年二月五日条では、大手大将軍源範頼の「相従輩」(二十八名)第二・三位に武田有義・板垣兼信兄弟(筆頭は小山朝政)、搦手大将軍源義経の「相従輩」(十七名)筆頭安田義定から順に山名義範・大内惟義が、源氏諸将である。『延慶本平家物語』第五本・廿源氏三草山幷一谷追落事では、範頼に「相従輩」の武田信義・加賀美遠光・加賀美長清・一条忠頼・板垣兼信・武田有義・伊沢信光を、義経に「相従輩」の安田義定・

大内惟義と「侍大将」の山名義範を、源氏諸将として挙げている。

両史料での大きな違いは一条忠頼の参軍の有無である。そこで、『吾妻鏡』同十五日条の、

> 蒲冠者範頼、源九郎義経等飛脚、自摂津国参着鎌倉、献合戦記録、其趣、去七日於一谷合戦、平家多以殞命、前内府已下浮海上赴四国方、本三位中将生虜之、通盛卿、忠度朝臣、経俊、已上三人、蒲冠者討取之、経正、師盛、教経、已上三人、遠江守義定討取之、敦盛、知章、業盛、盛俊、已上四人、義経討取之、此外梟首一千余人、凡武蔵相模下野等軍士、各所竭大功也、追可注記言上云々、

なる記述が注目される。本史料はすでに、彦由一太・石母田正氏により分析され(13)、前述したとおり、大手大将軍源範頼・搦手大将軍源義経に比して、安田義定はその麾下ではなく独立した対等な立場の将であって、一谷合戦の源軍は三手構成なのである。ここで問題となるのは、勢多・宇治合戦に甲斐源氏を代表して彼等と対等な大将軍として参加していた忠頼が、本合戦記録に不見なことである。忠頼が一谷合戦に参戦していれば、当然ながら、彼の麾下から平氏軍の将の討取りが出たはずである。逆に、本合戦記録にその名を見せないことは忠頼が一谷合戦に参戦していない何よりも証拠なのである。すなわち、一条忠頼は一谷合戦に不参加なのである。この点からいうと『吾妻鏡』が正しいのである。

では、忠頼は本合戦中に何処にいたのであろうか。翌文治元年(一一八五)正月、停滞する対平家戦を打開すべく、京洛を守護していた源義経が大将軍に再起用され、出陣した際、摂津国渡辺に在陣中の義経を院近臣の高階泰経が、「京中依無武士為御用心也」との理由で、出陣の制止に派遣されたように(14)、京洛政権がまず危惧したことは、京の警備責任者が不在になることで治安が悪化することである。このことは、一谷合戦でも当然考えられることである。従って、京洛政権としても治安維持のためにも源軍に京洛残留軍を求めたはずである。すなわち京洛守護責任者が必須となる

のである。とすれば、これを担当したのが一谷合戦不見の一条忠頼であったと理解するのが自然である。甲斐源氏嫡流の彼ならば後白河院以下の廟堂を安心させえるのである。すなわち、忠頼は京洛守護最高責任者として一谷合戦で後背に位置したといえる。

正月の勢多・宇治合戦、二月の一谷合戦と勝利した源軍、それは鎌倉殿源頼朝の派遣した異母弟範頼・義経に率いられた軍と、「武田殿」武田信義の派遣した嫡子一条忠頼を筆頭とする甲斐源氏軍より大きく構成されていた。前年七月の木曽殿源義仲を筆頭とする源軍を第一次源軍入洛とすれば、本年正月の源軍は第二次源軍入洛と呼ぶべきものである。

三、一条忠頼の鎌倉営中謀殺

正月の勢多・宇治合戦、二月の一谷合戦に勝利した鎌倉殿源頼朝と京洛政権との間で各種の交渉がなされたことは当然である。義仲滅亡後の廿二日、参院した右大臣九条兼実に諮問された事項に「頼朝之賞如何」があり[15]、その一つが義仲追討勧賞問題であった。後白河院は前日たる廿一日に飛脚を頼朝に派遣していて、「勧賞事等只在上御計」との頼朝の返答が二月廿日以前にもたらされている[16]。頼朝自身は入洛していないが、第一次源軍入洛でも公卿僉儀で勲功第一位に認定されており[17]、今回では異母弟等を派遣しており、当然その筆頭に位置している。この結果、三月廿七日の除目で、「義仲追討賞」として頼朝は従五位下から正四位下に昇叙するのである[18]。

第一次源軍入洛では平家追討勧賞として義仲以下の諸将が受領・吹負尉等に任官したことからして、この第二次源軍入洛で勧賞に浴したのは頼朝だけであろうか。そこで、注意されるのは本除目四月二日の下名に於いて前年の義仲法住寺クーデターで解官された平知康・源有綱等が還任宣旨を受け復官していることである。[19]このことは、この頼朝が昇叙した除目は義仲関連除目であったことを示していよう。このことを踏まえて、下名を見てみると、「辞退」に「左衛門少尉源惟義」があることに注目される。[20]「源惟義」、すなわち信濃佐久源氏平賀義信嫡男の大内惟義である。「辞退」とある以上、左衛門少尉に何時任官したのであろうか。源軍諸将の任官は入洛が前提たりえたから、惟義も入洛していたわけである。第一次源軍入洛であろうか。その年の春、頼朝と義仲が対立した時、平賀氏は義仲側を離脱して頼朝陣営に走ったのであるから、[21]惟義が義仲と共に入洛するわけには行かなかったはずである。すなわち、第一次源軍入洛ではない。惟義は前節で見るように、『延慶本平家物語』の勢多・宇治合戦交名、一谷合戦交名に「大内太郎惟義」とある。『吾妻鏡』の勢多・宇治関係記事には不見だが、一谷合戦交名には載っている。以上を勘案すると、大内惟義はこの第二次源軍入洛に於いて入洛したといえる。とすれば、惟義の左衛門少尉任官は本年とすべきである。すなわち、勢多・宇治合戦参戦の義仲追討勧賞とすべきである。とすれば、惟義の任官は頼朝と同様に三月廿七日除目となる。以上考察してきたことから、第二次源軍入洛で勧賞に浴したのは頼朝だけではなく、入洛した諸将にもあったことになる。惟義はその例なのである。

勢多・宇治合戦に参戦していた甲斐源氏嫡流の一条次郎忠頼が義仲追討勧賞に浴するのは当然の理といえる。残念ながら、『吉記』は除目当日の三月廿七日条が現存せず、また『玉葉』も、本年に入ると以前と異なり除目聞書を載せることもなくなり、除目自体を知りえる史料は現存しておらず、忠頼の任官を直接確かめることは出来ない。しかし、忠頼の義仲追討勧賞は当然の理なのだから、その任官について考えてみる。

まず、如何なるレベルに任官したか考えてみる。第一節で述べてあるように、第一次源軍入洛で義仲の越後守（転伊予守）を筆頭に有力諸将は受領級に任官し、その中に安田義定が遠江守として任官している。とすれば、甲斐源氏嫡流の武田信義の嫡男として、事実上の上洛甲斐源氏軍の総帥たりえた一条忠頼が義定の先例以下のレベルの官に任官したとは考えられない。しかし、頼朝は正四位下に昇叙したが、これは彼の本位が従五位下であったからで、無位の忠頼が第一次源軍入洛の先例からいって叙爵以上になるのは無理がある。[22] 従って、忠頼の勧賞は従五位下に叙爵して義定を下ることのない国守に補任されたといえる。

では、如何なる国守に補任されたのであろうか。『大日本史』巻之三百八十一表第十二(国司表)に、武蔵守として、「一条忠頼　寿永三年六月見、尋為所源頼朝之誅」と見える。本書はその典拠を示していないため、「見」が何によるか不明であり検証できない。ともあれ、『大日本史』は本年に忠頼が見任と主張しているのである。また、彦由一太氏は、忠頼が誅戮以前に武蔵守に任官していたと考えられていたが、それを検証する論文は未発表である。[23] この未発表論文の題、「尊卑分脈にみる〝武蔵守〟一条忠頼」から考えて、氏はその論拠を『尊卑分脈』に置いていたことが分かる。以上のことから、改めて新訂増補国史大系『尊卑分脈』巻三頁三二四を見ると、忠頼の傍注は底本たる前田家所蔵訂正本には「一条二郎」とだけあるが、校訂注記により、前田家所蔵脇坂氏本・前田家所蔵一本・国立国会図書館支部内閣文庫本には「武蔵守」との傍注がある。もちろん、『尊卑分脈』傍注だけで忠頼武蔵守任官とするのは危険であるが、今まで述べてきた彼の受領級勧賞の必然性からいって、この『尊卑分脈』の記述は無視しえないものがある。すなわち、『尊卑分脈』諸本の傍注「武蔵守」には何らかの根拠があったと考えられるのである。従って、筆者としては『尊卑分脈』諸本に依拠して忠頼の任官を武蔵守と推定するのである。すなわち、甲斐源氏嫡流の一条次郎忠頼は、頼朝の昇叙と同じく三月廿七日、義仲追討勧賞により武蔵守に補任されたのである。

この忠頼の武蔵守補任は如何なる主体によってなされたであろうか。本源的に勧賞補任権が京洛政権、すなわち「治天の君」たる後白河院の権能たることはいうまでもない。だからこそ、前述したように、「勧賞事等只在上御計」

と奉答した如く、頼朝は自身の勧賞に関して院に一任しているのである。また、第一次源軍入洛の勧賞に於ても、当然、京洛政権の権能として行われ他者の介在はない[24]。従って、義仲追討勧賞に於ても京洛政権の権能として行われたことは疑うべくもない。とすれば、忠頼・惟義の源軍諸将への勧賞は京洛政権の独自の判断で頼朝の介在なくして行なわれたことになる。「可為大除目之由、兼日謳哥、而依頼朝申状、被止珍事等了[25]」とあるように、三月の除目に頼朝が何らかの申入れをしたが、勧賞はそれに依らずになされたといえよう。それ故に、忠頼の任国に関しても京洛政権の政治的判断に基づくといえる。

頼朝奏上四か条の第二条として、

一　平家追討事

右、畿内近国、号源氏平氏携弓箭之輩并住人等、任義経之下知、可引率之由、可被仰下候、海路雖不輙、殊可忩追討之由、所仰義経也、於勲功賞者、其後頼朝可計申上候、

を、第一条の中で東国北国の受領補任についても本年秋頃に行うのが至当と、申入れる使者が、二月廿五日、鎌倉を出発したのが[26]、史料上、勧賞権に関して京洛政権に要求した最初である。この使者が何時京洛に到着し、この頼朝申状が何時院に奏上されたかは、史料上の所見がなく不明である。頼朝の奏上条々として、その中に自身の摂政推挙があると九条兼実が『玉葉』に記しているのは三月廿三日条である。従って、それ以前には奏上されていたとすべきで、普通便で二週間程度の当時の旅程を勘案すれば[27]、遅くとも三月半ばまでに奏上されていたとするのが自然である。頼朝奏上は平家追討勧賞に関してではあるが、勧賞に関して頼朝が全武家の推挙権を独占し、事実上頼朝が勧賞補任権を掌握せんとする意図を、京洛政権は理解したはずである。この理解に従えば、勧賞への京洛政権の権能は制限され、事実上頼朝に権能が移ることになる。これを後白河院がそのまま認めるわけにはいかないであろう。賞罰権の発動は

軍事に於ける国家公権であり、これを否認されては国家公権たりえないのであるから。閫外の大権を有する征夷大将軍に頼朝は補任されておらず、散位に過ぎないのである。まさに京洛政権からいえば頼朝は越権行為を求めているのである。同時にこの勧賞権の頼朝独占は、官位の推挙権を彼が掌握することにつながり、後の勝手任官禁止と発展するものである。

頼朝の越権行為に対する回答がこの義仲追討勧賞に於ける忠頼武蔵守補任といえる。前節で述べたように、勢多・宇治合戦で頼朝の派遣した大将軍の異母弟範頼・義経と同格の独立した将が忠頼であり、そうであれば京洛政権は本源的な勧賞権能に基づいて頼朝の干渉を受けることなく独自の判断・基準で勧賞を行いえる。従って、それが武蔵守補任なのである。第一次源軍入洛諸将の勧賞に於いて、出身地は除くという大原則の下、廟堂は、父祖・一族の先例、平氏追討のため、国衙行政権の簒奪を追認するものと、三つの原則により国守補任を行ったのである(28)。この原則からすると、同じ甲斐源氏の安田義定が第三の原則により遠江守に補任されたように、忠頼が駿河守に補任されるのが自然に思える。だが、京洛政権は東国の簒奪を認めたくないのが本心であろう。その意味で原則第三による駿河守は本音としては避けたいであろう。次に、第一・第二の原則を複合したものとしての意味を持ち、かつ、同様な越後守を嫌って義仲が、自身や頼朝・甲斐源氏共通の父祖頼義の奥州安倍氏追討勧賞として栄誉ある伊予守を、望んで転任したことを思うと、伊予守も候補として相応しい。しかるに、これには平家追討使として、忠頼が無位の範頼・義経に上位すると共に、頼義流の代表が頼朝ではなく彼となりかねぬ印象を与え難があろう。前者は上国として遠江国と同格であるが、後者は温国として格上である。いずれにしても難はあったが、両国ならば原則に適い、頼朝としても内心はともあれ問題にしえなかったはずである。しかるに、武蔵守となると原則外となる。甲斐国は東に武蔵国に接しており、甲斐源氏が全く同国に関与していないとはいえず何らかの権利を有していたろう。しかし、それが他者、とりわけ頼朝を排除できるほど強力なものであったとはとうていいえまい。従って、その補任が頼朝を最も刺激することは疑うべくもない。それが京洛政権が勧賞権能の唯一の保有・執行者たることを断固と示しえると判断したことになる。頼朝等の東国諸源氏によって簒奪された国々は、本来的には京洛政権、すなわち国家公権に所属するものであることを、また頼朝の東国国司補任への介入申入れを拒絶し国司補任権が廟堂の権能であることを、武蔵守補任を通じて表明するのである。幾ら刺激しても、頼朝がそれに反対できない、すなわち平氏追討を放棄して「朝敵」に戻ることはないと考えたのである。それに、急速に強力になりつつある鎌倉殿源頼朝政権を牽制すべき勢力としての甲斐源氏を京洛政権に忠実な軍事貴族とするようにと考えたとしても不思議ではない。こう考えれば、京洛政権が原則に外れた武蔵守補任となったのもうなずける。武蔵国は遠江国より格上の大国であり、忠頼としても、安田義定に上位できて甲斐源氏嫡流の面目を果せるし、隣国へ勢力を拡大する根拠となるのだから、受けることになったと考えられる。頼朝が鎌倉殿なら俺は父信義を継いで武田殿と、同等の源氏棟梁であるから、頼朝の意向は関係ないというのが彼の偽らぬ気持であったろう。

一条忠頼の武蔵守補任を源頼朝側から見るとどうなるだろか。治承四年(一一八〇)八月、京洛の平氏政権に対する反乱を発端とする、鎌倉殿源頼朝を頂点とする鎌倉武家政権は、それ故に本質的には京洛とは独自な簒奪者権力であり、その自力を持って関東に己が支配を成立させていたといえよう。そして、寿永二年(一一八三)七月、平氏を都落ちさせた以降、「治天の君」後白河院を頂点とする京洛公家政権を推戴することで、その権威を利用しつつ、東国にその基盤を固め、さらに唯一の武家棟梁として全武士に君臨することを目指しているものである。ここから、当然ながら、反乱当初には頼朝とは独自に反乱に立ち上がり、協力しつつも独自の権力を保持していた甲斐源氏等の存在は、頼朝にとって最も排除されるべきものであった。彼等の源氏棟梁としての立場は否定されねばならなかった。

十月宣旨によって簒奪した東国の支配権を名分上追認されて、頼朝は所謂東国支配権を掌握しえる立場となっており、それを梃子に諸源氏をも己に従属させようとしていた。また、頼朝はこれを根拠としたのであろう、前述したように、東国北国国司補任に関して京洛に介入する意思を伝達した。鎌倉政権の中枢国たる武蔵国はそれらの一国であることはいうまでもない。京洛がその権能たる国司補任権を行使すること自体は頼朝として否認できない。それ故、例えば京洛の公家出身者のような、それがいわば名国司的な守補任であれば、実質的な支配が犯されないのであるから、頼朝として甘受したはずである。しかし、甲斐源氏一条忠頼となるとそうは行かない。彼も源氏棟梁という意味では頼朝と同格であり、同時に隣国出身として全く武蔵武士と無関係であったはずがなく、以上のことから武蔵守就任は国衙行政権掌握の正当性を彼に付与することになる。すなわち武蔵国における頼朝の簒奪者権力の事実上の否定ということになる。忠頼に国衙行政権を掌握する意志があったかどうかは別として、頼朝から見れば客観的にそう判断されるのである。同時に、京洛が頼朝が唯一の源氏棟梁としては認知していないことになり、この点からも頼朝としては看過しえないのである。

ここで、前述した大内惟義の義仲追討勧賞による左衛門少尉補任と直後の辞退を考えてもらいたい。信濃佐久源氏の平賀氏は、源家粛清の中でも源家一族筆頭の地位を三代将軍実朝至るまで保ち、かつ頼朝父子に替って源家棟梁たりえる地位にあったし、最も頼朝に近かった源氏である(29)。その嫡子が大内惟義である。とすれば、平賀氏は頼朝の勧賞権独占の意図を理解しえたはずである。それが、惟義の直後の辞退となったと考える。惟義にすれば任官の事実が残ればいいのであって、左衛門少尉として実際に職務に勤めるわけではないのである。前官であれば十分なのだ。こうすれば頼朝に正面から衝突することなく、その息をはずせるのである。では、忠頼は任官してどうしただろうか。それを物語る史料はない。しかし、彼が鎌倉営中に謀殺された事実からして、惟義のように直ちに辞退しなかったことは明らかである。忠頼は武蔵守に在任したのである。

以上のように考えれば、頼朝にとって一条忠頼の任武蔵守は放置し得ないことであった。忠頼の武蔵守就任は鎌倉政権の簒奪の既成事実の否認に繋がる故、そのことを事実でもって否定する必要がある。所謂自力救済の原理である。忠頼の守就任を実力をもって覆すということになろう。そして、その事実を京洛政権に追認させることで、武蔵国の支配権が鎌倉にあることを確定させ、ひいては東国の簒奪の事実をも確定させるのである。次に、頼朝と忠頼が営中で対面した場を、「武衛出于西侍給、忠頼依召参入、候于対座、宿老御家人数輩列座」と、『吾妻鏡』元暦元年（一一八四）六月十六日条が記す如く、頼朝と忠頼は「対座」、すなわち、その座は対面しており上下の差はないのである。このように鎌倉殿と武士が対等に対面したことを記す記事は『吾妻鏡』ではこれ以外に所見しないのである。この意味で、両者の現実の力関係で頼朝が優位に立っていたとしても、この時点に至っても、公式的な場に於いては対等として処遇しなければならなかったのが本記事に示すところといえる。頼朝と忠頼は源家棟梁という意味で未だ対等なのである。唯一の武家棟梁を目指す頼朝にとってこの事態は放置し得ない。この点を解決するにも所謂自力救済が求められる。かく考えれば、頼朝としてはあとはそれを実行に移すだけである。このことは頼朝を棟梁と担ぐ関東武士にとっても、己が簒奪の結晶である鎌倉武家政権の拡大・発展という利害の一致からいって、承認されるものである。以上、『吾妻鏡』では「振威勢之余、挿濫世志」と抽象的に忠頼謀殺の原因を記している実体が理解できよう。武蔵守就任とその意味する政治的意義がそれである。ここに忠頼鎌倉営中謀殺の要因が整ったのである。

終言

武蔵守一条忠頼は鎌倉営中で頼朝により謀殺されるのである。『延慶本平家物語』の示す日付に従えば、武蔵守補任（三月廿七日）、謀殺（四月廿六日）、関東御分国成立（六月五日）と続く流れとなり、『吾妻鏡』の示す日付に従えば、武蔵守補任（三月廿七日）、関東御分国成立（六月五日）、謀殺（六月十六日）と続く流れとなり、いずれに当然の理があるであろうか。前節の考察で明らかの如く、前者であることは言うまでもない。すなわち、忠頼謀殺の日時は『吾妻鏡』の日付が誤謬なのであり、『延慶本平家物語』の日付が真なのである。改めて、忠頼謀殺の日は元暦元年（一一八四）四月廿六日と確定した。

こう確定すると、『吾妻鏡』同年五月一日条に、

故志水冠者義高伴類等令隠居甲斐信濃等国、擬起叛逆之由風聞之間、遣軍兵、可被加征罸之由、有其沙汰、足利冠者義兼、小笠原次郎長清、相伴御家人等、可発向甲斐国、又小山宇都宮比企河越豊嶋足立吾妻小林之輩令下向信濃国、可捜求彼凶徒之由被定云々、此外相模、伊豆、駿河、安房、上総御家人等同相催之、今月十日可進発之旨、被仰義盛、能員等云々、

とある記事に注目せざるを得ない。同書四月廿六日条の、義仲遺児志水義高の誅殺が鎌倉に報告された記載を受けたものとして本記事は扱われており、これに注目した論考は管見するところにない。それにしては、本記事に見る動員ぶりは、いまだ頼朝化していない常陸国は別格として、(30)下総国以外の鎌倉政権下の御家人が動員されており、残留兵力の総動員とでもいった規模であり、残党狩りにしては大規模すぎるものである。しかも、その目標を故木曽殿源義仲の本国である信濃国のみならず、甲斐国にも指向しており、足利義兼等の源家一族がそれに向かっており、あたかも甲斐国が主攻のような感さえあるのである。こう見てくると、忠頼謀殺の日時からいって、本記事は義仲残党狩りというより、忠頼謀殺を受けた甲斐源氏制圧のための軍事作戦の開始を告げる記事と解すべきである。この点、『延慶

本平家物語』第五末・廿二崇徳院神卜崇奉ル事に、忠頼謀殺記事に続けて、「安田義定ハ忠頼カ父武田信義ヲ追討ノ為甲斐国ヘソ趣ニケリ」とあることは、甲斐源氏の雄族たる遠江守安田義定が実際に頼朝の麾下として武田信義攻撃を行ったか本記事以外に確認しえないが、『吾妻鏡』の記事が甲斐源氏攻めであったことを支えている。すなわち、頼朝は四月廿六日、鎌倉営中に武蔵守一条忠頼を謀殺するや、甲斐源氏総帥で本国にいる父の武田信義を屈服させるため総動員をかけ、一大軍事行動に踏切ったといえる。これには関東御家人のみならず、加賀美長清に見るように甲斐源氏の一部をも取崩して己が陣営に繰込んで動員したのである。

この結果について、『吾妻鏡』は以後の記事の中で何も語っていない。しかるに、以前拙稿で、「信義父子の『吾妻鏡』に於ける所見を考えてみると、信義が頼朝の前に屈服したのは、嫡子忠頼謀殺事件によるとするのが理となろう。これ以後、起請文の示すよう、彼の子息も頼朝に忠誠を誓い、その誇りある自立した源氏棟梁の立場に別を告げ、信義自身も甲斐国へ隠棲し、その死去を迎えたといえよう。とまれ、『吾妻鏡』養和元年（一一八一）三月七日条の信義の頼朝への屈服記事（中略）の真の日時は、元暦元年（一一八四）の一条忠頼鎌倉営中謀殺事件の直後のこととなる」[31]と、断じた見解は今まで論じてきたことと矛盾せず、有効たりえる。すなわち、『吾妻鏡』同上記事こそが、武田信義の頼朝への屈服を示すもので、本年五月の一大軍事行動の結果なのである。かくして、一条忠頼鎌倉営中謀殺、対甲斐源氏軍事行動、武田信義屈服との一連の実力行使により、鎌倉政権は己が支配を貫徹したのである。こうして武蔵国国衙行政権を改めて簒奪し、同時に甲斐源氏の手中にあった駿河国国衙行政権をも簒奪し、ここにその事実を京洛政権に突きつけることにより、五月廿一日、武蔵・駿河両国の関東御分国としての国司推挙を京洛に申上し、六月五日、武蔵守平賀義信・駿河守源広綱が補任され、ここに関東御分国が簒奪の追認として成立したのである[32]。同時に、関東御分国外の三河守に範頼を推挙した如く、源家御一族をも含めて官位推薦権が頼朝にあることを表明したもので、勝手任官禁止へと繋がるものである。

筆者は先年、『吾妻鏡』の諸源氏日時誤謬記事分析により、それが編纂者による作為であると断じた。(33)当然ながら、忠頼謀殺記事もこの枠に入る性質のものである以上、作為誤謬となるのが必然である。では、何故にかかる作為が生まれたのであろうか。逆にいうならば、何を隠蔽したかということである。『吾妻鏡』『平家物語』諸本を始めとする史料上では忠頼の武蔵守任官が見られず、無官の一条次郎忠頼としか認識できない。ただ、『尊卑分脈』諸本傍注に武蔵守とあるだけで、本史料のみでこれを事実とするには説得力に欠ける。前節で考察したように、総合的な史料分析なくして、忠頼の武蔵守任官の事実は出てこないのである。すなわち、『吾妻鏡』のみによる読者にはこの事実は見えてこないのである。とすれば、当然ながら忠頼謀殺と関東御分国との関連も見えてこないのである。とりわけ、その日時が関東御分国成立後となっている以上、それは読者には想像の埒外のことである。すなわち、忠頼と関東御分国成立との関連を隠蔽するのが目的といえるのである。忠頼武蔵守補任、鎌倉営中謀殺、関東御分国成立と運んだ事実の隠蔽なのである。前年来から、「治天の君」後白河院を推戴する鎌倉殿源頼朝にとって、その院が正当の権能に基づいて補任した武蔵守忠頼を謀殺したということは、院の意思を無視する行為であり、ひいては「謀反」に通じるものであった。さらに、この既成事実を持って武蔵国以下の関東御分国を獲得することは、反乱当初の簒奪者原理を貫徹することになる。以上のことは、院を推戴しその忠実な執行者という建前、これにより諸源氏に上位する名分となっていたし彼等を麾下に入れる正当性を保ちえたのと、明らかに背馳するのである。すなわち鎌倉武家政権成立上の正統的名分を失いかねないのである。従って、関東御分国成立、忠頼謀殺と『吾妻鏡』が作為することで、以上の院に背馳した事実を隠蔽することができ、院に忠実な執行者としての鎌倉殿源頼朝を示しえるのである。かくしてその正当性を保持しえるのである。

註

（1）拙稿Ⅰ、「治承五年閏二月源頼朝追討後白河院庁下文と「甲斐殿」源信義」（Ⅱ）『政治経済史学』第二百二十七号一九八五年六月。

（2）彦由一太氏Ⅰ、「甲斐源氏と治承寿永争乱」『日本史研究』第四十三号一九五九年七月。同氏Ⅱ、「治承寿永争乱勢力の一主流」『国学院雑誌』第六十三巻十・十一号一九六二年十・十一月。同氏Ⅲ、「十二世紀末葉武家棟梁による河海港津枢要地掌握と動乱期の軍事行動」『政治経済史学』第九十七号、第百号一九七四年二、九月。

（3）『吉記』治承四年十一月八日条。

（4）『玉葉』寿永二年四月廿五日条。

（5）信義は、前述の、治承四年十一月七日付口宣案に「甲斐国住人源信義」とあるよう、無官である。彼の子、忠頼・兼信・信光は、内乱期に於いて、『吾妻鏡』『平家物語』等に所見するが、いずれでも「次郎忠頼」「三郎兼信」「五郎信光」とだけ記されており、任官歴を窺わせるものはなく、無官といえよう。これに比して、『玉葉』養和元年正月八日条所載の四日付解官宣旨に、「左兵衛尉（中略）源有義」とあるのは、信義子の有義を指すといえ、彼は平氏政権下で左兵衛尉に任官していた。以上、信義父子の中で、内乱前期に於いて、任官歴を有するのは有義のみと推定しうる。一般的には、頼義・義家・義親・為義・義朝・義平と続くように、河内源氏頼義の子孫は、「義」を通字化している。この点、頼義三男の義光子孫でも、常陸の佐竹氏は義業・昌義・隆義・秀義、近江の山本氏は義定・義経・義兼、信濃の平賀氏は盛義・義信・惟義、同国の岡田氏も親義・重義と続いている。甲斐源氏では、二代目の清光を別として、始祖が義清で、三代目が信義で、彼の兄弟も多く「義」を名乗っている。以上、義光流も「義」が通字化していた。
なお、平氏政権期に於いて、有義が平重盛に仕え、京に妻子を置いており、信義嫡宗と考えられることについては、五味

文彦氏、「平家軍制の諸段階」『史学雑誌』第八十八巻八号一九七五年八月。
(6)『吾妻鏡』に於ける有義の初見は、治承四年十月十三日条の甲斐駿河進攻記事で、これは兼信・信光と同じである。これに比して、同年九月十日条の信義諏訪進攻記事が忠頼の初見で、これは父信義と同じである。又、『平家物語』諸本に忠頼は所見するが、有義は不見である。
(7)『吉記』寿永二年八月。
(8)『玉葉』寿永二年八月十六日条。
(9)『吾妻鏡』建久五年八月十九日条では、十日付であるが、『延慶本平家物語』第四・四源氏共勧賞被行事では、十六日付けとする。
(10)浅香年木氏、『治承・寿永の内乱序説』一九八一年法政大学出版局頁二二九～四九。
(11)『延慶本平家物語』第三末・七兵衛佐与木曽不和ニ成事。
(12)彦由一太氏Ⅰ、註(2)前掲論文。石母田正氏、「一谷合戦の史料について」『歴史評論』第九十九号一九五八年十一月、(『石母田正著作集』第七巻一九八九年岩波書店所収)参照。
(13)同上。
(14)『玉葉』文治元年二月十六日条。京出陣直前にも義経自身は残り代理として郎従派遣の案が出されたが否認され、結局出陣している。(『吉記』同年正月八日条)
(15)『玉葉』元暦元年正月廿二日条。
(16)同上二月廿日条。
(17)同上寿永二年七月廿九日条。

(18)『吾妻鏡』元暦元年四月十日条。

(19)『吉記』同上二日条によると、「還任　宣旨、解官輩、悉不然歟、」とあって、平知康以下源有綱まで八人の名がある。彼等の内、院近臣の平知康、源三位頼政孫の有綱等六人は、前年の義仲法住寺クーデターにより十一月廿八日(院関係)・十二月三日(第一次入洛源軍関係)に行われた「解官事」に名を載せており、解官を確認できる(『吉記』寿永二年十一月廿八日、十二月三日条)。さらに、八人以外にも解官は確認できないが、源(安田)義資は「可除解官、宣旨」されている。

(20)『吉記』元暦元年四月二日条。

(21)彦由一太氏Ⅱ、註(2)前掲論文。

(22)平家追討勧賞で、新宮殿源行家の従五位下に対して、木曽殿源義仲は従五位上と格差をつける案が出たが、結局のところ両者は従五位下に落着いている。(浅香年木氏、註(10)前掲書頁二二五〜六)

(23)彦由一太氏Ⅱ、註(2)前掲論文。この中で、未発表論文の題を、「尊卑分脈にみる〝武蔵守〟一条忠頼」とされている。なお、氏はこれを平家追討勧賞と考えられているが、この点は筆者が考察してきたように、義仲追討勧賞が正しい。

(24)第一次源軍勧賞、とりわけその国守補任の意義に関しては、拙稿Ⅱ、「寿永二年八月勧賞源氏諸将任国守の史的意義」『政治経済史学』第四百三十八・九号二〇〇三年二・三月。

(25)『玉葉』元暦元年三月廿八日条。

(26)『吾妻鏡』元暦元年二月廿五日条。元木泰雄氏、「頼朝軍の上洛」上横手雅敬編『中世公武権力の構造と展開』二〇〇一年八月吉川弘文館、に於いて、氏も頼朝の四か条奏上を論じており、本条項に関して、「号源氏平氏」を所謂京武者層に限定して理解しているが、筆者はより広く全武士層と捉えるべきで、東国の諸源氏等も含むのである。「畿内近国」とは文言にあるが、現実には第二次源軍入洛により甲斐源氏以下の東国源氏が畿内に蝟集していたのである。

(27) 新城常三氏、『鎌倉時代の交通』一九六七年吉川弘文館参照。
(28) 拙稿Ⅱ、註(24)前掲論文。
(29) 彦由一太氏Ⅳ、「鎌倉初期政治過程に於ける信濃佐久源氏の研究」『政治経済史学』第三百号一九九一年四・五・六月。
(30) 拙稿Ⅲ、「治承・文治大乱に於ける佐竹源氏」(上)『政治経済史学』第百七十六号一九八一年一月、で明らかにした如く、関東に於ける最後の国として常陸国が鎌倉政権下に入ったのは、元暦元年後半であり、本時点では佐竹源氏等の反頼朝行動は収まっていなかったのである。それ故に下総国御家人が動員に姿を見せないことがうなずける。
(31) 拙稿Ⅰ、註(1)前掲論文。
(32) 拙稿Ⅳ、「蒲殿源範頼三河守補任と関東御分国」『政治経済史学』第三百七十号一九九七年四・五・六月。
(33) 拙稿Ⅰ、註(1)前掲論文。

(『政治経済史学』第二百七十二号一九八九年一月収載)
(『政治経済史学』第四百四十六号二〇〇三年十月収載)

付論　武田信義没年に関する五味文彦氏説に反駁

治承・寿永の内乱に源頼朝とは別に独自に反乱に蜂起し活躍した、甲斐源氏棟梁の武田太郎信義の没年に関しては、旧来、『吾妻鏡』文治二年（一一八六）三月九日条の「武田太郎信義卒去、年五十九、元暦元年、依子息忠頼反逆、蒙御気色、未散其事之処、如此云々、」記事により、同年死去として疑うことがなかった。しかるに、五味文彦氏は、『吾妻鏡』にはこれ以降もたびたび信義の所見があることから、建久五年（一一九四）十一月二十一日条の小笠懸記事まで生存していたとされ、上記の死亡記事は切り貼りの誤謬として考え、「正治」を「文治」に見誤ったとされ、本来正治二年（一二〇〇）に入るべき記事が文治二年に入れられてしまったとして、「武田太郎信義卒去、年五十九、依子息反逆、蒙御気色、未散其事之処、如此云々、」が本来の記事で、子息忠頼の反逆とは本来有義のことだったと思われるとした。[1] すなわち、五味氏は武田信義の没年は文治二年ではなく正治二年だとしたのである。

しかし、改めて死亡記事以降の信義関係記事を見ると、筆者は建久五年十一月二十一日条に不自然な違和感を覚えるものである。この点に関しては別途に稿を改めて論じたいと思う。ようするに、文治二年の死亡記事以降に所見する武田信義に関しても、五味氏が「この記事（筆者注　文治二年の死亡記事）を除外すれば、『吾妻鏡』の信義関係記事は整合的に理解できる。つまり信義は建久五年十一月二十一日まで生存していた[2]」と死亡記事以降の信義関係記事を疑うことなく信頼しているのはいかがと思うのである。氏は『吾妻鏡』の誤謬記事を所謂切り貼りの誤謬として片付けているが、もちろんそういう誤謬もあろうが、すべてをそれで片付けることは『吾妻鏡』編纂者が史料解析・処理の能力も未熟な者であると考えているのかも知れない。だが、『吾妻鏡』誤謬記事には編纂者の意図的誤謬、すなわち作為があることを筆者はすでに明らかにしてきた(3)。そこで、改めて信義の没年に関して考えてみたいのである。

信義の子息、次郎忠頼、三郎兼信、兵衛尉有義、五郎信光の生年は史料上からは不詳である。史料上から彼等の年齢を確定することはできないのである。そこで、その推定をしようと考える。兼信と信光に関してはその手がかりとなる史料が見いだせなかったので、残る二人について推定してみる。

まず、有義についてである。有義は中宮侍長と左兵衛尉の官歴を有し、養和元年(一一八一)初頭には左兵衛尉は見任であった(4)。従って、中宮侍長はこれ以前の官歴で、この中宮は後高倉帝中宮平徳子であろう。とすれば、徳子の中宮は承安二年(一一七二)二月から養和元年十一月までなので(5)、中宮侍長への任官は承安二年(一一七二)二月以降となる。次いで、五味氏も指摘しているように、有義は小松内府平重盛に仕えており、これにより任官したといえる(6)。重盛の死去は治承三年(一一七九)七月二十九日故(7)、これ以前に仕えていたことになる。そして、五味氏がすでに指摘しているように、有義の洛中にいた「妻」「最愛子童」は内乱勃発後の治承四年(一一八〇)十二月に平家により殺害されている(8)。

治承四年(一一八〇)十二月に洛中の妻子が殺されており、「子童」とあり、童は元服以前の子供で、袴着以降と考えられる。とすれば、殺害時に五歳前後以上と推定される。従って、これ以前に有義は在京して結婚したことになり、入洛から婚姻まで数年を要したと考えるのが自然であろうから、以上に結婚から出産までの日時を加えると、有義の入洛は治承四年から少なくとも八年前前後と推定することができる。とすれば、元服直後に上洛したとしても、その時の有義の年齢は十五歳以上であろう。以上により、有義の生年は治承四年(一一八〇)から二十二年前後さかのぼることになり、久寿二年(一一五八)前後となりえよう。しからば、五味説の信義康治元年(一一四二)生まれだとすると、有義誕生時の信義の年齢は十七歳前後となる。これは少し若すぎるのではないか。有義は三男と思われるからだ(9)。すなわち、五味説には疑問が残るのである。

忠頼についてである。忠頼には二人の子、飯室禅師と行忠が確認でき、行忠には二人の子、行義と頼安が確認でき、その行忠は「元暦二四　於配所所被誅了」とある(10)。この「元暦二四」は「元暦元四」の誤謬なので、行忠の没年は元暦元年(一一八四)である(11)。そうすると、元暦元年段階で、忠頼には複数の子と孫がいたことになる。しからば、忠頼の当時の年齢は少なくとも三十歳を超え、おそらく三十代半ば以上であると推定することができる。すなわち、久安六年(一一五〇)以前の誕生と忠頼は推定しえる。従って、五味説に従うと、忠頼誕生時の信義の年齢は九歳以下ということになり、不自然きわまりない。

以上、信義の子息、忠頼・有義の年齢(誕生年)推定からいえることは、五味説の信義生没年(康治元年(一一四二)~正治二年(一二〇〇))が成立しないことである。すなわち、『吾妻鏡』文治二年(一一八六)三月九日条が正治二年の切り貼り誤謬ということは成立しないということである。『吾妻鏡』の記載に誤りがないということである。よって、改めて、武田信義の生没年は同上記事から大治三年(一一二八)~文治二年(一一八六)ということになる。これならば、忠頼の誕生時に信義は二十代前半程度、有義誕生時に三十歳程度となり不自然さがなくなる。

五味氏は、信義大治三年(一一二八)誕生ではその時に父清光がまだ常陸で活動しており(義清・清光父子の常陸から甲斐への移郷措置は大治五年〔一一三〇〕の清光濫行事件後)、おかしいことになると、いわれるが、一方で、清光父の義清が常陸を本拠として活動範囲が甲斐・駿河・遠江・三河に及んでいたとされる(12)。とすると、義清の子清光も甲斐移住以前に、何らかの縁で、駿河手越宿の遊女(13)と関係があったとしても不思議ではない。必ずしも甲斐移住後に関係があったとはいえないのであるから、五味氏のおかしさは解消されよう。

最後に、文治二年（一一八六）が信義の没年と確定すると、『吾妻鏡』における建久年間の「武田太郎信義」の所見は誰人かという疑問が残る。この所見があったからこそ、五味氏は、信義関係記事を整合的に理解できるため、死亡記事の正治二年（一二〇〇）切り貼り誤謬説を立てたのである。その点の解明は今後の課題であるが、建久年間の信義所見記事の中にも何らかの作為記事があると考えていることだけ指摘して、本稿を終えたい。

註

（1）五味文彦氏Ⅰ、「甲斐国と武田氏」『武田氏研究』第十九号一九九八年六月。
（2）同上。
（3）拙稿Ⅰ、「十三世紀初頭に於ける武蔵国国衙支配」『政治経済史学』第二百二十二号一九八五年一月。
拙稿Ⅱ、「治承五年閏二月源頼朝後白河院庁下文と『甲斐殿』源信義」（Ⅱ）『政治経済史学』第二百二十七号一九八五年六月。
拙稿Ⅲ、「甲斐源氏棟梁一条忠頼鎌倉営中謀殺の史的意義」（Ⅱ）『政治経済史学』第三百号二〇〇三年十月。
（4）『尊卑分脈』第三篇頁三二四の有義の肩付きに「中宮侍長　左兵衛尉」とあり、また、『玉葉』養和元年正月八日条の去四日の解官に、「左兵衛尉」「源有義」、と見えるのが武田有義故、この時点まで左兵衛尉が見任であった。
（5）平徳子の立后は承安二年二月十日で（『玉葉』同日条）、院号宣下は養和元年十一月二十五日である（『玉葉』同日条）。
（6）五味文彦氏、註（1）前掲論文。
（7）『玉葉』治承三年七月廿九日条。

（8）五味文彦氏Ⅱ、「平氏軍制の諸段階」『史学雑誌』。第八十八編八号一九七九年八月。
『山槐記』治承四年十二月廿四日条。

（9）『尊卑分脈』の信義子息の順は忠頼・兼信・有義・信光となっており、『吾妻鏡』での表記でも次郎忠頼・三郎兼信・兵衛尉有義・五郎信光となっており、有義のみが治承・寿永の内乱以前から官位を有していたので、無官の兄弟と異なり官位表記がなされ、「四郎」表記がなされなかったことは『吾妻鏡』の人名表記に叶っている。以上から、「太郎」はおそらく早世し、残り四人兄弟となったのであろう。したがって、有義を三男と考える。

（10）『尊卑分脈』第三篇頁三二四。

（11）拙稿Ⅲ、註（3）前掲論文。

（12）五味文彦氏Ⅰ、註（1）前掲論文。

（13）『尊卑分脈』第三篇頁三二四によると、信義の母は「手輿遊女」。

（『政治経済史学』第五百四十九号二〇一二年七月所載）

第二章　信濃源氏

第一節　治承・寿永の内乱に於ける信濃国武士団と源家棟梁

一、はじめに

『玉葉』治承五年（一一八一）七月一日条に、

信乃源氏等、分三手、（キソ党一手、サコ党一手、甲斐国武田之党一手、）俄作時攻襲之間、疲嶮岨之旅軍等、不及射一矢、散々敗乱了、大将軍助職、両三所被疵、脱甲冑棄弓箭、僅相率三百余人、（元勢万余騎云々、）逃脱本国了、

とある記事こそ、治承寿永争乱に蜂起した信濃源氏の大勝利を示すものである。横田河原合戦と呼ばれるものである。これぞ、六波羅平氏政権打倒に旗揚げした東国在地勢力にとって、前の富士河合戦にも並びうる完勝である。まさに、反平氏勢力は勝利した。東国は源氏諸軍によって簒奪された。しかしながら、かくの如き意義を持つ合戦にも拘らず、治承寿永争乱の結実が「鎌倉殿」源頼朝の鎌倉幕府政権の創出である故にか、他の蜂起した東国の在地勢力ないしその棟梁に関しては、比較的、論述されることが少ないためにも、これを考究対象として論じた先学は極めて希である。

このことは、信濃史学会の機関誌たる『信濃』にも、本合戦を主題とした論考が発表されていないことからもうかがえよう。それ故、彦由一太氏の、「治承寿永争乱推進勢力の一主流――信濃佐久源氏の政治史的考察――」（『国学院雑誌』六十三巻十・十一号一九六二年十一月）が、貴重な成果といえる。氏は、『玉葉』同日条に注目され、その分析を通じ

て、信濃源氏、とりわけ佐久源氏――平賀氏を中核――が、争乱に於て、独立した軍事集団として存在し、これと木曽義仲、甲斐源氏との三者の軍事的連帯が成立していたと論じている。そして、この勢力こそ、「鎌倉殿」源頼朝の権力にとって、南関東の地域的なものから全国的なものへと飛躍するために、当然対立せざるを得なかったし、その連帯の解体こそ鎌倉幕府政権の成立条件たりうるとしている。ただ、氏の論稿は、そのサブテーマの示す通り、佐久源氏の分析と治承寿永争乱におけるその役割を主論としており、かつ源家諸棟梁の関係が重視されており、そのためにも、それらと信濃国在地勢力との相互関係への具体的分析に欠ける感があり、かつ合戦自体には論述がほとんど及んでいない。その意味からも、本合戦における在地勢力、源家棟梁との相互関係の考察は、意義を持つといえよう。

最近、郷道哲章氏の、「鎌倉幕府による信濃国支配の過程について――信濃国における将軍知行国の意義――」(『信濃』第二十五巻十一・十二号一九七三年十一・十二月)、と題する論稿が発表された。氏は、争乱期に於ける信濃国支配に関して、幾多の実証的事実を示しており、とりわけ横田河原合戦について、治承五年(一一八一)六月と時期を実証し、城氏による信濃攻撃の唯一のものとされている。そして、信濃国支配において、元暦の義仲敗死前に於ては、頼朝の勢力は及ばなかったと考察しており、義仲の信濃国の掌握は強固であったと考えられている。氏は他の源家棟梁を考察対象としておらず、頼朝以前の信濃国を、「木曽殿」源義仲一色としてしまったため、「頼朝の信濃国掌握の動きが可能となった背後には、義仲の軍団の内部崩壊があった」と、氏は論じながら、その時期を寿永二年(一一八三)の法住寺殿クーデターの結果に求めており、次に義仲敗死後、頼朝による他国御家人の入国、腹心の守護任命、知行国化により、その一国支配がなされたとされており、ここからは、佐久源氏に代表される義仲以外の源家棟梁は、完全にドロップされているのである。この意味からは、氏の論述は退歩ともいえる。では、かかる結果を生じたかを考えると、前述の彦由氏の論文に全く言及された様子が見られないことから、それを参照していないと思われるが、そのためのみならず、氏は、関東は頼朝と同様、信濃は義仲という従前のイメージのもと、義仲の挙兵から、信濃国の反平氏軍の簒奪の過程を、自ら具体的に考察していないため、とりわけ横田河原合戦の分析を欠いているためと、筆者は私考するのである。この点からも、本合戦への考察は、より一層の意味を持つといえよう。

かく治承寿永争乱を考える時、南関東に位置した源頼朝以外の、源家棟梁の存在とその旗の下に結集した在地勢力の関係を見ることは、より必要とされよう。とりわけ、寿永二年（一一八三）の上洛軍の先頭に立ったといえる、「木曽殿」源義仲に代表される、信濃源氏棟梁とその在地勢力の相互関係の考察は重視されよう。従って、筆者としては、信濃国に於ける反乱軍が蜂起し、その実力をもって一国支配を確立させ、かつ北陸道へ進出するもととなったと考えられる、横田河原合戦とそれへの過程に於ける両者の関係を見ることにより、六波羅平氏政権と東国反乱勢力、東国反乱勢力に於ける信濃国、そして信濃源氏棟梁と在地勢力の関係等を考えてみたい。

ここで問題となるのは、究極的には信濃源氏は、「鎌倉殿」権力にとって、対決し滅亡させた対象故に、かつ争乱前期に上洛への過程への第一線たりえたため、鎌倉幕府政権の正史たりうる『吾妻鏡』に於て、その記述は極めて少ないのみならず、幾多の故意ともいえる事実の歪みがあり、その記述をそのまま信用しえない。又、『玉葉』、『吉記』、『山槐記』等の京洛貴顕の日記等は、同時代史料として最重視されるが、その地理的差異もあり、伝聞を主体として、かつ断片的記事が多く、その内容に在地の中に入っていける記述はほとんどなく、限界がある。従って、筆者としては、史料性に幾多の問題を持つとはいえ、『平家物語』諸本が、反乱勢力の生の声を含むものとして、とりわけ義仲関係史料として、その価値を認めざるをえない。そこで、近年来、精力的に『平家物語』原本を追究されておる赤松俊秀氏の成果（1）に従い、『平家物語』諸本中、延慶本を最も原本に近いと考え、かつその史料性の高さを認め、所謂後期増補本系諸本を積極的に活用してゆこうと考える。勿論、その史料性については、文学的修飾を伴う故に、厳密なる批判が必要ではあるが、その大要に於て、諸日記と比較し見ても、『吾妻鏡』には全く記述されてない真実性を認めることが出来る。この点は、次節以降での考察で順次見てゆくことにしよう。

二、信濃国に於ける源家棟梁とその地域性

衆知の如く、治承寿永争乱の最初の武力蜂起は、治承四年（一一八〇）五月、以仁王と源頼政によりなされ、彼らは敗死した。この際、以仁王は、諸国の源氏に対して、「最勝王勅宣」なる六波羅平氏政権打倒を訴える、いわば蹶起趣意書を散蒔いた。そして、これを八条院蔵人源行家がその伝達者として活動した。かくて、年末には源頼朝を始めとして、諸国の源氏などは続々と挙兵していったのである。

この以仁王と源頼政が蜂起の準備をなした時、たよるべき諸国の源氏を列挙している記事が、『平家物語』諸本に見られる。延慶本では、巻四之八・頼政入道に謀叛申勧事付令旨事（旧改造社版二八〇頁、以下同本の頁数は同版による）に、

信乃国には、岡田冠者親義子岡田太郎重義、平賀冠者盛義、同太郎義延、帯刀先生義賢子木曽冠者義仲、

と、信濃国に於ける源氏として、以上を挙げている。他の諸国で挙げられている源氏の例からしても、物語の構成上、事実として頼政から以仁王に話したものでなく、作者の手によるものとしても、むしろそれならば争乱の結果によりそれを創作したと思われる故、この歴名は実際に蜂起した源氏といえよう。

そこで、この歴名を考えてみよう。「岡田太郎重義」は、義光流である。[2] さてこの氏の名乗たる「岡田」は、筑摩郡岡田郷（松本市岡田町近辺）[3]といえる。この郷は、石清水八幡宮領[4]であるが、その東南方約一里内に、女鳥羽川をはさんで、国衙跡と推定されている本郷村大村・横田・惣社等の集落[5]が存在しており、国府に近接した地と考えられる。従っ

て、国府より錦郡駅に至る「延喜式」東山道は、同郷を通過していたと考えられる。(6)まさしく、国府を北より制圧する地である。それ故、岡田氏の存在は国衙機能と松本平の掌握にとって不可欠ともいえよう。

次に、「平賀冠者盛義」と「同太郎義延」があるが、両人は岡田氏と同じく、義光流で親子関係にあり、「太郎義延」は「四郎義信」が正しい。(7)その名乗の地たる「平賀」は、佐久郡平賀郷（佐久市平賀近辺）である。この郷は、千曲川と湯川の間にあり、千曲川上流にも一部飛地（佐久町平林等）を持っていたと考えられている。(8)郷の中核たる平賀は、佐久平より内山峠越で上野国甘楽郡へ通じる位置にあり、湯川北方は八条院領大井庄、千曲川西方は後院領伴野庄、南は山田郷、東は志賀郷であり、(9)佐久平中の最も平坦地である。かように平賀氏は、佐久平を制圧しうる位置に居たといえる。以上の如く、義光流たる岡田、平賀両氏は佐久平、松本平にその勢力を根づかせていたといえる。

最後の「木曽冠者義仲」は、著名な後の「木曽殿」義仲であり、木曽谷に成長したことは知られているとおりである。ここで、以上の三者を考えて見るに、前二者は、すでに親子二代にわたり同地に勢力を扶植し、在地小領主層等の家人化をなし続けていたと考えられるし、両平の生産力は、木曽谷に比較して格段のものがあったろう故、義光流たる両氏と、木曽義仲が蜂起に際して直接に掌握しうる兵力には、格差があったといえよう。従って、蜂起初頭に於て、信濃国を反乱側に組織するためには、岡田、平賀両氏の登場なくしては多大の困難を有したであろう。

信濃国、日本に於て有数の山国であり、その国内は幾多の山々により分割されており、単一の平面としてとらええない。この点、関東の国々とは異なり、単一の棟梁による一国支配を困難なものにさせる地理的条件となっている。南信の諏訪・伊那谷（諏訪・伊那両郡）、松本平（筑摩・安曇両郡）と、北信の佐久・上田平（佐久・小県両郡）、善光寺平（更科・埴科・水内・高井四郡）の四地域に大別される。各地域は山々によって独立しており、少ない峠によって交通を保っており、又他国との交通も同様なものがある。その意味からは、まず各地域毎に、それを統括しうる棟梁が出現して

〔源氏略系図〕

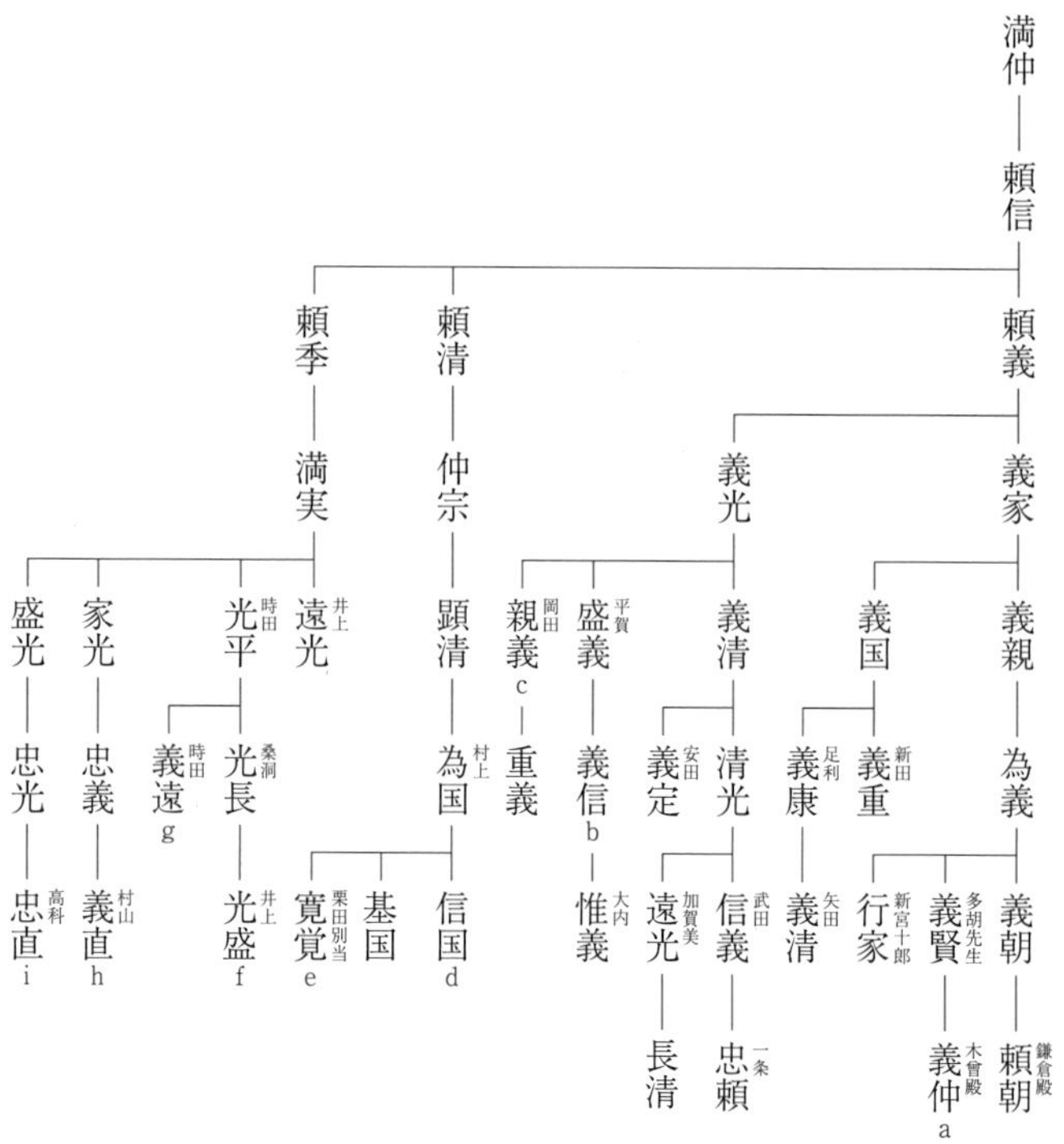
満仲
頼信
頼義
頼清
頼季
義家
義光
仲宗
満実
義親
義国
義清
平賀 盛義
岡田 親義 c
顕清
井上 遠光
時田 光平
家光
盛光
為義
新田 義重
足利 義康
清光
安田 義定
義信 b
重義
村上 為国
桑洞 光長
時田 義遠 g
忠義
忠光
義朝
多胡先生 義賢
新宮十郎 行家
矢田 義清
武田 信義
加賀美 遠光
大内 惟義
信国 d
基国
栗田別当 寛覚 e
井上 光盛 f
村山 義直 h
高科 忠直 i
鎌倉殿 頼朝
木曾殿 義仲 a
一条 忠頼
長清

ゆくのが自然といえる。然後、それを乗越えて成長しえた者が、一国支配を成就しえよう。では、前述の如く、松本、佐久平には岡田、平賀氏が存在しているが、他の地域ではその可能性を保持しえた源氏は存在していたのであろうか。伊那谷については次節で述べるので省略するが、善光寺平に於ては、結論だけ述べると、頼季流たる井上氏一族が高井・水内両郡、頼清流たる村上氏が更科・埴科両郡を中心に位置していたと考えられる。かく見ると、信濃国の四地域のいずれにも、木曽義仲が存在していないことに注意されよう。

三、信濃国に於ける反乱蜂起と木曽義仲

治承四年八月十七日、伊豆国山木館を流人源頼朝の一党が夜襲し、反乱に蹶起したことは周知の事実である。これに踵を接するが如く、東国の諸源氏は続々と蹶起し、この冬には東国の地は、六波羅政権の支配から離脱し、源家諸棟梁等に率いられる反乱軍によって簒奪されることになる。信濃国に於ては、頼朝が石橋山に敗北し、房総にて再起の結集をなしている時、木曽義仲は蜂起したのである。『吾妻鏡』同年九月七日条に、

源氏木曽冠者義仲主者、帯刀先生義賢二男也、去久寿二年八月、於武蔵国大倉館、為鎌倉悪源太義平主被討亡、于時義仲為三歳嬰児也、乳母夫中三権守兼遠懐之、遁于信濃国木曽、令養育之、成人之今、武略禀性、征平氏可興家之由有存念、而前武衛於石橋、已被始合戦之由、達遠聞、忽相加欲顕素意、爰平家方人有小笠原平五頼直者、今日相具軍士、擬襲木曽、々々方人村山七郎義直、并栗田寺別当大法師範覚等聞此事、相逢于当国市原、決勝負、両方合戦半、日已暮、然義直箭窮頗雌伏、遣飛脚於木曽之陣、告事由、仍木曽率来大軍、競到之処、頼直怖其威勢逃亡、為加城四郎長茂赴越後国云々、

とあるのが、それである。『吾妻鏡』は、治承寿永争乱に関して、頼朝以外の反乱勢力に関する記事では、多くの虚飾と事実隠蔽があり、注意を要するが、本日条は頼朝の挙兵を知ったことが義仲の挙兵の直接的動機としている点は別として、大略は信用しうるものがある。(10)『玉葉』九月十三日条にも、「信濃国已与力了」と記しており、時期的にも九月初頭までに、信濃国に於ける蜂起がなされたことは確実である。義仲が木曽谷に成長したことは、条文に示すとおりであるが、その最初の進撃が何処になされたか考えてみるに、まず善光寺平を目差したことに注意されよう。(11)この結果、平家方の笠原頼直は敗退し、(12)越後国へ逃亡したのである。従って、義仲は木曽谷に挙兵し、松本平より善光寺平に進撃し、そこに入ったと考えられる。しからば、なぜかような進撃をなしたのであろうか。頼朝が最初に、伊豆国目代山木兼隆を攻撃したことは周知の通りである。同様に、頼朝に味方せんとした千葉常胤も、その軍事行動の最初に、下総国目代を攻略していることによっても明白なよう、(13)六波羅平氏政権の地方行政支配者たる在国目代、すなわち国衙在庁機構が攻略目標に設定されたことは、信濃国についてもいえよう。松本平には国府が存在していた。『明月記』安貞元年（一二二七）閏三月廿日条の、「善光寺近辺号後庁、為眼代等之居所」の解釈は確定するものがないが、「後庁」＝国衙支庁との推測が成立するならば、(14)松本平と善光寺平は、共に反乱勢力にとって第一に攻略されねばならない地であった。すなわち、義仲も又、国衙在庁機構をまず破壊することにより反乱に蹶起し、信濃国の簒奪を計ったのである。

　では、何がそれを可能にしたのであろうか。義仲の保護者たる中三権守兼遠の、「権守」が在庁官人であることを示しているように考えられるが、その本貫とは上文より、木曽谷といえる故、他の在庁官人に対して絶対的優位を持っていたとは思われない。従って、義仲の直接的軍事力が、後節で述べる如く、この兼遠の一党と考えてよいが、それのみで木曽谷より松本平への進出を可能にしたとは思えない。そこで、考えられるのは、前節で述べた岡田氏の存在が不可欠となろう。私考するに、この岡田氏の蜂起なくして、義仲の松本平進出は不可能といえる。まさしく、松本平に挙兵した在地勢力の棟梁が岡田氏といえるのであろう。そして、義仲はそれとの協力のもとに、松本平に入り、続いて善光寺平への進出をなしえたといえよう。かかる意味で、真に国府を掌握しえたのは、第一に岡田氏といえよう。一方、善光寺平の蜂起勢力は如何というと、村山義直は井上一族で、高井郡村山（須坂市村山付近）・米持郷（同市米持）を本貫としている(15)。栗田寺別当範覚とは、『尊卑分脈』第三篇一九七頁にある、村上為国の子となった、「寛覚」と同流ではないだろうか。『尊卑分脈』では「寛覚」を「戸隠別当栗田禅師」とするが、「栗」は「粟」の誤りであろう。とすると、村上一族となり、「粟田」とは長野市栗田であろう。従って、善光寺平に於ても、その地の源氏諸流が挙兵していたことになるが、『吾妻鏡』では、いずれもその一族の惣領的人物ではなく、傍系的人物を表記している点に、その作為を感じる。かくて、これら松本、善光寺平に挙兵した源氏諸流の存在なしに、義仲の進撃はなかったといえる。

義仲の北信への進撃と、刻を同じくして、隣国甲斐の源氏一党も蜂起後、積極的な軍事行動をなした。その一方の雄、安田義定軍は駿河国に侵入し、波志太山に八月廿五日、平氏方を敗北させた(16)。もう一方の雄、武田信義・一条忠頼父子によって指揮された軍は、九月九日、信濃国諏訪へと侵入した。『吾妻鏡』九月十日条に、

甲斐国源氏武田太郎信義、一条次郎忠頼已下、聞石橋合戦事、奉尋武衛、欲参向于駿河国、而平氏方人等在信濃国云々、仍先発向彼国、去夜止宿于諏方上宮庵沢之辺、及深更、青女一人来于一条次郎忠頼之陣、称有可申事、忠頼乍怪、招于火炉頭謁之、女云、吾者当宮大祝篤光妻也、為夫之使参来、篤光申源家御祈禱、為抽丹誠、参籠社頭、既三ケ日、不出里亭、爰只今夢想、着梶葉女直垂、駕葦毛馬之勇士一騎、称源氏方人、指偏大明神之所示給也、何無其恃哉、覚之後、雖可令参啓、侍社頭之間、令差進云々、

とある。まさしく、平氏打倒のため進撃して来た甲斐源氏軍に対して、信濃国住民上下の崇敬厚い一宮たる諏訪大明

神の神威は、味方したのである。逆にいうならば、甲斐源氏軍は諏訪大明神を自己の陣営に早くも保持することに成功したのだ。このことは、諏訪神官たる神氏一統を始めとする諏訪在地勢力と一宮が甲斐源氏の陣営に所属したことを示している。この神威輝く甲斐源氏武田軍は、

依此告、則出陣、襲到于平氏方人菅冠者伊那郡大田切郷之城、冠者聞之、未戦放火於館自殺之間、各陣于根上河原、相議云、去夜有祝夢想、今思菅冠者滅亡、預明神之罰歟、

と、平氏方の菅冠者を滅亡させた。このように、侵入反乱軍と在地の蜂起勢力が結合することにより、伊那谷に於ける平氏勢力は一戦もすることなく、もろくも潰えさったのである。ここで、大田切郷とは、古来の伊那郡と諏訪郡の堺たる大田切川と、天竜川との合流点近くと考えられている[17]。従って、甲斐源氏軍は伊那谷中部まで進出したことになる。ここに、諏訪・伊那谷の平氏勢力は崩壊したといってよく、このことは、

然者、奉寄附田園於両社、(中略)皆不及異儀、召執筆人令書寄進状、上宮分、当国平出、宮所両郷也、下宮分、龍市一郷也、而筆者誤書加岡仁谷郷、(中略)相尋古老之処、号岡仁谷郷之所在之者、信義忠頼等拊掌、上下宮不可有勝劣之神慮已掲焉、弥催強盛信、帰敬礼拝、其後、於平家有志之由風聞之輩者、多以令糺断云々、

とある如く、諏訪上下社への神領寄附という、在地の進止権を掌握し、「於平家有志之由風聞之輩」に対して、「糺断」という、在地関係の旧体制を覆滅し、新体制たる甲斐源氏による在地支配を貫徹せんとしていることにより明白である。この伊那谷に於ける甲斐源氏の支配は、少なくともこの段階に於て、全く他の源家棟梁とは別個に独立しており、その介在はなかったといってよい。この意味で、『吾妻鏡』の頼朝に関する記述は虚構といってよい。とまれ、諏訪・伊那谷は、甲斐源氏武田一条父子の簒奪するところとなったのだ。勿論、この行動には、甲斐源氏一統の駿河より東海道への進軍——来るべき富士河合戦——への、本国甲斐の後背地たる諏訪郡の確保を目差した、いわば副次的作戦

ともいえるが、他方、諏訪湖から天竜川のラインを将来への発展の場として確保せんとする積極的意図をも有していたと考えてよい。かくして、甲斐源氏軍は、十四日、帰軍したのである[18]。

かかる南信の状況は、義仲の進路に影響したであろう。さて、義仲は挙兵にあたって、信濃国に於て、いかなる在地勢力を最も頼としたのであろうか。延慶本巻六之七・木曽義仲成長する事(四八七・八頁)に、

兼雅(中略)当国の大名根井小矢太滋野幸親と云者に義仲を授く、幸親是を謂取てもてなしかしつきけるほとに、国中に奉て木曽御曹司とそ云ける、

とある。ここで「根井小矢太滋野幸親」は、後に木曽四天王の一人とされ[19]、八条院領佐久郡大井庄根々井が名乗の地であり、そして滋野姓望月流の一族として、「幸親」は「行親」である[20]。この根井行親の話は、『平家物語』諸本に一致して述べられており、原平家より記述されていたと考えられる。行親が義仲滅亡に至るまで、その有力武将として活躍し、後節で述べるようその子息達も横田河原合戦以下で見えることからして、義仲と行親は、『平家物語』における義仲物語ともいうべき一連の説話群にとって、棟梁とその武将といった義仲主従の関係を示すためにも、切離しえないものがあり、かならずしも、義仲が最も頼とした最初の在地領主層とは断定しえないが、佐久・上田平の在地勢力としての滋野氏一族を考えると、義仲のそこへの進出にとって不可欠な一党といえる。ところで、ここで問題となるのは、平賀氏の存在である。この存在を抜きにして義仲の佐久平への道はないであろう。すでに、同じ義光流たる岡田氏は、松本平に挙兵していたろうし。ともあれ、善光寺平に入った義仲は、次なる行軍を佐久・上田平へと、千曲川を上っていたことは明らかであろう。これは、その次なる軍事行動が、『吾妻鏡』十月十三日条に、

木曽冠者義仲尋亡父義賢主之芳躅、出信濃国、入上野国、仍住人等漸和順之間、為俊綱足利太郎也雖煩民間、不可成恐怖思之由、加下知云々、

と、上野へ向かったことでも確かである。まさに、挙兵以来一月余りで、義仲は佐久平より上野国へ侵入したのだ。従って、その前提たる佐久平への進出には、その在地勢力たる滋野氏一族と佐久源氏平賀氏の協力なくして不可能といえる。彦由氏のいうところの「佐久党」が、これである。氏が明白にも前掲論文で述べているよう、佐久の棟梁は平賀源氏であり、後に独立した棟梁の位置を放棄し、頼朝権力の一員に入ることからして、いわば義仲に代表される信濃国反乱在地勢力にとっては、究極的には裏切者ともいえる存在である。それ故、義仲と共に最後まで行動を共にした根井氏を、その理想的像として、『平家物語』は表現しているのではないだろうか。しからば、『平家物語』に、根井氏と平賀氏の関係が捨取され、義仲説話群では、義仲との関係が強調されるのは当然といえる。とまれ、義仲の佐久平から上野国への侵入の道は、佐久の棟梁たる平賀源氏、すなわち「佐久党」の挙兵とその協力なくしては不可能といえよう。

さて、義仲の上野進軍について、延慶本巻六之七・木曽義仲成長する事（四八八頁）に、「父多胡先生義賢が奴て上野国勇士足利か一族以下皆木曽に従付にけり」とあり、『吾妻鏡』の記事と揆を一にしている。すなわち、後節で述べるが、義仲父たる義賢時代に編成していたと考えられる多胡郡を中心とした在地勢力を頼としている。しかるに、『吾妻鏡』では、藤姓足利氏嫡流の俊綱を敵対すべき勢力として表現しているのに対して、延慶本では、「足利か一族」を味方としている。では、延慶本の「足利」は藤姓足利氏を指すのであろうか。所謂下野国足利庄を本貫として毛野地方に勢力を有していた足利氏は、秀郷流藤姓と義国流源姓の両姓がある。ところで、後節でも述べるが、横田河原合戦に上野国武士の存在が認められる。その中に、佐井七郎と那波太郎が有るが、この両者について検討してみるに、秀郷流藤原氏で足利大夫成行（俊綱祖父）の弟、林六郎行房の子孫となる。(22)従って、延慶本にいう「足利か一族」とは、藤姓を示すといえる。考えるに、寿永二年（一一八三）の野木宮合戦(23)に関係して、足利俊綱は頼朝に追討され滅亡しているし[24]、その子たる又太郎忠綱は、合戦敗北後、逃亡していること[25]からして、藤姓足利氏は頼朝権力にとって北関東をめぐって対決した存在である。それ故、『吾妻鏡』としては、平氏方人として、頼朝権力に敵対した存在として記述される必要があったろう。争乱初頭段階では、義仲が反平氏勢力として挙兵したことは、『吾妻鏡』の予期される読者にとっても、周知の事実であったろうし、事実、『吾妻鏡』でもそのように記述されているのは、前述のとおりである。一方、藤姓足利氏嫡流が滅亡し、その傍流ないし同族たる小山氏が有力御家人化している以上、彼等の合戦における立場[26]を正当化するためにも、嫡流は最初から平氏方人であるとした方がよいであろう。従って、義仲とそれとが敵対関係である必要があろう。とまれ、『吾妻鏡』の記事は、そのまま鵜呑みには出来ない。延慶本の「足利か一族」とは、嫡流をも含めた足利氏一党であったとは確認しえないが、少なくともその有力な一部が義仲に参軍したとはいえよう。

上野国に於ては、義国流源氏の新田義重が独自の行動を取っていた[27]。従って、上野国支配を追求せんとすると、義仲はその勢力と対決せねばなるまい。又、藤姓足利氏嫡流も同じく上野国に軍事行動をなしていた[28]。さらに、以仁王と共に宇治川に斗った源姓足利氏[29]も、同様なものがあろう。かような、強力な軍事集団が在地に形成されていたとすると、侵入軍たる義仲勢にとって、それとの敵対化は危険なものがあろう。その点から、義仲が彼等と如何なる関係にあったかは、史料上の制約もあり、明確にはしえないが、少なくとも全面的対決に至るといった状況は考えられず、むしろ好意的なものがあったのではなかろうか。とまれ、上野国に於て、義仲は、少なくとも父「多胡」義賢の関係による多胡郡の兵や藤姓足利氏の一部を、組織化することに成功したといえよう。

十二月廿四日、義仲は信濃国へと帰陣した。『吾妻鏡』同日条に、

木曽冠者義仲避上野国赴信濃国、是有自立志之上、彼国多胡庄者、為亡父遺跡之間、雖令入部、武衛権威已輝東関之間、成帰住之思、如此云々、

とあり、頼朝が関東を制圧したことを、義仲帰国の理由としている。頼朝権力の北関東への拡大に関しては、ここでは詳論しないが、筆者としては、野木野宮合戦にその契機を求められるべきで、本段階ではその権威は及んでいないと考えるべきである。従って、『吾妻鏡』の記述は信用しえず、むしろ義仲の「自立」した行動を隠蔽せんとする作為と考えることが出来る。ただ、「帰住之思」をなしたことは確かであろう。

ここに、『平安遺文』三九三七号に、「源某下文」として、

（端裏）「これはきそとのゝ御下文」

下　資弘所知等

可早如旧令安堵事

右、件所、如元致沙汰之状、如件、

治承四年十一月十三日

源（花押）

がある。本文書は、端裏により、長野県の地方史研究者にとって、木曽義仲の下文とされている。勿論、古文書学的には、確実な義仲の文書ないし花押が発見されていない以上、竹内理三氏が、「源某下文」と整理されたことは正しい。だが、政治経済史上の史料として処理する場合には、それではすまされない。さて、「所知等」とあるが、何を示しているのであろうか。『平安遺文』三五三一号により、それに中野郷西条下司職を含むことは確かである。中野郷は、中野市々街部付近を中心とした地であり、西条なる地名は現存している。それ故、資弘は高井郡中野郷を本貫とする在地領主であると考えられる。とすると、義仲の下文ならば、上野国在陣中に、高井郡への在地支配を、義仲が行使していたことになる。前述の如く、善光寺平北部では井上氏一族の蜂起があり、その地の支配を図っていたと考えられ

る。又、後節での横田河原合戦に於ける井上光盛と義仲の関係からしても、「源某」とは、この一族かとも考えうる。この点について、いずれとも断定しえるものを持っていないが、ただいえることは、いずれの側が発給したにしろ、源家棟梁が、信濃国の平氏支配を打倒し、自らの在地支配を行うべく、在地の進止権を実力で以って、行使していたことを明示するのが、本下文である。かくて、治承四年(一一八〇)末には、信濃国に於ては、従前の平氏政権による地方行政支配は崩壊し、各地域に挙兵した源家棟梁にひきいられた反乱軍によって、簒奪されたといってもよい。しかし、その支配は確立しえたとはいえず、流動的なものがあった。『玉葉』十二月三日条に、

越後城太郎助永、於甲斐信濃両国者、不交他人、一身可攻落之由、令申請云々、

とある、越後国豪族の城氏による、北方からの圧力が迫っていたのである。この平氏政権の北陸道の雄となる城氏との全面的対決なくして、信濃国に於ける源家棟梁の一国支配は貫徹しえないのである。

四、越後国城氏と横田河原合戦への道

延慶本巻六之十二・沼賀入道与河野合戦事(四九四頁)に、

伊豆国流人源頼朝并甲斐国住人同信義偏企狼戻、頻励烏合、軽使之賊結党、愚惷之徒成群征伐未彰、漸送旬月、黎民之愁時而不休、宜仰越後国住人平助長追討件輩等、随其功効可加殊賞者、

治承五年正月十六日　左少弁

と、平助長に発給した源氏追討宣旨を載せている。これは延慶本にのみ見られるが、修辞上の問題はあるとしても、その形式は宣旨の体をなしている。同じく、延慶本巻六之十九・秀衡資長等に可追討源氏由事(五一一頁)に、藤原秀衡

と「城太郎平資長」に対して、源氏追討宣旨を下したことを記している。更に、『玉葉』治承五年（一一八一）閏二月十七日条にも、「越後城太郎助永、依宣旨、已襲来甲斐信乃国之由風聞」とあり、城氏への追討宣旨が下されていたことを記している。従って、延慶本に、上文がその節の本文と無関係に記載されており、同様に秀衡への宣旨と、平宗盛を「惣官職」に補任する宣旨をも記載している点からしても、上文の宣旨は、実際に発給されたものにもとづいて、延慶本に記載されたと考えてよかろう。

そこで、この宣旨を検討してみよう。「伊豆国流人源頼朝并甲斐国住人同信義等」とある如く、東国反乱勢力の代表が頼朝と信義であって、信濃源氏は義仲も含め、名を出していないことである。この点は、同時期の他の例にも見られるし、横田河原合戦後、北陸道追討使に下した宣旨にも、その名を見出せないことから、六波羅平氏政権は、当該時期に於て、東国反乱勢力の首魁がその両者であると、認識していたことを示している。そして、信濃国の源家棟梁は、まだその認識に焼付いていなかったことを示している。従って、木曽義仲は、まだ一方の首領として洛中の人口に認知されていないのである。

ところで、宣旨は「平助長」に下されている。この人物は、越後国豪族の城太郎助永である(31)。助永は、延慶本巻六之十九・秀衡資長等可追討源氏由事（五二二頁）に、

越後城太郎平資長と云者あり、是は余五将軍維茂か後胤、奥山太郎永家か孫、城鬼九郎資国か子也、国中に諍ふ者なかりけれは、境之外までも背さりけり、

とある如く、余五将軍維茂の子孫である。この維茂より助永への系譜に関しては、諸系図に異同があり、一致しえない。特に、奥山太郎永家、加地三郎長成、城九郎資国の三人は、城二郎永基の子として、兄弟となっており(32)、上文とは異にする。しかし、そのいずれかを決定しうる別史料はない。それ故、その当否については後考を待ちたいが、城

氏嫡流に、「奥山」と「加地」の名乗があることは、確認しえる。又、「城太郎助永弟資職、国人号白川御館」とあることから、城氏の本拠に「白川」も含むと考える。では、これ等は何処を示すのであろうか。「奥山」とは沼垂郡奥山庄（北蒲原郡中条町等）、「加地」とは同郡加地庄（新発田市の内、加治川北岸域等）、そして「白川」とは同郡白河庄（北蒲原郡水原町等）と考えてよい。(34)これに、「城四郎永用、於越後小河庄赤谷、構城郭」とある、「小河庄赤谷」とは、沼垂郡小川庄内で、新発田市の加治川上流の赤谷と考えられる。(36)この地は、北の加治庄より南へ綱木を経て諏訪峠越で白河庄より阿賀野川上流へと通じている旧若松街道と合流して、鳥居峠越で隣国の会津地方に交通しうる場所に位置している。かように、城氏は沼垂郡を中核として、北越を中心に勢威を保っていたと考えられ、次節で述べるよう、その力は会津地方にも及んでいた。まさしく、上文の如く、越後国随一の豪族として、典型的な豪族的領主層に位置する一個の棟梁といえる。では、何故に平氏政権は、城氏と奥州藤原氏に対して、宣旨を下したのであろうか。如何なる戦略にもとづいていたのであろうか。このことを考える前に、東国の状況を簡単に見てみよう。

信濃国に於て、木曽義仲を始めとした反平氏軍が蜂起し、その矛先を上野国に向けていた頃、南関東を一応制圧した源頼朝軍は、箱根山を越え、駿河国へ進出しようとした。一方、既に富士山麓に平氏方の駿河目代橘遠茂軍を壊滅させた甲斐源氏軍は、平維盛を総大将とする平氏軍を迎撃すべく、駿河国に進出していた。かくて、治承四年（一一八〇）十月廿日、同国浮嶋原に甲斐源氏軍を主力とする反乱軍は、「官軍」平氏軍を潰走させた。富士河合戦である。かかる結果、甲斐源氏軍は「駿遠」両国を支配下に入れたのである。(37)「遠江以東十五ケ国与力、至于草木、莫不靡」(38)という、東国は源家諸棟梁に率いられた反乱軍に簒奪される事態となったのだ。この東国の状況は、濃尾諸源氏を始め、近江国に於ても反乱勢力の跳梁するところとなり、(39)平氏政権は足下にも反乱軍の影を見ることとなった。又、北陸道に於ても、反乱の烽火が昇った。(40)東方三道に反乱の焔は燃盛った。平氏政権は、かかる状況に対して、まず京洛に隣接した近江国蜂起勢力に反撃の軍を進め、その張本たる甲賀入道、山本義経等を撃破した[41]。他方、周知の如く、反乱の一方の策源地たる南都に対して、平重衡軍は焼打を強行した。かかる結果、京洛近辺の反乱諸勢力に対して、一応の勝利を得た平氏政権は、明けて治承五年(一一八一)正月十四日のその「玉」たる高倉院の崩御直後、十九日、平宗盛を「五畿内并伊賀伊勢近江丹波等国惣官」職に宣旨を以って補任した[42]。続いて二月七日、平盛俊を「丹波国諸庄園総下司」職に補任する等の、一連の東国反乱鎮定の宣旨を下した[43]。平氏政権は畿内とその周辺の九ケ国に軍政を強いた。かくて、美濃国に向って、攻勢を取った[44]が、源新宮十郎行家を始めとする濃尾反乱軍の攻勢の前に、前進を阻まれた[45]。のみならずか、平氏軍は兵粮の欠乏に悩まされていた。

かかる状況下での城助永と藤原秀衡への源氏追討宣旨発給は、如何なる意味を持っていたのであろうか。前年の富士河合戦の敗北により、東海道を一路東上して反乱軍を真正面より壊滅する正攻策は失敗し、濃尾以東は事実上反乱軍の手中に有り、東方三道中、北陸道に反乱の焔が全面的には及んでいない現在、奥州藤原氏と越後城氏は、平氏政権にとって、最も頼らざるをえない存在であることは明白である。このことは、「鎌倉殿」頼朝が関東に勢威を振るっていたが、北関東の地はその勢力圏とはいえず、常陸国の義光流源氏たる佐竹氏を始めとする、反頼朝勢力が存在し流動的なものがあった[47]今、より一層感ぜられたことであろう。

さて、平氏政権は、東国反乱鎮定策として、第一に、前述の如く、「惣官」「総下司」職を新設し、畿内とその周辺の九ケ国を、旧来の国司機構や荘園領主関係を通すことなく直接的掌握化を企図した。これは、石母田正氏も指摘する如く、平氏政権がその立脚地たる畿内とその周辺を己が権力の直接的支配下に置き、その地域的基礎としての独自の権力機構の創設をなしたことになる[48]。勿論、この職の新設には、直接的には追討使たる平氏軍の兵粮米確保の企図があったことは確かである。このようにして、まず畿内とその周辺を政権の金城湯池とせんとした。第二に、東海道方面に対しては、二月八日、病を理由に大将軍を平知盛から平重衡に更迭させ、東海東山両道の反乱追討院庁下文を下させた(49)。「東山東海両国之徒、伊賀伊勢飛弾出羽陸奥之外皆其勧誘之詞、（中略）差遣官軍殊令禦戦之処、近江美濃両国之外、即績績尾張参川以東之賊」と、現状を述べ、当面する第一の敵が「尾参」を中心とした源行家等の反乱勢力であることを示している。そして、「源氏等皆悉可被誅之由、（中略）此事虚誕也、於頼政法師者、依顕然之罪科、所被加刑罰也、其外源氏指無過怠、何故誅、各守帝猷、可抽臣忠、（中略）早可帰皇化者」とあり、富士河合戦の際に、武田氏の使者を斬ったのとは異にし、東国の源家棟梁の率いる反乱諸軍に全面的に対決する立場を弱め、個々の反乱集団の相互矛盾の利用を計るといった、いわば内部分裂を狙った各個撃破策への転回の様子が見られる(50)。ここに、富士河合戦敗走の影響が、平氏政権をして、東国反乱軍への畿内よりの強攻策を、放棄させたといえよう。平氏本隊たる平重衡軍は、かかる方針にもとづいて、最先に源行家軍を求めて、東海東山両道へと進発せんとしていたのだ。

第三に、越後城氏と奥州藤原氏に対して、源氏追討宣旨を下したことである。この時、東国反乱勢力の支配が及んでいなかったのが、北陸道と陸奥・出羽両国である。ここに両氏は位置していたのである。前節の終りに述べてある如く、前年末に城氏は、「令申請」と、そして木曽義仲が蹶起した時、「越後国城太郎資長兄弟多勢者、木曽義仲信乃国の兵を語とも十分一にも不可及(51)」と、無弐の平氏方である。これに対して、奥州藤原氏は、その庇護下にあった源頼朝異母弟、九郎義経を兄の足下に行かせている等、その行動はいわば「洞が峠」的立場であり、旗幟を明白にしていない。かように、両氏の平氏政権への対応に差異を認めえるが、前者は、甲斐・信濃源氏の西上に対しては側面に、後者は、頼朝の西上に対して後門に位置していた。従って、東海道方面の平氏本軍が、前年末よりの戦斗等により消耗している現在、最も頼りにせざるをえない無疵の軍事集団が両氏であった。いわば、平氏政権にとって、全面攻勢を加える主攻軍が北陸道より陸奥出羽の線に位置する両氏であり、平重衡等の東海道方面軍は、その攻勢支援の意味合いを持つ助攻軍といえる。すなわち、両氏と平氏政権の関係からしても、越後城氏を主攻勢軸とし、奥州藤原氏を副軸とし、越後から信濃・上野等へ侵入し、反乱主力の一雄たる甲斐源氏の壊滅を目指し、同時に奥州より関東に侵入し、もう一方の雄たる頼朝を誅滅させるといった、西方からではなく、北方よりの大包囲作戦である。それ故に、城氏こそ、その要たる位置に存し、その成功こそ、奥州藤原氏の態度決定に重大な因子たりえたろう。かような意味で、治承五年（一一八一）春季平氏反攻の成否は、城氏に有ったといっても過言でない。ともあれ、治承五年の春、平氏政権はその全力を挙げて、東国鎮定を計画し、この戦略的中心が城氏の攻勢に置かれていた。この戦略が決定発動された直後、閏二月四日、総帥平清盛は薨去した。しかし、その戦略に変化なく、既定方針を進めるのみであった。

源氏追討宣旨を受けた城助永は、当然ながら国衙在庁機構を利用しつつ、越後一国の動員をなしたであろう。城氏の攻勢の行動は、閏二月に京洛で、已に軍事行動に入ったとの風聞が流れたことにより理解しうる。(52) しかし、延慶本巻六之十九・秀衡資長等に可追討源氏由事（五二一頁）に、

資長朝恩忝き事を悦て、義仲追討の為同（二月）廿四日暁に、五千余騎にて打立之処に、（中略）城太郎中風に逢遍身もすくみ、（中略）一言の遺言にも不及、其日の酉時計に死にけり、

とあるよう、出陣直後に急死した。この助永の死は、『玉葉』治承五年（一一八一）三月十七日条にも、「難取信」としながらも述べており、事実といえる。なお、長門本巻十二・兵庫島築始事（四二〇頁）では、二月廿五日の死去となっており、その日を異にしているが、いずれにせよ、その前後か、又『玉葉』の日付と本年には閏二月がある故、或は閏二月のことかも知れないが、ここでは断言はさける。ともあれ、治承五年春、助永は出陣への過程で急死した。あたかも、後世の上杉謙信のそれを思わせる。この結果、急拠、

同弟城次郎資盛（長門本では「資職」）、後には城四郎長茂と改名す、春の程は兄か孝養して本意を遂むと思けり、

と同上にある如く、舎弟の助職(53)に後を継がせ、体制を整ようとしたが、その遅延はまぬがれえなかった。この急死は平氏政権の戦略にとって打撃であったろう。城氏が主攻軍であり、かつ奥州藤原氏の宣旨に対する面従腹背的態度を見る時(54)、その出撃は急がれたろうし、それ故に助永は雪融を待ち、直ちに出撃せんとしていたといえよう。

この急死により、越後城氏の出戦は、一時的にも頓挫せざるをえない。従って、平氏の戦略に時間的齟齬を生じさせることになる。すなわち、東海道の平氏本軍のみが突出することとなる。三月十日、濃尾国境の墨俣河に於て、平重衡等の平氏軍は、源行家等に率いられる濃尾の反乱軍と衝突し、これを大敗させた(55)。墨俣河合戦である。これにより、東海地方の源氏反乱諸軍の矛先は停止した。しかし、平氏軍もこの勝利を、さらに拡大させて東上しえず、廿五日には総大将重衡は凱旋の様で入京した(56)。いわば、局地的勝利で満足せざるをえなかったのが、畿内の平氏本軍の実力であったといえる。従って、東国反乱軍の主力たる「鎌倉殿」頼朝や甲斐・信濃源氏の軍事集団は、無疵のまま、その戦力を充実させていたのである。いたずらに、平氏軍は戦力を消耗させていた。平氏本来の戦略からいえば、城氏の攻勢はほぼ時を同じくしえていたはずである。ここに、信濃源氏棟梁の下の武士団は、十分なる余裕を以って、城氏軍の攻撃に対処しうる時間を持ちえたのである。

五、横田河原合戦

イ、城氏の信濃国侵入とその軍事編成

『玉葉』治承五年（一一八一）七月一日条に、

越後国勇士、城太郎助永弟助職、国人号白川御館云々、欲追討信濃国、依故禅門前幕下等命也、六月十三四日両日、雖入国中、敢無相防之者、殆多請降

之者、於僅引籠城等者、可無煩于攻落、

と、六月十三・四日、信濃国に侵入した城氏軍は、あたかも無人野を行く如き快進撃を行い、在地勢力の多くをその勢力下に置いた。この緒戦に於ける勝利は、如何にもたらされたのかを考えてみるため、城氏軍が如何なる軍事編成のもと侵入してきたかを見てみよう。

延慶本巻六之廿六・城四郎与木曽合戦事（五三三頁以下）なる史料は、見聞による実戦記にもとづいて記述されていると思われ、具体的な両軍の参加勢力と合戦の経緯を見るに、貴重であり他に変え難いものがある（同様に他の所謂後期増補本系諸本も）。それ故、延慶本の記述を考察してゆくことにする。まず、

猿程に城四郎長茂当国廿四郡出羽まで催て敵に勢の重を聞せむと雑人ましりに駈集て六万余騎とそ注たる、信濃へ越と出立けるか、先業有限不可期明日呼て雲の中へ入にけり、人多是を聞さりけるとも長茂即時をかへす打立、六万余騎を三手に分つ、千隅超には浜の小平太大将て一万余騎を指遣す、殖田超には津帳庄司大夫宗親大将にて一万余騎差遣す、大手には城四郎長茂大将として四万余騎を引率して、越後の国府に付にけり、明日信乃へ超むとする処に先陣諍は誰々そ、笠原平五、尾津平四郎、富部の三郎、閑妻の六郎、風間の橘五、家子には立河次郎、渋川三郎、久志太郎、冠者将軍、郎等には相津の乗湛房、其子新大夫、奥山権守子息藤新大夫、坂東別当、黒別当等我も〳〵と諍ければ、城四郎御方打せさせしとていすれも〳〵ゆるさすして四万余騎を引具て熊坂を打越て、信濃国千隅河横田川原に陣を取、

とあることに注目される。これによると、城氏軍は越後一国のみならず、出羽をもその一部を編成動員している。助職が国府に入り、そこより本隊と共に進発していることから、その動員に当っては、前の宣旨による「官軍」としての立場から、越後国衙在庁機構を通して集められた軍兵が多数にのぼったであろう。それ故に、いわば越後一国の最

大規模の動員を果しただろうことは、「六万余騎」、『玉葉』でも「万余騎」と称されたことでも知れよう。

さて、城氏軍は三方面より進軍を開始している。その手配により、対信濃・甲斐源氏戦略が知りうる。大手は、城助職の直隷集団として、越後国府(直江津市付近)(57)より、「熊坂を打越」とあることから(58)、所謂北国街道に沿って南下し、善光寺平に入ったといえる。搦手の一手は、「千隅超」、すなわち保坂峠(59)越で水内郡白鳥へ出、千曲川沿に善光寺平へ南下したといえる。この手の大将たる「浜の小平太」は不詳であるが、『源平盛衰記』廿七巻・信濃横田川原軍事(下巻五三頁)に、彼と共に「橋田の太郎」を記載しているが、その名乗の地たる橋田(五泉市、市街より西南に約一里の地)は、前節で述べた城氏の「白川」城と伝えられた地と阿賀野川を挟んで近い位置にあり、この集団も城氏の策源地の武士により指揮されていると考えられる。別働隊の一手は、「殖田超」であるが、その大将たる「津帳庄大夫宗親」の「津帳庄」とは、魚沼郡中で後の中魚沼一帯を示し、信濃川流域であるし、そして「殖田」とは、同じ魚沼郡中で後の南魚沼一帯を示し、魚野川流域である故に(60)、上野国へと三国峠越であると考えられる。そして、その大将が魚沼郡の在地領主であることから、その集団は同郡の軍兵によって編成されていたといえよう。従って、この集団は、他の二手とは異なり、信濃国ではなく、上野国を直接目標としていたといえる。以上のことから、城氏の戦略方針は、宣旨にもあるよう甲斐源氏等の撃滅を企図して、その第一段階として信濃国鎮定に当って、主力を善光寺平に進出させ当面の敵を正面から撃破し、別働隊を以って、その一方の勢力たる上野国へ入り、その後背より本隊と合せ、佐久・小県平に於て包囲せんとする、いわば信濃国平定を佐久・小県平に指向していたと考えることが出来る。然後に、次なる行動を目差してゆく。かかる戦略に於て、信濃国の源氏諸棟梁の率いる反乱諸集団の何処に、その主力が在していたかを、城氏軍が認識していたかが理解されよう。それこそ、佐久源氏とその集団といえよう。これに関しては後述することにして、城氏軍の編成について考えてみよう。

延慶本にあるよう、城氏の動員に応じた範囲は、越後一国と出羽国の一部である。ここで、越後国では、前節で述べた如く、その本拠たる沼垂郡を中核とした北越の、己が封建的ヒエラルキーにもとづいた武士団を直属としたことは、郎等として「奥山権守子息」の名が見えることに、理解されるが、同時に「津帳庄司」に代表されるよう、他の地域に於ける在地領主層等をも一個の「武者」として動員されたことも確認しえよう。従って、越後一国の動員は、城氏の豪族的領主層としての自己の軍事的ヒエラルキー下の「兵」を中核部隊としつつも、前述した如く、「官軍」たる立場よりの国衙在庁機構を利用しつつなされたといえ[61]、その意味では、「雑人ましりに駈集て」とあるような所謂「国々のかり武者[62]」的存在の兵力も多く有していたことは、延慶本同上に、「城四郎は大勢なりけれとも、皆駈武者共にて手勢の者は少かりけり」とあることで、明白である。次に出羽国であるが、屋代本巻六・城四郎与木曽義仲於信濃国横田河合戦事（四八二頁）に、「越後会津ノ兵共ヲ駈具シテ」と、実は陸奥国会津地方を中心としたことである。なぜならば、家子・郎等として、「立河次郎」、「相津の乗湛房」とあるが、この両者はいずれも会津地方の在地勢力であると考えられる故である[63]。従って、祖たる「余五将軍」維茂が鎮守府将軍であり[64]、かつ陸奥国に居し、そこに所領を有していたことから[65]、そして城氏の本拠たる越後国沼垂郡が会津地方に隣接していることから、そのことは、城氏が会津地方を己が勢力圏として、封建的支配関係を滲透させていたことを、示していよう。その意味で、会津地方は、横田河原合戦敗北後の城氏が、「欲引籠藍津之城[66]」としたことからも、北越に並ぶ城氏の本拠といえよう。城四郎助職は、この会津地方をも含めた自己の封建的ヒエラルキーによる武士団と共に、越後一国動員の兵力を以って、大手の軍事集団を編成していた。しかし、城氏軍はこれのみではない。すなわち、「先陣諍は誰々そ、笠原平五、……」とある、信濃国武士がその先鋒として参加している。彼等が、信濃国の何処を在地としているかは、〈付図及び付表〉を一見すればわかるよう、北信の善光寺地域であることが確認できよう。その代表的存在が、第三節で述べてある笠原平五頼直といえよう。[67]かくて、城氏軍の信濃国への道は、彼の如き、平氏方人たる信濃武士の存在と道案内的工作により切開かれたといってよい。横田河原に隣接した富部氏が平氏方に参加し活躍していること[68]に象徴されるように、城氏軍の快進撃は、彼等なくして不可能といえる。逆にいうならば、北信の在地勢力が、いまだに確乎たる統一した集団として行動しえず、流動的要素の強かったことを示していよう。それ故に、城氏の大軍の前に、善光寺平の在地勢力は緒戦に於て、その軍門に馬を進めてきたといえる。だが、ここに城氏の陥穽があった。このことは後述するが、ともあれ、城氏軍は、その圧倒的大軍の力と在地の協力者の存在を合せ、善光寺平を一路南進し、横田河原への快進撃を続けたのである。

ロ、横田河原合戦に於ける「木曽党」・「佐久党」・「武田之党」

城氏軍の侵入に対して、木曽義仲を始めとする信濃国等の反乱諸勢力は、如何に対応したのであろうか。延慶本同上(五三三・四頁)に、

> 木曽是を聞て兵を召けるに、信乃上野両国より馳参と云とも其勢二千騎に過さりけり、当国白鳥川原に陣を取、楯六郎申けるは親忠馳向て敵の勢見て参らむとて乗替一騎相具て塩尻と云所に馳付くて見は、敵は横田川原石川さまへ火を懸て焼払、

と、己が勢力圏下に有る信濃、上野両国の蜂起勢力を結集して、迎撃すべく、白鳥河原(佐久郡東部町本海野?)[69]に出陣し、城氏軍を偵察すべく楯六郎親忠を派遣させた。[70]すでに、城氏軍は更級郡横田河原(長野市横田——信越本線篠ノ井駅南、千曲川北岸)に入り、その隣接たる石川、篠ノ井をも焼払っていた。かく、城氏軍の攻勢には目覚しいものがあった。

これに対して、

〔横田河原合戦関係武士略表〕

国名			氏名	在地(現在地比定)	出身	備考
上野国	源氏方		那波太郎弘澄	那波郡	秀郷流藤姓足利一族	
			佐井四郎弘資	佐位郡	同	高山党
			木角六郎	不詳		
			瀬下四郎	甘楽郡瀬下郷(富岡市瀬下町)		
			桃井五郎	群馬郡桃井郷(北群馬郡榛東村)		
			多胡次郎家包	多胡郡多胡庄(多野郡吉井町)		
			高山党	緑野郡高山御厨(藤岡市)		
信濃国		1	根井小弥太行親	佐久郡大井庄根々井(佐久市根々井)	滋野姓望月流	
		2	八島四郎行綱	佐久郡大井庄矢島(北佐久郡浅科村矢島)	同	行親子
		3	落合五郎兼行	佐久郡大井庄(佐久市落合)	同	同
		4	楯六郎親忠	佐久郡海瀬(南佐久郡佐久町館)	同	同
		5	望月次郎・三郎	佐久郡望月牧(北佐久郡望月町等)	同	
		6	海野弥平四郎幸広	小県郡海野庄(小県郡東部町本海野町)	滋野姓海野流	
		7	禰津次郎貞行	小県郡海野庄禰津庄(小県郡東部町禰津)	滋野姓禰津流	
		8	小諸太郎忠議	佐久郡小諸郷(小諸市)		
		9	平原次郎景能	佐久郡平原郷(小諸市平原)		
		10	志賀七郎・八郎	佐久郡志賀郷(佐久市志賀)		
		11	桜井太郎・次郎	佐久郡伴野庄桜井郷(佐久市桜井)		
		12	野沢太郎	佐久郡伴野庄野沢郷(佐久市野沢)		
		13	臼井太郎	佐久郡伴野庄臼井村(南佐久郡臼井町)		
		14	塩田八郎高光	小県郡塩田庄(上田市旧塩田町域)		
		15	余田次郎	小県郡依田庄(小県郡丸子町)		
		16	円子小忠太	小県郡依田庄丸子(小県郡丸子町)		
		17	茅野太郎光弘	諏訪郡茅野(茅野市茅野)	神氏	
		18	諏訪二郎	諏訪郡上諏訪社(諏訪市神宮寺)	同	
		19	手塚太郎光盛	諏訪郡下諏訪社(諏訪郡下諏訪町)	金刺姓	
			樋口二郎兼光	不詳(東筑摩郡朝日村?)		義仲乳
			今井四郎兼平	不詳(松本市松本?)		兄弟
		20	長瀬判官代	筑摩郡長瀬(塩尻市長瀬)		義仲従
						兄弟
		21	小河原雲藤三郎	高井郡東条庄(須坂市小河原)		光盛侍
		22	保科太郎	高井群保科御厨(長野市若穂保科付近)		同
		23	大室	高井群大室牧(長野市松代町大室)		
	城氏方	イ	星名権八	高井郡保科御厨		
		ロ	富部三郎家俊	更級郡富部御厨(長野市川中島町御厨辺)		
		ハ	杵淵小源太重光	更級郡富部御厨杵淵(長野市篠ノ井杵淵)		家俊郎等
		ニ	風間橘五	水内郡市村庄風間(長野市風間町)		
		ホ	閑妻六郎	水内郡静間(飯山市静間)		
		ヘ	笠原平五頼直	高井郡笠原牧(中野市笠原)		
	参戦不詳	一	仁科次郎盛家	安曇郡仁科御厨(大町市館の内)		
		二	山田次郎	高井郡奥山田(上高井郡高山村)		
		三	中野助弘	高井郡中野郷西条(中野市西条)		
		四	狩田式部大夫繁雅	高井群東条庄狩田(上高井群小布施町雁田)		
		五	尾藤太知宣	高井郡中野牧(中野市)		
		六	片切太郎為安	伊那郡片切郷(下伊那郡松川町片桐)		

〈付表〉註一、本表は、延慶本、長門本、『源平盛衰記』の横田河原合戦記事を中心として、本合戦参加武士を構成しているが、一部については、他の記事などから推測して、その適否を決定している。その現在地比定に関しては、信濃教育会編、前掲書に、学ぶところが多い。

二、在地とその現在地比定に関しては、信濃教育会編、前掲書に、学ぶところが多い。

三、氏名の左の数字と片仮名は、〈付図〉上の記号である。

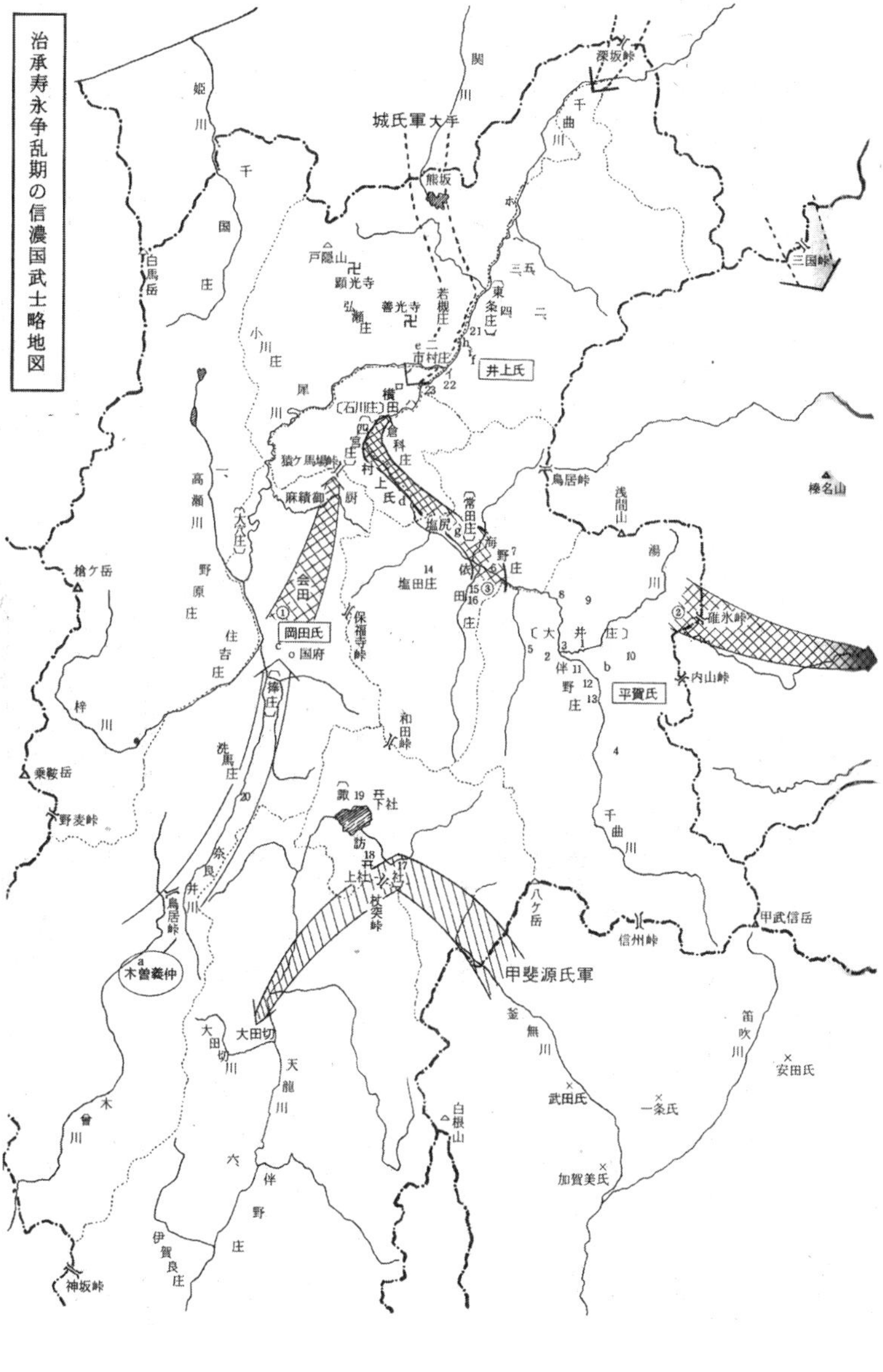

治承寿永争乱期の信濃国武士略地図

敵に八幡焼せぬ前に打はや者共とて引懸引懸夜のあけほのに本堂に馳付て願書を八幡に納めつ、打立けるに、

と、反乱軍側は、更級郡小谷庄の更科八幡宮(更埴市八幡町)(71)を焼かすまいと、夜中に進軍した。かくして、「養和元年六月十四日の辰の一点也(72)」、両軍は横田河原に対峙し、合戦が開始された。だが、反乱軍の勢力は「二千騎」と称され、「四万余騎」と称された城氏軍の大手の兵力に比較して、劣勢は免れえなかった。

信濃国等の反乱軍は如何なる陣容で合戦に対面したのであろうか。延慶本同上(五三四頁)に、

先陣諍輩誰々そ、上野には木角六郎、佐井七郎、瀬下四郎、桃井の五郎、信乃には根津次郎、同三郎、海野矢平四郎、小室太郎、注同(長門本は「望月」)次郎、同三郎、志賀七郎、同八郎、桜井太郎、同次郎、野沢太郎、臼田太郎、平沢(『源平盛衰記』は「平原」)次郎、平野太郎、諏訪二郎、手塚別当、手塚太郎等そ諍ける、

とある記事が、長門本巻十二・木曽合戦事(四三一頁)、『源平盛衰記』巻廿七・信濃横田川原軍事(下巻五三一〜五頁)と比較対照することにより、そのことを我々に知らせてくれる。これ等の各個の武士については、〈付図と付表〉を一見してほしい。さて、上文によりその構成を考えてみよう。まず、上野国武士団が参加している。これは、第三節で述べた如く、治承四年(一一八〇)の義仲の同国進出により、組織化された反乱勢力である。これ等の上野国勢は、藤姓足利一族の一部と、義仲の父「多胡」義賢の故地たる多胡郡を中心とした、いわば信濃国佐久平に近接した甘楽、多胡、緑野郡の鏑川、神流川流域等の在地領主層といえる。この点、第三節でも述べた如く、佐久源氏たる平賀氏の存在が、その結果に影響しえたであろう。

次に信濃国に関しては、第一に、第三節で述べた根井行親に代表される、滋野姓一族を中心とした小県・佐久平の在地領主層が、多数参加していることである。佐久郡では、大井庄の根井氏父子、伴野庄の桜井、野沢、臼田氏、望月牧の望月氏、そして小諸、平原、志賀氏と、佐久平の中心部から浅間山寄までの武士と、いわば佐久平の在地領主

層の主要な「兵」を網羅しているといってよい。この中核的位置に存していたのが、第二節で述べた佐久源氏平賀氏の本貫たりうる平賀郷である。他方、小県郡では、海野庄の海野、禰津氏、依田庄の余田、円子氏、塩田庄の塩田氏の参加が見られ、まさしく小県・佐久平の在地領主層は、反乱に蹶起していたといえる。この意味で、前節で述べた如く、城氏軍がこの地を目標として、横田河原へと突進したのは当然の理といえよう。千曲川上流域は反乱の巣窟であった。第二に、『源平盛衰記』同上(下巻五四頁)にも、「諏訪上社には、諏訪次郎、千野太郎、下宮には、手塚別当、同太郎」と、諏訪上下社の神氏、金刺氏が参加していることである。八条院領諏訪上下社[73]は、当国一宮として国人の崇敬を集めているのみならず、その社壇は不特定多数の参拝者の集う、いわば流通上の結節点として中世的地方都市たりえる存在である[74]。この諏訪の地は、第三節で述べた如く、甲斐源氏の棟梁たる武田父子の制圧下に入ったところである。伊那谷も同様であるが、その伊那武士は一切不見であることに注意される[75]。第三に、『源平盛衰記』同上(五四・五頁)に、「木曽党には、中三権守兼遠が子息、樋口次郎兼光、今井四郎兼平、与次、与三、木曽中太、弥中太、検非違使所八郎、東十郎、進士禅師、金剛禅師」とある。義仲の成長の地たる木曽谷を、その名とした「木曽党」の存在である。この「木曽党」の構成は、前二者と異にするものがある。その中心的存在が在庁官人と考えられる中原兼遠の一党で、これが「木曽党」の本体といえるが、そこには、上文の通り、明白な在地名乗を持った人物は存在していないといってよく、いわば在地領主層とは考え難く、農村以外の場を拠点とした層が主体であると考えられる。従って、その地域的基盤たる木曽谷の生産力からして大集団とはいえないが、それは、「進士禅師」に代表される、山伏的悪僧と考えられる人物、「検非違使所八郎」に代表される、国衙軍事機構の下部と考えられる人物、等々の、いわばアウト・ロー的性格を有していた流動性豊な層といえよう。この意味で「木曽党」とは、本来的に農村生産点に拠らない、流動的集団といえよう。まさしく、この流動性が、反乱のダイナミズムの内で、木曽義仲を信濃国から上野国へかけてと縦横に行動させることとなったのであろう。以上の三ケの地域的にも特質を持った信濃国反乱諸集団と上野国反乱武士とを合せ、横田河原合戦に轡をならべた反乱軍は、四ケ集団から構成されており、その中核的存在が小県・佐久平の集団といえよう。

　そこで、第一節冒頭で示した『玉葉』の、「信乃源氏等、分三手、キソ党一手、サコ党一手、甲斐国武田之党一手、」が、注目される。この記事と前段の考察を考え合せて見ると、「木曽党」＝「キソ党」であることは明白といえる。この棟梁は、「木曽殿」源義仲といえる。が、第二節で述べた岡田氏の存在は無視しえない。第三節でも述べた如く、義仲の木曽谷からの出撃に当っては、松本平に位置する同氏の協力なくして、その前進はなしえない。とりわけ、国府に隣接した位置からして、その掌握に当たっては、同氏の帰趨が左右したことは疑いえない。それ故に、松本平の蜂起勢力を組織するには、同氏の存在が要といえる。この意味で、先の「木曽党」に松本平の在地性を有していた「兵」が見られないことは、注意すべきである。横田河原合戦に関係した一切の史料上に、この岡田氏と共に松本平に在地を持つ武士が所見しないが、それ故にこそ、彼等が何処を行動したか注意されよう。しかるに、横田河原は、松本平から猿ケ馬場峠経由で、後背をつきえる位置にある。従って、横田河原の後方たる小県・佐久平は、前述の如き反乱の地である故、もう一方たる松本平の在地勢力が反乱軍側に位置しないことには、その後背を脅かされえないし、義仲の本拠たる木曽谷との交通は遮断されることになる。それ故に、岡田氏に率いられたと考えられる松本平の在地集団は、やはり反乱軍に位置していたといえよう。この場合、彼等が合戦に参加していたとすると、それは地域的関連からしても、「木曽党」と連合していたといえよう。又、合戦に直接参加していないとすると、「木曽党」たる義仲が第一線部隊といえ、その後方支援として松本平を安曇へと北上していたのかも知れない。いずれにせよ、その勢力は、その生産余力からして、義仲の直接掌握する「木曽党」より大きく、彼の支配するところにはなかったといえよう。そして、これ等の総体が、彦由氏述べた如く、「キソ党」といえよう。次に「武田之党」であるが、武田本隊は、すでに前年の富士河合戦勝利後、「駿遠」を簒奪し、東海道に行動していたと考えられる。(76)それ故、それが直接的に合戦に参加したとは考え難い。だが、その勢力圏下たる諏訪上下社の武士団が参加していることから、彼等が「武田之党」の実体といえよう。信濃国一宮として在地の崇敬厚い彼社神官武士の参加は、信濃国源氏諸棟梁と甲斐源氏武田父子との連帯を表明するものとして、意義深いものがあろう。(77)なお、ここで伊那谷の武士が参加していないと考えられるが、それは、天竜川を彼等が南下することにより、直接に武田本隊の指揮下に有ったのではないかと思われる。最後に、「サコ党」(78)である。前段で残る信濃国の集団は、小県・佐久平の在地領主層等である故に、「サコ党」＝「佐久党」と表記しうることから、まさしくそれに当たる。これには、佐久平と上野国の地理的関係からして、上野国反乱勢力も含みえるかもしれない。

ここに、「木曽党」、「武田之党」、「佐久党」の三ケ集団が連帯して、横田河原合戦に向ったことがいえる。この連帯こそ、彦由氏が前掲論文(第一節)で強調された成果である。この点、延慶本等による分析の結論が、それと一致しえたことは、氏の論に補強たりえる。氏も述べているように、この時期における信濃国反乱諸勢力は、義仲の統一的麾下にあったわけではなく、広く中部日本地方を考え、三者の連帯・連合の上に成立していた。その総体が「甲斐信濃源氏」といえる。そして、信濃国に於ては、この中核的存在が、合戦直前に義仲自身、小県郡余田庄に居たことからしても、(79)前述の如く、「佐久党」といえる。その棟梁は、氏の論じたように、義光流たる平賀氏である。

さて、城氏軍が横田河原まで快進撃したことと、その因については前述した通りである。しかるに、城氏軍が横田河原周辺で焼打を行なったことは、それに隣接した富部御厨を本貫とされる富部氏が、城氏軍の有勢であることからして、すでにこの地が彼と対抗関係を持った反乱軍側に組織されていたことを示していよう。城氏軍は、本来的な敵地に突入したといってよい。これから先、千曲川は上田平までの谷に入り、両岸に山は迫っていた。これに対して、小県郡に結集した反乱軍が、夜中にも拘らず、この地を一夜に進撃しえたことを考えると、勿論地元の利として地理に明るいことはいえるが、この更科郡中の千曲川の谷に居る村上氏の存在に注意される。この氏が反乱軍に対して敵対しないことが、その行動をなしえた必要条件といえよう。そして、城氏軍の前述の対応からして、戦場に近接していた村上氏が反乱軍側に位置したであろうことは、十分に理解されよう。従って、この工作に当たっては、小県・佐久平の在地勢力が反乱軍に組織されていた事実が重きを占めたであろうし、その際の平賀氏の動向は起因たりえたろう。かくて、横田河原に両軍は激突していったのである。

ハ、井上氏と横田河原合戦の勝利

延慶本同上にある如く、佐井弘資と富部家俊の死斗に代表されるよう、両軍は一進一退を続けた。かくて、その兵力差もあり、四部合戦状本巻六・横田河原合戦(上巻二六六頁)に、「源氏被懸破フ上下蒙ル疵之者多シ」という、状況になったであろう。反乱軍は刻とともに圧迫されていたといってよい。ここに、反乱軍は起死回生ともいえる奇襲をなすのである。延慶本同上(五三七・八頁)に、

信乃国源氏に井上九郎光盛とて勇める兵あり、内々木曽に申けるは、大手に於は奉任於搦手者任給へとあいつを指たりけれは、大本堂の前て俄に赤旗を作て里品党(長門本は「保科党」)三百余騎を先に立て懸出るを、木曽是を見て怖みをなし、あれは何にと云へば、光盛か日来の約束奉違まし御覧せられ候へとて、隅河の鰭を艮に向て城四郎か後の陣へそ歩せける、木曽下知しけるは井上ははや懸出たり搦手渡しはて、義仲渡し合て懸むするそ一騎も後るな若党共とて、甲の緒をしめて待処に、城四郎は井上か赤旗を見付て搦手に遣しつる津帳の庄司家親か勢と心得て、こなたへなこそ、荒手也敵に向へ荒手なりと使を立て下知する処に、虚きかすして隅河をさと渡し、

敵の陣の前に大なる堀あり、広さ二丈許也、光盛さしくつろけて堀をこす、向のはたに飛渡る連て飛渡る者も有堀の底に落入者もあり、光盛はてねは赤旗かなくりすて、白旗をそ差上ける、(中略)敵をはかふこそたはかれとて三百余騎馬の鼻を並て北より南へ懸通る、大手は木曽二千余騎にて南より北へ懸通る、

とある、井上光盛による奇襲である。『玉葉』の、「俄作時攻襲之間」とあるのに、一致しうる。城氏軍にとって、まさにこれは戦術的奇襲であった。陣前で敵襲と知りえたのである。この結果、『玉葉』にも、「疲嶮岨旅軍等」とある城氏軍は、地の利を生かした反乱軍の前に、

城四郎か多勢四方へ村雲立に被懸て立合者は被討にけり、逃る者は大様河にそ馳こみける、馬も人も水に漂れて死にけり、大将軍城四郎と笠原平五と返合て戦けるか、長茂こらへかねて越後へ引退、(中略)笠原平五は(中略)出羽国へそ落にける、木曽横田の師に切懸頸共五百人也、

と、第一節でも述べた如く、城氏軍は潰走するのである。ここに、信濃国から平氏勢力は一掃され、新体制のもとに編成されることになったのだ。

横田河原合戦勝利の立役者は、上文の示す通り、義仲ではなく井上光盛である。井上氏は、第二節で述べた如く、頼季流源氏で高井郡に位置している。この井上氏の麾下には、「里品党」＝「保科党」と称する集団が、存在しており主力といえる。元暦元年(一一八四)、井上光盛が誅滅された[80]。直後、「降人」としてその「侍保科太郎」[81]を挙げていることから、このことは明白である。「保科」とは、高井郡保科御厨(長野市保科・河田等)であり、「信濃国保科宿遊女長者」[82]と、「遊女」の巷たる宿であり、かつこれ故にも水陸交通路上の要衝といえる[83]。まさしく、商業流通拠点として、不特定多数の非農民的人民の結集する宿が[84]、「保科党」の本拠であり、その棟梁が井上光盛である。その意味で、井上氏は、単に井上郷を本貫として、高井郡等の庄郷の在地領主層等の棟梁たりうる限りでなく[85]、その流通拠点をも掌握するこ

とにより、彼等の棟梁たりえたといえる。逆に考えると、城氏軍に「星名権八」が参加していたのが、[86]その快進撃を可能にしたともいえる。まさに、善光寺平の在地勢力は、いずれの側に位置するかで二分されていた。

ところで、上文の延慶本に注意すると、「大手に於は奉任於搦手任給へ」と、義仲に対して、全く対等の立場で発言しており、その奇襲作戦に関して、事前にその策を示さずに全く自己の意志によって行動している。まさに、義仲に対して、「おれに付いてこい」的態度である。かかる姿勢は、断じて義仲に従属したものではなくて、一個の対等の源家棟梁としての立場より生じるものである。むしろ、彼に対して優位に位置する感すらする。この姿勢を見る時、前述の平賀氏と義仲の関係も、それと同一視出来る。まさに、「木曽殿」源義仲も、平賀氏も、井上氏も、そして岡田氏も一個の棟梁といえる。彼等と甲斐源氏の連帯の上に、信濃一国の反乱は成就したといえる。そして、前述した如く、千曲川流域の平賀氏、村上氏、井上氏の、佐久平より善光寺平への源家棟梁の連帯関係が主軸となって、横田河原合戦は、反乱軍の大勝利に終った。ここで、中原兼遠一党を中核とした木曽谷の流動性に富んだ集団を、狭義の義仲を棟梁とした「木曽党」とし、松本平の岡田氏を始めとした反乱勢力総体をも含めたものを、広義の「木曽党」と称するならば、これは、平賀氏を棟梁とした小県・佐久平の反乱在地勢力を狭義の「佐久党」と呼べば、彼等千曲川流域の源家棟梁の連帯関係を、広義の「佐久党」と呼びえよう。この点、井上光盛の祖父たる光平や、伯父の清綱・義遠は「時田」と称している。[87]「時田」とは、八条院領常田庄[88](上田市)を、示していると考えられえることは、その勢力が上田平にも及んでいることを感ぜさせ、前述のことを理解させえる。[89]とまれ、「木曽殿」源義仲、義光流源氏岡田氏に率いられた「木曽党」、義光流源氏平賀氏、頼季流源氏井上氏に率いられた「佐久党」等の信濃源氏の軍事的連帯・連合は、横田河原に城氏軍を敗走させた。この諏訪大明神の神威輝く反乱軍の中核集団は「佐久党」といえる。まさに、小県・佐久平等の在地勢力は、自らの血肉で以って、己が地を固めたのである。かくして、信濃一国は、平氏政権打倒に蹶起した源家棟梁の膝下、簒奪が確定したのである。

彼らは、信濃一国よりその勢を外に向けた。延慶本同上(五三八頁)に、

即城四郎跡目に付越後府に付たれは、国の者共皆源氏に順にけり、城四郎安堵し難かりけれは会津に落にけり、

とあり、越後国在地に於ける状況は、一挙に反平氏の形勢となり、『玉葉』治承五年(一一八一)七月一日条にも、

本国在庁官人已下、為遂宿意、欲凌礫助元之間、

と、城氏は国衙在庁官人の離反により、その掌握を放棄して勢力圏たる陸奥国会津地方に後退したのである。これに対して、信濃源氏軍は、延慶本に上文に続いて、

北陸道七ケ国の兵共皆木曽に付て従輩誰にそ、(中略)此等牒状を遣して木曽殿こそ城四郎追落て越後府に責上て御すなれ、いさや志ある様にて被召ぬさきに参らむと言けれは、子細なしとて打連参けれは、

と、又『玉葉』治承五年七月十七日条に、

越中、加賀等国人等、同意東国、漸及越前云々、

ともあるよう、越後国府を掌握して、北陸道諸国に対して反乱蹶起を催し、その蜂起に成功した。ここに、北陸道にも反乱の業火は、盛となり、東方三道は反乱の巷となった。かくて、平氏政権による春季攻勢の主攻勢主軸たる城氏軍が敗退するのみならず、『玉葉』治承五年七月一日条に、

欲引籠藍津之城之処、秀平遣郎従、欲押領、仍逃佐渡国了、(中略)後聞、逃脱佐渡国謬説也、引籠走城云々、

と、城氏と奥州藤原氏の連合どころか、その逆の事態を伝える情報すら洛中に入り、ここにその大包囲戦略は、完全に破産したのである。

さて、本節を終るに当たって、横田河原合戦に如何なる理由で、信濃源氏軍が勝利したかを考えてみよう。己が勢

力圏で斗うという地の利を有していたことは当然であるが、戦術的にいうならば、井上光盛の奇策といえるが、その成功しえたものを考えねばなるまい。延慶本同上(五三七頁)に、

城四郎は大勢なりけれとも、皆駈武者にて手勢の者少なかりけり、木曽は僅に無勢なりけるとも、或は源氏の末葉或は年来思付たる郎等共なれは、一味同心にて入替々々戦けり、

とあることに注意される。第一に、城氏軍の主力は、「駈武者」とある。国衙在庁による庄郷の動員兵であり、その主体的意志によって合戦に参加した「兵」とはいえず、いわば弱兵といえよう。これに対して、信濃源氏軍は、その主体的意志により参加することにより、己が生命と将来を反乱に賭けている。その軍兵共に意識の差があった。第二に、

「或は源氏の末葉或は年来思付たる郎等」とある。信濃源家棟梁の率いた武士団の団結ぶりで、この点、前述の岡田、平賀、井上、村上氏等は数代にわたり在地に居し、己が武士団を形成しており、それがその団結の中核といえる。第三に、「一味同心にて入替々々戦けり」と、いままで述べてきた如く、「木曽党」、「佐久党」の信濃源氏と甲斐源氏の軍事的連帯・連合が強固たりえた。このことは、城氏軍の意識の中に任務の困難さを感じさせたであらん。第四に、善光寺平の在地領主等が続々と城氏軍の軍門に降って来た、緒戦の勝利に判断を誤った。この点、先の井上光盛の奇謀に対して、「搦手に遣しつる津帳の庄司家親か勢と心得て」と、三国峠越の別働隊も大手たる自軍と同様な快進撃をなしたと、城助職の錯覚を生じしめている。とまれ、「佐久党」、「木曽党」、甲斐源氏の三者の軍事的連帯は、「佐久党」の主導のもとに、治承五年六月十四日、横田河原に城氏軍を潰走させたのである。そして、彼等は越後国に進出し、北陸道を反乱に導くや、延慶本同上(五三九頁)に、「我身は信乃へ帰て横田城にそ居住しにける」と、旧戦場に凱旋の錦を輝かした。

六、終言

信濃・甲斐源氏の軍事的連帯は、横田河原合戦に勝利した。そして、この連帯関係の中で、お互いに独立した軍権の勢力圏にもとづき、その上洛への方向は別途となる。甲斐源氏軍は、富士河合戦以来の「駿遠」よりの東海道を、一方信濃源氏軍は、北上して北陸道に入ることとなる。横田河原合戦に勝利した直後、越後国府を占領したことは、前節に述べた通りである。だが、「越後助職未死、勢又強不滅、乃源氏等、雖似掠領、未入部云々[90]」と城氏の勢力は、その本拠に於て、侮り難いものがあった。この点からすると、信濃源氏軍は、国府を中心とした上越地域は己が支配下に置いたが、城氏の本拠たる下越から中越へは進出していないと考えられ、城氏の本来的基盤は保持されていたといえよう。平氏政権は、かかる点に再度期待したのか、春季攻勢の包囲戦略を再開せんとするのである。『玉葉』養和元年(一一八一)八月六日条に、

関東賊徒猶未及追討、余勢強大之故也、以京都官兵、輙難攻落歟、仍以陸奥秀平、可被任彼国史判之由、前大将(平宗盛)所申行也、

と、春季攻勢に日和見を極込んだ奥州藤原秀衡に、陸奥守なるエサで以って、参戦を促すと共に、

越後国住人平助成、依宣旨向信濃国、依勢少軍敗者、全非過怠、志之所及、已不惜身命、忠節之至、頗可有恩賞歟、且為令励傍輩也、

と、城助職に対しても、横田河原合戦敗戦を「全非過怠」として、恩賞により再戦を期待した。この結果、八月十五日、秀衡は陸奥守、助職は越後守に任じられた[91]。この「以京都官兵、輙難攻落歟」という平氏政権の弱体化した軍事

力の現実は、いわば「夷を以って夷を制する」的な包囲戦略に頼る以外に策がなかったといえよう。かくて、平氏畿内軍の目標は、東海道より、北陸道の打通となり、そのため追討使平通盛が北陸道へ派遣された(92)。だが、越前に入った平氏軍は、信濃源氏に支援された在地反乱勢力の前に、後退を余儀なくさせられ、敦賀に退却する始末であった(93)。まさしく、その作戦は失敗したのであり、再度の包囲戦略は潰え、両氏は立つことはなかった。十一月には通盛も帰洛してしまうのである(94)。かくて、かの養和大飢饉の前に、両軍の積極的な軍事行動は停止され、己が内部体制を固めることに精力を向けることとなり、次なる行動への準備期に入ったのである。そして、その再度の対決は、寿永二年(一一八三)を待つこととなる。

治承四年(一一八〇)秋、「木曽殿」源義仲を始めとして、蹶起して源家諸棟梁に率いられた信濃国反乱勢力は、国衙在庁機構を掌中にし、その簒奪に成功した。他方、隣国甲斐に挙兵した甲斐源氏一統は、その有力な一部を伊那谷に進め、平氏方を滅亡させ、諏訪・伊那谷を勢力下に置いた。かくて、富士河合戦に平氏軍は潰走し、東海・東山両道に反乱勢力は勢威を輝かした。義仲等は、上野国にも進出し、その一部を勢力下に占めた後、帰国し小県・佐久平を本拠となした。治承四年末には、東国は源家諸棟梁の手により支配されていた。この東国の状況に対して、平氏政権は、北陸道より陸奥への線、すなわち越後城氏と奥州藤原氏による東国反乱軍の大包囲を、企図した。この主軸たる城氏軍は、治承五年(一一八一)六月、大軍を率いて信濃国に侵入したが、十四日、横田河原に於て、反乱軍の前に潰走した。この勝利により、反乱の火は北陸道にも燃上った。かくして、西国に於ける伊予の河野氏、九州の菊池・緒方氏等の反乱勢力の勢威も侮り難く、平氏政権の四囲は、反乱勢力によって包囲されていた。この横田河原合戦を勝利に導いた勢力は、「木曽党」、「佐久党」の信濃源氏と甲斐源氏との三者の軍事的連帯・連合であり、佐久源氏平賀氏を棟梁とする「佐久党」がその中核である。「鎌倉殿」源頼朝の軍権とは全く独立していた信濃・甲斐源氏は、互に独自性を持ちつつ連帯することにより、勝利を得ると共に、越後から遠江へと、中部日本を縦断する勢力圏を形成することとなる。従って、南関東に位置する「鎌倉殿」軍権にとって、西上への途上に彼等が位置しており、この了解なしに駒を進めることは、対決を意味することとなる。とまれ、富士河合戦は甲斐源氏を、横田河原合戦は信濃源氏を主体として、平氏軍を潰走させたが、かく治承寿永争乱前期を決定した二大会戦は、いずれも信濃・甲斐源氏の勝利である。

最後に、寿永二年（一一八三）七月、北陸道を進撃した信濃源氏軍は、倶利伽羅山合戦を経て、東海道よりの甲斐源氏と共に、栄光の入洛をなすが、翌元暦元年（一一八四）の義仲の敗死と一連の事件により、その独立した勢力を失うことになる。この信濃源氏の栄光とその解体に関しては後に譲ることにするが、ここでいえることは、その解体への道は、都落した平氏軍との対決よりも、次なる覇権を争うべき「鎌倉殿」軍権との対決の中で生成されて行くのである。

註

（1）赤松俊秀氏、「平家物語の原本について」『文学』第三十五巻二号一九六七年二月、以下。

（2）『尊卑分脈』第三篇頁三五三。これによると、重義父は、「岡田冠者五郎」親義であり、『延慶本平家物語』の記載とも一致する。

（3）以下の信濃国武士の在地比定にあたっては、信濃教育会編、『建武中興を中心としたる信濃勤皇史攷』一九三九年信濃毎日新聞、に多くを拠った。但し、同本は戦前の出版でもあり、行政区画は現在に表記を換えてある。

（4）『吾妻鏡』文治二年三月十二日条。

（5）米倉二郎氏、「信濃国における首邑の変遷」『地理論叢』第七輯一九三五年等参照。

（6）錦郡駅は、諸氏の見解は一致しており、東筑摩郡四賀村内に比定されており、これは保福寺峠を越えて上田への東山道本道と、麻積駅（同郡麻績村内）を経て越後国府への支道との分岐点である。さて、地図を一見すればわかるように、松本市中心より四賀村への道は、岡田を通過する国道一四三号が最短となる。従って、国府と推定される本郷村大村等よりは、浅間より女鳥羽川を渡り岡田町に入り、国道に通じえる故、「岡田郷」が東山道上に位置していたと考えてよい。今井登志喜氏、「上代の東山道御坂より碓氷迄の駅路」『歴史地理』第五十八巻二号一九三一年八月参照。

（7）『尊卑分脈』第三篇頁三五三・四。

（8）信濃教育会編、註（3）前掲書頁一四九七。

（9）同上、該当庄郷の部分及び付録地図参照。

（10）平田俊春氏、「吾妻鏡と平家物語及び源平盛衰記との関係（上）」『防衛大学校紀要』第八輯一九六三年十二月頁六〇・一で、『吾妻鏡』同日条前段と『平家物語』『源平盛衰記』との記事の一致を述べている。

（11）『吾妻鏡』には「市原」にて合戦とあるが、この地の比定は不明な点がある。吉田東伍氏、『増補大日本地名辞書』第五巻一九七一年冨山房頁七六一では、「市村の地かと疑はる」として、確定を避けている。さて、市村は、水内郡市村高田庄内と考えられ、長野市千田付近である（同書参照）。ところで、『延慶本平家物語』第四・廿三木曽可滅由法皇御結構事（白帝社版頁六八〇）に、「義仲年来何度の軍かしつる、北国は信乃の小見会田の軍を始として」とあるが、「小見」は筑摩郡麻績御厨内（東筑摩郡麻績村）、会田は筑摩郡会田（東筑摩郡四賀村会田）と考えられる。すなわち、義仲は木曽谷より松本平に入った後、「延喜式」東山支道にそって北上したと考えてよい。その途上で合戦したことになる。『吾妻鏡』では、村上義直、栗田寺別当範覚と笠原頼直との合戦に、義仲が救援した形となるが、彼等はいずれも善光寺平の者であり、従って、上述のことと考え合わせると、「市原」が市村であることは、納得させるものがある。とすると、義仲は善光寺平を目標に進撃したこととなる。

(12)『吾妻鏡』には、「小笠原平五頼直」とあるが、後説で述べる横田河原合戦に城氏軍先鋒として参戦している信濃武士に、『延慶本平家物語』では、「笠原平五」・「笠原頼真」と、長門本では「笠原平五」・「笠原頼直」とあり、従って、「小笠原」頼直は誤りで、「笠原」が正しいといえる。なお、その名乗の地は、高井郡笠原牧(中野市笠原)といえる。

(13)『吾妻鏡』治承四年九月十三日条。

(14)信濃教育会編、註(3)前掲書頁二二九。

(15)『吾妻鏡』養和元年五月十六日条。この記事の分析は、郷道哲章氏、一はじめに前掲論文参照。

(16)『吾妻鏡』治承四年八月廿五日条。争乱に於ける甲斐源氏の行動と評価に関しては、彦由一太氏Ⅰ、「甲斐源氏と治承寿永争乱」『日本史研究』第四十三号一九五九年七月参照。

(17)現在、上伊那郡宮田村の国道一五三号沿に、大田切川北岸に大田切の地名が存している。

(18)『吾妻鏡』治承四年九月十五日条。

(19)『平家物語』覚一本巻九・樋口被討罰(日本古典文学大系版下巻頁一八四)。

(20)『滋野氏三系図』望月(『続群書類従』第七輯上系譜部所収)。

(21)『吾妻鏡』養和元年九月五日条。

(22)『延慶本平家物語』第三本・廿六木曽合戦事(頁五三五)に、「佐井七郎弘資」、『源平盛衰記』巻廿七・信濃横田川原軍事(有朋堂文庫版下巻頁五四)に、「西七郎」・「那和太郎」と、木曽義仲方として見える。この「佐井」と「西」はその所見内容からして異字同姓の同一人物である。「那和」は、義仲滅亡の時、『延慶本平家物語』第五本・七兵衛佐ノ軍勢等付宇治勢田事(頁七一〇)に、木曽軍の「那和太郎弘澄」と見えるのと、同一人であろう。さて、延慶本同上に、「俵藤太秀郷か八代末葉上野国佐井七郎弘資」と、佐井氏が秀郷流藤原氏であることを記している。『尊卑分脈』第三篇頁四〇五〜七を見ると、確かに秀郷七世孫に、林六郎行房(足利成行弟)子の佐井七郎行家が有り、佐井氏の存在を示している。ただ、佐井七郎「弘資」は不見であるが、上文のとおり八世孫ならば、行家の子と考えられる故、むしろ世代的にもそのほうが自然となり、そのよう考えてよかろう。従って、上文の記述は確認しうる。一方、那波氏であるが、『長門本平家物語』巻八・足利又太郎宇治川渡事(国書刊行会版頁二八三・四)に、「足利が一党どもには、(中略)佐貫四郎大夫、(中略)那和太郎、郎等には金子丹次郎」と、足利一門であることを示している。しかし、『尊卑分脈』では、行房子の佐貫四郎大夫成綱の存在は有るが、那波氏は不見のようである。ただ、成綱孫に、弘澄(父秀弘)が有る。そこで、『系図纂要』第三冊頁二九四を見ると、成綱子に那和太郎季弘、そしてその子に、太郎弘澄が存在する。『系図纂要』の編纂が新しいとはいえ、『尊卑分脈』でも「秀弘」は、その校訂註によると、「季弘」との写本も多く、又「弘證」が「弘澄」の誤字としうるならば、両系図は一致しうるし、『系図纂要』の記載は、長門本とも矛盾しなくなる。従って、筆者としては、『系図纂要』の記載は信用しうると考えて、那和氏も行房流といえる。以上の関係を系図化すると下のとおりである。

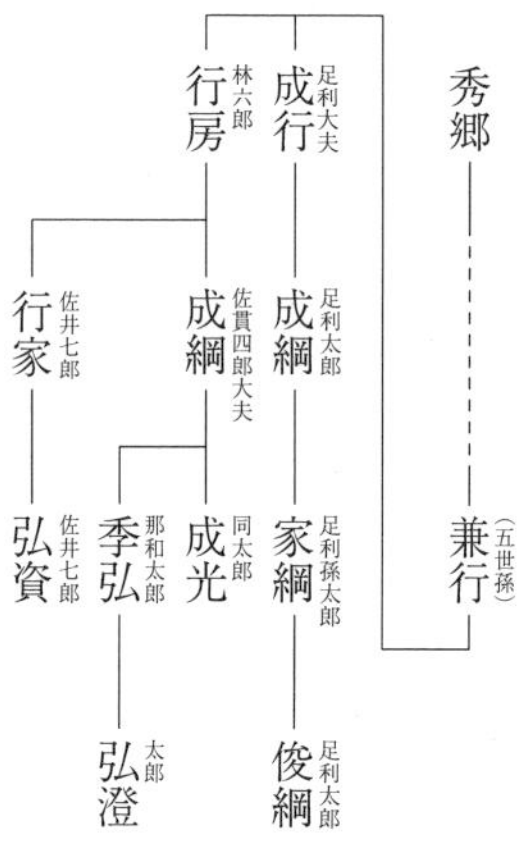

(23) 『吾妻鏡』では、養和元年条に野木宮合戦は記述されている。しかし、その記事が、実は寿永二年のものであることを、石井進氏Ⅰ、「志田義広の蜂起は果たして養和元年の事実か」『中世の窓』第十一号一九六二年十一月(『鎌倉武士の実像・石井進著作集』第五巻二〇〇五年一月岩波書店所収)に於て、論証された。
(24) 『吾妻鏡』養和元年九月七、十三日条。
(25) 『吾妻鏡』養和元年閏二月廿五日条。
(26) 『吾妻鏡』養和元年閏二月廿三日条参照。
(27) 『吾妻鏡』治承四年九月卅日条。
(28) 『吾妻鏡』同上。
(29) 『山槐記』治承四年五月廿六日条、『吾妻鏡』治承四年五月廿六日条。彦由美枝子氏、「治承寿永争乱期における八条院蔵人足利義兼の役割」『政治経済史学』第八十四号一九七三年一月。
(30) 例示すると、『吉記』治承四年十一月八日条にある、同九日付宣旨等。『延慶本平家物語』第三本・廿八兵革ノ祈祕共被行事(頁五三九～四一)に、北陸道追討使平通盛等に下した、養和元年十月十三日付の北陸道源氏追討宣旨が記載されているが、これも「源頼朝同信義」と、義仲の名は見えない。
(31) 城太郎助永については、諸史料によって、「資長」(『延慶本平家物語』第三本・十八秀衡資長等ニ可追討源氏由事〔頁五二一〕)、「資永」(『源平盛衰記』下巻頁五二)、『吉記』治承五年六月廿八日条)、「助永」(『玉葉』治承五年七月一日条)等、その字を異にしているが、いずれも「スケナガ」と読みえる同訓異字である。故に、本稿では、その弟たる助職(『玉葉』同上)との通字である点からして、『玉葉』に従い、「助永」と統一する。郷道哲章氏、一はじめに前掲論文参照。
(32) 『尊卑分脉』第四篇頁一六七、『尊卑分脈脱漏』(『続群書類従』第五輯上系譜部所収)、『系図纂要』第八冊頁二四六。な

お、『尊卑分脈脱漏』の「東記曰」では、「永基―永家―資国―資永」となっており、延慶本と一致する。

(33)『玉葉』治承五年七月一日条。

(34)以上の庄名の現在地比定に関しては、吉田東伍氏、註(11)前掲書第五巻、及び清水正健氏、『荘園志史』下巻一九六五年角川書店参照。ところで、『吾妻鏡』建仁元年五月十四日条に、城氏が謀反に蜂起した後、越後で助永子の小太郎資盛が、「鳥坂」に城を構えたと見えるが、この「鳥坂」城は、北蒲原郡中条町の鳥坂山麓と考えられており(吉田東伍氏、註(11)前掲書第五巻頁三五〇)、奥山庄域内といえる(西麓の羽黒、飯角、東麓の鼓岡の名が、「出羽中条家文書」弘安元年五月十八日付将軍家政所下文〈『鎌倉遺文』第十七巻一三〇四七号〉の内に、「奥山庄内」として記載されている)。従って、城氏にとって当庄は、永家の名乗の地であることからしても、本貫地たりうる。又、北蒲原郡安田町保田に、城氏の居所跡と伝えられたところがあり、「白川御館」と考えられて、白河庄域内とされる(吉田東伍氏、註(11)前掲書第五巻頁三三二一)。

(35)『吾妻鏡』寿永元年九月廿八日条。

(36)吉田東伍氏、註(11)前掲書第五巻頁三四五参照。

(37)彦由一太氏Ⅰ、註(16)前掲論文に明白にも、富士川合戦の評価とその結実を述べている。

(38)『玉葉』治承四年十一月六日条。

(39)『玉葉』治承四年十一、二月条。

(40)『玉葉』治承四年十一月廿六、八日条。

(41)『玉葉』治承四年十二月十五日条。

(42)『玉葉』治承五年正月十六、九日条。『延慶本平家物語』第三本・十二沼賀入道与河野合戦事(頁四九五)に、正月十九日

付の平宗盛への「惣官」職補任宣旨が記載されており、その文章の落着かない点があるが、前述の城助永への源氏追討宣旨と同様に考えられ、その内容にも『玉葉』と矛盾することなく、実際の宣旨により記述されたものと考えられ、十分信用しうる。

(43)『玉葉』治承五年二月八日条。この「総下司」・「惣官」職に関しては、石母田正氏、「鎌倉幕府一国地頭職の成立—鎌倉幕府成立史の一節—」Ⅴ～Ⅶ『中世の法と国家』一九六〇年東京大学出版会所収に、詳細に述べられている。氏も述べているよう、『玉葉』同日条にある四つの宣下の内、「総下司」職も含めた三つが、検非違使別当平時忠の上卿、左少弁藤原行隆の職事として発給された同一系列をなす反乱対策の宣旨である。とすると、前述の延慶本にある「惣官」職宣下の職事、城助永への源氏追討宣下の職事も行隆である故、これ等、正月から二月初旬にかけてなされた宣旨は、平氏政権の主体的意志にもとづく直接的な対東国反乱戦略に関した統一的な政治行為といえよう。

(44)『玉葉』治承五年正月廿五日条、『百錬抄』同年正月廿日条。

(45)『玉葉』治承五年二月一、九日条。

(46)『玉葉』治承五年閏二月三日条。

(47)頼朝が、富士河合戦後、関東に戻るや、常陸国に佐竹氏を攻撃したことは、周知の事実であるが、完全に滅亡したわけではなく、本年に入っても常陸国に於て、反頼朝勢力として根強く残存していたと考えられる(『玉葉』治承五年二月二、三日条)。又、寿永二年に対決する志田義憲の勢力も南常陸を中心に存在しており、上野国には平氏へ頼朝等の挙兵を通報した新田義重(『山槐記』治承四年九月七日条)等の源家棟梁が存在しており、この時期では、北関東に頼朝の勢威は十分に滲透していたとは考えられない。

(48)石母田正氏、註(43)前掲論文参照。

(49)『延慶本平家物語』第三本・十八東海東山へ被下院宣事(頁五二〇)に、二月八日、重衡を東国大将軍に任命し、院庁下文が下されたことを述べ、その下文を載せている。一方、『玉葉』治承五年二月九日条に、「左兵衛督知盛、依所望、俄企帰洛、(中略)其替、頭重衡朝臣可行向」とあり、大将軍の交代を記している。従って、延慶本の記述と、『玉葉』の記述は日時的にも一致しうる故、その下文も信用しうる。

(50)『玉葉』治承四年十一月五日条。

(51)『延慶本平家物語』第三本・七木曽義仲成長スル事(頁四八八)。

(52)『玉葉』治承五年閏二月十七日条。

(53)城四郎の名については、「助職」(『長門本平家物語』頁四二〇、『吉記』治承五年六月廿七日条)、「長茂」、「永用」(『吾妻鏡』寿永元年九月廿八日条)、「資盛」等と、あるが、『玉葉』・『吉記』治承五年八月十五日条に、除目に於て越後守に任官したとき、「助職」と記している故、本稿では「助職」と統一する。郷道哲章氏、一はじめに前掲論文参照。

(54)『玉葉』治承五年三月一日条。

(55)『玉葉』治承五年三月十三日条、『吉記』同年三月十二、三日条。

(56)『玉葉』治承五年三月廿六日条。

(57)国府の所在地については、現在のところ確定しえないが、直江津市に国分寺が有ること等からしても、同市内と推定されている。藤岡謙二郎氏、『国府』一九六九年吉川弘文館頁一六九参照。

(58)「熊坂」とは、上水内郡信濃町大字熊坂として現存しており、その位置は、信濃国境たる関川右岸にある国境の村である。

(59)一志茂樹氏、「信濃と塩を結ぶ古代の幹路」『信濃』第十五巻十号一九六三年十月に於て、延喜官道以前の信濃の交通路として三路を挙げているが、その中でも深坂峠越を、信濃より柏崎市を経て古志・沼垂郡への最近路とされ重視されている。

(60) 吉田東伍氏、註(11)前掲書第五巻頁二一二四・五参照。

(61) 城四郎助永が出陣の際の兵力は、「五千余騎」(『延慶本平家物語』第三本・十九秀衡資長等ニ可追討源氏由事〔頁五二一〕)とあるが、その記述からして、これは城氏の「館」からの出陣兵力と考えられる故、城氏の封建的ヒエラルキーに従う、いわば城氏一統の直属兵力といえる。これに対して、横田河原合戦への出陣に際しての城四郎助職の兵力は、同じ延慶本に、大手のみで「四万余騎」、総勢で「六万余騎」と記している。勿論、両者の数が実数そのままでないといえるが、その差に歴然としたものがあることは認められる。従って、本来的な城氏の動員のみでは、この「六万余騎」はなしえないといえる。その点、この差を埋めるに当って有効な働をなしたのが、石井進氏Ⅱ、「中世成立期軍政研究の一視点—国衙を中心とする軍事力組織について—」『史学雑誌』第七十八編十二号一九六九年十二月で示された、国衙在庁機構と軍制の関連である。

(62) 『平家物語』巻五・富士川(上巻頁三七一)。

(63) 「立河次郎」の名乗は、陸奥国河沼郡立川(同郡会津坂下町立川)と考える。一方、「相津の乗湛房」は、「相津」とある如く、会津地方の在地勢力であることは確かである。彼は、会津地方随一の大寺、恵日寺(耶麻郡磐梯町本町)の有勢僧で、城四郎助職の伯父と伝えられている(吉田東伍氏、註(11)前掲書第七巻頁三二一六・七参照)。この伝に根拠があるとすると、城氏一族は、会津地方に崇敬厚い恵日寺にその影響力を行使しえ、ひいては会津地方にも勢威を輝かしていたといえよう。

(64) 『尊卑分脈』第四篇頁一一五。

(65)『今昔物語』巻廿五・平維茂郎等被殺語第四、平維茂藤原諸任語第五(日本古典文学大系版四)。

(66)『玉葉』治承五年七月一日条。

(67)笠原頼直は争乱初頭より平氏方人であるが、平氏政権より頼りにされたことは、助永の急死後、横田河原合戦への準備過程たる、治承五年四月十日、「信濃国住人平頼直有微忠」として、勘解由判官に任じられた(『吉記』同日条)ことにより、示されている。

(68)『延慶本平家物語』第三本・廿六城四郎与木曽合戦事(頁五三五〜七)。

(69)「白鳥」ないし「白鳥河原」なる地名は現存していない。一方、「塩尻」は千曲川北の上田市上・下塩尻(信越本線西上田駅付近)であり、そして『平家物語』巻六・横田河原合戦(上巻頁四三〇)に、「木曽は依田城に有けるが、是をきひて依田城をいでて」とあり、「依田城」とは、千曲川南の小県郡依田庄(同郡丸子町)内であろう。従って、「白鳥」はその間である。又、後に水嶋合戦で戦死する有力武将の海野幸広(『延慶本平家物語』第四・十九水嶋津合戦事)の本貫たりえる小県郡海野庄本海野に白鳥明神が存する。故に、かく考えてその出陣の場とするに不思議とはいえまい。吉田東伍氏、註(11)前掲書第五巻頁七八二参照。

(70)『源平盛衰記』巻廿七・信濃横田川原軍事(下巻頁五三)に、「横田篠野井石川さま火を懸て焼払ひ」とある。

(71)信濃教育会編、註(3)前掲書頁一二六一〜七。

(72)『源平盛衰記』巻廿七・信濃横田川原軍事(下巻頁五四)。さて、『玉葉』治承五年七月一日条に、「六月十三四日両日雖入国中」と、城氏軍の入信を記しているが、それが合戦当日であるとは、文意上から同一視しえるとは限らない。『延慶本平家物語』、『長門本平家物語』共に、その日を明示していないが、基幹記事に関しては原則的に編年構成をとっており、前段の記事が六月三日の後白河法皇の園城寺御幸、後段の記事が七月十四日の養和改元である。従って、合戦はその間と推定される。ところで、『吉記』同年六月廿八日条に、風聞として城氏の敗北を記している、又、『玉葉』同上は、越後国知行国主藤原行隆の情報として書かれている故、越後国衙在庁よりの報告にもとづいているといえる。従って、六月廿八日以前にその飛脚報が入洛したといえよう。さて、『玉葉』寿永二年五月十六日条に、「去十一日」の「加越」国境の倶梨伽羅山合戦に平氏軍が敗北したことを記しているが、ここで戦場より加賀国府への時間を除いて、国府より京までの飛脚の所要時間を実質四日と推定する。『延喜式』巻廿四・主計上に、各国から京への旅程を示しているが、加賀は六日、越後は十七日としている故、もし同一速度で飛脚が越後国府から来たとすると、その所要時間は約十一日である。故に、戦場より国府への報告時間も加えると、十二日以上有する。従って、二十八日以前に入洛している以上、合戦は十六日以前といえよう。更に、『四部合戦状本平家物語』巻六・横田河原合戦（上巻頁二六五）には、「六月廿五日自越後国以早馬申」と入洛の日を記しているが、これが信頼しうるとすれば、前の計算により、合戦は十三・四日位と推定される。以上の考察により、その誤差を考えても、『源平盛衰記』の日付は信用しうると考えられ、『玉葉』の日付は、まさしく合戦当日を示していよう。このことは、前述の如く、合戦前日に城氏軍が横田河原に入り、その近辺に攻勢をとっていたことからして、『玉葉』の日付は、十三日に横田河原に城氏軍到着、翌十四日に合戦と解しえる。

(73)　『吾妻鏡』文治二年三月十二日条。

(74)　彦由一太氏Ⅱ、「十二世紀末葉武家棟梁による河海港津枢要地掌握と動乱の軍事行動―商業貿易業者及アウトロー集団と「遊女」所生遺胤の歴史変革期に於ける政治経済的機能―」（上・中）『政治経済史学』第九十七、百号一九七四年一、九月参照。

(75)　信濃教育会編、註（3）前掲書頁六八参照。

(76)　墨俣河合戦後の『玉葉』治承五年三月廿八日条に、「坂東勇士等、已超来参河国」と記しているが、これは甲斐源氏等の行動と考えられ、その軍は東海道に有ったといえる。

(77)『吾妻鏡』文治二年三月十二日条の、「三箇国庄々事注文」に見られる如く、松本平には諏訪上下社領が存在している。この点からして、諏訪上下社の神官武士が参加したことには、松本平の岡田氏の存在も影響しえたのではないかと考えられる。とすると、岡田氏と武田父子との連帯関係の成果が、彼等の参戦の一因といえよう。

(78)彦由一太氏Ⅰ、註(16)前掲論文第一節。

(79)註(69)参照。

(80)保科御厨内と考えられる長野市川田・牛島に於て、信濃国の両大河たる千曲川と犀川は合流しており、河川交通の要点といえる。又、上州吾妻郡より鳥居峠越で信濃国に入る道、上田平より地蔵峠越の道も、この御厨内の川田を経て善光寺へ北進しており、その旧川田村内に大門なる字名が現存している。栗岩英治氏、「主に諏訪史料から見た信濃国荘園の研究(その十)」『信濃(第Ⅰ期)』第三巻十号一九三四年十月参照。

(81)彦由一太氏Ⅱ、註(74)前掲論文参照。

(82)『吾妻鏡』元暦元年七月廿五日条に、前述の「保科太郎」と並んで、「小河原雲藤三郎」を記している。彼の名乗たる「小河原」は東条庄内である。又、井上氏一族の多くは、高井郡の庄郷に位置している。

(83)『源平盛衰記』巻廿七・信濃横田川原軍事(下巻頁五三)。

(84)『尊卑分脉』第三篇頁二〇四。

(85)「内閣文庫所蔵山科家文書」安元二年二月日付八条院目録(『平安遺文』第十巻五〇六〇号)。

(86)彦由一太氏Ⅰ、註(16)前掲論文第一節も、井上氏と佐久平の関係を述べておられる。なお、前述の如く、常田庄は、地蔵峠越で保科へ、真田経由で井上郷へ交通しうる位置にあり、当代人にとって、井上氏の本拠とは、千曲川経由では遠く考えられるが、山越による近接の地といえる。

(87)『玉葉』養和元年七月廿二日条。

(88)『玉葉』・『吉記』養和元年八月十五日条。なお、『延慶本平家物語』第三本・十九秀衡資長等ニ可追討源氏由事（頁五二一）等で、助職兄の助永が、越後守に任じられたとしているが、郷道哲章氏、一はじめに前掲論文で、論証されているよう、城氏の越後守任命は、八月十五日の助職のみである。

(89)『玉葉』養和元年七月十八日条、『吉記』同年八月十六日条。

(90)『吉記』・『玉葉』養和元年九月九、十日条。『吾妻鏡』同年九月四日条。

(91)『吉記』養和元年十一月一日条。

（『政治経済史学』第百号一九七四年九月所載）

第二節　寿永二年春の源頼朝と木曽義仲との衝突

序言

治承・寿永の内乱で、治承四年（一一八〇）八月、伊豆で蜂起した源頼朝が、鎌倉入り後、自身で兵を率い出陣したのは三回ある。最初は、同年十月の富士川合戦への出陣である。次いで、兵を返して、十一月、常陸国に佐竹氏を攻撃したことである。この二回は通史でも述べられているように、周知のことである。

しかし、もう一つはそれほど知られていない。それは、寿永二年（一一八三）春の信濃国出兵である。これは木曽殿源義仲を相手としたものである。それを専論として研究対象とした論考はないので、以下に於いて考察することにする。

一、『延慶本平家物語』の語る経緯

周知のように、治承四年（一一八〇）九月、木曽義仲は信濃国に挙兵する。そして、十月に義仲は上野国に進出し、十一月に信濃国に戻る。義仲を含む信濃国の反乱軍（木曽党・佐久党・甲斐源氏の三手編成）は、翌養和元年（一一八一）六月、越後国から侵攻してきた城氏軍を、横田河原（長野県長野市横田―千曲川北岸で篠ノ井駅南）で撃破し、次いで、越後国衙を手中に収め、信濃・越後両国に覇権を立てた。この横田河原合戦の結果、中部日本以東は完全に反乱軍の支配するところとなった。(1) 他方、源頼朝は、佐竹氏攻撃後、鎌倉に居して、南関東を基盤として、着々とその勢力を拡大せんとしていた。しかし、平家・反乱軍とも、折からの養和大飢饉により、軍事的行動は不活発となり、戦線は停滞した。以上が、寿永元年（一一八二）末までの状況である。

寿永二年（一一八三）を迎えると、戦線はにわかに動く。常陸国の志田義広と下野国の小山氏が、二月、下総国の野木宮（栃木県野木町野木）で合戦し、義広は敗れ、その後義仲のもとに走るのである。(2) これにより、頼朝の権力が北関東へと浸透していくのである。この結果、信濃国の反乱勢力と頼朝勢力との間が直接的な競合関係になるとともに、頼朝に敵対した義広を義仲が抱えることで問題が発生する。

この頼朝と義仲との競合関係を伝えるのが、読み本系の『平家物語』である。この中で、もっとも古態を残すと考えられている、『延慶本平家物語』第三末・七兵衛佐与木曽不和ニ成事の記載を簡潔に述べる。

まず頼朝と義仲との不和の原因として、第一に、頼朝のもとにいた新宮殿源行家の所領要求を頼朝が拒否したために、行家が義仲のもとに走ったこと。第二に、伊沢（武田）信光が、平家が義仲を婿にするべく両者が文通している、と密告したこと。以上により、義仲に敵対心ありとして、悪日故に出陣を伸ばすようにとの忠告にもかかわらず、頼朝は、先祖頼義の奥州安倍氏攻略の先例を佳例として、即刻鎌倉を出陣した。義仲はこれに対して、信濃国の兵を率いて越後国へと移動し、越後国と信濃国の国境の関山に陣を構えた。頼朝は信光を先陣に武蔵・上野国を経て碓氷峠越えで信濃国に入り、十万騎で樟佐川に陣を取った。ここで、前々年の横田河原合戦に於いて寡兵で城氏の大軍を破っており、義仲は自信があったが、両者が戦うのは平家を利すると、信濃国へ引き返すのを止め、関山に対陣した。これを知った頼朝は帰順を求める使者を義仲に派遣することにし、天野遠景が使者に立った。条件は、行家の引き渡しか、義仲子息の頼朝への差し出しである。この条件に対して、義仲が根井・小諸と議すると、彼等は両者が戦えば平家を利することになるので、清水御曹司（嫡男義高）を頼朝へ進めるべきと進言した。義仲乳母子の今井兼平はこれに反対し、頼朝と一戦すべきと主張した。義仲は根井・小諸の支持なくして己が存立しえないと判断して、十一歳の義基（高）を呼び寄せて、「わきみをやらすは只今兵衛佐と中違ぬへし」と言い聞かせる。そして、義仲は頼朝使者天野遠景と対面して、平家を滅ぼす以外に二心がないし、行家のことを頼朝が恨んでいるとは知らなかったとし、嫡子の義高を進めるから、これを義仲の代わりの宿直としてくれと述べた。さらに起請文を書いて、義高とともに頼朝のところへ送った。義高には同年の海野重氏（幸氏）等を付けた。信光が頼朝に「讒言」した理由は、義高を信光の婿に取ろうとしたところ、義仲が義高に信光の娘を出せといって受けなかったことを、恨んだことによる。かくて、頼朝は義仲の返答を受け入れて、義高を伴って鎌倉に帰陣した。義仲は信濃国に帰って、配下の武士三十人の妻を集めて、彼等の命を義高一人の命に代えたと言うと、妻たちは喜んで、夫が義仲にどこまでも従うように起請文を書き、それを聞いた夫も悦んだ。以上が要約である。

鎌倉幕府の正史的存在である『吾妻鏡』の同年条が欠文のためか、また『平家物語』は文学と考えられてきたためか、かつてこの記事は注目されてこなかった。しかし、彦由一太氏がこの一本の『源平盛衰記』第二十八・頼朝義仲悪事に注目され、本記事に史料的価値を認めた(3)。氏の見解は以後において示してゆく。

許嫁の義高を父頼朝の命により殺されて、以後心身の病となり薄幸の生涯を終えた頼朝長女の大姫の悲劇が『吾妻鏡』に記述されている。しかし、その最初の記事、元暦元年(一一八四)四月二十一日条で、義高は大姫婿として登場するが、これは彼の初見で、何時いかなる経緯で彼が婿になったかを『吾妻鏡』は語っていない。

この経緯を説明してくれるのが、『延慶本平家物語』第三末・七兵衛佐与木曽不和ニ成事である。これにより、前年春の頼朝と義仲の衝突の結果、義仲の嫡男義高が頼朝婿という形で鎌倉に来たことが説明できる。しかも、この年は『吾妻鏡』欠文なので、この件が『吾妻鏡』に見えないことも理解できる。以上の意味で、細部において物語の限界はあるにしても、『延慶本平家物語』に代表される語り本系は史料的価値があるのである。

二、信濃源氏・甲斐源氏・源頼朝の関係

さて、彦由氏はいかなる点に注目したのだろう。それは、直接に関東より碓氷峠を越えて頼朝軍が信濃国に入ったという点である。甲斐源氏の伊沢信光の先導にもかかわらず、甲斐国経由で信濃国に入らなかったことである。この点から、氏は以前の佐久党・木曽党・甲斐源氏の三者連合の中で、最初に頼朝に接近したのは佐久党(平賀義信)であろうとし、それ故に、平賀氏が寝返ると予想したから碓氷峠を越えたと考えたのである。

さて、佐久平(佐久・小県郡)は信濃反乱軍にとっていかなる地であろうか。一志茂樹氏は木曽義仲の地盤が木曽ではなく東信地方と西上州であるとされている(4)。氏の見解は信濃国を義仲中心ととらえる点で、信濃反乱軍は義仲単独の主導のもとではなく、松本平(筑摩・安曇郡)・木曽谷の木曽党、佐久平・善光寺平(更級・植科・水内・高井郡)の佐久党、伊那・諏訪郡の甲斐源氏と、この地域的にも独立した三者の連合体であるとする、私の見解とは異にする(5)。しかし、

信濃反乱軍を飛躍させた横田河原合戦に於いて、反乱軍が出撃したのは佐久からであることを考えれば、いずれにしても、この時点で信濃反乱軍の拠点が佐久であったことは間違いない。従って、以後、越後国に進出したとしても、信濃国の拠点が佐久であったろうことに変わりないはずである。

軍事的にいえば、佐久から関東への正面入口である東山道の碓氷峠は最大抵抗線ということになる。最大抵抗線を攻撃目標に選ぶのは下策である。しかし、頼朝はそれをしたのである。このことは佐久平に頼朝に味方する有力武士の存在があったと考えるのが自然である。彦由氏が示した平賀氏がそうであると考える。

『平家物語』巻四・二源氏揃への事では信濃源氏の一員として登場するにもかかわらず、義仲関係に於いて、横田河原合戦や砺波山合戦は無論のこと、平賀氏は『平家物語』に一切登場しない。甲斐源氏と同じく、源頼義三男の新羅三郎義光を共通の祖とする平賀氏は、義光の子、四郎盛義を祖とし、佐久郡を睥睨する平賀郷（長野県佐久市平賀）を名字の地とし、その子四郎義信・惟義父子が源氏揃えに名を連ねている。この源氏揃えには、義光の五郎、岡田親義も出ており、彼は国府の北、筑摩郡岡田郷（長野県松本市岡田）を名字の地とする。彼は、『平家物語』諸本では『源平盛衰記』巻二十九・砥並山合戦事で、戦死する記事のみしか所見しない。こうしてみると、『平家物語』では、横田川合戦に於いて偽計で勝利に導いた井上光盛(6)を別として、義仲を浮き上がらせていわゆる義仲物語を形成するためか、信濃源氏は無視されているといえる。

何故だろうか。基本的に、治承・寿永の内乱を語るに、『平家物語』は前半で木曽義仲、後半で源義経を源氏方の中心にしている。いわば、義仲物語と義経物語からなっている。そこではすべての出来事が彼等を中心として引き立つように構成されているのである。このことは『平家物語』を読めばすぐ気がつくことである。従って、信濃源氏のことは義仲に代表されて彼の事績ということになる。唯一異なるのが、横田河原合戦での井上光盛の奇策（偽りの赤旗を掲げて近づき、敵前で白旗を上げて、城氏軍を潰走させた）の功だけである。このような義仲物語の性格を考えれば、義仲以外の信濃源氏のことが出てこないのは自然なのである。

以上のように考えれば、一志氏の見解は、信濃反乱軍を義仲のみで見る『平家物語』史観とでもいうべきものに影響されて、真実を見失ったといえる。赤子で木曽谷に隠れ、育った義仲に比して、それ以前から入部し根を生やした平賀・岡田氏等は確固たる武士団を組織していたことは明らかなのである。そうであるならば、佐久の主人公は義仲ではなく、平賀義信・惟義父子の佐久源氏とするのが自然である。

こう考えれば、頼朝の碓氷峠越えが出来たということは、佐久の幾ばくかの武士たちが頼朝に付いただけでは不十分で、平賀氏の了解なしになしえないとするが自然なのである。事前に平賀氏が義仲から頼朝に鞍替えしたことが明らかかと考えるのである。義信は、平治の乱で義朝の最後の地である尾張国野間庄まで同行しているように[7]、従前から義朝・頼朝と縁がある。そして、周知のように、義朝との対立の中で、義仲父の義賢が大蔵合戦で敗死した経緯を考えると、平賀氏は義仲ではなく頼朝に縁が近いのである。

ところで、甲斐源氏は、富士川合戦では頼朝と連合し平家軍を壊走させ、横田河原合戦では信濃源氏と連合して平家方の有勢たる越後豪族城氏の大軍を潰走させた。こうして、治承・寿永の内乱の前半で、東国の反乱軍の優勢を決定づけた両合戦に甲斐源氏は参戦しているのである。甲斐源氏は頼朝とも信濃源氏とも連合しているのである。

そこで、頼朝の信濃国侵攻の原因として『平家物語』諸本が伊沢信光の讒言と述べていることは、このことが事実かどうかは疑問があるが、横田河原合戦時の木曽党・佐久党・甲斐源氏の三者連合の内、甲斐源氏と信濃源氏との連合にひびが入ったことを反映した話と考える。もちろん、甲斐源氏が総体として信濃源氏より離れ、頼朝側に付いたわけではないだろう。そうならば、頼朝軍は甲斐国より侵攻できるわけで、このことが『平家物語』諸本に反映されてもいいのであるが、それは見られない。また、そうならば、甲斐源氏総帥武田信義の末子信光の讒言といった話ではなく、より信義に近いところの直接的な話で述べられているのが自然である。以上から見れば、甲斐源氏の信濃源氏からの離反はその一部であり、連合を良しとする者もおり、また中立を守る者もいる、という具合に三分されたと考えるべきである。

三、頼朝と義仲の衝突の経緯とその要因

義仲と頼朝とがどこに陣を布いたかは『平家物語』諸本により異なる。ここではその細かい差異とその地の考証は論点に影響しないので省く。簡略化すれば、義仲は北陸街道（国道一八号）沿いの信越国境付近、頼朝は同じく信濃国内に陣を構えて、対峙したのである。

頼朝軍が碓氷峠越えで信濃に侵入したことは前節で考察した。それでは、なぜ義仲が佐久平から引いて、信越国境に陣を布いたかを考えてみよう。

佐久平の中心といえる平賀氏が頼朝側に付いた以上、義仲が佐久平に頼朝軍を迎えることは不可能といえ、ここより撤退したことはうなずける。そうであるならば、義仲は本来信濃木曽党であるから、信濃国内に迎撃してもよいはずである。例えば、木曽党の地盤である松本平を拠点として、これへの接近路である三才山峠（国道二五四号）等を防衛線とする、また、善光寺平に引き、これの接近路である塩尻（上田市）屋代（千曲市）間の千曲川隘路を防衛線にすることである。

しかし、いずれも取らず、義仲は信越国境まで引いたのである。前節で述べているように、松本平には平賀氏と同

じ義光流の岡田氏がおり、善光寺平にも横田河原の奇策で知れる頼季流源氏の井上氏等が盤踞していた。彼等が義仲の下に団結していたならば、決して義仲が信濃から下がることはなかったはずである。すなわち、そのことは、義仲が両平の主導権を握っておらず、一枚岩でなかったことの現われと考える。平賀氏のように頼朝方に走った源氏がいた可能性さえあるが、史料上でこれを推量させるものはない。

ただ、もし越後国が義仲の勢力下になければ、信越国境に義仲が陣を布くことはできなかったはずであるから、横田河原合戦後、越後国の支配権の主導は少なくとも義仲が握っていたと考えることができる。いわば、木曽党・佐久党・甲斐源氏と、各地域の連合体である信濃国反乱軍は、頼朝軍の侵攻の圧力より、その一枚岩的団結を乱し、傘下の諸勢力には別個の道を取る者も出てき、その結果、義仲の勢力基盤が信濃国から越後国へと移行せざるを得なかったことの反映が、この義仲の信越国境布陣といえる。従って、この後の義仲は越後国、すなわち北陸道に目を向けることになろう。

さて、頼朝が信濃侵攻をなした原因として源行家の件を『延慶本平家物語』は挙げている。これは事実だろうか。周知のように、行家は以仁王令旨伝達者として治承・寿永の内乱に登場する。その後、養和元年（一一八一）春、濃尾反乱軍の首魁として姿を見せ、三月の墨俣川合戦に平重衡軍に敗北し三河に退くが、以後、ここを拠点として活動し、三尾反乱軍の中心として木曽川以東を勢力圏としており、この行家の行動は頼朝とは独立した自立したものなのである(8)。従って、墨俣川合戦後に頼朝の下に寄宿していたという『延慶本平家物語』の話は事実ではない。当然ながら、これによる行家が義仲のもとに走り「讒言」との記述も事実ではない。

ならば、『延慶本平家物語』は無からこれらの話を作り上げたのだろうか。『平家物語』だけではないが、『吾妻鏡』に於ける治承・寿永の内乱での源氏関係の「誤謬記事」を分析した結果は、無から「誤謬記事」を作るのではなく、基本的事実そのものは存在するが、その真の日時などを前後させて、事実の真の意味を隠していること筆者は明らかにした(9)。このことは、『吾妻鏡』のみならず、『平家物語』に於いてもいえると考える。すなわち、頼朝と対立した源氏の誰かが義仲に走ったという基本は事実であるということである。

では、行家でないとすれば、それは誰だろうか。結論からいえば、第一節で述べている、義仲叔父の志田義広である。本拠の常陸国信太(志田)庄(茨城県江戸崎町等)を発し、二月、頼朝方の小山氏と下総国の野木宮に戦い、義広は敗れる。その後、彼は史料から見えなくなる。敗戦後、彼が何処に行ったかは明示されていないのである。本年は、その後、五月に義仲軍が加賀越中国境の砺波山で平家軍を撃破し、これ以後、怒濤の進撃をし、七月、平家は都落ちし、替わって義仲を筆頭とする反乱軍が入洛し「官軍」となり、状況が一変するのである。頼朝は依然として鎌倉にいる。いわゆる「天下三分」の情勢である。このような中、頼朝は後白河院に使者を派遣して、義広の上洛について憤りの意を伝えた(10)。これは義広の再登場である。彼は単独の存在だろうか。以後の『玉葉』の記載記事を見れば明白のように、義仲の傘下に彼は入っている(11)。そして、翌年正月、義仲と頼朝との軍事対決の時、頼朝の派遣した範頼・義経軍に対して、宇治の防衛線の大将軍が義広であった(12)。以上のことから、野木宮合戦敗北後、甥の義仲を頼って、その元に赴いたとすることは自然なことであるといえる。すなわち、行家ではなく、義広が頼朝と対立し義仲へと走ったのである。

頼朝からすれば、義広が義仲の下に走ったことは対決すべき名分ができたことになる。伊藤邦彦氏は、上総広常・志田義広・木曽義仲の連合による反頼朝包囲網の一環として、義広の行動があったとして、寿永元年(一一八二)末に準備不足のまま頼朝の挑発によりまず立ち上がった広常が敗北し、次いで義広が受身の形で立ち上がり、東山道へと義仲の合流を計り、生起したのが野木宮合戦で、敗北した義広は進軍予定コースがそのまま逃亡コースとなったとされている。さらに、頼朝は義広を「方便」として義仲を挑発して武力衝突寸前に至り和議となったとされている。[13]けだし卓見だといえる。但し、頼朝が信濃国に侵攻するには掌握している南関東の勢力だけでは不足していよう。信濃源氏が一枚岩でこれに甲斐源氏が連合していれば、頼朝単独での侵攻は困難があろう。そこで、平賀氏が頼朝方に傾き、甲斐源氏の一部が義仲より離れ頼朝に付くとなれば、状況は大きく頼朝に傾き、侵攻策が取れるわけである。ここに、頼朝軍の信濃国侵攻がなされる条件が整うのである。この対決は反乱軍同士の同士討ちの感に見えるが、治承・寿永の内乱が多重的な歴史的意義を有した中で、その一つが武家棟梁の座を巡る、とりわけ源氏棟梁間のそれであり、本質的にはその座が一つでしかない以上、最終的には頼朝と義仲との対決は避けえないものだった。

終言

ともあれ、義仲としてはその劣勢は如何ともしがたく、嫡男義高を大姫婿との体面で人質に出すことで、和睦する。この結果、両者の軍事対決が今回は避けられ、信濃国より東山道から都を目指すことを放棄せざるをえなくなった義仲は、越後国を拠点として、横田河原合戦後に独自に反乱を展開していた北陸道反乱勢力と連携することで上洛を果たし、[13]唯一の武家棟梁の座を目指すのである。

註

（1）横田河原合戦については、拙稿Ⅰ、「治承寿永争乱に於ける信濃国武士と源家棟梁」『政治経済史学』第百号一九七四年九月。

（2）野木宮合戦に関しては、石井進氏、「志田義広の蜂起は果たして養和元年の事実か」『中世の窓』第十一号一九六二年（『鎌倉武士の実像・石井進著作集』第五巻二〇〇五年一月岩波書店所収）。
（3）彦由一太氏、「治承寿永争乱推進勢力の一主流」『國學院雑誌』第六十三巻十・十一号一九六二年十・十一月。
（4）一志茂樹氏、「木曽義仲挙兵の基地としての東信地方」『千曲』第一・二号一九七四年。
（5）拙稿Ⅰ。
（6）井上光盛と横田河原合戦に関しては、拙稿Ⅰ。
（7）『平治物語』下・義朝内海下向の事付けたり忠致心替りの事（『岩波古典文学大系』31頁二六三）。
（8）拙稿Ⅱ、「蒲殿源範頼三河守補任と関東御分国」『政治経済史学』第三百七十号一九九七年四・五・六月。
（9）拙稿Ⅲ、「治承五年閏二月源頼朝追討後白河院庁下文と『甲斐殿』源信義」（Ⅱ）『政治経済史学』第二百二十七号一九八五年六月。
（10）『玉葉』寿永二年十月九日条。
（11）『玉葉』寿永二年閏十月二十三日条等。
（12）『吾妻鏡』元暦元年正月廿日条、『延慶本平家物語』第五本・七兵衛佐ノ軍兵等付宇治勢田事。
（13）伊藤邦彦氏、「上総介広常について」『史潮』新第九、十号一九八一年九月、十一月（再録改定『鎌倉幕府守護の基礎的研究【論稿編】』第七章上総介広常二〇一〇年岩田書院）。
（14）浅木年木氏、『治承・寿永の内乱序説』一九八一年法政大学出版局。

（『政治経済史学』第五百九十二号二〇一六年四月所載）

第三節　木曽殿源義仲の伊予守遷任の史的意義

一、義仲の伊予守遷任

寿永二年(一一八三)七月二十五日、平氏一門は六波羅の居宅を一宇残さず焼き払い、安徳幼帝を奉じて、西国へと都落ちした。平氏に隠密で比叡山に逃れていた後白河院が、二十七日、京都に戻り、その先頭には近江源氏の錦織義高(山本義経男)が立ち[1]、替わって、ここに、治承四年(一一八〇)八月の源頼朝の挙兵以来の反乱軍は「官軍」として京都に入ることになった。翌二十八日、木曽殿源義仲、新宮殿源行家らに率いられた「官軍」主力が入京したのである。義仲・行家両人は院御所の蓮華王院に参上し、後白河院御前で平氏追討を命ぜられた。この際、両人が並んで御前に進む時、前後を争い、すでに両者の間に権を争う意があると公家らに見られたのである[2]。

ここに新たに官軍となった東国の源氏諸将への、「平氏追討」に対する論功行賞(勧賞)が行われることになった。三十日、蓮華王院に議定を行い、左大臣大炊御門経宗・右大臣九条兼実・大納言三条実房・中山忠親・中納言藤原長方が出席した。この席で、源氏諸将の「勲功」の優劣が議された。それは、上洛していない源頼朝が第一、義仲が第二、行家が第三となった[3]。

八月十日、義仲が従五位下越後守兼左馬頭、行家が従五位下備後守とする、平家追討による最初の勧賞が行われた。

しかし、行家はこの賞に直ちに不満の意を示した。軽すぎるし、義仲に差を付けられているというのである。(4)十六日、第二次の勧賞が行われた。この結果、行家は一週間も経たずに備前守に遷任された。彼の不満がこの人事になったことは間違いない。一方、義仲も伊予守に遷任された。義仲も越後守を嫌った結果である。(5)義仲は京官（左馬頭）を兼官しており、明らかに行家に上位している。だからこそ、行家が不満の意を表したわけである。では、義仲は何に不満があったのだろうか。そのことを示す史料は管見にない。

さて、この義仲の越後守から伊予守遷任は周知の事実で、この理由・意義に関してメスを入れたものとしては長村祥知氏の論考がある。受領の最高峰である伊予守に補任されることで、義仲と共に上洛した相伴源氏に優位を確立し、在京武士を属させるためであると、氏は述べている。(6)しかし、伊予守の意義を受領の最高峰との観点からのみで考察している点は不十分であると筆者は考える。そこで、改めて、義仲の伊予守遷任の理由・意義を考察したい。

義仲は越後守を嫌った。義仲に差を付けられた不満の意を行家が表したように、当然に嫌う理由、ひいては要求を示したはずである。その結果が伊予守遷任となったとすべきである。とすれば、伊予守への遷任は朝廷の主導的な意志というよりも、義仲の要求に合わせたと考えた方が妥当である。何を義仲は要求したのだろうか。すなわち、義仲は伊予守任官に何を期待したのであろうか。

二、伊予守の意義

八月十日・十六日・二十五日と三回にわたって行われた勧賞において、義仲・行家の他、以下の源氏諸将が国守に任命されたことが確認されている。伊賀守に山本義経（近江源氏）、遠江守に安田義定（甲斐源氏）、佐渡守に葦敷重隆

（尾張源氏）、伯耆守に源光長（美濃源氏）の四人である。(7) 彼ら以外にもこの勧賞を蒙った武士はいるが、彼ら六人が受領級として一段と高い軍事貴族として朝廷から認められたことになる。すなわち、武家の棟梁としての資格を有していたのである。この意味では、彼らは同格なのである。

この勧賞では、勲功第一と認定された頼朝が何らの行賞も受けていないことで理解されるように、上洛することが行賞の大前提である。国守任命に当たって、諸将の出身国を除外し、第一に父祖・一族の先例を踏襲するもの、第二に平氏追討のためのもの、第三に実力（反乱）による国衙支配権の奪取（簒奪）を追認するものと、三つの原則から任国守がなされた。佐渡守の葦敷重隆・伯耆守の源光長が第一、伊賀守の山本義経・備後（備前）守の源行家が第二、そして遠江守の安田義定・越後守の木曽義仲が第三である。(8)

次に、伊予国について考えてみよう。伊予国は、遠江・越後・備後などと同じく上国で、この点では同格であるが、平安後期では、播磨国と並ぶ温国として、四位上臈が補任される受領の最上位国である。(9) そして、平治の乱（一一五九年）直後の、十二月、平清盛の嫡男重盛が勲功賞として国守に任じられ、応保元年（一一六一）に、清盛の与党である藤原邦綱が重盛に替わって任じられる。さらに、永万元年（一一六四）には清盛が知行国主になる。このように、平治の乱後には清盛が同国に強い影響力を保っていたのである。その後、間に摂関家などの知行国主が入るが、仁安元年（一一六六）以降、治承三年（一一七九）の清盛クーデターで実権を剥奪された時期を除くと、本年に至るまで、後白河院の院分国である。(10) 以上、伊予国は朝廷にとって最重要国といえる。

清和源氏にとって、伊予国は如何なる国であろうか。河内源氏の嚢祖頼信が東国に地歩を築き、嫡男の頼義がこれを発展させ、とりわけ前九年の役に活躍したことはよく知られているとおりである。この乱で、奥州安倍氏に勝利した頼義は、康平六年（一一六三）二月、安倍貞任追討の行賞として、伊予守に任じられ、正四位下に昇叙した。(11) 河内源氏にとって伊予守は栄えある名誉であり、輝く先例なのである。以後、実際には補任されていないもかかわらず、義家・為義・義朝の三代にわたって、『尊卑分脈』[12]の彼らの肩付きの経歴に「伊与」守が記されているのは、その意識の反映ともいえよう。

頼義の長男義家の子孫が頼朝であり、義仲であり、行家である。三男義光の子孫が安田義定などの甲斐源氏であり、近江源氏の山本義経であり、信濃源氏の平賀義信である。このように、頼義子孫は東国の反乱軍の主勢力、関東の頼朝・甲斐源氏・信濃源氏を網羅している。いわば、東国の河内源氏共通の栄えある祖が頼義なのである。この意味で、『源平盛衰記』（巻二十八・頼朝義仲悪事）に記されている、頼義の義家流にも義光流にも子孫に優劣がないとの甲斐源氏伊沢五郎信光の意識は、あながち物語の虚構とするよりも、当時の東国における河内源氏一門の意識の反映と考える。当然ながら、このことは頼朝のみが嫡流を占めることができると言うわけではないという意識になるのである。

以上から理解できることは、伊予守が第一に勧賞の対象国として最上位に位置すること、第二に河内源氏にとって祖頼義の輝ける栄光の先例を担うことである。

三、義仲・朝廷にとっての伊予守

義仲にとって伊予守任官は如何なる意義を有したのであろうか。対平氏戦においては協力し合う関係だが、武家の棟梁の座を巡って源氏諸将はお互いに競合関係にある。このことは、この春の頼朝・義仲の対決[13]で明瞭に表面化した。源氏の各将は対平氏戦を戦うとともに、一歩でも他に抜きんでようと激烈な競争をしていたのである。行家の不満の意もその表れである。そうならば、伊予守に任官できることは、他の源氏諸将に対して明確に上位したことを示すことができる。だが、単に彼らに上位するなら、伊予守と同様な播磨守でも十分であり、これならば、いちおう自己の勢力圏として支配を及ぼすことが出来、ひいては兵糧米確保ともなりえたはずである。

しかし、播磨守ではなく、平家勢力圏にあり現状では支配を及ぼせない伊予守を何故に望んだのであろうか。それは伊予守が河内源氏の祖頼義の先例を継承することできうることである。すなわち、河内源氏頼義子孫の中で、己がその栄光先例を受け継ぐ正統者であることを、示すことになるということである。すなわち、河内源氏の筆頭が自己であり、ひいては嫡流であるという表示になるのである。関東に留まっているが、議定において勲功第一に位置づけられた、最大のライバルである頼朝に上位することは義仲にとって急務なことであろう。この意味からいえば、伊予守任官は義仲が頼朝にこの時点で上位したことを明瞭にさせることができる。明らかに義仲は頼義の先例を意識していたと私考するのである。伊予守任官は義仲を河内源氏の正統者＝嫡流たらしめるのである。また、越後守では行家の備後守（上国）や安田義定の遠江守（上国）と同格で、たとえ京官の左馬頭があって彼らに上位しているが、その差は決定的なものではない。同時に、越後国はすでに簒奪し支配権は掌握しており、守就任は実質においてメリットを感じなかったとも言えよう。ということは、越後守でえられるメリットと、伊予守でのメリットを比較すれば、後者の方が極めて大きいと判断できる。ここに、義仲が伊予守を要求しそれを実現させた理由があると考える。

他方、朝廷にとって伊予守補任は如何なる意義を有したのであろうか。平氏都落ち以降、平氏の勢力下となり、後白河院の主導する朝廷の支配の及ばない地と西国はなっていた。伊予国は後白河院にとって己が院分国であるが、実際には支配不能の名目上のものである。すなわち、現時点では院は失うべき実質がないわけである。次に、本勧賞での三原則からみれば、伊予守は第二の平氏追討を促すことになる。この点は、義仲にとっても、平氏追討の名義も立ち、両者の意向が合うと考える。さらに、国守任免権（地方支配権）が朝廷にあるという本義（原則一・二はこれに基づくものである）を、原則三は本質的にそれを突き崩すものである以上、朝廷としては本音では認めたくないものである。越後守から伊予守に遷任すれば、これが遠江守安田義定一人だけになり、弱まることになる。この意味で、伊予守遷任は都合がよいのである。伊予守補任は原則一を基本として、同時に原則二の意味を持ち、源氏諸将を旧前通りに朝廷に忠実な軍事貴族としての位置づけができるのである。以上、朝廷からみても、メリットがあると判断したからこそ、義仲の要求を受け入れ、かかる人事になったと私考する。ここに義仲の伊予守遷任で後白河院分国でなくなり、義仲が伊予国最高責任者となったのである。実態は平氏が実質支配し、義仲はそれを排除＝平氏追討をしなければ支配権を行使しえなかったとしても。

河内源氏の正統者＝嫡流が義仲であることを示しえ、国守任免権＝地方支配権が朝廷にあることを示しえると、義仲・朝廷双方がそれぞれのメリットを享受できるとして、義仲の越後守から伊予守への遷任がなされたのである。一方、行家の備後守（上国）から備前守（上国）への遷任が何らの昇格をもたらさない横滑りで、単に対平氏戦の後背国から最前線国に替わっただけで、彼の不満に何ら応えていないことは明らかである。両者への対応をみれば、この時点では、朝廷は在京中の義仲を「官軍」筆頭として明確に処遇し、対平氏戦に備えたのである。この意味からいえば、朝廷は義仲を一番頼りにしたのである。

しかし、同時に、安徳帝の後継問題（後鳥羽帝践祚）を巡って、たちまち両者は激しく対立し、義仲が後白河院の信頼を失ったことは周知のことである。両者は同床異夢でしかなかったのである。

註

（1）『吉記』寿永二年七月廿七日条。

(2)『玉葉』同廿八日条。
(3)『玉葉』同三十日条。
(4)『玉葉』同八月十二日条。
(5)『延慶本平家物語』第四・四源氏共勧賞被行事。
(6)長村祥知氏、「木曽義仲の畿内近国支配と王朝権威」『古代文化』第六十三巻一号二〇一一年六月。
(7)浅木年木氏、『治承・寿永の内乱序説』第二編第三章二・三　一九八一年法政大学出版局。
(8)拙稿Ⅰ、「寿永二年八月勧賞源氏諸将任国守の史的意義」『政治経済史学』四百三十八・九号二〇〇三年二・三月。
(9)元木泰雄氏、『院政期政治史研究』〔付論〕(1)「院政期における大国受領」一九九六年思文閣出版。
(10)以上の伊予国の知行国主・国守に関しては、飯田悠紀子氏、「知行国主・国司一覧」『中世ハンドブック』一九七三年近藤出版。
(11)『百練抄』康平六年二月廿七日条。
(12)『尊卑分脈』第三編頁二八九・〇。
(13)拙稿Ⅱ、「蒲殿源範頼三河守補任と関東御分国」『政治経済史学』三百七十号一九九七年四・五・六月参照。

(『政治経済史学』第五百五十号二〇一二年八・九・十月所載)

第三章　源範頼

第一節　平家追討使源範頼の九州侵攻

序言

治承四年（一一八〇）に開始された治承・寿永内乱、所謂源平合戦は文治元年（一一八五）三月二十四日の壇浦海戦で源氏の勝利の内に終った。対平家戦に於て源氏の総師源頼朝は自身で出陣することなく、異母弟の範頼・義経を大将として西国へ派遣し、軍を指揮させた。義経は一谷・屋島・壇浦合戦の活躍で名将として人口に膾炙されている。これに比して、範頼は目立たず、凡将とすらされている。しかし、壇浦海戦に先だって、範頼は九州に上陸している。源軍で最初に九州の地に歩を進めたのは範頼であって、義経ではない。とすれば、壇浦海戦の敗戦が、即平氏の滅亡となるためには、九州内での範頼の行動が前提たり得る。すなわち、平氏の九州支配、とりわけ太宰府を中核とした九州支配が範頼によって覆滅されていたことになる。

そこで、範頼の九州侵攻を改めて考えてみることにする。とりわけ、九州在地の雄たる原田種直との合戦、「芦屋浦」合戦を中心に、その経緯及び意義について考察し、ひいては旧来、等閑視されてきた範頼にスポットを当てて見たいと思う。

一、源頼朝の対平家戦略

元暦元年（一一八四）八月八日、三河守源範頼は足利義兼以下の東国勢を率いて鎌倉を出陣した。(1) 二月の一谷合戦勝利後、源軍の対平家戦への本格的な出陣である。範頼は京洛で追討使官符を受けた後、九月二日、京を発ち西国へ向かった。(2) 山陽道を西に向かった範頼軍は備前国児島合戦で左馬頭平行盛を大将とする平家軍を撃破した。(3) 更に西進し周防国を経て長門国赤間関（山口県下関市）にまで到達し、同国彦島を拠点とする平知盛軍とは指呼の間となったが、軍粮の枯渇・軍船欠如のため、九州への渡海は困難となり、遠く関東の地より遠征してきた東国勢も侍所別当和田義盛以下士気は最低となり、文治元年（一一八五）正月十二日、周防国へと後退した。(4)

児島合戦後の平家方の体制は、四国の讃岐国屋島と関門海峡を押さえる長門国彦島とを拠点としており、前者には総帥平宗盛が安徳帝を擁し、後者には九州勢を率いた平知盛が防備していた。(5) 屋島と彦島を結ぶ線を機軸とし、九州を後背地とする体制である。

以上の状況の中、総帥源頼朝は対平家戦略を如何に立てていたのであろうか。まず範頼が九州、義経が四国と頼朝は担当地域を定めた。(6) 範頼は九州攻略軍司令官なのだ。では、頼朝は彼に対して如何なる戦略指示を与えたか、それは『吾妻鏡』文治元年（一一八五）正月六日条所収の同日付蒲殿（範頼）宛頼朝書状に明らかである。「八嶋に御座す大やけ、并に二位殿女房たちなと、少もあやまちあしきさまなる事なくて、向へ取申させ給へし」とあり、第一に「大やけ」＝安徳帝の安泰である。この「大やけ」安泰について、同書状の中で三度も繰返し述べている。平家の手中から安徳帝の無傷なる奪還は、戦争勝利の絶対条件なのだ。これは戦後の対京洛交渉を睨めば当然である。そのため、「敵をもらさすして、閑に可被沙汰也」と、第二に、急戦を避け、じっくりと敵を包囲することを指示している。この包囲のため、「筑紫の者共をもて、八嶋をは責させて」と、第三に、九州在地の兵を源軍に逆編成して、屋島包囲に向かうように命じている。この逆編成の為に、「物騒しからすして、能々閑に沙汰し給へし、かまえてかまえて国の者共ににくまれすしておはすへし」と、第四に、ここでも急戦を避け、じっくり確実に在地武士の人心を得ることを肝要としている。九州在地武士の人心を獲得するため、「筑紫の者ともににくまれぬやうに、ふるまは給へし」と、第五に、配下の東国武士の軍規の厳正を求めている。以上の方針は同上所収の同日付参河守殿（範頼）宛頼朝書状にも貫徹され、「国の者なと、おのつから落まうてくる事あらは、もてなして、よによに糸惜せさせ給ふへし」と、第六に、平家から脱落する九州在地武士を積極的に自軍に迎えるように指示した。特に、「豊後の船たにもあらは、やすき事也」と、第七に、豊後国在地武士、とりわけその水軍の帰順を重視している。

以上の如く、九州攻略担当軍司令官たる範頼に対して、安徳帝の安泰を基本として、じっくりと屋島を包囲すべく、九州在地武士を平家の手中から源軍へと逆編成し、とりわけ豊後国武士の帰順に期待をかけ、そのため在地の人心獲得を第一義とし、麾下の東国武士の軍規厳正を求めるよう、頼朝は指示したのである。更に、もし在地武士に帰順の様子がないならば、九州攻略は停止し、直接に四国を攻撃すべきことをも指令した(7)。

従って、頼朝の対平家戦略構想は、平家の後背地たる九州を攻略し、その退路を絶った上で、屋島に平家を孤立させ、九州からの範頼軍と畿内からの義経軍とによる完全包囲であり、それによって平家を敗北させ、安徳帝を平家の手中から奪還することである。

二、源範頼軍の豊後国渡海

長門国赤間関へと進出した範頼軍は、正月十二日、周防国に後退した。これと同時に、「豊後国住人臼杵二郎惟隆、同弟緒方三郎惟栄者、志在源家之由、兼以風聞之間、召船於彼兄弟、渡豊後国、可責入博多津之旨、有議定」(8)と、定めた。豊後国在地武士の大神姓緒方一族に帰順を働きかけ、その味方を待って、九州に渡海する方針である。何故、緒方一族を頼りとしたのか。大神姓緒方一族は大野川流域を中心に大野・大分・海部郡等に盤踞する有力在地武士であり、緒方三郎惟栄兄弟は、養和元年(一一八一)二月、筑後国の菊池隆直等と共に反乱に蜂起し、寿永二年(一一八三)十月、都落ちをして太宰府に落ち着かんとした、安徳帝を擁した平家を攻撃して、太宰府を攻略して、次いでこれを九州から追い落とし、元暦元年(一一八四)正月、伊予国の河野通信と共に海を渡り備前国今木城(岡山県邑久町)の平教経を攻撃し、七月、豊前国に侵攻して平家方の板井種直を撃破すると共に、宇佐八幡宮(福岡県宇佐市)を略奪・焼打ちにする等、内乱前期から一貫した、九州随一の反平家勢力であり、その蜂起は東国の源氏とは無関係な自主独立のものであった(9)。従って、この緒方一族の協力を得ることは、範頼軍の九州攻略に不可欠な条件なのだ。この一族の味方なしに九州攻略は不可能とさえ言える。故に、前述の方針を決定したのは必然であり、前節での頼朝の戦略方針からも当然の策である。

緒方一族への工作がどのようになされたかは、伝える史料がなく不明だが、緒方惟栄・惟隆兄弟は範頼軍に味方すべく、船八十二隻を提供した(10)。この緒方一族の源軍への参加は、波多野晥三氏が指摘するよう(11)、単純に源軍に内応したというよりも、源平両氏の命運をかけた九州攻防戦に於て、今まで保持してきた自主独立の道が許されず、旗幟を鮮明にせねばならず、そこで旧来の反平家の関係からいって、源軍に味方したに過ぎず、彼等の意識からすれば対等の同盟といったところかも知れない。

緒方兄弟からの船の提供、周防国の宇佐那木遠隆からの兵糧の提供を受けた範頼は、正月二十六日、周防国を発ち、豊後国へと渡海した(12)。これに従軍した東国武士は『吾妻鏡』で確認出来るだけで、足利義兼以下二十四氏三十六人である(13)。ここで注意されるのは、三浦一族の和田義盛に代表されるように、水軍の性格を有している武士が少なくないということである。天野遠景に見られるように(14)、伊豆国武士は一見その名字の地が海に接していない内陸にあっても、水軍武士の要素を有していた。そこで、以上の中から、水軍的要素を有する武士を抽出すると、江戸湾の千葉・葛西・品河・安西、三浦半島の和田・大多和、伊豆の天野・加藤・工藤・北条と十氏十五人にも及ぶ。更に名字の地が利根川・渡良瀬川水系に位置し、河川交通に関係した下河辺氏の例に見られるよう、内陸にあったとしても船に慣れていた武士も多くあると考えられる。こうして見ると、この渡海軍は、東国武士、すなわち騎兵という面だけでなく、水軍の要素も強く有していた。従って、渡海した範頼軍の中核には海川の船に習熟した武士がいたのである。

三、「芦屋浦」合戦

文治元年(一一八五)二月一日、『吾妻鏡』同日条に、

参州渡豊後国、北条小四郎、下河辺庄司、渋谷庄司、品河三郎等令先登、而今日、於芦屋浦、太宰少弐種直、子息賀摩兵衛尉等、引随兵相逢之挑戦、行平・重国等廻懸射之、彼輩雖攻戦、為重国被射畢、行平誅美気三郎敦種云々、

と、全文あるよう、範頼軍は平家方の原田種直軍と「芦屋浦」に合戦した。この「芦屋浦」合戦に関して、三月二日条に、渋谷重国飛脚は、

去正月参州自周防国被渡豊後国之時、最前渡海、討種直之由、

と本合戦について報告した。また、平家滅亡後、九州から帰還した下河辺行平は、八月廿四日条に、

而渡豊後国之時者、傍輩皆恃参州御船、行平敢不顧私在忠之故、為任先登於意、以纔所残置之自分鎧、相博小舟雖不着甲冑、棹船最前着岸、入敵先陣、討取美気三郎、

と、見えるように、頼朝の御前で本合戦について報答した。

以上、三点が『吾妻鏡』所収の「芦屋浦」合戦関係記事である。本合戦は、「太宰少弐種直、子息賀摩兵衛尉等、引随兵」とあるよう、第一に、平家方の中核は大蔵姓原田一族であり、その大将は一族の惣領たる原田種直である。行平が「棹船最前着岸、入敵先陣、討取美気三郎」とあるよう、第二に、範頼軍の上陸作戦であった。渋谷重国に種直父子が「被取畢」とあり、先陣の弟敦種が下河辺行平に討取られたように(15)、第三に、平家方の敗北である。

第一から考えて見よう。平家滅亡後も九州に残留し戦後処理を担当していた範頼に帰還命令が出された時、「平家没官領、種直・種遠・秀遠等所領、原田・板井・山鹿以下所処事」に沙汰人を置くよう頼朝が指示した(16)。ここで「種直」は、もちろん原田種直である。彼は太宰府府官を歴代継承して来た大蔵姓原田一族の惣領であり、九州の地にも反乱の火の手が上がった、養和元年(一一八一)四月十日、当時の平家六波羅政権から太宰権少弐に任官される等(17)、九州随一の在地有力者であり、かつ平家方人の筆頭的存在である。「種遠」は「板井」とあるよう、板井兵衛尉種遠のことである。彼は大蔵姓原田一族に属し、種直の従兄弟に当たる(18)。彼の名字の地は、筑後国御原郡板井庄(福岡県小郡市)で、太宰府から南に筑後国衙(福岡県久留米市)とを結ぶ官道の東に接した、要点である。同時に、彼は豊前国税所職を保持

しており、[19]豊前国有力在庁でもあったのだ。また、前年の緒方兄弟の豊前国侵攻に際して、婿の宇佐公綱（宇佐大宮司公通息）と共に迎撃して敗れている。[20]従って、内乱期に於て彼は本貫の筑後武士と言うよりも、むしろ豊前国有力在庁としての立場が強い。「秀遠」は、壇浦海戦の平家方の先陣大将たる山鹿兵藤次秀遠である。[21]彼の本貫は筑前国遠賀郡山鹿庄（福岡県遠賀郡芦屋町）である。この地には芦屋津があり、本港は関門海峡と博多津の中間に位置して繁栄していた。[22]彼は筑前国武士として、平家方の水軍を代表する人物と言える。以上、原田種直、板井種遠、山鹿秀遠の三人は九州の平家方を代表する有力武士であり、その一族をも含めれば、彼等の勢力は筑前・筑後・豊前の北九州三か国に渡っている。従って、範頼軍の九州侵攻に対して、以上の三人が在地の有力平家方として対抗し、平家滅亡に運命を共にしたと言える。さすれば、種直・種遠の二人は従兄弟同士であり、種遠が豊前国有力在庁である故、九州最大の反平家勢力が豊後国緒方一族である以上、平家方、すなわち原田一族が豊前国の保持を基本とし太宰府の防衛を考えるのは当然である。ここに、原田一族惣領の種直を大将として「芦屋浦」合戦がなされる必然性がある。

第二について考えて見よう。範頼軍は正月二十六日に周防国を出帆し豊後国へ向かい、二月一日に「芦屋浦」に上陸し平家方と合戦した。正月は大月故に、この間、六日である。では、この間ずっと海上に浮かんでいたのであろうか、それとも豊後国に上陸し再度渡海したのであろうか。『吾妻鏡』文治元年（一一八五）三月九日条に、

着豊後国之処、民庶悉逃亡之間、兵粮依無其術、和田太郎兄弟、大多和二郎、工藤一臈以下侍数輩、推而欲帰参之間、枉留之、相伴渡海畢、

と、範頼の書状にある。この報告は、「芦屋浦」合戦を鎌倉に告げた渋谷重国飛脚報以降のものである故、本合戦に関係したものである。故に、周防国から豊後国に上陸した後、再度渡海して「芦屋浦」に上陸作戦を敢行したのである。

周防国衙（山口県防府市）から豊後国衙〈大分県大分市〉まで、それぞれの国津間は海上約百キロの距離で、国東半島に

船泊したとして二日の日程である。さすれば、範頼軍は緒方一族の掌握している豊後国衙へと渡海するのが当然である故、正月二十七日には豊後国衙に入ったとすべきである。だが、その地も兵粮調達がままならず、軍規崩壊の恐れがあるので、時を置かずに再度出帆して「芦屋浦」へ向かったことになる。従って、範頼軍の豊後国衙滞在は一両日程度の短期であり、平家方の情報収集を主体とするものと言える。

緒方一族は蜂起以来、常に国外に出戦しており、史料上から平家方が国内に入った様子はなく、当国は緒方一族の支配するところであった。従って、前段落と合わせ考えれば、「芦屋浦」が豊後国内でないのは当然である。では、「芦屋浦」は何処であろうか。芦屋の地名は筑前国遠賀郡に残されており、この地は前述のとおり山鹿兵藤次秀遠の本貫地である。一般には「芦屋浦」はこの筑前国芦屋と考えられている(23)。しかし、豊後国から海上をこの地に到達するためには、関門海峡、すなわち平家方の本拠たる彦島を突破しなければならない。平知盛の平家軍と衝突は必然で、壇浦海戦が義経軍ではなく範頼軍との間に生じたことになる。だが、これは歴史の示すところではないし、範頼軍が彦島を攻撃する力があるならば、当然、周防国から直接そこへ向かうはずであるし、本貫を戦場にしながら秀遠が参戦していないのは不自然である。故に、「芦屋浦」が筑前国芦屋津でないことは明白である。

「芦屋浦」が豊後・筑前両国でないとすれば、何処か。種遠が原田一族であり、かつ豊前国有力在庁であり、前年の緒方兄弟侵攻に際して平家方として当国に迎撃したことから、豊前国は平家方の拠点である。従って、豊後国から平家方の九州支配の本拠たる太宰府への進撃に当たって、当国の平家方を潰さねば、範頼軍はその進撃路を絶たれる恐れがある。かくて、豊後国に上陸した範頼軍が最初に豊前国へと進撃するのは必然となる。故に、「芦屋浦」は豊前国内に求められる。だが、「芦屋浦」に該当ないし類似する地名は当国内には見出すことは出来ない。

ところで、上陸作戦では揚陸・補給の便から港を確保するのが作戦原則であり、港そのものを上陸地点にしなくてとも、その近辺に選定するものである。この点から考えると、豊前国衙(福岡県行橋市)に近い今川河口(同市)、国津たる下毛郡仲津(大分県中津市)、宇佐八幡宮の北東の宇佐郡和間浜(大分県宇佐市)が候補となる。さて、「芦屋浦」合戦の翌日たる二日、範頼は宇佐に入り、五日、宇佐八幡宮に奉幣している。今川河口上陸では、当然まず国衙占領を果たし、在庁支配を掌握することになり、国衙と宇佐との距離が五十キロ弱あり、合戦の翌日に宇佐入りするのは不可能とは言えないまでも不自然である。よって、今川河口は除いてもよいことになる。そこで注目されるのが種直弟の美気三郎敦種である。「美気」は「三毛」と同音であり、彼の名字の地は筑後国三毛郡(福岡県大牟田市)とされるが、山国川を挟んで仲津の西に位置する上毛郡三毛門村に敦種が土着したと長沼賢二氏は述べる。何れと決定すべき史料はないが、同族の筑後武士の板井種遠が豊前国に進出していたように、たとえ敦種が筑後武士としても、豊前国へ進出していたとしてもおかしくなく、その場合、三毛門村はその拠点たり得る。また、敦種は平家方の先陣に位置していた。合戦場に関係するものが先陣・案内を勤めるのが合戦の作法からして、彼は豊前国に在地性があったと言える。一方、和間浜では宇佐に近すぎ、戦火が宇佐大神宮にまで及ぶ可能性が高く、後述するように人心把握の点から言って、不適当と言える。従って、仲津周辺を上陸地点と考えるのが至当である。ここからなら、宇佐まで約二十キロ程で合戦翌日に宇佐に進出出来る。上陸地点が仲津周辺、すなわち山国川河口辺であることは、国東半島に船泊をしても豊後国衙から約百キロ行程で二日の日時で到達出来る。二十七日に国衙に入った範頼軍は、豊前国内の情勢を把握した上で、二十九日ないし三十日に出帆すれば到達出来るのである。

本合戦が仲津辺への範頼軍の上陸により開始されたが、平家方の顔触れを見ると、一族の惣領原田種直が参戦しているのに、彼の従兄弟で豊前国有力在庁の板井種遠がいないことに注意されよう。豊後国の緒方一族と周防国にある範頼軍との連携の報に接したであろう平家は、その迎撃に豊後国に隣接する豊前国を当てることとなり、筑前国より種直自身が出馬したのだ。本合戦が仲津辺で行われ、種遠が欠落していることは、平家方が豊後・豊前国境付近に布陣する前衛の種遠と仲津付近に布陣する後衛の種直とに二分されていたことを示す。前者は豊前国在地武士を主力に、後者は筑前国からの来援の原田一族を主力にしていたろう。なお、種直が仲津辺にいるのは水軍集結の便を考えてのこともあろう。この情勢を的確に把握した範頼軍は、陸上から豊前国へ進撃して戦線が膠着して軍規が崩壊することを恐れ、速戦即決を求めて、海上を蛙飛びに後方の種直に奇襲攻撃を挑んだことになる。

第三について考えて見よう。範頼軍は緒方兄弟を先導者として仲津辺に上陸作戦を敢行した。先陣の下河辺行平は敵先陣の美気敦種を討取った。また、先陣の渋谷重国は敵主将の原田種直・賀摩種益父子を射て、少なくとも彼等を戦傷させた。このことは、範頼軍先陣が一気に平家方先陣を撃破し、速やかに本陣たる原田父子を攻撃し、彼等を戦傷させたことになる。主将たる種直が戦傷したことは、主力の原田一族軍の崩壊を意味し、平家方の敗北、それも完敗にほかならない。従って、本合戦は、仲津辺に結集していた平家方に対して、範頼軍が奇襲的上陸作戦を決行して、敵先陣敦種を一気に撃破して主力種直を破り、平家方を完敗させたものである。この結果、この方面の平家方、すなわち種直軍は戦闘力を失ったと言える。九州最大の平家方たる原田一族の勢力はこの一戦で地に落ちたのである。

とまれ、「芦屋浦」合戦は、二月一日、豊前国に集結し国境付近と仲津辺に二分していた平家方に対して、後衛の原田種直を主力とする仲津辺の平家方に範頼軍が海上より迂回して奇襲的上陸作戦を敢行し、彼を完敗させその戦闘力を奪ったものである。かくて、範頼軍は翌日には宇佐に西から進出し、国境付近の平家方、すなわち板井敦種は退路を絶たれ孤立することになる。しかし、範頼が宇佐大神宮に奉納したのが五日のことであるのは、その掃討に数日を要したことになり、彼等が「芦屋浦」敗北にもかかわらず抵抗をなしたことを示している。このことは、正面から国境に布陣する敦種軍を攻撃するとなれば、厳しい抵抗を受けたことを表している。その場合、当然ながら緒方一族が先導として先陣を勤めるのが作法であり、前年の彼等の宇佐八幡宮略奪・焼討に対する豊前国在地武士の敵愾心からして、その抵抗はより一層激しいものとなろう。さすれば、この戦闘は国境地帯を破ったとしても、そのまま宇佐へと継続する可能性が高く、再度の宇佐大神宮略奪・焼討を招く可能性が大と言えよう。このことは、頼朝の戦略方針の第四、在地武士の人心を掴むことに、反することになり、ひいては在地武士の平家方から源氏方への逆編成は困難となる。また、国境付近での敵の抵抗が激しければ、その戦闘は長引くことになり、兵粮の補給に難があり士気瓦解の恐れがある範頼軍は長期戦を遂行し得ない状況であった。従って、短期に勝利を求めるべく、豊前国在地武士ではなく遠来の種直軍との決戦に賭け、海上からの迂回攻撃となったものである。そして、これがものの見事に成功し、種直は完敗し、敦種も数日で掃討され、豊前国は範頼軍の手中に落ちたのである。

かくて、「芦屋浦」合戦は、九州最大の豪族原田一族の惣領で、平家方人随一の原田種直を完敗させ、その勢力を失わしめた。この九州での範頼軍の緒戦の勝利は、その九州攻略にとって最大の敵が費えたことになり、事後の作戦を容易なものとすることが出来、板井敦種の掃討も数日で済むことになったのだ。これに敗れていれば、範頼軍は海に追い落とされ、再起不能と言える打撃を受けたはずである。本合戦は、源平両氏の九州支配を巡る天王山と言え、源氏の勝利を確定させたと言っても過言でない。

「芦屋浦」合戦は正攻法でなく奇道である。これを成功させるには主将の将器が問われる。長期遠征・兵粮不足から自軍の士気崩壊の恐れ、東国勢と新来の緒方一族勢との融合・統制、的確な情勢判断と作戦決断等、範頼の将才が問われるのである。そこで、本合戦に勝利したことは、彼にこの困難な作戦を遂行し勝利に導く十分な将才があったことを示している。すなわち、範頼が凡将であっては本作戦は遂行・勝利し得ないのである。

四、平家の九州支配の覆滅

「芦屋浦」合戦に勝利した範頼は、翌二日に宇佐に入り、残敵を掃討した後、五日、宇佐八幡宮に奉幣し麻布六百三十端を奉納し、九日、大宮司宇佐公通を伴って太宰府へと進発した。(28)この宇佐八幡宮に対する範頼の奉幣は、源氏の氏神、石清水八幡宮の祖廟であり当然と言える。が、九州第一の宗廟かつ豊前国一宮で、在地の崇敬厚き当社壇は、大宮司宇佐公通が在地人にもかかわらず、太宰権少弐・対馬守・豊前守に任じられる(29)等、平家方の有力成員である。だからこそ、前年に緒方一族は、神宝「黄金已下、累代霊宝不残一物掠取了」と言うほどの「悪行」を行使したのである。(30)それ故に、この緒方一族を従軍させた範頼軍は、宇佐側から見ればその再来の恐怖を抱かせるものである。しかし、内乱中、「平家祈禱」を致していた宇佐八幡宮(31)だからこそ、逆に源氏の祖廟として是非にも自軍に編成せねばならぬものであり、それを成就することは、源氏への、九州在地の人心の帰趨に決定的影響を与えるものである。そこで、範頼軍は宇佐を戦火に巻き込む恐れのある、正面突破策を避け、海上迂回策を取って、西より宇佐に入ったのである。当然、宇佐入りした後、麾下の東国勢は勿論、それ以上に参軍している緒方勢の略奪・乱行を禁じたはずである。「憑彼権威神官所司等従山林出畢(32)」とあるのは、範頼が自軍の軍規を保つことに成功したことを示す。従って、範頼が公通を伴って太宰府へと進発したことは、親平家方の宇佐八幡宮と大宮司宇佐氏を誅伐するのでなく、逆に宥免して源氏方に組入れたことを、九州全土に示すことになる。また、種直後の太宰府掌握のため前太宰権少弐たる彼を活用せんとしたろう。以上のことは、頼朝の第四から第六の戦略方針に適った方策である。ここでも、範頼は大将として部下に統制に成功しており、その将器を見せている。

宇佐八幡宮を発った範頼軍は、太宰府を目標に進撃したろうが、まず、その途上に位置した豊前国衙を落とし、豊前国を完全に掌握したはずである。そして、太宰府へと進撃したことになるが、すでに原田一族が「芦屋浦」合戦で潰乱している以上、大きな抵抗は受けなかったと思われる。残念ながら、その間の経緯を示す史料はなく、範頼軍の太宰府入城が何時かも不明である。次いで、博多津を押さえ、彦島を本拠とする平家軍の退路を絶ったろう。「九国ノ輩モサナカラ源氏ニ心ヲ通シテ筥崎ノ津へ寄ヘシト聞ヘケレハ、筥崎ノ津ヲモ出給ヌ、何クヲ定テ落着給ヘシトモナケレハ、海上ニ漂ヒテ涙ト共ニ落給ケルコソ無慚ナレ(33)」と、平家軍は彦島以外に寄るべき地を失い、壇浦海戦を迎えることになるのだ。かくて、北九州の地は範頼軍の手に落ち、平家の後背地たる九州は潰えた。

終言

三河守源範頼は九州攻略担当軍司令官として、兄頼朝の戦略方針に沿って、九州の攻略に成功したのだ。この間、長期の遠征・兵粮の欠乏等から来る、麾下の東国武士の軍規崩壊の危機に見舞われながらも、豊後国の緒方一族の参軍を得て、正月二十六日、周防国から豊後国へ渡海し、更に、豊前国に待つ平家方に対して、現地の情勢を的確に判断し、果敢にも海上迂回策を取り、「芦屋浦」、すなわち仲津辺に上陸作戦を敢行し、二月一日、主力の原田種直軍を完敗させ、宇佐に入り、五日、宇佐八幡宮に奉幣し社壇を掌握し、次いで、太宰府・博多津を占領し、平家の九州支配を覆滅させ、壇浦海戦勝利の前提を作った。この成功の要は、九州最大の平家方たる原田種直を潰走させた、「芦屋浦」合戦の勝利にある。そして、この大胆な作戦を成功させ、九州攻略を成就させたことは、範頼が凡将ではなし得ないことであり、彼の将才の豊かさを示すものである。

註

（1）『吾妻鏡』元暦元年八月八日条。
（2）『吾妻鏡』同年九月十二日条。但し、同上では一日に範頼が京から西国へ進発したとあるが、『百練抄』同年九月二日条及び『吾妻鏡』文治元年正月六日条により、二日が正しい。
（3）備前国児島合戦は、佐々木三郎盛綱が藤戸の渡を騎馬で渡海したことが、源軍の勝利に繋がった。が、彼の渡海の日時に関して、九月二十六日（『延慶本平家物語』第五末・卅一参河守平家ノ討手ニ向事）と十二月七日（『吾妻鏡』元暦元年十二月七日条）との両説がある。
（4）『吾妻鏡』文治元年正月十二日条、二月十四日条。
（5）『吾妻鏡』同年正月六日・二月十六日条、『延慶本平家物語』第五末・卅一参河守平家ノ討手ニ向事。
（6）『吾妻鏡』文治元年正月六日条。
（7）『吾妻鏡』同二年十四日条。
（8）『吾妻鏡』同元年正月十二日条。
（9）渡辺澄夫氏、『源平の雄緒方三郎惟栄』一九八一年第一法規出版。
（10）『吾妻鏡』文治元年正月二十六日条。なお、緒方兄弟が船を提供できたのは、その一族の水軍力のみならず、彼等が内乱の中で豊後国衙在庁を掌握して、その機構を通じて動員し得たからと言える（海老沢衷氏、「鎌倉時代における豊後国の国衙領について」『西南地域史研究』第三輯一九八〇年一月）。
（11）波多野晥三氏、「源平合戦と緒方氏の挙兵」『史淵』第二八輯一九四二年十二月。

(12)『吾妻鏡』文治元年正月廿六日条。
(13)『吾妻鏡』同上の交名(二十四氏三十七人)から周防国残留を命じられた三浦氏二名を除き、二月一日条の品河氏一名を加えたもの。
(14) 彦由一太氏、「十二世紀末葉武家棟梁による河海港津枢要地掌握と動乱期の軍事行動」(中)『政治経済史学』第百号一九七四年九月。
(15) 太田亮氏、『姓氏家系大辞典』第三巻一九六三年角川書店頁五七六三参照。
(16)『吾妻鏡』文治元年二月十二日条。
(17)『玉葉』・『吉記』養和元年四月十日条。
(18)「大蔵系図」(『続群書類従』第七輯下系譜部)。なお、系図では「坂井兵衛尉」とあるが、『吾妻鏡』及び註(19)から「板井兵衛尉」種遠が正しい。
(19)「豊前到津文書」正和元年十二月廿七日付鎮西下知状(『鎌倉遺文』第三十二巻二四七五七号)に、「高祖父大和入道々賢所拝領板井兵衛尉種遠之跡也、当国税所職則種遠跡也」とある。なお、道賢とは、仲津郡城井郷(福岡県京都郡犀川町)を本拠として戦国時代まで連綿と続く豊前宇都宮氏の祖たる信房である。
(20)「元暦文治記」所収嘉暦四年七月八日付勘注状(「宇佐八幡記録」所収)。なお、本史料は『大分県地方史』第八八号一九七八年四月に紹介されている。
(21)『吾妻鏡』文治元年三月廿四日条、『延慶本平家物語』第六本・十五檀浦合戦事。
(22)『本朝無題詩』巻七河辺(『群書類従』第九輯文筆部)所収の蓮禅作「着葦屋津有感」。
(23) 渡辺澄夫、註(9)前掲書。

(24) 吉田東伍氏、『増補大日本地名辞書』第四巻西国一九七一年冨山房頁一三二参照。
(25) 「元暦文治記」所収嘉暦四年七月廿八日付勘注状。
(26) 太田亮氏、註(15)前掲書頁五七六三参照。
(27) 長沼賢二氏、『邪馬台国と太宰府』一九六八年なお、氏は「芦屋浦」合戦を豊前三毛浦合戦とし、三毛門村(福岡県豊前市)を合戦地とされる。
(28) 「元暦文治記」所収嘉暦四年七月廿八日付勘注状。
(29) 『吉記』養和元年四月十日条、『玉葉』安元二年正月卅日条、『山槐記』治承四年九月十六日条。
(30) 『玉葉』文治二年正月十七日条。
(31) 『吾妻鏡』文治元年五月八日条。
(32) 「元暦文治記」所収嘉暦四年七月廿八日付勘注状。
(33) 『延慶本平家物語』第六本・十二能盛内左衛門ヲ生虜事。

(『政治経済史学』第三百号一九九一年六月所載)

第二節　三河守源範頼の九州進駐の史的意義

一、源範頼軍政の成立と源義経

文治元年(一一八五)三月二十四日、源義経軍は長門壇浦海戦に平家軍を壊滅させ、ここに治承四年(一一八〇)以来の治承寿永内乱は源軍の勝利の下に終結することになった。海戦に先立ち、正月末に周防より豊後に渡海した源範頼軍は、二月一日、九州在地の平家方主力の原田種直軍を豊前芦屋浦合戦に撃破し、太宰府へと侵攻し、平家の後背地たる九州、とりわけ筑豊地域を席巻し、彦島に依る平家の退路を絶っていたのである。(1)ここに、九州の地は源軍の手に落ち、その進駐がなされるのである。

壇浦海戦勝利の報告は、四月十一日、勝長寿院立柱式の中、源義経飛脚によりもたらされた。(2)翌日、平家滅亡後の新情勢への群議を行い、「参州暫住九州、没官領以下事、可令尋沙汰之、廷尉相具生虜等、可上洛之由」、と決定し、直ちに飛脚を西国へ発した。(3)ここに、源範頼は九州進駐担当と、壇浦海戦の勝利者たる源義経は捕虜と共に上洛と定まった。源義経の壇浦海戦勝利による平家滅亡は、鎌倉殿源頼朝の当初の戦略―九州を源範頼に奪取させ、四国に源義経を向け、両軍で四国に平家包囲滅亡させる―(4)とは異なる終結となり、源義経軍も九州に歩を進めることとなった。だが、九州行政の根幹たる太宰府を占領したのは源範頼軍であり、従前から九州侵攻は源範頼軍の担当であり、又、神器以下を京洛政権に奉還する必要もあり、これに独断専行の気のある源義経を当てることは、彼に九州での地歩を築かせないためにも一石二鳥である。従って、源頼朝は既定方針通りに九州担当を源範頼としたのだ。

源義経は鎌倉からの指令を待つことなく、又、京洛政権からの院宣等をも待つことなく、四月上旬には関門海峡を離れ、十六日には播磨明石浦に到着した(5)。正月十日、追討使として西国へ都を出陣した(6)、従五位下検非違使尉源義経は、二十四日、凱旋将軍として都に帰ってきた(7)。かく、義経の九州在国は短期間に終わった。鎌倉政権の九州支配の第一歩は三河守源範頼に担われるのである。勿論、範頼軍は平家方と合戦をし、武力制圧に基づき、その支配を執行するのであるから、平家滅亡後といってもその本質は占領軍政というべきである。

義経の九州滞在は二週間足らずであったが、「壇浦合戦之後、九国事悉以奪沙汰之(8)」とあるよう、影響力を及ぼした。壇浦海戦の寝返り組は当然のこと、旧平家時代に傍流であった者も、勝利に輝く義経の下に蝟集したであろう。「不中子細於武衛、只任雅意、多加私勘発(9)」と、彼等に対して独断専行の任免を行ったといえる。古来からの海の守護神たる八条院領筑前宗像社は、領家が平頼盛、預所が有力家人越中前司平盛俊であった、北九州の平家有力拠点であったが、この大宮司は壇浦海戦直後に罷免・新任がなされるが、これは義経の手になるその実例なのである(10)。

鎌倉殿源頼朝は唯一の武家棟梁として東国政権を首導せねばならない。異母弟義経と在地武士との直接の結び付きは否定せねば、その立場は確立しないのである。当然、「被勘発廷尉訖、於今者不可従彼下知(11)」と、頼朝は義経の指揮権を剥奪する一方、「所被付置于参州之御家人等事、縦乖所存之者雖相交、私不可勘発、可訴申関東(12)」と、範頼に自専を戒め、関東に御家人統制の本があることを明示している。以上、頼朝から九州統治の支配権を委ねられた範頼であるが、それは忠実な鎌倉殿源頼朝の代官としての立場であって、それを越えてはならなかったのである。

二、鎮西沙汰七ヶ条と対馬前司親光帰国

旧平家残存勢力を克服し、鎌倉政権の支配を浸透さすべく、鎌倉はいかなる方針を取ったのであろうか。具体的に明示するものはないが、基本的には壇浦海戦前の正月六日の範頼宛指令、即ち在地の人心獲得を第一義とし、東国武士の軍規粛正を保つ[13]、の延長上にあったろう。この点、『吾妻鏡』文治元年（一一八五）五月八日条に見る、中原広元以下の参会を経た「鎮西」「沙汰」七ヶ条が問題となる。

第一は、豊前宇佐八幡宮に関するものである。三ヶ条で、一つは、平家方であった大宮司宇佐公通を罷免することなく社務を安堵したことであり、一つは、社官等に恩沢を行ったことであり、一つは、前年の豊後緒方一族による社壇焼打ちの再建である。何れも、源氏の氏神山城石清水八幡宮の祖廟で、九州第一の宗廟として在地の崇敬厚き当社壇の保護、即ち人心収攬策である。二月一日の豊前芦屋浦合戦に勝利した範頼がまず宇佐社奉幣をなしたこと[14]の延長線上に考えることが出来る。逆に、『吾妻鏡』同年六月二十日条に、「香椎社前大宮司公友（中略）押而社務、早可被行罪科之由、社官等日来訴申関東」とて、追放令を出し遷宮遂行を頼朝が命じた如く、在地の意向を第一義に置いている。

次いで、平家有力家人たる平貞能・盛国所領注申、美気大蔵大夫鎌倉召喚、九州派遣御家人帰参禁令、西国御家人交名注進の和田義盛への命令である。所領注申は、没官領の拡大化による勢力浸透と共に、潜伏中の貞能[15]の捜索も兼ね、平家残存勢力の根絶を狙ったといえる。芦屋浦合戦で戦死した、総大将原田種直の弟美気敦種の一族と考えられる美気大蔵大夫召喚は、範頼に対する「過言」のためで、九州進駐司令官たる範頼の権威を保たせるもので、一方、侍所別当和田義盛が西国御家人交名を注進するのは、頼朝―義盛―西国御家人のラインが基本であり、範頼はそれよ

り除外させ、在地武士との主従関係はあくまで頼朝一本に統御せんとするものである。以上、七ヶ条は人心収攬と主従関係の一本化を基本として、司令官たる範頼の権威を認めている。（帰参禁令については次節で述べる。）

これに続いて、九日、原田種直遺領の勲功武士への分配を、十二日、西国事の御書を下すと、やつぎばやに、指令を範頼に発した。(16) しかし、管見の限りでは範頼発給文書で九州関係の物はないし、『吉記』文治元年（一一八五）五月十一日条（註［29］で触れる）を除いて、古記録にも所見しない。範頼の頼朝指令に対する対応、範頼自身の九州軍政への対応等を、それ故、第一次史料より明らかに出来ない。

ここで、『吾妻鏡』文治元年（一一八五）五月二十三日条、

参河守範頼受二品之命、為対馬守親光迎、可遣舩於対馬島之処、親光為遁平氏攻、三月四日渡高麗国云々、仍猶可遣高麗之由、下知彼島在庁等之間、今日既遣之、当島守護人河内五郎義長同送状於親光、是平氏悉滅亡訖、不成不審、早可令帰朝之趣載之云々、

全文が問題となる。範頼の対応が示されているのである。

範頼九州渡海報告後、(17) 壇浦海戦以前、三月十三日、「対馬守親光武衛御外戚也、在任之間、為平氏被襲之由」とて、頼朝は範頼へ前対馬守藤原親光の救出を命じており、同時に西海山陽道宛に親光上洛支援の下文を発した。(18) 頼朝のこの下文の企図は平家支配下の西国在地勢力が自己の傘下に加わる名分を与えることが第一義である。同時に、この時点で戦後を睨んで、九州支配の一環として、高麗国との接点たる対馬の掌握を考えていたことになる。即ち、対外通商権である。「御外戚」よりも平家支配に屈していない在国司であることを奇貨としたとすべきである。

親光は海戦前たる三月四日に高麗国に対馬より亡命していた。この時期を考えると、範頼軍は既に豊前で九州在地最高の原田種直軍を撃破し、宇佐八幡宮を掌中にし、おそらく太宰府・博多津を奪取もしくはその直前と思え、九州

の平家後背地はついえんとした時である。同時に、周知のとおり二月の屋島合戦で四国を失い、平家は長門彦島を最後の拠点とせざるをえなかった時期である。従って、平家は退路たる壱岐・対馬、高麗国の線を確保する必要があった。その圧迫の前に親光は抗し切れず亡命したといえる。このことは対馬の位置から考えても在任中に高麗国と交渉・通商があったことを窺わせる。この点を意識して先の頼朝指令は発せられたのである。

頼朝の指令がいかなるラインで執行されたかを考えてみよう。第一に、頼朝―範頼―対馬在庁のラインである。頼朝の九州軍政の最高指揮官が範頼であるから、範頼はその支配上、当然ながら九州行政の根幹たる太宰府を掌握し、その下に各国衙在庁を指揮下に入れることになる。それは当然のことといえ、親光が六月十四日に帰島した『吾妻鏡』同日条に、「参河守範頼并河内五郎義長等受二品命、渡使於高麗国」とあることから、範頼が対馬国衙在庁を指揮し、更に在庁より高麗国へ使者が発せられたことになる。この点、範頼が太宰府・対馬国衙在庁を把握していたことを示す。当然、北九州一円の各国衙在庁もその指揮下にあったろう。

第二に、対馬守護河内―高麗国(親光)である。『吾妻鏡』六月十四日条によれば、これは「二品命」受けたことになるが、五月二十三日条ではこのことは触れていない。一般には『吾妻鏡』に見える「守護」といえば、頼朝の任命になると考えているが、治承寿永内乱期に於ける甲斐源氏の駿河・遠江「守護」がその任命になく彼等の簒奪になることを、彦由一太氏は早くから示されている。(19)河内義長は甲斐源氏棟梁武田信義の弟で、甲斐八代郡河内(山梨県石和町)を名字の地とする。(20)とすると、義長を守護に任命したのが誰か問題となる。義長は上述の引用に突如として『吾妻鏡』に登場し、範頼軍の渡海メンバーとしては所見していない。甲斐源氏が征西していないわけでなく、元暦元年(一一八四)の一谷合戦後、信義子の板垣兼信が西国より独立指揮権を頼朝に求め、叱責されたように、(21)出征していたのである。このことは範頼軍の構成から『吾妻鏡』が甲斐源氏を抹殺したことを窺わせる。範頼自身は遠江池田宿(静岡県豊田町)

遊女所女で「蒲冠者」(同国蒲御厨―静岡県浜松市)と称したよう、既に彦由一太氏が指摘された如く、甲斐源氏の支持の下に内乱に参入したのであり、その延長線上に参河守任官があり、そのような基盤があってこそ平家追討使大手大将軍たりえたのである。[22] とすれば、義長は当然範頼軍の一員として九州に渡ったといえる。又、その守護獲得は、頼朝の任命というよりも、実力によるもので、既成事実を承認させたといったところであろう。

かく見れば、義長は親光宛へ状を発しているのであるから、彼は親光への伝達ルートを掌握、即ち対馬・高麗国間の交通を掌握していたことになる。とすれば、対馬・高麗間の交渉・通商を実質的に把握していたのは守護河内義長となる。即ち、範頼は義長の協力なくして頼朝の指令を執行しえないのであり、対馬国衙在庁を実質的に把握していたのは義長となる。この文治初頭に九州で守護と確認されるのは、対馬の義長のみである。[23] こう考えれば、頼朝―範頼―在庁のラインに対して、甲斐源氏一統の少なくともこれに相対的独立性を持った守護が存在していたとすることが出来る。恐らく、対馬以外にも。範頼は甲斐源氏との協力関係の上で九州軍政を成立させえたといえよう。

上述のとおり、六月十四日、親光は対馬に帰島した。この際、高麗国王より、「与重宝等、納三艘貢船副送云々」[24] されたのである。この件は『高麗史』には記載がなく、又、治承寿永内乱及び鎌倉初頭期の日麗関係を示す記載もない。だが、高麗国王が『吾妻鏡』の記載のとおり直接関与したかは別として、親光の帰朝は高麗国の公権力が関与したことを示すものである。従って、義長の送状、即ちその使者がそれと接触したことは確かだ。かくて、対馬守護河内義長、ひいては範頼と高麗国との交渉ラインが成立したことになる。朝鮮半島との関係がかくあれば、当然ながら、範頼は南宋(中国大陸)との関係を持ったろう。その表徴が、範頼の九州引上げの際、京洛政権と鎌倉殿源頼朝への贈物に見える、夥しい唐物である。[25] かくして、範頼は大陸との通商権を掌握したことになる。これに甲斐源氏が関与していたことはいうまでもない。

三、範頼帰還令と頼朝・義経対決

前節での、五月八日の鎮西七ヶ条の内、九州派遣御家人帰参禁令である。そこで名の挙げられた塩谷五郎惟弘は範頼渡海交名には不見だが、一谷合戦交名には範頼軍で見える。(26)武蔵児玉党の出自である。塩谷惟弘は征西範頼軍の一員として渡海し九州に従軍した関東中小御家人の代表とでもいえよう。範頼渡海交名中、帰鎌が一番早く確認されるのは、四月二十四日在鎌倉の藤原親能であり、次いで五月五日帰鎌の結城朝光である。(27)彼等は頼朝の側近であり、別命で帰鎌したといえる。これに比して、相模の秩父一族の渋谷重国は芦屋合戦の先駆戦功にもかかわらず、範頼に先立ち上洛した咎を問われた。(28)前節で述べたように、範頼が甲斐源氏との協力下にあることを考えると、禁令は、より具体的には、鎌倉殿源頼朝と主従関係にある、主として関東御家人を対象としたことになる。範頼の下より武相御家人が離脱すれば、範頼を掣肘する術を頼朝は失い、範頼の自立・甲斐源氏化を促進させてしまうのである。それでは九州支配は遠ざかってしまう。当然、九州在地勢力を侍所別当和田義盛に把握させるのと表裏一体となった施策なのである。

『吾妻鏡』文治元年(一一八五)七月十二日条に、

鎮西事、且止武士自由狼藉、且顛倒之庄園如旧付国司領家、為全乃貢、早申下院宣、行向可遂巡検之由、被仰久経、国平等云々、亦平家追討之後、任厳命、廷尉者則帰洛、参州者于今在鎮西、而管国等有狼藉之由、自所々有其訴、早可召上件範頼之旨、雖被仰下之、菊池、原田以下同意平氏之輩掠領事、令彼朝臣尋究之由、二品令覆奏給之間、範頼事、神社仏寺以下領不成妨者、雖不上洛、有何事哉、企上洛可有後悔者、可相計之趣、重被下院宣

之間、平家没官領、種直、種遠、秀遠等所領、原田、板井、山鹿以下所処事、被定補地頭之程者、差置沙汰人、
心静可被帰洛之由、今日所被仰遣参州之許也、

と全文記載されている如く、頼朝は九州進駐司令官たる範頼に帰還命令を発したのだ。

これは、鎌倉殿御使として鎮西(九州)に中原久経・近藤国平を院宣を帯びさせて派遣し、範頼帰還を命じた、ものである。周知のとおり両使は畿内巡検に続いて九州に転ずるのだ。問題は範頼帰還令である。その経緯を『吾妻鏡』同上に従って見てみよう。先ず、「管国等有狼藉之由、自所々有其訴、早可召上件範頼之旨」「被仰下」とある如く、京洛政権の要求が最初である。この院宣は五月十一日後のことである。(29)だが、「菊池・原田以下同意平氏之輩掠領事、令彼朝臣尋究」と、頼朝は返答してこれを拒否した。京洛政権の旧権利回復の要求に、鎌倉政権は御家人の権利伸張に答えるべく、旧平家残党究明を理由に拒否したのである。京都はもう平時であるとし、鎌倉は戦時は終わっていないとしたのである。以上が第一段階で、頼朝は九州駐留軍と司令官範頼を必要としたのだ。同時期に御家人帰還禁令を発していたのは当然である。

「範頼事、神社仏寺以下領不成妨者、雖不上洛、有何事哉」と、所領が保証されるならば範頼駐留を認め、「企上洛可有後悔者、可相計之」と、下駄を預ける院宣を頼朝の拒絶の返答に合わせて出した。この再度の院宣に対して、範頼帰還令を頼朝は七月十二日に出したのだ。二度目の院宣がいつ鎌倉に届いたか『吾妻鏡』は語っていないし、これを示す他の史料もない。京・鎌倉の通常の交通が一週間ないし十日であることからして、(30)早くとも六月上旬ということになろう。二度目の院宣は一度目と異なり強く範頼帰還を主張していないことからして、その緊急性は少なく、多分中旬以降ではなかろうか。以上が第二段階で、範頼帰還令になるのだ。では、京都が範頼帰還に固執せず、鎌倉に下駄を預けたにもかかわらず、最初は拒絶した帰還令を出したのであろうか。通説では京洛政権の所領御家人侵犯に

応えた帰還令とされているがそれだけでいいだろうか。

ここで、鎌倉殿源頼朝と異母弟義経の関係を考えて見よう。周知のように、義経はいったんは退けられていた平家追討使に再度起用され、四国（屋島）攻略担当となり、二月、屋島合戦、三月、壇浦海戦と平家一統を滅亡させた。しかし、以前から頼朝の統制に服せず、唯一の武家棟梁たらん頼朝にとって障害となりつつあった。壇浦海戦後、京都に平家捕虜を伴って凱旋した義経に対して、頼朝は、五月四日、義経の眼代梶原景時へ御家人義経不従令、即ち指揮権を剥奪すると共に、平家捕虜の景時以下御家人が守護するよう命じ、勝手帰参を禁じた(31)。義経は、衆知の如く、平家捕虜平宗盛以下を護送して関東に下り、五月十五日、相模酒匂宿に到着するが、鎌倉入りを許されず、六月九日、虚しく帰洛せざるをえなかった。この際、義経が「於関東成怨之輩者、可属義経之旨、吐詞」のに対して、六月十三日、頼朝は義経に宛行った平家没官領二十四ヶ所を没収した(32)。誰の目にも両者の対立は明白であり、和解困難な事態である。義経も自立宣言をしたと同じであり、武家棟梁の座を両者で争うことは必然的になってきた。

最初の院宣が鎌倉に到達したのは、発給が五月十一日後であるから、関東に義経が到着した直後となる。多分に凱旋将軍たる義経の勢威を後白河院は意識して、九州から源氏軍を撤退させ、旧権利回復を策した、とも考えられるのである。京都は義経が頼朝への圧力となると意識したのかもしれない。そうであれば、この要求を頼朝が拒絶するのは当然である。

再度の院宣の意向が頼朝に下駄を預ける形になったのは、最初のそれの時、意図した義経の勢威が効果なく拒絶され、頼朝・義経の対立情報で頼朝方の固さが京都に伝わったためと私考する。その発給時期は六月上・中旬で、鎌倉到来は中・下旬が妥当と思われる。さすれば、再度の院宣到来の時には義経は帰洛していたことになる。

義経帰洛後、範頼帰還令に至るまで、『吾妻鏡』等に両者対立に関する記載はなく、表面的には穏やかに見えた。しかし、両者の対立は内向しており、とりわけ頼朝は義経の動向に一刻も眼を離さなかったはずである。では、なぜ七月十二日に帰還令が出たのか。基本的には対義経戦を予期していたことによる。既に、頼朝は義経粛清を決意していたと考える。最悪の場合、それは戦争になり、その勝利の手立てを準備する必要がある。ここでは、九州支配よりも対義経戦が優先するのである。

九州進駐軍司令官源範頼が、平家追討使任命以来、頼朝に巨細を報告し、その指令に従っていたことは、『吾妻鏡』に頻繁に所見するところである。しかし、範頼は異母弟として頼朝に替わりうる資格を有している。同時に、内乱初頭には甲斐源氏の支持の下に参入しており、三河守として遠江守安田義定・駿河守護武田信義等(33)と共に関東に接した東海地方を地盤としている。しかも、九州進駐軍には少なくとも頼朝と相対的な独立性を有している甲斐源氏が入っているのである。又、範頼は凡将ではなく芦屋合戦の勝利輝く将軍であり、今九州にその勢威を輝かし基盤を築きつつあるのである。かく考えれば、範頼が今まで頼朝に忠実だとしても、九州の地に残すのは危険である。何故ならば、義経を核とした反頼朝連合が成立するのが、頼朝にとって最大の危険なのだ。義経とすれば、異母兄範頼の九州軍団はその最大の目標たりえよう。しかも、範頼は甲斐源氏の協力下にあり、その参加も見込めるのである。これは頼朝から見れば最悪の事態であり、関東以西が反頼朝化することになり、勝利はおぼつかない。従って、この危険を防ぐべく、九州より範頼を帰還させ、自己の陣営に留まることを確認する必要がある。それでこそ、仕掛けられるのである。とまれ、九州から軍を引きそこを空にして、たとえ義経の勢力下に入ったとしても、範頼軍を引揚げる必要、義経とその連携を防ぐ必要があったのだ。

頼朝は帰還令の中で、「平家没官領、種直　種遠　秀遠等所領、原田　板井　山鹿以下所処事、被定補地頭之程者、差置沙汰人、心静可被帰洛」と指示している。これは、京洛政権より獲得した平家没官領の他、それを拡大し旧平家方の九州在地有勢の原田一族・山鹿一族等の旧領にも地頭を設置し、鎌倉政権の九州支配の今後の核と策したことになる。自己の勢力を扶植するのである。しかし、急速なる地頭の任免も無理なので、「沙汰人」を置き帰還するように指令している。当然、この沙汰人任免は範頼の権限となる。臨時的な者とはいえ地頭に繋ぐ職である以上、検断権を持ったものといえる。従って、範頼に帰還令の代償に専断権を与えたことになる。甲斐源氏と協力下にある以上、これは彼等に分有されることになろう。これで、範頼及び甲斐源氏も九州に基盤を築けていけるのである。ここの、「心静」「帰洛」が出来よう。

四、範頼軍政の終結

　七月十二日の範頼帰還令が現地に届くのは、壇浦海戦報告が鎌倉に伝達されるのに十八日かかっている例[34]からして、早くても七月末から八月初頭にかけてであろう。ここに、範頼は帰還することになる。しかし、沙汰人任命の処置・残務処理等もあり、「八月中参洛」[35]との、頼朝の指令に忠実だとしても、直ちに帰還出来たわけでない。範頼個人の帰還ではなくその進駐軍の帰還なのである。例えば、範頼軍の一員として渡海した下総御家人下河辺行平は、その帰還令と同一のものであるかは別として、帰参許可により八月二十三日に帰鎌し、翌日、御所に参上し御感を被っている[36]。この場合、彼の九州出発は遅くとも八月初頭となる。同様に、この時期まで九州に進駐していた関東御家人は、帰還令を受けて次々と帰還していったろう。

　では、範頼の引揚げはいつとなるのであろうか。これを明示する史料はない。しかし、九月九日付の長門在庁官人宛の源範頼下文案がある[37]。ここで、長門住吉社（一宮）に御祈禱地を寄進している。又、文面に「今所遂帰洛也」と見える。本下文により、範頼が長門とおそらく周防と関門海峡を巡る地域も含め、九州を管轄していたことになる。又、文治五年（一一八九）の安芸守護に伊沢五郎信光（武田信義子）が推定されていることは[38]、これが本年まで溯ることを示していよう。従って、ここに対馬守護河内義長と並んで西国に進出した甲斐源氏を見ることが出来る。話を範頼の引揚げに戻すと、九月九日には長門にいることになるから、太宰府を出発したのは遅くとも九月初頭となる。多分、遅延なく道を進めたろうから、五日前後であろう。

すると、一ヶ月程度、帰還指令を受けてから後に出発したことになる。八月四日には叔父の源行家追討令を頼朝は発した[39]。いよいよ義経粛清を頼朝は内心固めたはずである。この不穏な情勢は九州にも達したろう。範頼も急雲風を告げる情勢を感じていたろう。範頼は京都に有力な情報源を有しており、それは養父高倉範季である[40]。これと連絡を密にし京都の情勢を熟知していたはずである。そうした情勢判断の下に義経不利を予測し、指令到達から出立を余り遅らせるのも、頼朝の疑惑を招くと判断し、ここらが潮と見、腰を上げたことになる。当然ながら甲斐源氏との協力下で決定したことであろう。

山陽道を上る途上でも情報を集めたろう。九月二十一日、範頼使者が鎌倉に入り、「既出鎮西在途中、今月相構可入洛、八月中可参洛之雖蒙厳命、依風波之難遅留、恐思」と、頼朝に報告すると、頼朝の「感仰」があった[41]。これは範頼が頼朝に属することを証明する報告である。頼朝が御感を示すのは当然である。これで憂いなく義経へ仕掛けられるのだ。十月六日、上京させて義経を偵察させた梶原景季の報告を受けて、九日、義経挑発の刺客土佐房昌俊を派遣するのだ[42]。矢は放たれたのだ。かく見れば、範頼の帰還は対義経戦の前提条件なのだ。

九月二十六日、範頼は入洛し、後白河院に参上し大量の贈物を献呈し、十月二日、九条兼実から牛二頭を与えられた[43]。このように京洛の貴顕を訪問する等し、一週間程度滞在したことになる。当然ながら京洛の生の情勢を見、頼朝・義経対立の実態を感じたろう。こうして、亡父義朝供養のため建立される勝長寿院落成供養導師を勤める公顕僧正を守護しつつ、二十日、帰鎌し頼朝に報告すると共に唐物を含む膨大な贈物を献じた(44)。ここに、範頼は帰還し、その九州軍政は終わったのである。

正月二十六日の豊後渡海交名にある武士の内、十月二十四日の勝長寿院落成供養の『吾妻鏡』同日条記事に記載があるのは、三十七人中、二十六人に及び、その他出席していると推定される者もあり、戦死等で死亡していると考えられる者を除くと、全軍が十月までに帰鎌したとさえいえる。周知のよう、義経は十月十八日に頼朝追討宣旨を受け、全面武力衝突となったのだ。範頼九州派遣軍は鎌倉に戻り対義経戦主力たりえたのである。

註

（1）拙稿Ⅰ、「平家追討使三河守源範頼の九州侵攻」『政治経済史学』第三百号一九九一年六月。
（2）『吾妻鏡』文治元年四月十一日条。
（3）『吾妻鏡』同年四月十二日条。
（4）拙稿Ⅰ、註（1）前掲論文。
（5）『延慶本平家物語』第六本・十七安徳天皇事には、壇浦海戦終結直後、源義経が宝剣捜索を安芸前司佐伯景弘に命じ、「早十ケ日間任景弘之下知可奉捜之、仍十ケ日舎卅之賜畢、申ニ点解纜令出門司終夜揚悦、十六日九郎判官生虜ノ人々相具テ上リケルカ、幡磨国明石浦ニ宿リケル」、とある。『玉葉』文治元年四月十九日条には、「神鏡等已着御渡辺之由、義経自路進飛脚」とあって、この飛脚は「去夜到来」としている。遅くとも四月十八日には源義経は神器以下を伴って摂津渡辺に到着したことになり、『延慶本平家物語』の十六日の播磨明石宿泊も矛盾なく、従って、『延慶本平家物語』の記載は事実を示していよう。海戦後、十日間宝剣捜索がなされ、その後に豊前門司浦より船で出立したこととなり、関門海峡を離れたのは四月四日以降、即ち上旬となる。又、義経飛脚が京洛に海戦勝利を報告したのは四月三日である(『玉葉』同年四月四日条)。以上のことから、当然ながらこの急速な義経の上洛は、従前の方針はあったろうが、海戦勝利後の鎌倉・京洛の直接指示ではない。

(6)『延慶本平家物語』第六本・一判官為平家追討西国へ下事。

(7)『吾妻鏡』文治元年四月二十四日条。

(8)『吾妻鏡』同年五月五日条。

(9)同上。

(10)拙稿Ⅱ、「筑前国宗像神宮大宮司職補任と荘園領主をめぐる諸問題」(上)『政治経済史学』第百四十号一九七八年一月。

(11)『吾妻鏡』文治元年五月四日条。

(12)『吾妻鏡』同年五月五日条。

(13)拙稿Ⅰ、註(1)前掲論文。

(14)同上。

(15)『吾妻鏡』文治元年七月七日条により、平清盛「専一腹心者」たる貞能は、壇浦海戦に参戦せず逐電行方不明となり、忽然と下野有力御家人の宇都宮朝綱の許に現れ、この日に朝綱に召預けられた。

(16)『吾妻鏡』文治元年五月九日、十二日条。

(17)『吾妻鏡』同年三月九日条。

(18)『吾妻鏡』同年三月十三日条。親光は治承三年正月十九日の県除目で対馬守に任命されており(『玉葉』同年正月十九日条)、その記載から藤原氏である。文治元年正月二十二日、平頼盛郎従の清業が対馬守に任じられており(『玉葉』同年正月二十三日条）、親光は前司である。なお、彼は内麿孫の太宰権帥兼権中納言藤原実光孫、下野守資憲子で、姉妹に平清盛の弟権中納言教盛室で通盛・教経母がいる（『尊卑分脈』第二篇頁二一三）が、頼朝「御外戚」たることは、『吾妻鏡』同上以外に管見の限りになく、その姻戚関係を明らかにしえない。従って、平家と有力な姻戚関係にある彼が平家を見限ってその求めに応じなかったか明らかでない。

(19) 彦由一太氏Ⅰ、「甲斐源氏と治承寿永争乱」『日本史研究』第四十三号一九五九年七月。

(20) 『尊卑分脈』第三篇頁三五〇。これでは「長義」となっているが、諸系図類で義長と同一人である。

(21) 『吾妻鏡』元暦元年三月十七日条。

(22) 彦由一太氏Ⅱ、「十二世紀末葉武家棟梁による河海津枢要地掌握と動乱期の軍事行動」（上）『政治経済史学』第九十七号一九七四年二月。

(23) 佐藤進一氏、『増補鎌倉守護制度の研究』一九七一年東京大学出版会参照。

(24) 『吾妻鏡』文治元年六月十四日条。

(25) 『吾妻鏡』同年十月二十日条。

(26) 『吾妻鏡』元暦元年正月五日条。

(27) 『吾妻鏡』文治元年四月二十四日、五月五日条。

(28) 『吾妻鏡』同年五月九日条。

(29) 『吉記』同年五月十一日条に、「参院（中略）其次仰云、管国等有狼藉之由、自所々有訴、早可召上範頼、又可仰遣頼朝卿許、件事可申沙汰者、申承之由、次退出」とあり、この日、後白河院「仰」が吉田経房に伝達され院宣として頼朝に遣わされることになったことが分かる。

(30) 新城常三氏、『鎌倉時代の交通』一九六七年吉川弘文館。

(31)『吾妻鏡』文治元年五月四日条。
(32)『吾妻鏡』同年六月十三日条。
(33)彦由一太氏Ⅰ、註(19)前掲論文。氏が述べられている如く、安田義定の遠江守・守護、武田信義の駿河守護は頼朝に独立した彼等の簒奪の既成事実による。
(34)三月二十四日の壇浦海戦の義経飛脚が鎌倉に到着したのは四月十一日である(『吾妻鏡』同日条)。三月は大月故、海戦当日も含めその間十八日となる。
(35)『吾妻鏡』文治元年九月二十一日条。
(36)『吾妻鏡』同年八月二十四日条。
(37)「長門住吉神社文書」文治元年九月七日付源範頼下文案(『鎌倉遺文』第一巻四号)。
(38)佐藤進一氏、註(23)前掲書。
(39)『吾妻鏡』文治元年八月四日条。
(40)野口実氏、「源範頼の軌跡」『鎌倉』第六十五号一九九一年一月。
(41)『吾妻鏡』文治元年九月二十一日条。
(42)『吾妻鏡』同年十月六日、九日条。
(43)『玉葉』文治元年九月二十六日条、『吾妻鏡』同年十月二十日条、『玉葉』同年十月二日条。
(44)『吾妻鏡』同年十月二十日条。

(『政治経済史学』第三百四十四号一九九五年二月所載)

第三節　蒲殿源範頼三河守補任と関東御分国

一、源範頼の三河守補任と関東御分国

元暦元年(一一八四)六月五日の小除目で、三河守源範頼・駿河守源広綱・武蔵守源義信が補任され、ここに関東御分国(鎌倉殿源頼朝知行国)が三河・駿河・武蔵三か国を出発点に成立したことは、既に定説となり常識となっている。この論拠となっているのが、『吾妻鏡』同年五月廿一日条の鎌倉殿源頼朝挙申記事と六月廿日条の補任記事とであることはいうまでもない。武蔵国が鎌倉全期を通じて関東御分国であることは、佐藤進一氏が証明しており(1)、これが学界の共有財産となっている。又、関東御分国を研究された石井進氏により、駿河国も同様と示されている(2)。

それでは、三河国はどうかというと、同年に知行国主頼朝・名国司範頼となったが、翌文治元年(一一八五)四月、範頼が辞任して、以後、関東御分国でなくなったと、石井進氏は説明される(3)。しかしそうであろうか、改めて三河国及び範頼に関する史料を見てみよう。

関東御分国については石井進氏が鎌倉全期に渡って検出されている(4)。それによると、文治二年(一一八六)段階の武蔵・相模・上総・下総・伊豆・駿河・信濃・越後・豊後の九か国を最高数として、以後減少し、武蔵・相模・駿河等の四～六か国に落ちつく。『吾妻鏡』同年三月十三日条の「頼朝知行国々、相模、武蔵、伊豆、駿河、上総、下総、信

濃、越後、豊後等也」と、列挙したのがそれである。従って、『吾妻鏡』文治元年四月廿四日条の「範頼朝臣（其身在九州、）辞参河国司、其辞表状今日到着于関東、親能執進之、仍可有院奏云々」を根拠に、石井進氏は範頼が三河守を辞し、同時に関東御分国でなくなったとされるのである。

　範頼はこの時点で本当に辞任したのであろうか。結論からいうと否である。『玉葉』同年十月二日条に、九州より帰還する「参河国司範頼与牛二頭」と、見えている。同十一月十三日条にも、義経追討のため「参河守範頼為大将軍可上洛」との情報を記している。『吉記』同年五月十日条でも、「皆是参河守範頼所行也」と非法を訴えられている。又、「長門住吉神社文書」同年九月七日付源範頼下文案（『鎌倉遺文』第一巻四号）の署判も「参河守源朝臣」となっている。九州にいる範頼が辞状を書いたのは、九州・鎌倉間の交通日数を考えれば、早くても四月初頭であり、多分三月下旬であろう。三月二十一日、壇浦海戦で源義経軍が平氏軍を壊滅させ、源軍の勝利に治承寿永内乱が終結した直後ということになる。とすれば、この範頼の辞意は、源軍最終勝利の功を異母弟義経にさらわれたことに対する、ジェスチャーといったものといえよう。このことは頼朝への忠実さも示しえる。現実に、平氏滅亡後の九州統治の最高責任者の範頼が無官となってはその現地支配上からも不都合であろう。だからこそ、頼朝も「可有院奏」としても、実際にはこれを実行してはいないのではないか。従って、石井進氏の四月辞任説は否定され、範頼の三河守は以後も継続されるのである。

　では、範頼の三河守在任は何時まで続くのであろうか。『吾妻鏡』文治三年（一一八七）五月十三日条に、文治元年七月の大地震による閑院皇居修造に関して、「清涼殿東西六箇間役、雖被宛参河守範頼无沙汰、而参向関東之由、有伝申二品之者、仍乍浴朝恩、懈緩国役、太无謂、可有罪科之由、以此次被仰、参州殊恐申」とあり、閑院修造を「国役」として負担させられたことを示しており、これは当然ながら三河国国役である。従って、文治年中における範頼の在任を示しえる。『砂厳』により建久元年(一一九〇)年中の在任が確認される。(5)最後に、『吾妻鏡』建久四年八月二日条に載せる、範頼起請文の署判は「参河守源朝臣」とある。所謂腰越状の源義経の署判が「左衛門少尉源義経」となって、(6)見任の官職となっていることを考えれば、範頼も同様であるとしてよい。従って、元暦元年(一一八四)六月に補任されて以来、建久四年(一一九三)八月に伊豆国に幽閉失脚するまで、(7)範頼は見任の三河守であった。この直後たる、二十五日、吉田資経が信濃守より三河守に還任したことは、(8)範頼が失脚したからこそ、成立した人事である。

前述の文治二年(一一八六)段階での『吾妻鏡』の関東御分国九か国に三河が見えないこと、即ち三河国が関東御分国でないことと、前段の考察は、矛盾する。関東御分国の名国司として補任された範頼が、関東御分国でなくなった後も、見任であることはどう説明されるべきなのであろうか。頼朝だけが知行国主を辞退していたのか。これは不自然な人事である。そこで、三河国が関東御分国たる根拠の『吾妻鏡』元暦元年条を再検討してみよう。

『吾妻鏡』元暦元年(一一八四)五月廿一日条に、「武衛被遣御書於泰経朝臣、是池前大納言、同息男、可被還任本官事、并御一族源氏之中、範頼、広綱、義信等可被聴一州国司事、内々可被計奏聞之趣也」とあり、これが頼朝の源氏諸将三名の挙申で、同六月廿日条に、「去五日被行除目、其除書今日到来、武衛令申給任人事、無相違、所謂権大納言平頼盛、侍従同光盛、河内守同保業、讃岐守藤能保、参河守源範頼、駿河守同広綱、武蔵守同義信云々」と、その挙申が相違なく補任されたことを示す。そして、同廿一日条に、「武衛召聚範頼、広綱、義信等有勧盃、次被触仰除目事、各令喜悦歟、就中、源九郎主頻雖望官途吹挙、武衛敢不被許容、先被挙申蒲冠者之間、殊悦其厚恩云々」とあって、以上により、三河・駿河・武蔵三か国が頼朝知行国(関東御分国)になり、その名国司として範頼・広綱・義信が補任されたと理解されてきたのである。三史料とも範頼(三河)・広綱(駿河)・義信(武蔵)を同等に扱っており、その一国が関東御分国なら、三か国ともそうであると理解されてきたのである。前述の通り、駿河・武蔵両国は確かにそうである。

従って、三河国もそうであると旧来は疑ってこず、定説となっていたのだ。

ところで、六月五日の小除目は、「武衛令申給任人事、無相違」とあって、頼朝の挙申通りになったことを示している。この内、権大納言平頼盛、侍従同光盛、河内守同保業は、「是池前大納言、同息男、可被還任本官事」に対応した、池殿平頼盛父子に対するものである。この河内守が関東御分国でないことはいうまでもない。又、「讃岐守藤能保」は、頼朝妹婿の一条能保であり、この讃岐国は能保の国務国司で、関東御分国でないことも定説である。従って、頼朝挙申が関東御分国と等値とはかならずしもいえないのである。この例を、『吾妻鏡』に更に見られる。同八月廿日条に、「安芸介広元受領事、（中略）被申京都」とあり、頼朝は中原広元の国司挙申をし、同九月十八日に因幡守に補任されるのである[9]。この因幡国を関東御分国に入れる論者を過分にして筆者は知らない。広元は京下り官人の代表的存在であるが、既にこの時点で、頼朝の麾下に入っている点で、武士出身者と変わらないのである。されば、広元が国務国司ならば、文治二年（一一八六）段階で関東御分国でない三河国の見任国司たる範頼も、その補任段階からの国務国司であったとするのが、即ち三河国は元暦元年（一一八四）当初から関東御分国でなかったとするのが、範頼の同年から建久四年（一一九三）まで在任であったことを矛盾なく説明できるのである。関東御分国の最初は、三河・駿河・武蔵三か国でなく、駿河・武蔵二か国なのである。

文治元年（一一八五）七月九日、京洛は大地震に見舞われ、閑院内裏以下が大きな被害を受けた[10]。これに関して、再度引用するが、『吾妻鏡』文治三年五月十三日条に、「閑院皇居、去々年大地震動、（中略）彼時倒傾殿舎、同冬比被引直之処、清涼殿東西六箇間役、雖被宛参河守範頼无沙汰、而参向関東之由、有伝申二品之者、仍乍浴朝恩、懈緩国役、太无謂、可有罪科之由、以此次被仰、参州殊恐申、今度造営之時、可励微力云々」、とある。閑院修理の国役懈緩を頼朝に叱責されたのである。「同冬」とあることから、地震直後の冬、即ち文治元年十月以降となるが、それより少し早く、九州より帰還中に京洛に滞在した九月かもしれないが、いずれにせよこの国役は三河守としてのものである。問題は、知行国ならば、国役の「无沙汰」報も知行国主に院宣等の公的伝達があるのが通例であるのに、それが「有伝申二品之者」と明らかに私的通報でその通報者の名も出ていないことである。このことは、前段の考察の示すところ、即ち三河国が関東御分国でなく範頼の単独国務国司であることと、矛盾しない。「今度造営之時、可励微力」とあるのは、次の国役の時ということであるから、文治三年も範頼は国司である。従って、本史料も範頼の国務国司を裏付けるものである。(11)

以上、考察したとおり、範頼の三河守は、頼朝の挙申の上、元暦元年(一一八四)六月五日に補任され、失脚する建久五年(一一九四)八月まで一貫して在任しており、それは関東御分国の名国司ではなく単独国務国司である。次節では、寿永二年(一一八三)七月の源軍入洛に至る治承寿永内乱前期に於ける三河国を東海地方の一環として考察していこう。

二、治承寿永内乱前期の三河国と新宮殿源行家

治承四年(一一八〇)の八月の伊豆国流人源頼朝を嚆矢として、甲斐・信濃源氏は次々と六波羅平氏政権への反乱に挙兵した。とりわけ、十月の富士川合戦の反乱軍側の勝利は、反乱を東国のみならず、全国へと拡大するのに決定的役割を果たした。本合戦が頼朝軍ではなく、武田信義を筆頭とする甲斐源氏軍の主導による勝利であり、その成果のもとに駿河・遠江を甲斐源氏軍が簒奪し、甲斐・駿河・遠江・南信濃等の東海地方に、頼朝とは独立した簒奪者権力を樹立したことは、彦由一太氏が最初に提示されたところであり、このことは学界の共有財産となっている。かくて、東国は反乱軍の簒奪するところになるのだ。それを率いているのが、関東の頼朝・甲斐の武田信義・信濃の木曽義仲(12)

に代表される源家諸棟梁である。反平氏に於いては協力・連合の、武家棟梁の座を巡っては競合・対立の関係にあるのが彼等であり、そこに濃淡の差がでる。

反乱は東国より濃尾・近江と京洛に迫っていく。この際、「武田之党、来住遠江、伐取参州了、美濃尾張、又素与力了」[13]と、甲斐源氏は遠江より三河へと進出していく。近江・南都と反乱の炎が足下に迫った平氏は、その消火に懸命になり、十二月に南都焼討ちを敢行し、翌養和元年（一一八一）正月、美濃国蒲倉城を陥落させたが、それ以上進めず、大将軍知盛が二月に病と称して帰洛し、一方、その前に立塞がったのが尾張国からの「数万之軍兵」で、これを率いたのが「謀叛賊源義俊」、即ち新宮殿源行家である。[14]これは行家の『玉葉』の初見でもある。以後、行家は尾張国の反乱軍首魁として京洛に知られるのである。[15]閏二月、平氏総帥清盛は死去する。平氏は春季攻勢として、越後国の城氏・陸奥国の藤原氏による北方からの包囲作戦を主攻勢とするとともに、十五日、尾張国反乱軍を鎮圧すべく平氏本軍の追討使平重衡を源頼朝追討後白河院庁下文を掲げつつ進発させたのだ。[16]

周知のよう、三月十日、濃尾国境たる墨俣川合戦で、平重衡軍は源頼朝異母弟義円を戦死させる等、源行家軍に勝利した。本合戦の勝利を拡大すべく平氏軍は尾張国に進軍し、小熊（岐阜県羽島市）・柳津（同柳津町）・熱田（愛知県名古屋市熱田区）に行家軍を破り、進んで三河国矢作宿（同岡崎市）を抜き、矢作川を挟んで対峙したが、行家が謀略で「兵衛佐頼朝東国ヨリ大勢只今矢作ニ付候ツル」と平氏軍に偽情報を流したため、「関東ノ大勢ニ取籠ラテハ何ニカセム」と、三河国より撤退した。[17]追討使平重衡は、二十五日夜半、京洛に帰還したのだった。[18]平氏軍はそれ以上の戦果の拡大が出来ず、東海戦線は膠着することになる。

義円は頼朝異母弟であり、彼のもとから派遣されたように考える向きもある。[19]確かに、延慶本等の所謂後期増補本系『平家物語』には、義円は頼朝が派遣したとある。だが、そうであろうか。『吾妻鏡』では、弟の全成・義経に感激の初対面記事が見られるのに反して[20]、義円は養和元年（一一八一）三月十日条の墨俣川合戦記事のみ所見する。当然ながら、頼朝に対面しておれば、その記事があろうし、その派遣ならば、尾張の反平氏軍も頼朝の麾下にあることを示しえることからも、その記事があるのが当然である。従って、義円は頼朝に関係なく反乱に参加したと考える。内乱勃発以前か以後であるかを確かめることは出来ないが、義円は在地豪族の愛智氏入婿になっている[21]。義円は尾張在地勢力の星であったのだ。

行家の場合はどうか。周知のように、以仁王の反乱の厥起書たる最勝親王宣[22]を八条院蔵人の資格で東国に伝達する役割を彼は果たした。「住熊野新宮」から、為義子の行家は新宮十郎と称しており[23]、紀伊国熊野速玉神宮（新宮）に基盤があった。そして、『平家物語』諸本にあるように[24]、以仁王の反乱の企てと行家が伝達者であることが熊野新宮より漏れ、熊野那智神宮（本宮）と合戦になり、京洛に達したとすれば、行家が伝達後に京畿や熊野に戻るわけにはいかなかったはずである。さすれば、治承四年（一一八〇）十一月、頼朝の常陸国佐竹氏攻撃後、常陸国府に兄志田先生義広と共に行家は頼朝に対面したことから[25]、内乱勃発まで兄義広の基盤たる常陸国八条院領志田庄にいたとするのが至当である。しかし、頼朝対面後、『吾妻鏡』の所見は、頼朝と共に協力したり麾下に入った記事が見られず、直に墨俣川合戦記事となるのだ。このことは、積極的に頼朝が行家を尾張に派遣したというよりも、行家自身の自主的行動であることを肯定させる。行家も義円と同様なのである。

では、尾張の在地勢力以外に行家を支えていた勢力は何であろうか。前述のとおり、富士川合戦後、甲斐源氏は駿河・遠江両国を簒奪し、三河国へと勢力を伸ばしていた。行家が常陸国より尾張国まで進出するには、当然ながら東海道を抑えていた甲斐源氏の了解なしにそれはなしえない。されば、行家に協力・支援したのも第一に甲斐源氏、とりわけ遠江「守護」安田義定を考えねばなるまい。

第二に考えるのは、行家の本来の基盤たる紀伊国熊野である。養和元年（一一八一）正月、熊野水軍は平氏本貫たる伊勢国を攻撃し、伊勢大神宮を侵した。[26] 前述のとおり、その直後たる二月一日に京洛貴顕に濃尾反乱軍首魁として行家が認識されるのだ。熊野水軍の行動と行家のそれとはまさに期を一にしているのである。当然ながら、両者に何らかの連絡がなされた上での協同作戦の色が強い。しかも、閏二月の追討使平重衡進発直後、「熊野法師原二千余人、越尾張了、為与力」との伝聞がなされるのだ。[27] 熊野水軍が行家軍に参加したことを示すものである。

従って、墨俣川合戦の行家軍は、近江源氏を始めとして濃尾源氏等の諸源氏と彼等に率いられた在地武士と、熊野水軍の協同のもとに編成され、甲斐源氏に支援されていたと考えるべきである。だからこそ、「兵衛佐頼朝東国ヨリ大勢只今矢作ニ付候ツル」とあるのは、『平家物語』史観が源氏棟梁を頼朝で等置させて、それに義経・義仲を配置し、基本的に他の源氏棟梁を無視しているという、いわば『吾妻鏡』と同一史観に依っているので、「兵衛佐」頼朝軍ではなく、甲斐源氏軍でなければならない。合戦直後に、「坂東勇士等、已超来参河国、実説」とあるのも、[28] 当然ながら、甲斐源氏軍とすべきで、三河国が反乱軍側にあることを示している。

墨俣川合戦後も、三河国は反乱側の簒奪するところである。五月十九日、行家は伊勢大神宮に告文幣物を奉幣し、この時の幣物目録状に「蔵人殿仰」とあり、その署判が「参河御目代大中臣以通」となっている。[29] このことは、以通が在国目代であろうから、行家が三河国衙在庁を掌握していたことを示すものである。行家が三河国を簒奪していたのだ。この三河国を根拠として行家等の反乱軍はしきりと尾張国を窺うのである。九月には「東国之輩、上洛在近、已及参河尾張等、仍前幕下郎従等、且遣伊勢美濃等方」となる。[30] 反乱軍は三河尾張両国を侵しているのだ。平氏はその防衛のため軍を伊勢美濃両国に派遣するのだ。もちろん、尾張国が完全に反乱軍側にあるとはいえず、両者の競合の場たりえたろうが、それは両者の勢力圏が木曽川を境にしていることを示している。墨俣川合戦直前の情況に戻ってしまったのだ。「行家已入尾張国内」とあるよう、(31)この三尾反乱軍の中心に行家がいたことはいうまでもない。そして、それを駿遠の甲斐源氏が支えていよう。

本年末から翌寿永元年(一一八二)にかけては、『玉葉』等の記録類にも所見がなくなり、東海戦線はさしたる動きもなく静粛となる。養和の大飢饉のため両軍は静止するのである。年が明けて寿永二年(一一八三)になると、動きは激変する。周知のよう、平氏軍は主力を北陸戦線に向け、五月、越中国砺波山合戦に北陸道反乱軍に大敗した。『玉葉』同年五月十六日条は、これを「去十一日官軍前鋒勝入越中国、木曽冠者義仲、十郎蔵人行家、及他源氏等迎戦、官軍敗績、過半死了云々」と、記している。これは『玉葉』に於ける木曽殿源義仲の初見記事であるとともに、行家が北陸戦線の反乱軍主将の一人であることを示している。行家は何時の間にか東海戦線から北陸戦線に活動の場を移していたのだ。そして、七月、行家は義仲等の源氏諸将と入洛を果たすのだ。(32)

では、行家が北陸戦線に移動したのは何時で何故かという問題が残る。結論から言うならば、寿永二年(一一八三)二月の下野国野木宮合戦で行家兄志田先生義広が敗北し、(33)義仲を頼って信濃国へ逃れて、その春三月、頼朝と義仲が直接対決した、東国反乱軍を二分した内紛の時、行家は義仲に加担すべく三河国を離れたとすべきである。

富士川合戦は甲斐源氏主導のもとに反乱軍の勝利に終わり、駿遠両国は甲斐源氏の簒奪するところとなったが、本合戦で頼朝と甲斐源氏は協力・連合していた。この関係は合戦後も継続していた。『吾妻鏡』養和元年(一一八一)・寿永元年(一一八二)条に度々見られる甲斐源氏、とりわけ遠江「守護」安田義定関係記事はその反映である。(34)もちろん『吾妻鏡』では頼朝支配下の義定という記述になっているが、それは『吾妻鏡』の修辞で事実ではないことはいうまでもない。この甲斐源氏、直接には安田義定が行家を支援していたことは前述の通りである。即ち、義定をクッションに置いて頼朝と行家が繋がっていたことになる。

伊勢大神宮御厨が伊勢国を筆頭に東海道に最も濃密に分布していることはよく知られている事実である。行家の活動の場たる三尾両国もそうである。同時に、伊勢湾の制海権を制するためには大神宮の神威は不可欠である。行家は紀伊国熊野水軍の支援を受けていたのであるから、伊勢湾の制海権が欠かせないものである。従って、墨俣川合戦後の養和元年(一一八一)五月、行家が伊勢大神宮に告文奉幣を行ってその支持を求めたのも当然であるが、その試みは不成功に終わった[35]。本年正月に熊野水軍が伊勢国を侵し大神宮をも攻撃し、行家がその彼等の支援を受けていた以上、大神宮が行家を支持しないのも当たり前である。これに対して、頼朝は遅れて翌寿永元年(一一八二)二月に伊勢大神宮(外宮)への願文幣物奉納を行い、結果的には外宮が幣物受納のみで願文奉幣拒否で成功とは行かなかった[36]。しかし、外宮権祢宜渡会生倫をパイプに着実に外宮との関係を深めていた[37]。この外宮との関係をテコに遠江国に直接支配の手を伸ばさんとした[38]。同様なことは、行家の支配圏たる三尾両国にもなさんとしたろう。以上の頼朝の動向は伊勢湾を中心とした東海地域の制海権にも頼朝の影響力が及び出したことに指し示していよう。頼朝と外宮の関係が深まれば、以上の点からも行家の在地支配は脅かされるのである。

本来、濃尾両国は、墨俣川合戦で戦死する泉(山田)重満兄弟に見るように、満政流清和源氏の基盤で、とりわけ尾張国海部・春部・山田郡を本貫としている[39]。とすれば、治承四年(一一八〇)冬の反乱当初では濃尾源氏が挙兵し戦い、以後に行家がこの戦線に加わったのであるから、在地の反乱勢力を直接掌握していたのは濃尾源氏であって、行家は主たる手勢はなくその上に乗っていたとすべきである。最勝親王宣伝達者という業績と頼義・義家後裔という濃尾源氏以上の貴種性とがその保証であったのだ。行家の支配の要は濃尾源氏の向背にあったのだ。しかも行家は、墨俣川合戦敗戦等に見られるように決して名将とはいえず、どちらかといえば弱将に属する[40]。このことは部下が主将の能力に信頼を置きかねることになる。部下の掌握に問題を残すことになる。

以上、三点にわたって考察した。富士川合戦に匹敵する意義を持つ合戦が、治承五年（一一八一）六月の信濃国横田河原合戦で、これは信濃佐久源氏・木曽源氏・甲斐源氏の三者連合軍が越後の城氏に大勝したもので、これにより平氏の反攻策は灰塵に帰し、北陸道も反乱側に席巻されるのである。(41) 本時点で、中部日本には信濃源氏・甲斐源氏・濃尾源氏・行家の大きな連合が成立していたのである。それは関東の頼朝とは独自の簒奪者権力であった。しかし、周知のよう、寿永二年（一一八三）春、頼朝と義仲は対決し頼朝軍は碓氷峠を越えて信濃国に入り、義仲軍は信濃・越後国境の関山に退き、結果的には義仲が嫡男義高を人質として鎌倉に送ることで和睦がなった。この原因として、『延慶本平家物語』第三末・七兵衛佐与木曽不和ニ成事では、第一に、相模国にいた行家が所領を頼朝に求めたのに拒絶されたため、義仲を頼って信濃国に入ったことで、義仲が行家の言で頼朝を攻めると考えたこと、第二に、義仲と平氏が縁戚を結ぶという、武田五郎信光の密告讒言があったことの二点を挙げている。この第一は、行家は墨俣川合戦後も独自に三河国衙在庁を把握し三尾両国に覇を称えていた以上、行家ではなく、二月に野木宮合戦に破れ義仲を頼って信濃国に落ちた兄志田義広こそそれにふさわしい。(42) 第二は、甲斐源氏と義仲の連合にひびが入り始めた反映といえる。そして、頼朝軍が碓氷峠を越えたことは、前々年の三者連合が崩れ、とりわけ佐久源氏の平賀義信が頼朝側に入ったことが大きいが、甲斐国を通過しえなかったことは少なくとも甲斐源氏本体が頼朝側に味方したわけではないことを示している。(43) 以上、寿永二年春の頼朝と義仲との衝突は、中部日本の反乱軍に多大の影響を与えた。その連合にひびが入ったことは確かである。行家は如何なる態度を取ったか、砺波山合戦で義仲軍に姿を見せる以上、義仲軍に与したことは明らかである。甲斐源氏は、武田信光の例のように、一部庶流が頼朝側に立ったとしても、主力は中立の立場であったのが妥当である。さすれば、義仲に与する行家はその支援を受けられなくなる。しかも、大神宮との関係から在地支配に困難があり、濃尾源氏等の信頼も今一つということになれば、三尾両国を挙げて反頼朝側に立たせることは出来ない。従って、反頼朝を三尾両国で強行すれば、在地から浮き上がり放逐ということになる。よって、行家は義仲側に旗幟を明らかにしたことで在国支配を失い、信濃国に義仲を頼り加担せざるをえなかったと考える。

以上、考察したとおり、新宮殿源行家は、養和元年（一一八一）初頭には濃尾戦線に反乱軍首魁として登場し、三月の墨俣川合戦敗北後、三河国衙在庁を掌握して、三尾両国の反乱軍を率いて木曽川を挟んで平氏軍と対峙していた。彼を支援していたのが甲斐源氏と熊野水軍である。しかし、寿永二年（一一八三）春の鎌倉殿源頼朝と木曽殿源義仲の対決の時、行家は義仲側に付き、三河を離れざるをえなかった。三尾両国が依然と反乱軍の簒奪するところである以上、彼を埋めるべき源家棟梁がいるはずである。濃尾源氏以外にも。そこで、次節では、甲斐源氏と蒲殿源範頼に関して見ることで、範頼の三河守補任の前提条件を考察する。

三、蒲殿源範頼三河守補任の前提と甲斐源氏

治承四年（一一八〇）十月、富士川合戦に勝利し、駿遠両国を占領簒奪した甲斐源氏は、引続き三河国へと進出した。この進出は、十一月段階で関東にいて翌年に濃尾戦線に初めて姿を現す新宮殿源行家に比して、より早いとすべきである。(44) 当然ながら、甲斐源氏は三河在地武士をその麾下に組織しようとしたろうし、在地側でも彼等を棟梁と仰ぐものが出よう。従って、行家が三河国支配をしたとしても、それは彼単独のものというよりも、甲斐源氏との共同的性格が強いと考えてよい。それが行家への甲斐源氏の支援の実状ともいえよう。遠江「守護」安田義定がその直接的実体である。

源範頼の『吾妻鏡』初見は、養和元年（一一八一）閏二月廿三日条の「蒲冠者範頼同所被駆来也」との野木宮合戦後詰

め参戦記事である。次は、元暦元年(一一八四)正月廿日条の「蒲冠者範頼、源九郎義経等、為武衛御使、率数万騎入洛、是為追罰義仲也」との義仲攻め記事である。前者は寿永二年(一一八三)二月の誤謬であるから、『吾妻鏡』寿永二年条欠文故、実質的な範頼の登場は元暦元年正月の義仲攻めということとなる。ともあれ、寿永二年二月の野木宮合戦まで『吾妻鏡』上では関東に範頼は姿を現していないのである。異母弟全成・義経の感激の頼朝対面記事が治承四年(一一八〇)十月にあったのとは異にするのだ。

では、内乱勃発から野木宮合戦まで二年半も範頼は無為で過ごしたのであろうか。改めて、彼の出自を洗ってみよう。諸先学の後を追うが(45)、『尊卑分脈』第三篇二九六頁に、「於遠江国蒲生御厨出生間号蒲生冠者」「母遠江国池田宿遊女」とあることから、東海道の交通要衝たる天竜川東岸の池田宿駅(静岡県豊田町)の遊女を母に持ち、対岸の蒲御厨(同浜松市)に成長したことになる。その後、『玉葉』元暦元年九月三日条に、範頼のことを「件男幼稚之時、範季為子養育、仍相親」とあるよう、高倉範季が子として養育するところとなり、その一字「範」を授けられ元服し範頼と名乗ったことになる。この範季と範頼の結びつきが何時如何なる経緯でなされたかを語る史料は管見するところにない。従って、その「養育」が何処でなされたかも不明である。しかし、たとえ範季に何処で養育されたにせよ、範頼が「蒲冠者」と称せられたことから、蒲御厨での成長が長期間なされ基盤がそこにあったことを示すものである。

次に年齢を考えてみる。『尊卑分脈』には義朝子として第六番目に範頼は記載されている。第七番目の全成は仁平三年(一一五三)、異母兄三男頼朝は久安三年(一一四七)、異母弟九男義経は平治元年(一一五九)生まれである(46)。よって、範頼は久安六年位の生年と推定してもよい。とすれば、内乱勃発たる治承四年(一一八〇)には三十才程度に成長し、一人前の源家棟梁としての人格を備えていたといえる。

以上、考察してみると、範頼が寿永二年(一一八三)二月の野木宮合戦まで『吾妻鏡』に所見しないのは、それまで関東の頼朝とは独自に内乱に参加していたことを暗示するものである。この点、彦由一太氏の、「治承寿永の動乱過程で遠江国蒲御厨に挙兵した『蒲冠者源範頼』が、その挙兵当初に基盤とした第一次的軍事集団は、該地方のアウトロー集団であったろうし、その初期の同盟軍は、兄の鎌倉殿よりも、むしろ『遠江守護』安田義定であった」との指摘(47)に、賛意を表すのである、即ち、範頼は遠江国の貴種として担がれ、遠江国を簒奪した安田義定と共に、「やがて、内乱過程の展開とともに、参河国へと進出していく(48)」のである。そして、野木宮合戦の寿永二年二月には関東に姿を見せるのである。

範頼は何時如何なる経緯で関東に入ったかの問題が残る。伊藤邦彦氏は、寿永二年(一一八三)正月、上総権介広常が反頼朝の兵を挙げ失敗したとされる(49)。氏の説に従えば、正月広常謀反、二月野木宮合戦、三月頼朝義仲対決と連鎖した事件となる。伊藤邦彦氏の説は更に検討の余地はあるが、きわめて魅力に富むものである。いずれにせよ、本年春は、東方三道の反乱軍に亀裂が生じたのだ。前節で述べたよう、甲斐源氏は頼朝とも義仲とも協力・連合しており、東海戦線では頼朝は遠江「守護」安田義定を支援していた。とすれば、逆に、義定より頼朝を支援する動きがあっても不思議でない。それが、範頼の関東派遣であると、私考する。関東の不穏な動静は東海にも伝わったろう。義定としては頼朝異母弟範頼に支援の軍を委ね送りだすのが最も頼朝との協力関係を示しえる。従って、範頼は、本年一・二月に頼朝を支援すべく関東に入ったと考える。

行家は頼朝義仲対決で義仲側に付き、三河国を離れざるをえなかったのであるから、その後、三河国衙在庁を掌握し一国を支配したのは、前述の考察から、当然ながら遠江「守護」安田義定と蒲冠者範頼となる。範頼の場合は、そのまま関東にい続けた可能性が高いので、第一義的には義定となる。こうして、その勢力圏を着実に西に伸ばした彼が、本年七月の第一次源軍上洛の東海道軍の主将たりえるのである(50)。範頼が翌年正月の義仲攻め大手大将軍として上洛したのは周知のことである。己が勢力圏たる三遠両国でその準備をなしたのは当然であろう。とまれ、範頼は治承寿永内乱前期に於いて遠江国に挙兵し、西に三河国にも進出し、その実績を踏まえて、寿永二年(一一八三)初頭の頼朝のもとに姿を現したのだ。

以上の考察により、彦由一太氏の「その補任へのなによりの前提は、争乱過程で、駿遠地方武士団の軍事行動により、すでに参河国を実力で簒奪していたことのほかならない」なる指摘に[51]、筆者も賛同するのである。安田義定が、第一次源軍上洛への寿永二年(一一八三)八月の勧賞の一環として、頼朝に無関係に遠江守に補任され、国務簒奪を京洛政権より追認されたと同様に[52]。

蒲殿源範頼三河守補任は如何なる歴史的意義があるのだろうか。これは、同時になされた武蔵・駿河両国の関東御分国化と合わせ考える必要がある。これらの補任の一月あまり前たる、元暦元年(一一八四)四月二十六日、鎌倉営中に甲斐源氏棟梁の武蔵守一条忠頼(武田信義嫡男)が謀殺された[53]。富士川合戦後、駿河国を簒奪し所謂「守護」となったのは、遠江国が安田義定であると同様、反乱軍首魁に頼朝と共に京洛政権に認知された武田信義である[54]。史料によっては、駿河「守護」を一条忠頼とするものもある[55]。従って、駿河国衙在庁指揮権を握ったのは信義・忠頼父子であり、おそらくは父信義は甲斐源氏全体の統率からして本国甲斐に位置したと考えられ、駿河国は忠頼に任せたと考える。かく考えれば、頼朝の申請した知行国とは、直接的には忠頼が国衙在庁指揮権を握っている両国である。その申請が忠頼暗殺一月後の五月二十一日に行われたのは、彼の生命を奪うことで奪取した国衙在庁指揮権を、まさしく京洛政権に追認させるものである。従って、前述のように、三河国も範頼自身の実力支配の前提があってこその申請である。しかし、三河国は義定の支配下でもあった。とすれば、範頼の国司就任は義定の支配権を侵すことになる。そこにこそ、頼朝の狙いがあるといえる。範頼と義定を切り離すのである。頼朝の推挙により範頼に恩を売りつつ、無官の範頼を義定と同格の国務国司とするのである。従前の庇護者的立場の義定から範頼を完全に独立させるのである。こうして、彦由一太氏が言うところの、遠江守安田義定への駿河・三河挟撃体制が出来るのである。[56]とまれ、ここに三河守源範頼が単独国務国司として誕生したのだ。

最後に、範頼三河守補任が以上の如くいえるならば、源義経伊予守補任はどうであろうか。周知の文治元年（一一八五）八月の源氏六人受領（伊豆守山名義範・相模守大内惟義・上総介足利義兼・信濃守加々美遠光・越後守安田義資・伊予守源義経）について、彦由一太氏は、他の五か国と異なり伊予守源義経が関東御分国の名国司でないことを、既に指摘されている。[57]ここではこの点は詳述しないが、範頼の例からして義経の伊予守は単独国務国司であると考える。伊予国は関東御分国ではないのである。つまり、元暦元年（一一八四）六月・文治元年八月に成立した関東御分国、即ち武蔵・相模・上総・伊豆・駿河・信濃・越後七か国とは、他の源氏棟梁等から奪取した分も含めて、頼朝が国衙行政権を簒奪した国を京洛政権に追認させることで成立したものなのである。鎌倉殿源頼朝政権の本質は簒奪者権力なのである。

註

（1）　佐藤進一氏、『鎌倉幕府守護制度の研究』一九四八年東京大学出版会。
（2）（3）（4）　石井進氏Ⅰ、『日本中世国家史の研究』一九七〇年岩波書店。
（5）　『砂厳』（『大日本史料』第四編之十六補遺所収頁二四七）。
（6）　『吾妻鏡』文治元年五月廿四日条。
（7）　同上建久四年八月十七日条。
（8）　『公卿補任』貞応元年藤原資経尻付。

（9）『吾妻鏡』元暦元年十月廿四日条。なお、『尊卑分脉』第四篇九七頁の広元の傍注には「元暦元年九月十一日任因幡守其身住相模国」とあり、『吾妻鏡』の十八日と補任日時を異にしているが、『玉葉』同日条に「今夜、有大除目」とあって、翌十九日条に「見聞書」とある故、『吾妻鏡』の十八日に従う。
（10）『吉記』・『山槐記』・『玉葉』文治元年七月九日条以下に、同日午刻に京洛を襲った大地震の実体験と被害の模様を記している。内裏が閑院たることは『山槐記』同日条に見え、そして四周の外堀が破壊されたため、大内に還幸すべきかと諮問を右大臣九条兼実は受けている。（『玉葉』同十二日条）。
（11）拙稿Ⅰ、「三河守源範頼の九州進駐に関する一考察」『政治経済史学』第三百四十四号一九九五年二月。
（12）彦由一太氏Ⅰ、「甲斐源氏と治承寿永争乱」『日本史研究』第四十三号一九五九年七月。
（13）『玉葉』治承四年十二月十二日条。
（14）拙稿Ⅱ、「治承五年閏二月源頼朝追討後白河院庁下文と『甲斐殿』源信義」『政治経済史学』第百六十五、二百二十七号一九八〇年二月、一九八五年六月。『玉葉』養和元年二月一日条。
（15）『玉葉』同年二月九日・十七日・廿一日、三月二日条。
（16）拙稿Ⅲ、「治承寿永争乱に於ける信濃国武士団と源家棟梁」『政治経済史学』第百号一九七四年九月。拙稿Ⅱ、註（14）前掲論文。
（17）『延慶本平家物語』第三末・廿三大臣殿女院ノ御所へ被参事。
（18）『玉葉』養和元年三月廿六日条。
（19）安田元久氏、『鎌倉開府と源頼朝』一九七七年歴史新書。
（20）『吾妻鏡』治承四年十月一日、廿一日条。全成・円成（義円）・義経が常盤所生の同母兄弟たることは『尊卑分脉』第三編頁三〇一以下。
(21)『尊卑分脉』同上三〇二頁。太田亮氏、『姓氏家系辞典』第一巻一九六一年角川書店では、「愛智」を尾張氏とされ、頷けるものがあり、されば尾張国造氏の後裔となる。
(22)所謂「以仁王令旨」を最勝親王宣と呼ぶべきことは、拙稿Ⅱ、註(14)論文。
(23)『尊卑分脉』第三篇二九三頁。
(24)例示すれば、『延慶本平家物語』第二中・十平家ノ使宮ノ御所ニ押寄事。
(25)『吾妻鏡』治承四年十一月七日条。
(26)同上養和元年正月五日・廿一日、三月六日条、『玉葉』同十一日条。
(27)『玉葉』同年閏二月廿二日条。
(28)同上三月廿八日条。
(29)『吾妻鏡』寿永元年五月十九日条。本条が養和元年の誤謬であることは、八代国治氏が指摘されたことで(『吾妻鏡の研究』一九一三年吉川弘文館)、既に学界の共有財産になっている。この行家の伊勢大神宮宛告文は、『延慶本平家物語』第三本・廿四行家太神宮へ進願書ヲ事に全文を載せており、『玉葉』養和元年九月七日条にある「自東国所奉太神宮之告文」記事と比較すれば、大意に相違なく信用できるし、その草案を書いたのは、木曽殿源義仲の右筆として周知の大夫房覚明である(水原一氏、「歴史の中の木曽義仲」『延慶本平家物語考証』二所収一九九三年新典社)。なお、『玉葉』同上記事を「頼朝」告文と取り、その解釈をしている向きもあるが、(河内祥輔氏、『頼朝の時代』一九九〇年平凡社選書)行家が伊勢大神宮に告文奉幣をしていた事実を九条兼実自身が知っていたことからも、(『玉葉』同年六月六日条)それは誤りである。

(30)『玉葉』同年九月廿八日条。
(31)同上十月廿七日条。
(32)河内祥輔氏、註(29)前掲書では、北陸戦線で行家が義仲と共に連合して戦い入洛したことを否定し、三河より東海道を西上したとしている。が、それは『玉葉』寿永二年五月十六日条を不見のための誤謬である。
(33)石井進氏Ⅱ、「志田義広の蜂起は果たして養和元年の事実か」『中世の窓』第十一号一九六二年二月『鎌倉武士の実像・石井進著作集』第五巻二〇〇五年一月岩波書店所収)。
(34)和田義盛等の遠江派遣記事(『吾妻鏡』養和元年二月廿八日条)、安田義定が遠江橋本に「要害」を構えた記事(同三月十三日条)、足利義兼等の遠江派遣中止記事(同十一月五日条)、頼朝右筆への義定の伏見冠者広綱推薦記事(寿永元年五月十二日条)。
(35)『吾妻鏡』寿永元年五月廿九日条。
(36)同上正月廿八日条・二月八日、三月廿日条。
(37)外宮権祢宜渡会生倫が関東に下り頼朝に初対面したのは一一八一年十月である(『吾妻鏡』養和元年十月廿日条)。以後、彼は頼朝願文幣物奉納使者となる(同上寿永元年二月八日条)。「二宮祢宜等奉同意関東之由、有平家之讒奏、去月之比、公家及御沙汰、遂為祠官悩欄歟」と、生倫が伝えてきたのは、実質的に外宮が頼朝側に傾いていたことを示すものである(同十二月二日条)。
(38)遠江国鎌田御厨に関して、外宮祢宜為保が頼朝に直訴したのに対して、頼朝が安田義定を無視して「御下文」を直に与えた(同上五月十六日条)。
(39)泉重満兄弟の墨俣川合戦戦死は、『吉記』養和元年三月十三日条。『延慶本平家物語』第二中・八頼政入道宮ニ謀叛申勧

事に、源氏揃として濃尾源氏の「山田二郎重弘、河辺太郎重直、同三郎重房、泉太郎重満、浦野四郎重遠、葦敷二郎重頼」が列記してある。彼等は全て清和源氏満政流五世重実の子孫で（『尊卑分脈』第三篇頁六三〜七）、その名字の地は尾張国海部・春部・山田三郡にある。もちろん、それ以外に列記している中には美濃国に名字の地がある満政流もいる。

(40) 砺波山合戦後に義仲が、「叔父の十郎蔵人殿の志保の戦ひこそ覚束なかれ。いざや行いて見ん」とて、後詰めに向かったところ、「案の如く、十郎蔵人殿はさんざんに駆けなされ引き退き」（『平家物語』巻第七・一倶利伽羅落しの事）とあるように、『平家物語』は一貫して行家を弱将として記述している。事実、墨俣川合戦、志雄（志保）合戦、一一八三年十一月の摂津室山合戦（『玉葉』寿永二年十二月二日条、『延慶本平家物語』弟四・廿一室山合戦事）と、行家が平氏軍に対戦した主要合戦で悉く敗れている。

(41) 彦由一太氏Ⅱ、「治承寿永争乱推進勢力の一主流」（『国学院雑誌』第六十三巻十・十一号一九六二年一〇・一一月）。拙稿Ⅲ、前掲註(16)論文。

(42) 一一八三年十月、頼朝が後白河院に使者を送って申入れた中に、「所欝申者、三郎先生義広上洛也」一件がある（『玉葉』寿永二年十月九日条）。

(43) 彦由一太氏Ⅱ、前掲註(41)論文。

(44) 『吉記』治承四年十一月九日条の、「逆徒已及参河遠江等」とある。

(45) 彦由一太氏Ⅲ、「十二世紀末葉武家棟梁による河海津枢要地掌握と動乱期の軍事行動（上）」『政治経済史学』第九十七号一九七四年二月。野口実氏、「源範頼の軌跡」『鎌倉』第六十五号一九九一年一月。

(46) 頼朝が久安三年（一一四七）、義経が平時元年（一一五九）生まれであることは定説である。『古活字本平治物語』下巻に、常盤親子四人が永暦元年（一一六〇）二月に落去した記事中に、「八つになる今若をばさきにたて、六歳の乙若をば手をひき、牛若は二つになれば」とある。この今若・乙若・牛若が後の全成・義円・義経であることは周知である。義経は永暦元年（一一五九）生まれから、確かに二才といえ、本記事に信頼性を認めると、全成は仁平三年（一一五三）生まれとなる。
(47)(48) 彦由一太氏Ⅲ、註(45)前掲論文。
(49) 伊藤邦彦氏、「上総権介広常について」『史潮』新第九、十号一九八一年十月、十一月（『鎌倉幕府主語の基礎的研究【論考篇】』二〇一〇年岩田書院所収）。
(50) 『吾妻鏡』建久元年六月廿九日条所載の源頼朝請文に、「義仲ハ為山道手、義定は為海道手、入洛之時」とあり、東海道主将が義定であることを示している。
(51) 彦由一太氏Ⅲ、註(45)前掲論文。
(52) 彦由一太氏Ⅰ、註(14)前掲論文。『吾妻鏡』建久元年六月廿九日条所載の源頼朝請文に、「遠江国事、（中略）義定は為海道手、入洛之時、当国以義定任給候畢、然者、非頼朝給之間、何事も別に可令勤仕候也」と、伊勢大神宮役夫工米一件に関して返書しており、遠江国が頼朝に無縁の補任であって彼の支配外であり、安田義定が国務国司であることを示している。
(53) 拙稿Ⅳ、「甲斐源氏棟梁一条忠頼鎌倉営中謀殺の史的意義」『政治経済史学』第二百七十二、四百四十六号一八九八年一月、二〇〇三年十月。忠頼の武蔵守たることは、既に彦由一太氏Ⅰが、註(13)前掲論文に提示されている。
(54) 彦由一太氏Ⅰ・Ⅲ、註(12)・(45)前掲論文。
(55) 『平家物語』巻第五・二富士川の事、等。
(56) 彦由一太氏Ⅰ、註(12)前掲論文。
(57) 彦由一太氏Ⅳ、「吉村茂樹博士『国司制度崩壊に関する研究』批判」『日本史研究』第三十六号一九五八年四月。

（『政治経済史学』第三百七十号一九九七年四・五・六月所載）

第四章　諸源氏と門葉

第一節　寿永二年八月勧賞源氏諸将任国守の史的意義

周知の通り、寿永二年（一一八三）七月二十五日、後白河院の延暦寺への逃亡により、平氏一門は安徳帝を擁して西国へと都落ちをし、替わって、二十八日、源義仲・源行家等は入京した。ここに、治承四年（一一八〇）以来の東国の源氏諸将に率いられた「賊徒」は「官兵」となった。

七月三十日、義仲を筆頭とする源氏諸将等に京中守護の院宣が下された[1]。次いで、浅香年木氏が証されたよう、八月十日の義仲・行家を皮切りに、十六・二十五日と、入京した源氏諸将等に勧賞が行われ、京官兼帯は義仲のみで、他の首脳は何人かが国守級の軍事貴族として認定されたのである[2]。この三回にわたる勧賞での任国守については、氏が抽出されており、それは以下の六名・八国守である。彼等はすべて京中守護の諸将である。

源（木曽）義仲　越後守（転伊予守）兼左馬頭
源（新宮）行家　備後守（転備前守）
源（安田）義定　遠江守
源（土岐）光長　伯耆守
源（葦敷）重隆　佐渡守
源（山本）義経　伊賀守

では、京洛政権（朝廷）は如何なる原則でそれらの任国を決定したのであろうか。そして、そのことが如何なる史的意義を持つのか考察していこう。

まず、一人一人を個別に分析してゆく。最初は源義仲である。周知の通り、義仲は源為義孫で頼朝の従兄弟に当り、幼少時より木曽谷（長野県木曽郡）に成長したので、木曽冠者義仲とも呼ばれ、治承四年（一一八〇）秋に信濃国で挙兵した。彼を魁として挙兵した信濃源氏は信濃国国衙行政権を簒奪し、翌養和元年（一一八一）六月、甲斐源氏と連合して、横田河原合戦で越後城氏の大軍を粉砕し、次いで北に進撃し越後国府を占拠し、ここに越後国国衙行政権を簒奪した。(3)この信濃源氏は木曽党と佐久党と称せられた二大グループからなり、木曽党は松本平・木曽谷の反乱軍で木曽義仲・岡田重義（信濃源氏Ⅰ類）等に率いられており、一方、佐久党は佐久平・善光寺平の反乱軍で平賀義信親子・井上光盛（信濃源氏Ⅱ類）等に率いられていた。(4)義仲はそれらの中心にあったとはいえず、むしろ岡田・平賀氏の方がリードしていたと言える。『玉葉』寿永二年（一一八三）五月十六日条に、

去十一日官軍前鋒乗勝入越中国、木曽冠者義仲、十郎蔵人行家、及他源氏等迎戦、官軍敗績、過半死了云々、

と、現存の京洛貴顕の日記で義仲が初見する。これは北陸道で攻勢をかけた平氏軍が砺波山合戦で惨敗したことを記したものである。ここに彼の名が初めて登場するということは、京洛に北陸道に於ける反乱軍の首魁として認定されたことを表している。本年春に平賀氏が頼朝陣営に鞍替えし、岡田重義父子が本合戦で戦死したことは、(5)彼を信濃源氏の代表者たらしめた。それが『玉葉』での初見といえる。当然ながら、越後国国衙行政権も彼の領導するところとなった。しかし、平賀氏が頼朝陣営に走ったとしても、平賀氏の地盤がそっくり義仲の手中に入ったわけではなく、他の源氏諸将も存在しており、信濃国を義仲が彼等を排除して支配していたわけではない。岡田氏戦死後の木曽党から仁科次郎盛家が、平賀氏離反後の佐久党から村上太郎信国が京中守護に入ったのはその反映である。従って、義仲

の任越後守は、彼の越後国国衙行政権の簒奪という実績を追認するものといえる。

源義定は、安田義定と称するように、甲斐国山梨郡安田（山梨県東山梨郡牧丘町）を名字の地とし、義光流甲斐源氏の一族である。甲斐源氏が、源頼朝のとは別に、独自に挙兵したことは周知の事実である。その甲斐源氏有力者として、安田義定が位置していたことも同様である。彦由一太氏が明らかにされたように、治承四年（一一八〇）十月の富士川合戦後、武田信義が駿河国を、義定が遠江国をそれぞれ簒奪し、所謂「守護」としてその国衙行政権を保持しており、それは頼朝とは独自な軍権であった(6)。従って、義定の任遠江守は、義仲と同様に、彼の遠江国国衙行政権の簒奪という実績を追認するものである。

源光長は、清和源氏頼光流の「号土岐」光信の子で、彼自身が土岐と称した微証はないが、兄光基の子孫が土岐氏として後世に続くように、美濃国土岐郡（岐阜県土岐市）を名字の地とした美濃源氏の一員である(7)。同時に、源三位頼政一族と並んで、源氏在京武士の筆頭に位置づけられ、内乱勃発時の現任の検非違使であった(8)。祖父光国の出羽守現任が確認され、同じく伯父光基の伊賀守現任が確認され、叔父光保が久寿元年（一一五四）に出雲守、その子光宗が保元元年（一一五六）に伯耆守に補任している(9)。又、光信は現任大夫尉で死去した(10)。かく、光国流は受領級の実績を重ねていた軍事貴族である。従って、光長の任伯耆守はその実績によるものである。具体的には従兄弟光宗の先例を襲ったといえる。

源重隆は、葦敷重隆と称するように、尾張国春日郡安食（葦敷）庄（愛知県春日井市）を名字の地とし、満政流濃尾源氏の一族である。この一族の系譜は輻輳しており、確定しがたいが、その祖たる重宗は『尊卑分脈』傍注に「佐渡守」とあり、その子「八嶋冠者」重実は「佐渡源太」と称したとあり、次いで重実の子重成は「佐渡式部大夫」と称し、同重遠は祖父重宗の猶子となり「浦野四郎」と称したが、その子重直は「浦野太郎」「佐渡孫太郎」と称している(11)。以上から見ると、重宗の佐渡守在任の確認は取れないが、その子孫等の名乗りからして、重宗の佐渡守任官を推定しうる。(12)従って、重隆の任佐渡守はその祖重宗の先例を襲ったといえる。

源義経は、山本義経と称するように、近江国浅井郡山本保(滋賀県東浅井郡湖北町)を名字の地とし、義光流近江源氏である。一族は近江国浅井郡・甲賀郡を中心に分布している。山本義経・柏木(甲賀)義兼兄弟が中核で、(13)二人とも京中守護の一員である。兄弟の父義定は「山本」と号し、山本氏の祖で、『尊卑分脈』に「遠江守」との傍注があるが、それを確認しえない。従って、たとえそうだとしても、義経の任伊賀守は先例によるとはいえない。治承四年(一一八〇)冬、義経が近江で蜂起した当初は、京洛権門に注視されて『玉葉』に見るように彼は頻繁に登場する。(14)だが、翌養和元年(一一八一)に入ると登場せず、史料上は不明となるが、濃尾源氏と共に濃尾に転戦したといえる。そして、近江「兵僧連合」の中核として、北陸道「兵僧連合」の進展と共にそれと連携して北陸道に移り、次いで義仲と合流して、上洛の軍を進め近江より入京したといえる。(15)この時、源行家が伊賀より大和を経て入京しているから、(16)義仲が越後を義定が遠江を簒奪していたのと異なり、義経が伊賀国国衙行政権を簒奪していたとはいえない。

では、如何なる理由で伊賀守に任ぜられたのか。当該期の当国の位置を考えてみよう。周知の如く、東隣の伊勢国は、伊勢平氏と称せられたように、都落ちした平氏本宗の本貫であると同時に、上総介藤原忠清に代表されるように、多くの平氏家人がいる。伊勢国は平氏本宗の本源的な基盤なのだ。伊賀国はこの伊勢から京へ行く場合に必ず通過せねばならぬ戦略的要地であり、又、有力平氏家人平田家継に見るように平氏の地盤である。それ故、平氏本宗が西国に都落ちしたとはいえ、京防衛に伊賀国は不可欠なのだ。翌元暦元年(一一八四)七月には伊賀伊勢平氏の反乱があり、首謀は家継・忠清であった。(17)従って、朝廷としては、京防衛と平氏追討のために、伊賀国に軍事貴族を配する必要がある。すなわち、義経の任伊賀守の理由は平氏追討の第一線としてといえる。この点、山本一族は、当国に隣接した近江国伊賀郡をも基盤としており、その勢力拡張に任守は有利であり、両者の利害が一致したといえよう。

源行家は、為義末子として生き残り、新宮十郎と称したように、紀伊国熊野早玉神社＝新宮（和歌山県東牟婁郡那智勝浦町）に育った。義仲の叔父に当り、貴種性が高く、最勝親王宣伝達者として内乱に登場し、尾張・三河にて反乱軍を組織したが、寿永二年（一一八三）初頭には北陸道に移動して、義仲と共に北陸道に平氏軍を迎え、次いで上述の通り入京した。その祖頼義以下に、備後守の微証もなく、『尊卑分脈』の傍注にも見あたらない。当然ながら、東国で行動していた行家が当国を簒奪したことはない。従って、簒奪でも先例でもない。備後国は山陽道の一国として、西国に落ちた平氏の勢力圏下にある。敵方なのである。故に、行家の任備後守は平氏追討使として期待された最前線である。国衙支配は平氏追討の成功次第だというのである。

以上、勧賞として如何なる理由で各々の任国司がなされたか考察して来た。このことは如何なる原則でなされたのであろうか。最初に考えるべきことは、源軍入洛直後に行われた公卿議定に於いて、勧賞に関して、第一位頼朝・第二位義仲・第三位行家の序列で、頼朝が非入洛にも拘らず同時と結論したが、結局、義仲・行家のみで頼朝は除外されたことである。(19)このことは、朝廷が、入洛、すなわち己が膝下に入って始めて勧賞するという大原則を保持していたことになる。勧賞は入洛が前提なのである。あくまでも朝廷から見れば、源軍諸将は己が爪牙としての軍事貴族という立場でありその認定なのである。従って、義定父子が勧賞されても、(20)武田信義父子がそれに名を見せないのは、頼朝と同様に彼らが入洛しなかった何よりも証拠なのだ。

次いで、それぞれの出身国は除外されたのが大原則である。義仲にしてもいずれの諸将にしても、出身地・本国を単独で独占的に支配しえていない。以上の前提の上にたち、以下の三つの原則から任国司がなされている。

第一に、父祖・一族の先例を踏襲するものである。光長・重隆がそれである。これは彼等の旧前からの軍事貴族の立場を朝廷が承認し、旧来通り権門の爪牙たることを期待したものである。伝統的任官である。同時に、侍身分の吹負尉等より一段と格上の任国守により、一族の惣領を認定したといえる。

第二に、平氏追討のためのものである。義経・行家がそれである。とりわけ行家のにそれが明確に出ている。平氏支配下の国である以上、平氏を追討してこそ、国衙行政権が把握できる。自己の努力次第となる。朝廷は平氏追討への奮闘を期待しているのである。

第三に、国衙行政権の簒奪を認めるもの、すなわち現状追認である。義仲・義定がそれである。周知のように、後三年の役に勝利した陸奥守源義家の場合、私戦と認定され、勧賞どころか、陸奥守を解任されている。従前は軍事貴族による国の実力掌握を認めてこなかった。この例では軍事貴族は朝廷方に属しており、反徒たりえなかった。しかるに、義仲・義定両人は明らかに反徒として挙兵したのであり、その結果として国衙行政権を実力支配したのだ。すなわち簒奪したのである。これを認めたことは、従前の朝廷の立場を百八十度転換したものである。しかし、全く「先例」がないわけではない。それは、養和元年（一一八一）八月十五日の臨時除目での、任陸奥守藤原秀衡で、平宗盛の「件国、素大略虜掠、然者、拝任何事之有哉」との認識・要請で東国の諸源氏追討を期待して任命したものであるが、「両国空失了」と九条兼実が認めたように(21)、奥州藤原氏の実質支配を朝廷が認め、実質的に朝廷が陸奥国を放棄してしまうことになる。もちろん当時の奥州藤原氏は反乱軍ではない。しかし、朝廷がその実質支配を追認することに変りはないのである。このことは、義家の時の実力支配否認の立場から、逆に承認する立場へと転回したことを示している。従って、入京によって「賊徒」から「官兵」に転じている以上、朝廷としては秀衡の例を先例として名分が立つといえる。しかし、義仲・義定が「賊徒」から「官兵」になったのは、彼等が「官兵」平氏を京より追落して京を占領したという、実力支配によるもので、これまた簒奪といえる。従って、第一・二の原則が旧儀たりえるのに対して、両人の任守は新儀なのである。

以上、三つの原則中、第一及び第二は旧儀によるものであり、旧来通りに朝廷の爪牙としての軍事貴族たりえることを期待されたものである。同時に、中央の地方支配機構としての国衙の支配決定権が依然として朝廷の掌握するところであることを表現している。

然るに、第三は新儀である。この新儀が歴史的に如何なる意義を有したか考えてみよう。旧儀の場合とは逆と考える。すなわち、地方支配の表徴である国衙の支配決定権が、朝廷が唯一絶対のものから、その地方、すなわち在地（武家）に決定権が移行したことを象徴するものである。まず在地に於いて武家間での権力争奪戦（治承寿永内乱では反乱、すなわち簒奪の形をとっている）があり、その勝者が朝廷より追認されるのである。朝廷の任命があって初めて国衙支配がなるといった旧前とは異なり、最初に実力支配ありきである。いわば、スポーツでの審判に例えれば、旧儀はサッカーでのレフリーのように唯一絶対権者であるのに対して、新儀は大相撲の行司に検査役がいるように相対的決定権しかないのである。このことは、歴史的な転換であり不可逆の道に入ったことを示し、中世が権力アナーキー、すなわち分権であるということを表している。この意味で、鎌倉幕府（武家政権）の成立が朝廷による所謂授権により成就したというのは、逆立ちした論理であって、武家の既成事実による権力樹立（簒奪）あって初めてその政権が成就したのであって、朝廷はそれを追認したに過ぎないのが本質である。勿論、両者の間で権力の分配を巡って凄烈な交渉がなされたことは当然であるが、あくまでも武家の簒奪が前提なのである。その最初の表徴がこの新儀なのである。保元の乱後を慈円が「ムサノ世ニナリニケル(22)」とした認識こそ基本なのである。

最後に、この新儀が義仲と義定になされたことを考えてみる。義仲は信濃源氏、義定は甲斐源氏である。この両源氏は関東の頼朝と共に東国に於ける反乱主体である。東国の反乱を主導したのであり、当然ながら東国の各国を簒奪したのである。その結果としての両人の任国守である。両人の簒奪の追認・正当化である。このことは、甲斐源氏の武田信義父子や源頼朝の簒奪も追認・正当化（任国守）がなされるのが必然となりうる。翌年の頼朝の関東御分国への前提[23]となりえた。

註

（1）『吉記』寿永二年七月三十日条。
（2）浅香年木氏、『治承寿永の内乱序説』一九八一年第二編第三章一・三法政大学出版局。
（3）拙稿Ⅰ、「治承寿永争乱に於ける信濃国武士団と源家棟梁」『政治経済史学』第百号一九七四年九月）。
（4）彦由一太氏Ⅰ、「治承寿永争乱推進勢力の一主流」『国学院雑誌』六十三巻十・一号一九六二年十・一月。
（5）同上。
（6）彦由一太氏Ⅱ、「甲斐源氏と治承寿永争乱」『日本史研究』四十三号一九五九年七月。拙稿Ⅱ、「蒲殿源範頼三河守補任と関東御分国」『政治経済史学』三百七十号一九九七年四・五・六月。
（7）『尊卑分脉』第三篇頁一四三～六。
（8）浅香年木氏、註（2）前掲書頁二三四。
（9）菊池紳一・宮崎康充氏、「国司一覧」『日本史総覧』Ⅱ一九八四年新人物往来社。宮崎康充氏、『国司補任』第五巻一九九一年続群書類従会。
（10）『台記』・『本朝世紀』久安元年十月四日条。
（11）『尊卑分脉』第三篇頁六二一・二。そして、「八嶋」とは、美濃方県郡八島（岐阜県岐阜市）を指す。又、重成は久安二年（一一四六)秋除目で叙爵しており、それで「式部大夫」たることは確認できる(『本朝世紀』同年十二月廿一日条)。

(12) 平治の乱(一一五九年)敗北で、美濃国青墓宿(岐阜県不破郡赤坂村)まで落延びた源義朝一行は宿の人々の襲撃を受け、重成が義朝の身代わりとなって戦死したが、このとき二十九才という(『平治物語』中・奥波賀に落ち著く事〔岩波古典文学大系版頁二五五〕)。とすると、久安二年(一一四六)叙爵故に、彼の叙爵年齢は十六才となる。この若年での叙爵には父祖の事跡が必要であり、父重実には「鳥羽院武者所」の注記しかなく(『尊卑分脉』第三篇頁六二)、当然ながらそれは祖父重宗のものといえる。重宗は源国房(美濃源氏光信祖父)との美濃国合戦のため、承暦三年(一〇七九)、追討宣旨を受けている。(『扶桑略記』同年八月十七日条)このとき、右兵衛尉を解却されている。(『百錬抄』同日条)。従って、これでは実績とはならず、この後、彼が罪を解かれ昇進していなければならない。よって重宗佐渡守昇進が重成叙爵の前提条件といえる。

(13) 『尊卑分脉』第三篇頁三一六・七に義経と義兼は所載されているが、ここでは親子となっている。近江国反乱軍に関して、その張本は「甲賀入道」と「山下兵衛尉」とされて共に源氏である。(『玉葉』治承四年十一月廿一日条)。「山下兵衛尉」は義経のことであるが、「甲賀入道」とは、「義兼法師」で「義光末葉」とあって(同卅日条)、本名義兼で義光流である。(なお、同十二月二日条では、「義重」とある)近江反乱軍は攻勢に出て三井寺に入ったが、そこに「柏木入道法師兄弟」を見出す(『吉記』同廿九日条)。しかし、平氏軍は必死の反撃を行いそれを撃退したが、その記事が『吾妻鏡』同十二月一日条にもあり、そこでは「山本前兵衛尉義経、同弟柏木冠者義兼」とある。以上のことから、甲賀入道＝柏木入道であり、『吾妻鏡』の示す通り、山本義経弟柏木義兼となる。そして、この二人が近江反乱軍の中心である。

(14) 『玉葉』治承四年十一月廿一日、十二月九日、十五日、廿四日条。

(15) 浅香年木氏、註(2)前掲書第二編第二、三章一・二。

(16)『吉記』寿永二年七月十六日、『玉葉』同廿二日条。
(17)『玉葉』元暦元年七月八日、廿一日条。
(18)拙稿、註(6)前掲論文。
(19)『玉葉』寿永二年七月卅日条。なお、頼朝が勧賞を受けるのは、翌年の義仲追討賞として、三月二十八日に正四位下に昇叙するのが最初である(『玉葉』同日条)。
(20)義定息の義資は、翌年五月二日の下名で解官宣旨解除となり左兵衛尉に復帰しているが、その下名で義仲の法住寺クーデターで解官された平知康等が還任宣旨を受けていることから、(『吉記』同日条)父義定と同様に勧賞を受けたと言える。
(21)『玉葉』養和元年八月六日条。
(22)『愚管抄』巻第四(岩波古典文学大系版頁二〇八)。
(23)拙稿Ⅱ、註(6)前掲論文。

(『政治経済史学』第四百三十八・九号二〇〇三年二・三月所載)

第二節　近江源氏山本義経

一、治承・寿永の内乱以前

治承・寿永の内乱に於いて、反乱に蜂起した源頼朝の異母弟九郎判官義経が歴史上に華々しく登場する、元暦元年(一一八三)正月の勢多・宇治合戦を境に、内乱前半には活躍していた、もう一人の義経が舞台から姿を消す。これが近江源氏の山本義経である。この時期を接して交代する二人の義経については、故松本新八郎氏が同一人説を提唱し[(1)]、これが一般向け歴史書の中でも取り上げられるようになり、広まった。その後の歴史研究の深化により、氏の同一人説が成立しないことが明らかになり、氏の説は完全に否定された。しかし、山本義経に関する専論がないので、改めて、近江源氏の山本義経について述べたいと思う。

山本氏は、新羅三郎義光の長子太郎義業の子、義定が「山本」と号したところから始まる。義定の兄が常陸国に勢力を張る佐竹氏の祖三郎昌義である。また、義業弟の三郎義清は甲斐国の武田氏の祖となり、四郎盛義は信濃国の平賀氏の祖となる。問題の義経はこの義定の長子である。「山本」は近江国浅井郡山本郷(滋賀県長浜市湖北町山本)のことで、同町に北接する高月町との境にある、琵琶湖を一望できる山本山に義定・義経親子が築城したと伝えられている。義定がいかなる経緯でこの地に地歩を築いたかは不明である。ただ、祖父義光が近江国の大寺園城寺の守護神新羅大明神で元服し新羅三郎と名乗ったことから窺えるように、彼は園城寺と結びつきがあり、近江国に勢力を張っていたといいえ、その関係で義定が山本郷に拠点を築くことができたと思える。

義経は生没年とも不明で、母も分からないが、『尊卑分脈』によると、[2]男子として箕浦義明・山本（錦織）義弘（義広）・柏木（甲賀）義兼（実は義経弟。後述）・錦織義高・大島義成・河内頼高が、弟として山本光祐・山本義賢・早水義春・豊後胤義・真嶋宣義・親定が認められる。「早水」は浅井郡早水庄（長浜市湖北町速水―山本に東接）を名字の地としたといえ、義定の代に浅井郡山本郷を中心に勢力を扶植したと考える。次いで、「箕浦」は坂田郡箕浦庄（米原市箕浦）、「柏木」は甲賀郡柏木御厨（甲賀市水口町北脇等）、「錦織」は滋賀郡錦部保（大津市錦織町）を名字の地としたと考えられ、義経の代に北近江から南に琵琶湖を時計回りにその勢力を広げて、その名乗りとしたことが理解できる。このようにみると、山本氏は近江国内に広くその勢力を扶植させていたことが分かり、同国の有力武士といえる。

義経は近江国内に勢力を広げると同時に、京武者としての活動も見せる。仁安三年（一一六八）十二月の京官除目で、皇太后宮（平滋子）給分として、左兵衛尉に任官した。[3]『尊卑分脈』には父義定の傍注に左兵衛尉があり、おそらくその先例を追ったものと考える。この任官から、当時の義経は、甲斐源氏の武田有義が平重盛の家人として任官したように、[4]家人的立場として平家に仕えていたと考えることが出来る。

しかし、安元二年（一一七六）十二月、延暦寺根本中堂々衆を殺害した罪により、義経は佐渡国流罪となる。[5]これは義経と延暦寺との間で何らかの問題が発生し、その過程で延暦寺側に死者が出たこととなり、これを「罪」として義経が朝廷から蒙ったことになる。この両者間の紛争の具体的なことは史料上の所見はない。これは、近江国内最大の荘園領主であり、寺社権門の雄である延暦寺と、国内にその勢力を広げつつあった在地領主義経とが互いの所領を巡って問題、例えば境紛争などを起こし、それがエスカレートして双方が武力を発動した結果が死傷者を生み出したと考える。死傷者は延暦寺側のみならず義経側にも出たとも思われるが、白河法皇の三大不如意で知られるように、当時の比叡山延暦寺の権威は極めて強く、その要求を朝廷が受け入れるのが通例だったから、義経のような六位の侍身分では朝廷にその意を認めさせせことはできず、延暦寺側の意向が通り、義経の「罪」とされて流罪に処せられたと考える。平家もまた延暦寺との関係を保つべく家人の義経を支持しなかったのであろう。ともあれ、この件で、義経は挫折させられることになる。そして、それは朝廷、ひいては平家が己にとって如何に頼りにならないものかを痛感させられたことだろう。

二、治承・寿永の内乱前期

治承四年(一一八〇)五月の以仁王・源頼政の戦死で費えたかにみえた、内乱の火は、八月の伊豆国での源頼朝の挙兵を嚆矢として、全国へと燃え盛っていく。治承・寿永の内乱である。この内乱に山本義経も登場するのである。彼が流罪を許されたのは治承三年(一一七九)であるから(6)、内乱以前には近江国に戻っていたことになり、内乱の報を地元か京都かで聞いたことになるだろう。

六月の福原遷都に対して、延暦寺を筆頭とする寺社は強く反対し、反平家の色を示しており、十月上旬、遷都反対の主張が受け入れられないならば山城・近江両国を奪取する準備をするとの朝廷への奏状を延暦寺が出した報が流れる(7)。近江国は風雲急を告げていたのである。

そのような中、東国反乱軍の優位を決定づけた二十日の富士川合戦に於ける、平家敗戦の報が二十八日には京都で風聞として伝えられ、朝廷はそれを知るのである(8)。十一月五日夜には敗将平維盛が入京し、同時に敗戦の詳報も知れ渡り[9]、ここに平家の無様さを天下に曝したのである。

遠江国以東は反乱軍の支配下となり、平家はそれに対抗するため、七日、東方三道に源頼朝・武田信義追討宣旨を発し、とりわけ美濃源氏を頼りとした[10]。しかし、頼みの美濃源氏は反乱側となり、美濃・尾張両国は反乱軍の手に落ちる[11]。反乱は刻一刻と京都に近づいたのである。

十九日、近江国に反乱が及んだとの報を右大臣九条兼実はえる[12]。二十日、伊勢国に派遣のため下向中の平宗盛家人飛騨守藤原景家郎等が射殺されて瀬田で梟首され、同時に琵琶湖水運が反乱軍の手中に落ち、京都から東、とりわけ北陸道への交通が遮断され、運上物が奪取されることになった[13]。ここに、近江国反乱軍の首謀として、源氏の「甲賀入道」「山下兵衛尉」の名が初めて史料上に登場する[14]。この「山下兵衛尉」こそが近江源氏の山本義経で、「甲賀入道」はこの弟柏木義兼である[15]。

このように物情騒然とする中、二十六日、後白河院・高倉院が平家の六波羅亭に入り[16]、ここに福原遷都が破産したのである。二十九日、近江国反乱武士が園城寺に入った[17]。このことは、旧来の矛盾を止揚して、寺社と在地武士が共同戦線を張ったことを意味する。「兵僧連合」の誕生である。以後、近江から北陸道にかけての反乱軍は兵僧連合によって主導される[18]。

足下に迫った反乱鎮圧のため、十二月二日、平家は追討使として近江道に平知盛、伊賀道に平資盛、伊勢道に伊勢守藤原清綱を派遣する[19]。近江に入った平家軍は瀬田・野地(草津市野路町)の在家を焼き討ちするが、反乱軍は美濃源氏を加えて五千騎に対して、「官兵」平家軍は全体で三千騎に過ぎなかった[20]。しかし、平家軍は反乱軍を押し返してゆく[21]。ここで、延暦寺堂衆の一部が園城寺に与して、義経とも語らって六波羅夜討を策すとの報が京都に流れる[22]。延暦寺・園城寺・近江源氏の三者連合の成立は平家にとって由々しきことである。平家は園城寺がその策源地と見て、攻勢をかけ、十一日、平清房を将とする平家軍は園城寺を焼討ちし、全山を焼払い、金堂のみが害を免れたのである。(23)ここに反乱軍の拠点としての園城寺は潰えたのである。

かくて、知盛・資盛を大将軍とする平家軍は、十三日、義経・義兼兄弟らの反乱軍の拠点の馬淵城（近江八幡市馬淵町）を攻略し、義兼の首級を挙げる（後に虚報とわかる）という勝利をえた。(24)ここに、南近江は平定されたが、義経らは北近江の自分の本拠地である山本に籠り抵抗を続けた。(25)しかし、二十八日の平重衡軍による南都焼討ちにより、反乱の一方の雄であった南都の寺院勢力が鎮圧されたこともあり、畿内周辺での反乱勢力は弱化した。

明けて養和元年（一一八一）、近江を制圧した平家軍は美濃国に進撃し、美濃源氏の（土岐）光長の拠点を攻撃する。(26)この攻撃は成功し、二十日、蒲倉城（不詳）の反乱軍を通盛・維盛を大将軍とする平家軍は撃破し、多くの反乱軍の将を討ち取る。(27)この合戦で、尾張源氏の小河重清・葦敷重義などが戦死し、その中に、簑浦義明が含まれており、(28)近江国に敗れた山本氏が美濃国の反乱軍に合流して抵抗を続けていたことが分かる。ここに、近江・美濃・尾張の反乱連合軍は敗退を余儀なくされる。

しかし、ここに源行家（義俊）が反乱の首謀として尾張国に現れる。(29)反乱蹶起書である最勝親王宣（所謂以仁王令旨）の伝達者であったことは除き、これは反乱軍としての行家の史料初見である。合戦に消耗した平家軍は尾張へと進撃することなく、美濃・近江に停滞する。(30)続いて、十二日、東国追討使大将軍知盛が病のために前線より京に戻る。(31)行家以下の尾張反乱軍の勢力は美濃の平家軍を凌駕していた。(32)このため、平家は宗盛以下の全力をもって反撃を計画した。(33)ところが、周知のように、平家総帥の清盛が病により、閏二月四日、急死する。ここに事態が急転して、平家は宗盛を新たな総帥として体制を組み直す。この結果、十五日、追討使重衡が頼朝追討後白河院庁下文を掲げて下向する。(34)重衡軍は、三月十日、濃尾国境の墨俣川に行家軍を破り、その際、九郎義経の同母兄の義円が戦死したことは周知の

ことである。ここに、東海道方面の戦線は、折からの養和大飢饉のためもあり濃尾を挟んで対峙する状況となる。(35)

こうして見てくると、『吾妻鏡』治承四年(一一八〇)十二月十日条に、去一日に近江の拠点を平家軍に奪取されたために、山本義経が頼朝を頼って鎌倉に来、臣従を許されたという記事は、少なくとも時期的に不可能なことである。従って、基本的にこれは虚構と考えるが、たとえそれが事実の反映としても、その下向時期は下り、すなわち墨俣合戦後とするのが自然である。だが、後述するように、義仲派としてその最後まで行動を一にしていることから、その臣従は当然ながら虚構で、すなわち反乱諸源氏は頼朝の麾下にあったという曲筆であり、山本義経は頼朝とは関係がないと見るべきなのである。

こうして、山本義経は近江国に兵僧連合の一員として立ち上がり、その敗退後は濃尾の反乱軍と行動を一つにしていたといえる。同時に、名字の地が北陸街道を扼する北近江山本郷であることからして、それに兵僧連合の関係からして、養和元年(一一八一)秋より本格化する北陸道の反乱勢力(兵僧連合)とも繋がりがあったと考えるべきである。蒲倉城の合戦後の山本氏は史料上の所見がなくなり、その後の彼が尾張に所在していたのか、北陸に所在していたのか史料上からは明瞭ではない。しかし、寿永二年(一一八三)四月の越前国燧城(福井県南条郡南越前町今庄)に平家軍を迎え撃った反乱軍の一員として、『源平盛衰記』倶巻第二十八に、甲賀入道(義兼)の名があることは、最終的には、北陸道の兵僧連合の一員として、山本氏は北陸道に所在していたと考えることができる。

三、木曽殿源義仲と山本義経

養和大飢饉に伴う戦線停滞は、寿永元年(一一八二)十一月の安徳天皇の大嘗会を無事に終えて、寿永二年(一一八三)

に入ると、動く。追討使大将軍維盛以下の大軍が北陸道へと進撃する。越前国燧城に籠る反乱軍を攻略し、最初は順調に進撃したが、五月十一日、砺波山(倶利伽羅峠)合戦で義仲を首謀とする反乱軍の前に惨敗し、続いて加賀の篠原合戦にも敗北し、ここに平家軍は潰え、反攻は惨めな失敗に終わる。義仲を筆頭とする、北陸の兵僧連合を主体とする反乱軍は越前国府に進み、ここに京都進撃の体制を整える。

一方、東海・東山道よりも反乱軍が上洛を開始する。これには濃尾源氏に続き甲斐源氏の一方の雄の安田義定が加わる。東方三道の反乱軍から京都を防衛するために、平家軍は近江国に出陣する。ここに同国の争奪戦が行われるが、この決め手になったのが比叡山延暦寺の向背だった。結局、延暦寺は反乱軍側に立つ。同時に、摂津源氏の多田行綱等のような畿内の京武者的武士の多くが反乱軍側に加わり、京都は四方から反乱軍に包囲される。このような中、七月二十五日、突如として治天の君の後白河院が京都を脱出し、比叡山に入る。これを知った平家は即日、六波羅の居所を焼き、一門を挙げて安徳天皇と三種の神器を奉じて西国へと都落ちをする。

かくして、二十七日、後白河院は叡山から京都に戻るが、院の先立ちを勤めたのが錦織義高で、院側に立ったのが叡山僧兵の珍慶だった(36)。このことは近江国兵僧連合を象徴している。当然ながら、山本一族が反乱軍として活躍した(おそらくは叡山の反乱軍側への参加に大いに働いたと思う)からこそ、義高のハレの場があったわけである。

翌二十八日、木曽殿源義仲・新宮殿源行家は後白河院の御前に参上し、平宗盛追討の院宣を受ける(37)。ここに、東国の諸源氏等の反乱軍が官軍となり、逆に平家が賊軍となったのである。次いで、三十日、京中守護分担を定めた院宣が諸将に下される(38)。ここに名を連ねた義仲以下、十二人の面々が今回入洛した各地域を代表する有力武士である。その中に、山本義経・柏木義兼兄弟が入っている。このことは、彼等が近江国を代表してその選に入ったことを意味する。さらに、八月十日の義仲・行家両人を皮切りとして、官軍となった諸将に対して、十六・二十五日、平家追討勧賞が行われ、この時、最も上級である国司に任じられた諸将として、越後守源(木曽)義仲・備後守源(新宮)行家・遠江守源(安田)義定・伯耆守源(土岐)光長・佐渡守源(葦敷)重隆、そして伊賀守源(山本)義経の六人が確認されている。[39] 全員源氏であると同時に京中守護諸将に名を連ね、彼等が入洛した旧前の反乱軍の各地域の棟梁的武士といえる。

山本義経の伊賀守は伊勢・伊賀両国にいる平家勢力を意識した、いわば平家追討を意識した任命である。[40] 同時に、義経にとっても、甲賀郡が基盤の一つであり、これに南接した伊賀国の支配権を握れる国司の任命は自己の勢力を南下拡大させるのに有利であり、望むところだろう。こうして、義仲を筆頭とする本年の第一次源軍上洛に加わった山本義経は軍事貴族として朝廷に認定されて、その立場を固め飛躍しようとしていたのである。

この第一次源軍上洛軍は義仲を筆頭としていたが、これに所属して上洛した武士達の過半は義仲と主従関係を結んでいたわけではなく、行家以下の諸源氏の軍事貴族、すなわち相伴源氏[41]との連合軍であり、同時に北陸の兵僧連合でもあり、畿内の京武者連合でもあり、義仲の威令が全軍に達していたわけではない。いわば、統一した指揮系統はないのである。形式上は朝廷がその上にあって、彼等を指揮する形となっていたのである。

入洛軍にとって当面の課題である兵糧確保に対して、朝廷は有効ある策を提示せず、事態を自然に任せたことは、兵糧確保に走った所謂略奪を招く。このことは、当然ながら入洛軍の筆頭に位置する義仲にその非難が集まり、彼の評判を下げる結果となったことは、『平家物語』に見えている通りである。このことからも、入洛後の諸将はそれぞれの目的により独自の行動をするようになり、次第に義仲の統制は及ばなくなり、無秩序な集団となってゆく。

一方で、鎌倉に座している頼朝は朝廷に接近し、朝廷も義仲から頼朝へと軸を移してゆく。また、本来の軍事行動である対平家戦においても、閏十月一日、備前水島合戦で義仲軍は大将軍の矢田(足利)義清・海野行広等が戦死するという敗北を喫する。[42] このような中、朝廷は東国の支配権に関する所謂十月宣旨を頼朝に与える。これを受けて、頼朝は、「其替出立九郎御曹司、誰人哉、可尋聞、已令上洛」と、異母弟九郎義経を上洛させる。[43] これは現存の京都の貴族の日記に九郎義経の名が記されている最初である。同時に、入洛を共にした多くの諸将が義仲から離れ、義仲は孤立する。こうした情勢を見た後白河院側は法住寺殿に兵を集め、武力で義仲を排除せんとの姿勢を示す。[44] 院側の挑発を受けて、翌十九日、義仲は法住寺殿を攻撃し、院軍を撃破し、京都の支配権を握る。この法住寺合戦で、院側として戦い戦死した中に、伯耆守光長がいる。[45] 先の国司に任官した六人の軍事貴族の中で、院に荷担したのは彼だけのようで、他の四人の名は本合戦には史料上の所見はない。彼等は義仲側、院側、中立、いずれの立場を取ったのであろうか。山本義経はどうしていたのであろうか。

義仲は実権を握るや、後白河院派の摂政近衛基通を更迭し、治承三年（一一七九）の平家クーデターで罷免された前関白松殿基房の子、師家を摂政に据える。[46] 同時に、院側近を解官し、[47] 続いて、十二月三日にも解官を行うが、この中には佐渡守重隆以下、村上信国（信濃善光寺平）・源有綱（頼政孫）・仁科盛家（信濃松本平）と、先の京中守護を担当した諸将が含まれている。[48] 行家は法住寺合戦以前に義仲と袂を分かって、平家追討のために下り、二十八日、播磨国室山合戦で敗北している。[49] こうしてみると、入洛して京中守護を担当した諸将十二人中の過半が義仲から離れたことが理解できる。義仲の本国である二人の信濃国諸将の支持をも義仲は失っていたのである。

十二月十日、臨時除目を行う。当然であるが義仲人事である。この人事で、伊賀守義経は若狭守に遷任された。[50] 二十一日には、義経子の錦織義広が検非違使に任じられる。[51] 以上のことは山本氏がこの時点で親義仲派であったことの何よりの証拠である。京中守護担任を命ぜられた義仲を含む十二人で、法住寺合戦後も、明らかに義仲派といえるのは山本氏兄弟しかいないのである。

『吉記』寿永二年十二月十日条では、「其故不知」と、義経の遷任理由が分からないとしている。では、なぜ若狭守に遷任されたのであろうか。この臨時除目と同時に、頼朝追討後白河院庁下文が義仲の申請により発給される[52]。かくて、義仲は己の生き残りをかけて、頼朝との全面対決に踏み切る。こうして、両者は戻ることのできないターニング・ポイントを渡った。ここで、義仲は京を放棄して北陸道に後退して、そこでの兵僧連合を再構築して、頼朝との対決を図ろうと考えていた[53]。とすれば、義仲とすれば、北陸道の入口である若狭国の確保は、北陸道の再編成にとっても、京から近江・若狭・越前と続く交通路(退路)からいっても必須であることはいうまでもない。そこで、北近江に名字の地があり、近江に多くの拠点を持つ山本義経を若狭守に任じるのは、彼が与党である以上、極めて自然な人事といえよう。義経にとっても北近江から北に北陸道に勢力を拡大する機会を得たことなり、異はなかったろう。義仲が没落すれば、自身も没落するのであるから、彼も頑張るざるをえないのである。

事は急速に展開し、北陸道へと後退することも出来ず、折から西国から巻き返しつつあった平家との和睦もならず、かといって十分な迎撃態勢を取ることも出来ず、義仲は京都に頼朝の派遣した異母弟範頼・義経に率いられた関東勢を中核とした反義仲軍を迎え撃つことになる。これには甲斐源氏主力に畿内周辺の勢力も加わり、圧倒的な兵力差が生じていた。元暦元年(一一八四)の第二次源軍上洛である。完全に義仲は孤立した。正月二十日、大手の勢多(今井兼平)と搦手の宇治(志田義広)に防衛線を張る義仲軍に対して、反義仲軍は攻撃をかけ、周知のように、鎧袖一触で、宇治の防衛線を突破し、九郎義経は一気に入洛し、後白河院を保護下においた。義仲はかろうじて京から落ち延びたが、搦手軍の追撃を受け、同時に大手軍に捕捉されて、近江粟津(大津市粟津町)にて戦死する。

義仲が滅亡した本合戦において、山本義経の子錦織義広は戦場から逐電する[54]。義広は勢多・宇治合戦で義仲軍の一員として戦闘に参加したのである。このことは、義仲の最後まで山本氏が義仲派であったことを示している。しかし、治承・寿永の内乱前期に活躍し、京都の貴族の日記に何度も登場し、入洛後は国司に任官した山本義経自身は、本合戦に関する史料では一切その名を見せない。本合戦に参加していれば、その名を見せるのが今までの経緯からしても知名度からしても自然だろう。しかし姿を見せない。そのことは、何を意味するだろうか。義経の若狭守遷任の意義を前述しているが、そのことからいえることは、彼は若狭国に下りその掌握を図り、京・近江・若狭そして北陸道という交通線を確保せんとしていたのではないだろうか。このことは、義仲の本来的な策、北陸道への後退にとって必要条件となる。すなわち、本合戦時に彼は京におらず、若狭に下っていたとするのが、史料上の所見のないこの表われと考える。

義仲が滅亡したことは、当然ながら山本氏も没落したことになる。山本義経を含め、本合戦以後、山本氏は史料から姿を消す。替わって、治承・寿永の内乱後半では、周知のように頼朝異母弟の九郎判官義経が活躍することになる。

註

（1）松本新八郎氏、「玉葉にみる治承四年」『文学』第十七号一九四九年十月。
（2）『尊卑分脉』第三篇頁三百十五～七。
（3）『山槐記』除目部類仁安三年十二月十三日条。
（4）五味文彦氏、「平家軍制の諸段階」『史学雑誌』第八十八巻八号一九七九年八月。野口実氏、「源平内乱期における『甲斐源氏』の再検討」『中世の軍記物語と歴史叙述』二〇一一年竹林舎（『東国武士と京都』二〇一五年同成社再録）。
（5）『玉葉』安元二年同月二十六・卅日条。
（6）『吾妻鏡』治承四年十二月十日条。
（7）『玉葉』治承四年十月月廿日条。

(8)『山槐記』治承四年十月廿八日条。
(9)『玉葉』治承四年十一月五日条。
(10)『吉記』治承四年十一月八日条。
(11)『玉葉』治承四年十一月十七日条。
(12)『玉葉』治承四年十一月十九日条。
(13)『山槐記』治承四年十一月廿二日条、『玉葉』同廿三日条。
(14)『玉葉』治承四年十一月廿一日条。
(15)義兼は『尊卑分脉』では義経の子であるが、実は弟である。拙稿I、「寿永二年八月勧賞源氏諸将任国守の史的意義」『政治経済史学』第四百三十八・九号二〇〇三年二・三月。
(16)『玉葉』・『吉記』治承四年十一月廿六日条。
(17)『玉葉』治承四年十一月廿九日条。
(18)浅香年木氏、『治承・寿永の内乱序説』第二編第二章一九八一年法政大学出版局。
(19)『玉葉』治承四年十二月二日条。
(20)『玉葉』治承四年十二月三日条。
(21)『玉葉』治承四年十二月四・六日条。
(22)『玉葉』治承四年十二月九日条。
(23)『百練抄』治承四年十二月十一日条。『延慶本平家物語』第二末・卅平家三井寺ヲ焼払事は、日付・将は異なるが、被害の様子は詳しい。

(24)『山槐記』治承四年十二月十三日条、『玉葉』同十五日条。
(25)『玉葉』治承四年十二月廿四日条。
(26)『玉葉』養和元年正月十八日条。
(27)『玉葉』養和元年正月廿五日条、『百練抄』同廿日条。
(28)『吾妻鏡』養和元年二月十二日条。
(29)『玉葉』養和元年二月一日条。
(30)同上。
(31)『玉葉』養和元年正月十二日条。
(32)『玉葉』養和元年正月十六日条。
(33)『玉葉』養和元年正月廿六日条。
(34)『玉葉』養和元年正月十五日条。本下文に関しては拙稿Ⅱ、「治承五年閏二月源頼朝追討後白河院庁下文と『甲斐殿』源信義」『政治経済史学』第百六十五、二百二十七号一九八〇年二月、一九八五年六月。
(35)拙稿Ⅲ、「蒲殿源範頼三河守補任と関東御分国」『政治経済史学』第三百七十号一九九七年四・五・六月。
(36)『吉記』寿永二年七月廿七日条。
(37)『吉記』寿永二年七月廿八日条。
(38)『吉記』寿永二年七月卅日条。
(39)浅香年木氏、註(18)前掲書第二編第三章三義仲軍団の拡大と「相伴源氏」。
(40)拙稿Ⅰ、註(15)前掲論文。

(41)浅香年木氏、註(18)前掲書第二編第三章三義仲軍団の拡大と「相伴源氏」頁二四七。
(42)『百練抄』。寿永二年閏十月一日条、『延慶本平家物語』第四・十九水嶋合戦事。
(43)『玉葉』寿永二年十一月二日条。
(44)『玉葉』・『吉記』・『百練抄』寿永二年十一月十八日条。
(45)『吉記』寿永二年十一月十九日・廿一日条。
(46)『百練抄』寿永二年十一月廿一日条、『公卿補任』寿永二年条。
(47)『吉記』寿永二年十一月廿八日条。
(48)『吉記』寿永二年十二月三日条。
(49)『玉葉』寿永二年十一月八日条、『吉記』同十二月三日条、『延慶本平家物語』第四・廿一室山合戦事。
(50)『吉記』寿永二年十二月十日日条。
(51)『吾妻鏡』元暦元年正月廿日条。
(52)『吉記』・『百練抄』寿永二年十二月十日日条。
(53)浅香年木氏、註(18)前掲書第二編第三章六義仲軍団の崩壊と北陸道の在地領主層頁二九三。
(54)『吾妻鏡』元暦元年正月廿日条。なお、本日条には頼朝軍の搦手大将軍として九郎義経が所見し、同時に義広父として山本義経が所見し、二人の義経を書き分けており、両人が別人であることは明瞭なことなのである。

（『政治経済史学』第五百八十六号二〇一五年十月所収）

第三節　治承・文治大乱に於ける佐竹源氏

序言

治承四年(一一八〇)十月、駿河に進軍した源頼朝は、富士河合戦終了後、西上せずに、軍を反転させ、十一月には常陸国へ侵入して、奥七郡に佐竹源氏を攻撃し、その拠点たる久慈郡金砂城(茨城県久慈郡西金砂村)を落し、佐竹秀義を敗走させた。これは「先平東夷之後、可至関西」との、千葉常胤等による、かの著名な進策によっている。(1)治承・寿永内乱初期に於ける、佐竹氏攻撃は、通史にも記載されているよう、衆知なものであるが、これ以降、佐竹氏が第一線より姿を消し、「鎌倉殿」源頼朝による佐竹氏攻略が完了したと、一般には認識され通説となっている。(2)佐竹氏攻略戦は、治承・寿永内乱に於いて、挙兵より鎌倉入府までは別として、頼朝自身が軍を直隷して合戦をなした、唯一の軍事行動である。対平氏戦に於いては、異母弟源範頼・義経等が一軍を指揮して、自身は出陣していない。ただ、寿永二年(一一八三)春の信濃への進軍(対「木曽殿」源義仲)と、文治元年(一一八五)冬の駿河滞陣(対義経)とが、例外的に出陣したもので、ここでは合戦に至っていない。以上すべて、「鎌倉殿」頼朝の出陣が、同族たる源家一統に対するものであることは、興味ある事実である。そして、佐竹氏攻撃以後、頼朝自身が大軍を直率して合戦を遂げたのは、衆知の文治五年秋の奥州兵乱であり、これを最後として、治承以来の日本列島を震撼させた大乱は終結し、「鎌倉殿」源頼朝は翌年冬の上洛へと結実する。[3] 従って筆者としては、所謂平氏本宗滅亡までを狭義の治承・寿永内乱とするならば、治承四年（一一八〇）の蜂起より建久元年（一一九〇）の上洛に至る全体を広義の治承・寿永内乱といえ、それを「治承・文治大乱」と称することにする。

治承四年（一一八〇）冬の金砂城が落城したことにより終ったとされる佐竹氏攻略以後、果たして佐竹氏は完全に歴史上にその姿を示さないのだろうか。後世に連綿と続く常陸佐竹氏は、この治承・文治大乱に於いて、金砂城にて、その史的生命を終えたのであろうや、この点について、何らの論説が見られない。そこで、金砂城落城後、佐竹氏は如何なる行動を取ったか、鎌倉幕府政権と奥州藤原政権との接触点たりうる常陸奥七郡の主であったことを思う時、奥州兵乱への過程に至るまで、考察をなしてゆきたい。その中で、「鎌倉殿」源頼朝、佐竹源氏、奥州藤原氏の三者の関りを見ながら、治承・文治大乱に於ける常陸国について考えてみたい。[4]

一、治承・寿永内乱

佐竹氏は、新羅三郎義光の子、進士判官義業を祖として、昌義、隆義と三代にわたって、常陸国久慈郡佐竹庄を本拠とし、奥七郡を中心として国内に勢力を拡大してきたことは、衆知である。『平家物語』の「源氏揃」にも常陸国にて志田義広と共にその名を載せられている、[5] 有力な源氏一統である。

義光——義業——昌義
- 忠義太郎
- 義弘蔵人
- 義宗三郎——義資八条院判官代
- 隆義四郎常陸介
  - 義政太郎
  - 秀義四郎別当
- 義季五郎八条院蔵人

治承四年（一一八〇）十一月、頼朝軍が常陸に侵入した時、佐竹一族は、如何なる事態となったか見てみよう。大番役奉仕のためであろうか、佐竹四郎隆義は在洛中である[6]。その兄たる太郎忠義は、金砂城にて戦死する[7]。隆義の長子の太郎義政は、十一月四日、大矢橋上で白昼、上総権介広常によって謀殺され[8]、弟の四郎秀義は、金砂城に籠るが、落城により逃走する[9]。しかるに、叔父の蔵人義季は、一族に背を向けて、頼朝に内応し、それがために金砂城が落城する[10]。義弘、義宗等は、一族として同様に、頼朝軍に防戦して敗走していったと考えられる[11]。かく、佐竹一族は、頼朝軍の侵入に際して、在洛中の者、敢然として弓矢を取った者（兄猾的行動）、内応した者（弟猾的行動）と、三分されたのである。

頼朝の佐竹攻略の第一歩が、在京中の隆義長子の義政の白昼謀殺で開始された如く、「権威及境外、郎従満国中[12]」と、内外に勢威を有していた佐竹氏の実力に対して、その攻略には、一族の内部分裂が不可欠とされ、それが蔵人義季の出現である。これにより、佐竹一族の拠点とした金砂城は、わずか一日にして落城し、一族の長たりうる忠義は戦死し、秀義等は敗走した。しかし、金砂城が落ちたからといって、在京の隆義は健在であり、秀義等も敗れたといって

も生存している以上、残存の佐竹一族の勢力は、無視しえなく、侮り難いと考えねばならない。又、南常陸に勢力を有していた頼朝叔父の志田先生義広が、野木宮合戦に敗北して、国内より逃亡するのが、寿永二年(一一八三)二月である。[13]従って、「鎌倉殿」頼朝の常陸国制圧は、治承四年(一一八〇)冬の一撃によって成就したのではない。最終的には、在地の武士を己が主従関係に組込んで御家人化せねばならぬ以上、『吾妻鏡』元暦元年(一一八四)十一月十二日条の、

常陸国住人等、為御家人可存其旨之由、被仰下云々、

との記事こそ、鎌倉殿権力が、ようやくにして、常陸一国の掌握に成功した証といえよう。さすれば、寿永二年(一一八三)春に、志田義広を国内より逃亡させた以後も、国中に影響力を行使しえたのは、佐竹氏を中心とした勢力以外には考えられない。故に、佐竹氏攻略は、治承四年金砂城戦で終結したのではなく、それ以降も継続していったといえよう。

『玉葉』治承五年(一一八一)四月廿一日条に、常陸国より四十余日をかけて上洛した下人の情報を、「佐竹之一党三千余騎、引籠常陸国」と記しているのは、同上二月二・三日条で、「常陸国勇士等、乖頼朝了」とか、「頼朝寄攻常陸国之間、始一両度」と伝聞を「浮説」と注記しながら記しているのを、裏付けたことになる。まさに、佐竹一党は、金砂城落城後も、反頼朝の旗を掲げていたのである。

この佐竹源氏の動向に対して、東国に拡大してゆく反乱の劫火に直面していた畿内の平氏政権は、いかに対応したのであろうか。前年の富士河合戦に大敗した平氏は、東海道よりの正面攻略を断念し、東国の反乱諸勢力を遠く北方より包囲する戦略を立て、正月には、越後の城氏と奥州藤原氏に宣旨を下した。[14]『延慶本平家物語』第三本・廿五頼朝与隆義合戦事に、

四月廿日兵衛佐頼朝ヲ可奉誅之由、常陸国住人佐竹太郎隆義カ許ヘ院庁御下文ヲソ申下タル、其故ハ隆義カ父佐

竹三郎昌義、去年ノ冬頼朝カ為ニ誅戮之間、定テ宿意除カルラム由来ヲ尋テ、平家彼ノ国ノ守ニ隆義ヲ以申任ス、依之隆義頼朝ト合戦ヲ致シケレトモ、物マネト散々ト被打落テ隆義奥州へ逃籠ニケリ、

とある記事こそ、平氏の佐竹氏への対応である。平氏政権は、城氏や藤原氏へ期待したと同様に、その北方戦略の一環として、佐竹氏を反頼朝勢力として掌握すべく（何しろ、前年の頼朝侵入により、忠義以下を失う等、手痛い打撃を蒙った。この点、『延慶本』での昌義誅戮は誤りであろうが、頼朝に「宿意」あることに変りはない）、当時在京中の隆義に頼朝追討院庁下文を与えた許か、常陸介に任じた[15]。この任官は、八月十五日の城助職の越後守、藤原秀衡の陸奥守[16]に先立つ、在地の雄族の国司登用の政策である。かく、佐竹一統に強い期待をかけた平氏政権であるが、結局のところ、今度も佐竹氏は敗北の憂目を見、奥州へと後退せざるをえなかった。

佐竹一統が、金砂落城後、どこを拠点として翌年の反攻をなしたかを考えると、『吾妻鏡』寿永元年（一一八二）六月五日条に載せられている、治承六年（一一八二）五月卅日付熊谷直実宛源頼朝下文が問題となる。そこには、

佐汰毛四郎常陸国奥郡花園之楯籠、自鎌倉令責御時、其日御合戦、直実勝万人前懸、

とある。この下文は、すでに八代国治氏が、「体裁様式を具備せず、異様のものなり」として、『吾妻鏡』における偽文書の一例とされている[17]。しかし、『吾妻鏡』の金砂城戦記事にて、治承四年（一一八〇）十一月七日条に、「殊有勲功、於所々進先登」と、直実を記しているにも拘らず、二年後の前述の条まで、彼は所見せず、ここでの地の文で、「去求秀義主之処、入深山、赴奥州花園城之由、風聞」とあり、実際には、治承四年十一月には、花園城戦は記述しておらず、「下文」の所載と矛盾する。偽文書を作成するならば、直実にとって、頼朝の旗下として初戦たりえた金砂城戦を中心にされるべきであって、これに一切触れていないのは不自然である。このことは、この「下文」に問題があったとしても、まさに、佐竹氏の「奥郡花園之楯籠」が存在したことを示している。この点、『吾妻鏡』が、金砂落城とそ

の功賞の間に、前述の花園城の風聞を記していることこそ、金砂落城により佐竹氏平定は終ったことを述べる作為と共に、その花園城戦への暗示となっている。そして、この花園城戦は、治承四年（一一八〇）以降であることになる。かく、『吾妻鏡』の記事を見れば、「下文」の「佐汰毛四郎」は、地の文の「佐竹冠者」秀義ではなく、『延慶本平家物語』で示す隆義、すなわち常陸介佐竹四郎隆義と考えてよい。よって、佐竹一統は、帰国した隆義を棟梁として、常陸国多賀郡花園城（現北茨城市花園の花園神社付近）を拠点として、養和元年（一一八一）春から夏へと、鎌倉殿頼朝と対抗したといえる。

花園城について、『吾妻鏡』では「奥州花園城」とも誤記しているし、隆義は花園城戦後、奥州へ逃げている。かくすると、佐竹氏を考える時、奥州との関係が注意される。奥州藤原政権は、平氏政権が、東国反乱の鎮定軍として、最大に期待した軍事力であり、宣旨等によって、関東鎌倉への南下の大義名分は十二分に持っていたが、結果的には、平氏海没まで、平泉より出戦せず、局外中立の立場を保った。鎌倉殿頼朝「軍権」は、常に北方の不安に苛まれ、彼の中立化を策したことは、周知の事実である。それ故、奥州の地は、鎌倉にとって、不可侵の聖地であった。佐竹隆義は、奥州藤原氏初代の清衡女の所生であり[18]、秀衡と従兄弟となる。そこで、奥州へ佐竹氏が逃げたということは、逆にいうならば、佐竹氏にとって、奥州は聖域たりえた。自己に不利ならば、奥州に身を交え、状況が許せば常陸に南下するという、いわばゲリラ的対応をなしえたといえる。この佐竹氏等による、鎌倉殿頼朝への武力抵抗は、『吾妻鏡』元暦元年（一一八四）八月十三日条に、

　御寄進于鹿嶋社之地等事、常陸国奥郡内、有叛逆之輩、依致妨社役不全云々、

とある如く、寿永二年（一一八三）五月に、棟梁の常陸介隆義が卒去した後も[19]、継続していたといえる。まさに、頼朝軍による、治承四年（一一八〇）冬の侵攻に端を発した、佐竹氏の反鎌倉武力抵抗は、元暦元年（一一八四）に入るまで続け

られていたのである。これには、次節で詳説するように、佐竹氏と奥州藤原氏との血縁関係も含んだ、常陸と南奥州との諸豪族の深い関係が、支えになったと考えられ、おそらくは、奥州藤原政権の何らかの支援なしには、長期の抵抗にとって、多大の困難を生じたであろう。まさしく、秀衡は佐竹氏を支援していたといえよう[20]。

佐竹氏の長い抵抗も、志田義広の敗退を始めとした、元暦元年（一一八四）前半に生じた、常陸国内の反鎌倉勢力の弱体、そして、木曽殿源義仲の敗死、甲斐の一条忠頼暗殺といった、元暦元年（一一八四）前半に生じた、甲斐・信濃源氏軍事連合の解体によって、東国に、鎌倉殿源頼朝に比肩しうる源家棟梁の存在が許されなくなり、東国最大の源家棟梁として鎌倉殿源頼朝が位置するに及び[21]、ようやく終わりが見えて来た。佐竹氏の抵抗の終結のメルクマールたりえるのが、前述した『吾妻鏡』元暦元年十一月十二日条での、常陸国住人の御家人であるここに[22]、ようやく、佐竹氏の、「権威及境外、郎従満国中」なる勢威や、志田義広の時、「当国住人、除小栗十郎重成之外、併被勧誘彼反逆[23]」なる状況を克服して、常陸国武士団を、鎌倉殿頼朝の麾下に御家人として編成しえたのである。かくて、関八州の最後の国として、常陸国は、鎌倉化したのである。このことが、十月六日の公文所吉書始、廿日の問注所発足と、軌を一にしたことは、偶然の一致とはいえず、鎌倉幕府政権成立史上に、注目される事項とされるべきである。

二、奥州兵乱

常陸国は、治承・寿永内乱に於いて、元暦元年（一一八四）秋に至るまで、関八州の中で唯一、反鎌倉勢力が軍事的抵抗を行った国であり、その中核として佐竹源氏が存在した。その北方に接していたのが、無傷の奥州藤原政権であった。かくすれば、平氏本宗を壇浦に滅亡させた鎌倉幕府政権にとって、次なる標的が奥州である以上、その中間に位置した常陸国及び佐竹氏への政策は、重要なものがあろう。

京洛の後白河院の走狗として、反頼朝化した異母弟伊予守源義経との対決を目前とした、文治元年(一一八五)十月廿四日、亡父義朝追福のための勝長寿院落成供養に、参列した御家人などの顔触が、『吾妻鏡』同日条に記載されているが、総人数百四十八名中、常陸国御家人は、八田知家・朝重親子、大掾一族ながら前節で述べたように従前からの頼朝麾下に走った小栗重成、伊佐氏の常陸平四郎の四名のみである。前三名は、治承四年(一一八〇)以来の頼朝麾下である、いわば常陸国御家人の先駆的存在であり、(24)彼等が常陸国の鎌倉化の先兵たりえた。常陸平四郎は、翌年二月に誕生する頼朝息の貞暁の母方たる伊佐氏出身といえる。(25)佐竹氏も大掾一族も存在せず、彼等は未に鎌倉内に参向しうる情勢にはなく、鎌倉殿頼朝と常陸国との関係は、他の関東の国々と比較して、弱く不安定なものがあった。『吾妻鏡』文治元年十月廿八日条に、

片岡八郎常春、同心佐竹太郎常春舅、有謀叛企之間、被召放彼領所下総国三崎庄畢、

とあるのは、東西の緊張の中で、やはり佐竹氏が鎌倉にとって警戒すべき存在であったことを示していよう。

義経の失脚により、鎌倉政権の視点は、遠く平泉へと据えられることになるが、秀衡の生存中は、表面的には平和共存策を取っていたことは、衆知のことである。文治三年(一一八七)十月廿九日、平泉にて前陸奥守藤原秀衡が卒去するや、対奥州圧力を積極的に強め、翌々年閏四月卅日、秀衡嫡子泰衡をして、衣河に源義経を討殺させることに成功し、いよいよ奥州攻略の軍は目前となった。

佐竹氏をめぐる諸豪族との関係を考えてみよう。第一に、前節で述べたように、佐竹隆義の母は、藤原清衡女であり、奥州政権の当主たる秀衡と、(26)隆義は従兄弟である。第二に、佐竹氏の祖義業が、大掾一族の吉田太郎清幹女との間に、嫡子昌義を儲けており、その昌義も、大掾一族と考えられる平時幹女との間に、義宗を儲けている。(27)常陸大掾

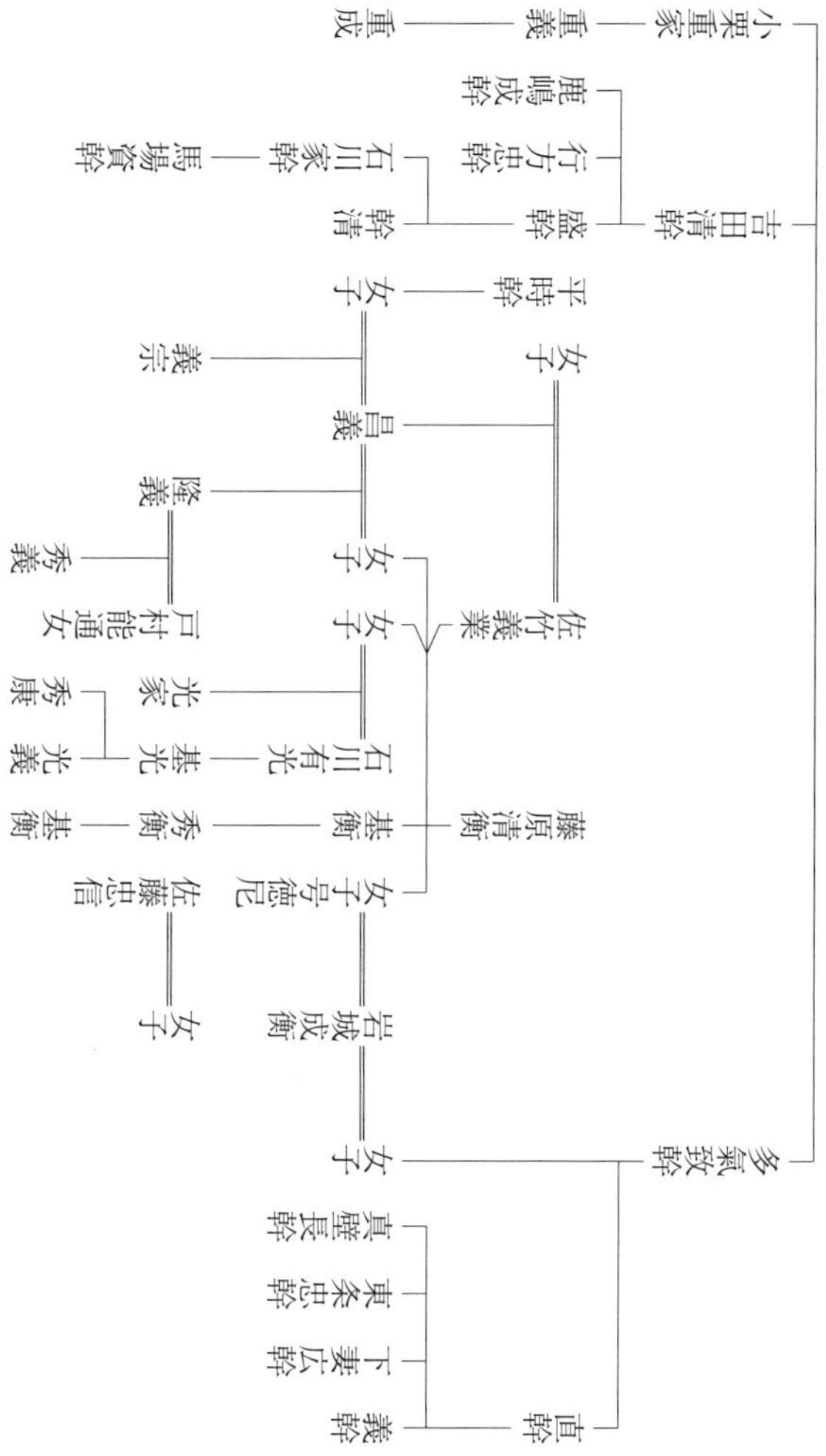
小栗重家
重義
重成
吉田清幹
鹿嶋成幹
行方忠幹
盛幹
石川家幹
馬場資幹
幹清
平時幹
女子
女子
佐竹義業
昌義
義宗
隆義
秀義
戸村能通女
女子
女子
光家
石川有光
基光
光義
秀康
藤原清衡
基衡
秀衡
基衡
女子号徳尼
佐藤忠信
女子
岩城成衡
女子
多氣致幹
真壁長幹
東条忠幹
下妻広幹
直幹
義幹

として、維幹以来、国内に蟠踞していた在地豪族の雄、大掾一族との間に、佐竹氏は重複した姻戚関係を有している。第三に、佐竹義業女は、頼義流源氏の石川有光に嫁して、四郎光家を生んだが、この有光は、「後住陸奥国号石川」とあるように、陸奥国石川庄を名字の地としており、その子孫は庄内の郷村名を名乗って分布してゆく。[28]

ところで、大掾一族と同じく、平良望を祖と称している岩城氏がある。岩城氏は、成衡(隆行)の代に、常陸より陸奥に下向して、福島県浜通地方に定住したとされ、彼は清衡女と結婚し、彼女は「徳尼」と称され、平泉文化の一端を示しているという白水阿弥陀堂(いわき市内郷白水町に現存す)は彼女の創建と伝えられている。[29] さらに、成衡女は、陸奥信夫庄の佐藤忠信妻となっている。[30] 一方、成衡のもう一人の妻として、大掾一族の嫡流たる多気致幹女がいる。[31] 成衡は、「海道小太郎」と称し、その子の名字は、岩城・岩崎・楢葉・標葉・行方と、浜通地方の郡名を称している。[32] かく、岩城氏は、平安末期には、浜通地方に位置した豪族であり、奥州藤原氏との深い姻戚関係を持ち、その身内的存在であると共に、一方で常陸の大掾一族とも姻戚関係にある。いわば、両者の地理的な中間に位置して、その身内関係となっていたのである。

以上、史料によって確認されるだけでも、常陸から南奥の諸豪族と奥州藤原氏とは、相互に入組んだ血縁関係にある。これ以外にも史料に見えないものもあると推測され、より深いものがあろう。かくの如き関係が、佐竹氏の「権威及境外、郎従満国中」という実力の基礎を形成していたといえる。さすれば、以上の常陸から南奥の諸勢力が、佐竹氏の旗の下に結集し、それが奥州藤原政権と連帯したならば、鎌倉幕府政権にとって、重大な危機を生じさせる要因となる。従って、奥州攻略を目差す鎌倉にとって、佐竹氏の向背は、成否の要素たりえる。

佐竹源氏本宗は、治承・寿永内乱の中で、少なくとも忠義・隆義・義政等を、鎌倉との戦争により失っていた。それ故、内乱を戦い生き残った本宗とそれを支持した勢力にとって、治承四年(一一八〇)冬、一族存亡の危機の最中に、

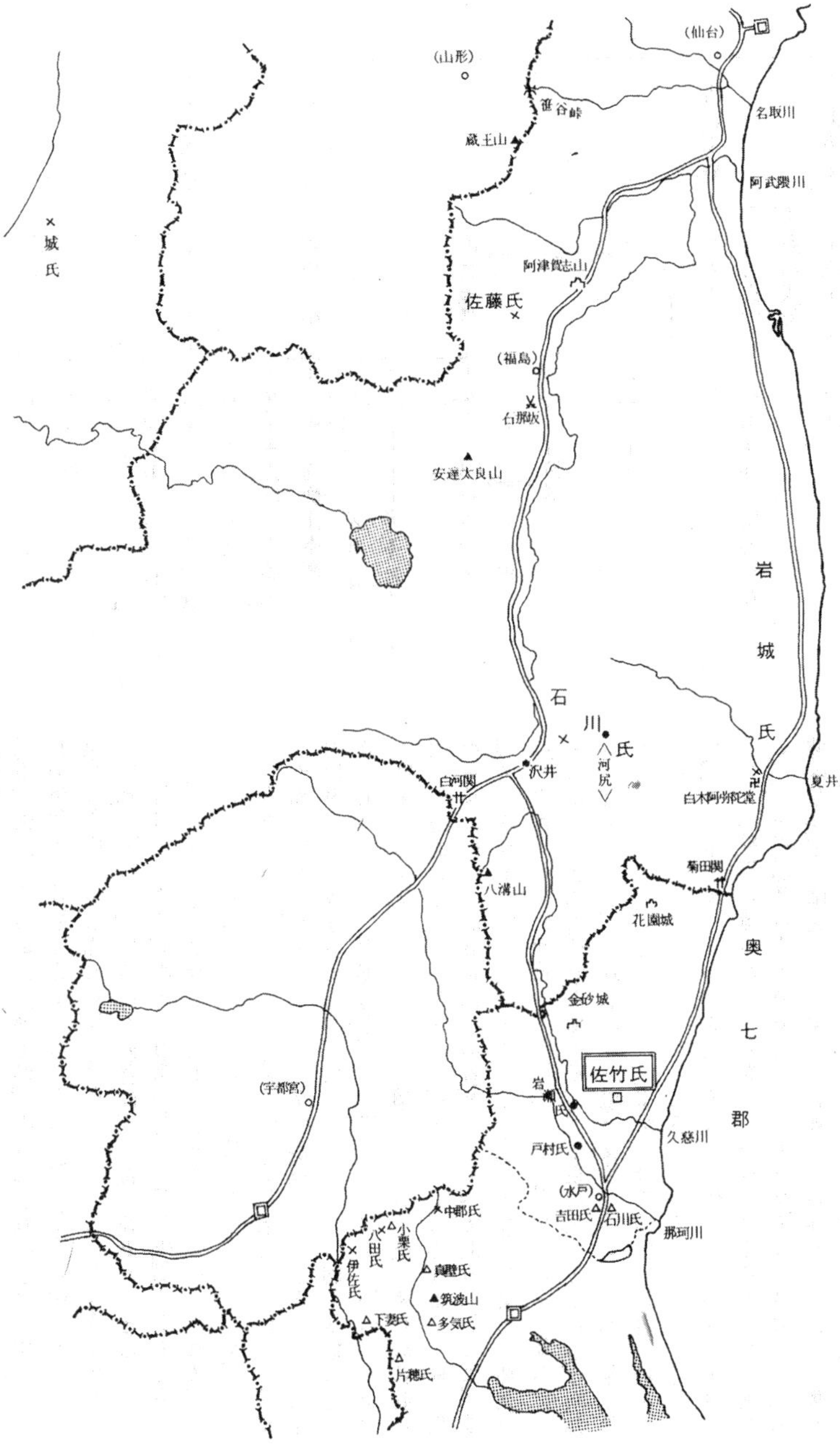
(仙台)
(山形)
笹谷峠
名取川
蔵王山
阿武隈川
城氏
阿津賀志山
佐藤氏
(福島)
石那坂
安達太良山
岩城氏
石川氏
〈河尻〉
沢井
白河関
夏井川
白木阿弥陀堂
菊田関
八溝山
花園城
奥七郡
金砂城
佐竹氏
岩瀬氏
(宇都宮)
久慈川
戸村氏
(水戸)
吉田氏
石川氏
那珂川
中郡氏
小栗氏
八田氏
伊佐氏
真壁氏
筑波山
下妻氏
多気氏
片穂氏

裏切者となった蔵人義季への違和感を残していたろう。金砂落城により生虜となった佐竹氏家人、岩瀬与一太郎が、頼朝に向って、「閣平家追討之計、被亡御一族之条、太不可也、(中略)被誅無誤一門者、御身之上讎敵」と言放ったことは、(33)佐竹一統の鎌倉殿頼朝に対する意識として、内乱後にも続いたと考えられよう。佐竹氏から見れば、否は鎌倉側にあるという大義である。ここに、裏切者たる義季が問題となってくる。文治元年(一一八五)に失脚した源義経は、以後その消息を絶って、畿内近辺を潜伏したが、鎌倉の追求により、奥州の藤原秀衡を頼って平泉に入ったことは、周知のことであるが、それを『吾妻鏡』文治三年(一一八七)二月十日条に記している。頼朝は、京洛での親義経分子の追捕を、三月に処断した。(34)これに符合するかのよう、三月廿一日、「二品門客」の佐竹蔵人義季は、突然に、「心操聊不調」として、駿河に流された。(35)以後『吾妻鏡』に彼は所見せず、「不思議ニ害ヲ被免テ」と、ようやく死は免れて、山城国革島庄へ閑居し、(36)鎌倉政権の外へ追放され、歴史の表より姿を消すことになる。彼は、金砂城戦の時、「討取秀義可令領掌件遺跡」という誘で、裏切ったのであるから、(37)佐竹氏本宗の旧領を部分的にも継承していたはずである。当然ながら、この追放でそれも没収されたろう。以上のことから、この義季追放は、奥州攻略の前提として、いわば佐竹氏本宗に対して、一族の裏切者であったことを証認したことになり、鎌倉政権が佐竹氏の大義に誠意を示したと考えられる。その際、おそらく義季の領有していた佐竹旧領も、返却されたのではなかろうか。鎌倉は、佐竹氏に対して、一歩を進めた。この年十月廿九日、旧佐竹本貫たる常陸奥七郡に、鹿島社毎月御膳料米を宛行う頼朝政所下文を発給したのは、(38)佐竹一統が、鎌倉政権と奥州との緊張の峡の中で、鎌倉政権の勢力下に入り、両者の関係が一歩好転したことを如実に反映している。ここに、鎌倉政権の常陸国の支配は前進したのである。この下文が、まさに重病中の奥六郡の主たる秀衡入道の卒去した日に、(39)発給されたことは、興味ある一致である。文治五年(一一八九)三月には、前述の義政舅たる片岡常春の返付された旧領に対して、沙汰人等の「忽緒」を停止するよう、命令を下していることも、奥州攻略戦を目前にしていることを思えば、同じく佐竹氏関係者への旧権利回復を証認することで、より一層の鎌倉化を促したといえる。鎌倉は、奥州兵乱を前にして、佐竹氏の掌握に懸命であったのである。[40]

閏四月卅日、衣河館に泰衡勢の襲撃を受け、源義経が戦死し、以後、奥州藤原氏の内部分裂が露呈するのに反して、鎌倉政権は、着々と戦争準備を整え、東海道軍は、千葉常胤・八田知家に常総御家人を引率させ、北陸道軍は比企能員・宇佐美実政に、[41]そして大手たる東山道軍は、頼朝自身が指揮して、七月十九日、鎌倉を出陣した。[42]『吾妻鏡』同日条には、「御供輩」交名として、武蔵守平賀義信以下百四十四名を列記しているが、東海道軍に編成された常陸国御家人は、当然ながら少なく、わずか四名、それも八田知家親子の二名は何らかの誤謬であろうから、実際のところ伊佐氏の二名のみで、佐竹源氏の名もない。

廿六日、頼朝は下野国宇都宮を出発したところ、『吾妻鏡』同日条に、

佐竹四郎自常陸国追参加、而佐竹所令持之旗、無文白幡也、二品令咎之給、与御旗不可等之故也、仍賜扇出月、於佐竹、可付旗上之由被仰、佐竹随御旨付之云々、

とあり、佐竹四郎秀義は、直接に頼朝の旗下に入ったのである。彼の『吾妻鏡』での所見は、寿永元年（一一八二）六月五日条以来であり、これは金砂城戦関係である。まさに、治承・寿永内乱で長く敵対していた両者は、ここで始めて対面したのである。だが、「追参加」とあることから、佐竹氏が、その参仕の最終決定を限々まで待ってなしたことを、暗示していよう。ともあれ、佐竹源氏は、棟梁秀義が頼朝に直接に参軍することにより、鎌倉殿頼朝へ忠誠を表明することになり、ここにその旗幟を鎌倉政権に委ねたのである。

佐竹四郎秀義は、源氏として当然かのように、「無文白旗」を掲げて来た。たとえ鎌倉殿源頼朝へ参軍するにしても、彼の意識の中では、おそらく彼も源氏なら我も源氏という、同格の認識が存在していたことを窺わせるのが、「無文白

旗」に表示されていよう。大手軍には、武蔵守平賀義信以下、甲斐・信濃源氏主力が結集しており、彼等の内にも、源家として同様な旗を保持していた殿輩も居たのではないだろうか。まさしく、その意識こそ、鎌倉殿頼朝にとって、存在してはならないものである。武家棟梁たるべき源家棟梁は、唯一人頼朝のみであり、他の源氏は御一族であっても、同格たりえず、本源的にはあくまで家人でなければならなかった。「与御旗不可等」である。さすればこそ、「令咎之給」必要があった。同格、すなわち佐竹氏の源家棟梁的属性の否定である。これを形として以後に残すべく、「御扇」を賜わって、旗に付しめたのである。秀義がこれを受けたことは、己が棟梁的属性を否認し、御一族として頼朝の家人たることを証認したことになる。かくて、自他共に、佐竹氏の鎌倉化を果し終えたのである。そして、佐竹氏の参向は、東海道軍が多賀国府で大手と合流した時、常陸国雄族の大掾一族が、多気太郎義幹以下、初めて従軍して来たことを思う時、(43)常陸国武士団の鎌倉軍参加を決定させたといえる。

同様にして、佐竹氏の参軍は、その直属軍事力の効能だけでなく、南奥の情勢を一転して、鎌倉側へと転換させえる要素たりえよう。前述の佐竹氏をめぐる血縁関係が意義を有しえよう。東海道軍は、浜通を北上して、多賀国府で大手軍に参会するが、北陸道軍でも出羽国に入って合戦をなしたことを記しているのに、(44)全く『吾妻鏡』に戦の記載がなく、多分戦らしい戦もなく、無人の野を行くが如き進軍であったと思える。一方、大手軍も、信夫郡に入るまで合戦はなく、(45)郡山盆地までの進軍は平穏無事であろう。このことは、東海・東山両道軍の進路上にあった南奥在地勢力、とりわけ海道の雄たる岩城氏や、山道の石川氏等が、真面目な抵抗をしなかったことを示している。否、むしろ鎌倉侵入軍に協力さえしたのではないだろうか。そうであればこそ、奥州政権にとって、南奥は守る術すらなく、奥州軍大将軍の国衡が、福島・宮城県境地域の阿津賀志山を第一線とし、棟梁泰衡が、さらに遠く国分原(仙台市国分寺)に陣取ったことは、(46)止むを得なかったといえる。以上の南奥の諸豪族の向背に決定的役割を果したのが、彼等と関係を有していた佐竹氏であったと考えられる。佐竹氏の旗が頼朝軍に翻ったことにより、南奥の在地勢力の大勢は、安心してその縁に頼って、鎌倉側に帰順しえたといえよう(47)。そして、佐竹氏の本貫たる常陸奥七郡は、東海道より奥州へ入る二本の街道、すなわち菊田関口(現常磐線)と依上道(現水郡線)を押えており、東山道の白河関口への側面に位置しており、戦略上の要地である。佐竹氏自身の向背により、鎌倉郡の前進の路次を鎖しえたのである。

鎌倉政権の奥州侵攻は、かようにして、従前の反鎌倉分子、とりわけ奥州政権との中間地帯ともいいえる常陸から南奥の地のそれを、逆に己が陣営に編成しえたところに、成功の一因がある。その典型が佐竹氏である。同様な例として、越後の城氏がある(48)。この東海・北陸両道の奥州政権への切先に位置した、治承・寿永内乱での反鎌倉殿として敵対した二大雄族は、奥州兵乱に於いて、鎌倉政権に軍事編成された。治承・寿永内乱段階とは逆転したのである。ここに、奥州政権の命運は尽き、四代目の泰衡は、九月三日、譜代家人河田次郎の裏切という、内部崩壊によって惨死し(49)、奥州藤原政権は消滅し、奥州の地に鎌倉権力が滲透してゆくことになる。

終言

治承四年(一一八〇)十一月、常陸国奥七郡を中核として「権威及境外」とされる勢威の新羅三郎義光の後胤たる佐竹源氏は、それ故に、「鎌倉殿」源頼朝の侵攻を受け、金城城を落された。しかし、この侵攻により、「最勝親王勅宣」を掲げた六波羅平氏政権への反乱に於いて、佐竹氏を決定的に反鎌倉側に位置させ、敵の敵は味方なりの政治力学は、当時在京中であった佐竹四郎隆義へ、翌養和元年(一一八一)に頼朝追討院庁下文が発給され、彼の帰国等により、奥州藤原政権の暗黙たる支持の下、南奥を後背地として、反鎌倉の軍事行動を常陸国内に展開し、寿永二年(一一八三)二月の南常陸での志田先生義広の敗走後も、その抵抗をゲリラ的にでも継続させ、翌(元暦元)年(一一八四)の中部日本の甲斐・信濃源氏軍事連合の解体と平氏軍事反攻の挫折等により、ようやく終結することになり、ここにようやく常陸国は、関八州の最後の国として、鎌倉殿頼朝の支配下に入るのである。そのメルクマールが、『吾妻鏡』同年十一月十二日条である。

文治元年(一一八五)三月、平氏を壇浦に海没させた鎌倉政権は、次なる目標を、北方の奥州藤原政権へと定めた。奥州との接点に位置し、かつ藤原氏や南奥諸豪族との間に常陸大掾一族と共に重複した姻戚関係を持っていた佐竹氏は、鎌倉にとって、その向背が、奥州攻略への重大な要因たりえたので、従前の敵対関係にあった佐竹氏本宗との関係回復を重視し、金砂城戦での本宗への裏切分子であった蔵人義季を追放する等して、佐竹本宗を己が陣営に掌握せんと努力した。この結果、文治五年(一一八九)七月、鎌倉軍の奥州侵入に当って、佐竹氏は当主秀義が、頼朝に直接に参軍して、ここにその隷下に入り、御一族としての鎌倉化を果した。かくして、常陸国及び南奥諸豪族は、奥州軍ではなく、鎌倉軍に位置することになり、頼朝の前に、奥州平泉への道が開け、奥州藤原政権は滅亡したのである。そして、この北方平泉への道は、西方の京洛への道へと通じていた。

建久元年(一一九〇)十一月七日、鎌倉殿源頼朝は、山木攻以来、初めて入洛した。『吾妻鏡』同日条に、入洛供奉御家人の交名が記載されている。先・後陣四名、水干輩十名、前後随兵三百卅二名である。常陸国では、少なくとも十四名、水干輩の八田知家、朝重親子、先後随兵の戸村小三郎、鹿嶋三郎政幹、小栗次郎重広、伊佐三郎行政、多気太郎義幹、鹿嶋六郎頼幹、真壁六郎長幹、中郡六郎太郎、同次郎、片穂平五、常陸平四郎、そして先陣随兵廿八番の佐竹別当秀義である。大掾一族六名、八田氏二名、伊佐氏二名、中郡氏二名、戸村氏一名である。供奉人全体では、わずか四％強を占めるにすぎないが、前年の奥州侵攻の大手軍の交名百四十四名中の伊佐氏二名のみと比較すれば、百分率、絶対人数、氏族構成のいずれも増大しており、常陸一国の諸豪族が入っており、とりわけ治承以来の小栗氏を除く大掾一族が、八田知家と共に「常陸国大名」と称された多気義幹を含めて、所見したことは、ここに常陸国武士団の御家人化が成就したことを表示している。まさしく、奥州兵乱に於ける血と汗の結実である。[50]

この交名全体の考察は別の機会に譲るとして、源家御一族について見ると、異母弟三河守範頼以下、国司級もすべて含め、随兵として、先陣では廿七番より卅一番に、後陣では十二番より十五番に固っている。従って、先陣廿八番たる佐竹秀義も、御一族としての処遇を受けている。しかし、建久六年（一一九五）の第二回上洛での東大寺供養の供奉人交名では、国司級が狩装束に入っているが、伊沢五郎信光等の源家第Ⅲ類型の面々と共に、秀義も先随兵に入っていることから、佐竹氏の源家御一族としての格は、第Ⅲ類型に準じたもので、国司級たる、第Ⅰ・Ⅱ類型より下る。[51][52]

かくして、佐竹源氏を筆頭とする常陸国武士団は、奥州兵乱に参戦することにより、合戦の血と汗とによって、始めて鎌倉殿への奉公を果すことになり、建久第一回上洛に於いて、入洛供奉人の列に清撰される御恩を受け、各々が鎌倉御家人として位置づけられることになった。

治承・寿永内乱に於いて最も反鎌倉的行動をなし、関八州中で最後に鎌倉政権の支配下に入った常陸国武士団は、その地理的位置からしても、奥州兵乱の先鋒の役を果したが、いわば従前の反鎌倉勢力が、大掾一族に代表されるように、そのまま御家人化したことになる。ここに、治承・文治大乱を経たとはいえ、常陸一国は完全に安定化したとはいえず、その再編成を必要とされよう。

註

（1）『吾妻鏡』治承四年十月廿一日条。

（2）例示すると、安田元久氏、『鎌倉開府と源頼朝』一九七七年歴史新書。

（3）鎌倉幕府成立史上に於いて、奥州兵乱の有した史的意義と、翌建久上洛への前提たりえたことを、明証された論文として、河西佐知子氏Ⅰ、「文治五年奥州征伐に就いての一省察」『政治経済史学』第十一号一九六三年十二月。同氏Ⅱ、「奥州兵乱と東国武士団」『歴史教育』第十六巻第十二号一九六八年十二月。

（4）治承・文治大乱期に於ける常陸国を論究したものとして、南郡地頭職について考察された、網野善彦氏、「常陸国南郡地頭職の成立と展開」『茨城県史研究』第十一号一九六八年七月の論文があるが、ここでは大掾氏と八田氏との関係を主軸として述べられており、佐竹源氏については、一切触れられていない。

（5）諸本によって、若干の出入りはあるが、いずれも複数の名を見る。一例として、覚一本『平家物語』巻第四・源氏揃（岩波日本古典文学大系版頁二八〇）では、「佐竹冠者昌義、其子太郎忠義、同三郎義宗、四郎高義、五郎義季」。

（6）『吾妻鏡』治承四年十月廿一日条。

（7）『尊卑分脉』第三篇頁三一七の義政の分註に「治承四十一於常陸国被討畢」とあるのは、十一月の金砂城戦のおり戦死したと解するべきで、『系図纂要』第十一冊二四〇頁に「治承四年拠金砂城討死」とあるのに従うべきである。

（8）『吾妻鏡』治承四年十一月四日条。

（9）『吾妻鏡』治承四年十一月五日条。

（10）同上。

（11）義弘は、『尊卑分脉』第三篇頁三一七等の諸系図に、「遁世」とあり、「革島家伝覚書」（『続群書類従』第五輯上系図部所収）にも、「忠義、義朝、義宗、義季四人ハ為頼朝公被亡倒」とあることから、佐竹一統として行動したといえる。

（12）『吾妻鏡』治承四年十一月四日条。

（13）石井進氏、「志太義弘の蜂起は果たして養和元年の事実か」『中世の窓』第十一号一九六二年二月（『鎌倉武士の実像・石井進著作集』第五巻二〇〇五年岩波書店所収）。
（14）拙稿、「治承寿永争乱に於ける信濃国武士団と源家棟梁」四、越後国城氏と横田河原合戦への道『政治経済史学』第百号一九七四年九月。
（15）『延慶本平家物語』第四・二平家一類八十余人解官セラル事に、寿永二年八月六日、「平家一類解官事」として、権大納言頼盛以下、五十名を載せている中に、「常陸介隆義」とあり、この解官交名は信頼性を有している故、佐竹四郎隆義の一一八一年夏での常陸介任官は確実である。『尊卑分脈』第三篇頁三一七の隆義の分註にも、「常陸介」とあり、微証たりえる。なお、『系図纂要』第十一冊二四一頁では、隆義は「寿永二年五ノ廿卒」となっている。従って、その卒去が解官より早く、矛盾となる。だが、この年は、五月十一日には、平氏軍は北陸の砺波山合戦に敗走し、以後、後退に後退を重ね、六月廿五日には都落し、変って廿八日には源軍入洛が成就するという、洛中内外は大変動している故、遠い常陸での彼の卒去の事実は、都人に知られていなかったと考えることが出来よう。
（16）『玉葉』養和元年八月十五日条。
（17）八代国治氏、『吾妻鏡の研究』第七章吾妻鏡の誤謬一九一三年吉川弘文館頁一五七～九。
（18）「佐竹系図」戸村本（『続群書類従』第五輯上系図部所収）等。
（19）註（15）参照。
（20）『玉葉』寿永二年十月九日条に、頼朝が上洛出来ない理由として、「秀衡隆義等、可入替上洛之跡」を、上申して来たことを記している。ここで、隆義が卒去していたことは、すでに述べたとおりであり、「隆義」は生存していないが、それにしても、佐竹氏の奥州藤原氏との連合軍南下を、寿永二年（一一八三）冬の段階でも、頼朝にとって、最大の脅威であると、京洛の後白河院へ表明したことになる。それが外交上の言辞としても、京洛の院を納得させる実体を有していてこそ、有効たりえるし、実際、『玉葉』筆者の右大臣九条兼実は、「凡頼朝為体」「理非断決」と、評価しており、以上の頼朝の言上は、京洛の人々を納得させえたのである。従って、この時点で、両者は支援関係にあり、佐竹氏の反頼朝武力抵抗は終結していない。

(21) 彦由一太氏Ⅰ、「甲斐源氏と治承寿永争乱」『日本史研究』第四十三号一九五九年七月。同氏Ⅱ、「治承寿永争乱推進勢力の一主流」『国学院雑誌』第六十三巻第十・十一号一九六二年十・十一月。

(22) 網野善彦氏、註(4)前掲論文でも、この記事に注目されて、「大掾一族の諸氏が正式に安堵されたのは、恐らくこの時」と、されている。付言すれば、第二節で述べたとおり、佐竹氏と大掾一族とは、内乱以前より姻戚関係を有しており、両者は内乱中も行動を共にするものがあったであろう。

(23) 『吾妻鏡』元暦元年四月廿三日条。

(24) 『吾妻鏡』建久三年六月十九日条で、頼朝息の貞暁の上洛に際して、常陸平四郎宅より出発している。貞暁の母は、文治二年二月廿八日条の生誕記事により、常陸介藤原時長女であるが、建久元年正月廿三日条により、伊達常陸入道念西と時長が同一人となる。その子たる為宗は(文治五年八月八日条)、建久四年五月一日条の鹿島社遷宮造営奉行として、「伊佐為宗」と所見する。従って、貞暁の生母は、常陸国新治郡伊佐庄を名字の地とする伊佐氏出身である。よって、常陸平四郎も、貞暁との縁からして、同族といえる。

(25) 同上。

(26) 『尊卑分脈』第三篇頁三一五、『佐竹系図』戸村本、『常陸大掾系図』(『続群書類従』第六輯上系図部所収)等。

(27) 『佐竹系図』耕山本(『続群書類従』第五輯上系図部所収)。

(28)『尊卑分脈』第三篇頁一七一、二。大石直正氏、「治承・寿永内乱期南奥の政治情勢」『日本中世の政治と文化』一九八〇年吉川弘文館所収。
(29) 岩城成衡の妻は、諸系譜によって、清衡女か妹になって、不定であるが、『岩城系図』(続群書類従第六輯上・系図部所収)に従う。白水阿弥陀堂と藤原氏との関係については、角田文衛氏、「陸奥守藤原基成」『日本古代学論集』一九七九年古代学協会所収。
(30)『仁科岩城系図』(『系図総覧』下所収)、角田文衛氏、註(29)前掲論文。
(31)『常陸大掾系図』。政幹の嫡流たることは、『常陸大掾伝記』(『続群書類従』第六輯上系図部所収)参照。
(32)『岩城系図』、『仁科岩城系図』。
(33)『吾妻鏡』治承四年十一月八日条。
(34)『吾妻鏡』文治三年三月五・八・十八日条。
(35)『吾妻鏡』同年三月廿一日条。
(36)『革島家伝覚書』。
(37)『吾妻鏡』治承四年十一月五日条。
(38)『吾妻鏡』文治三年十月廿九日条。
(39) 同上。
(40)『吾妻鏡』文治五年三月十日条。
(41)『吾妻鏡』文治五年七月十七日条。
(42)『吾妻鏡』文治五年七月十九日条。

（43）『吾妻鏡』文治五年八月十二日条。ここには、多気太郎義幹、鹿嶋三郎頼幹、真壁六郎長幹の三名が記されているが、いずれも初出である。
（44）『吾妻鏡』文治五年八月十三日条。
（45）『吾妻鏡』文治が年八月八日条に見える石那坂合戦（福島県伏坪付近）。
（46）『吾妻鏡』文治元年八月七日条。
（47）大石直正氏の考察で、石川氏の場合、一族分立過程で、矛盾・対立関係が生じ、奥州兵乱にて、依然として奥州政権の側に立った石川（河尻）二郎秀康（光家兄の基光子）に対して、他の一族は対抗上頼朝側に走ったとされ、氏は、奥州政権下では秀康が有利な立場にあったと想定された（註（28）前掲論文）。ところで、その秀康の兄たる石川太郎光義は、「号沢田」（『尊卑分脈』第三篇一七一頁）とあり、この「沢田」の名字は「沢井」の誤謬であり、現福島県石川郡石川町沢井である。この地は、石川庄内でも、阿武隈川にも近く比較的平地であると共に、白河口からの東山道と依上道の合流する松田駅（福島県西白河郡東村釜子付近）より北上する東山道が、通過していると推定されるし、たとえ阿武隈川を直接に渡って現在の中島村へ北上していたとしても、沢井とは阿武隈川と挟んで東西で、以上の如く、沢井は、石川庄内の枢要な場所である。又、光義は、建久六年（一一九五）の頼朝第二回上洛に於いて、東大寺供養供奉人交名中に、佐竹別当秀義と共に先陣随兵第三十七番に、石川氏中で唯一名を見る（『吾妻鏡』建久六年三月十日条）。かくの如く、光義は、その系譜からしても、石川氏の嫡流たりえるから、一族の惣領たりえよう。従って、奥州兵乱に於いては、石川氏は、嫡流以下、その主力が鎌倉政権へと走り、秀康の如く奥州政権の側に残ったのは少数化し、孤立したと考えられる。なお付言すれば、秀康の「秀」とは、藤原秀衡よりの一字を取ったのではないか。彼のみ、祖父有光、父基光、兄光義、叔父光家等に共通する「光」の通字を有しない点、一族の中でも、特異であり、特別な関係を奥州藤原氏との間に有していたと考えられ、それが姻戚関係か、烏帽子親関係等かは不明であるが。

(48)『吾妻鏡』文治五年七月十九・廿八日条。
(49)『吾妻鏡』文治五年九月三日条。
(50)『吾妻鏡』建久四年六月五日条。
(51)『吾妻鏡』建久六年三月十日条。
(52)彦由一太氏、註(21)前掲論文参照。

(『政治経済史学』第百七十六、七号一九八一年一、二月号所載)

第四節「奥州合戦」に於ける鎌倉幕府軍の構成

序言

文治五年（一一八九）、鎌倉幕府政権は奥州平泉藤原政権を撃滅すべく、全国動員をかけて奥羽に侵攻した。侵攻軍は三手に分かれて、それぞれ東海道軍（大将軍千葉常胤・八田知家）は常陸国から陸奥国浜通へ、北陸道軍（大将軍比企能員・宇佐美実政）は越後国から出羽国念珠ヶ関へ、そして大手軍たる東山道軍は鎌倉殿源頼朝自身が率いて、下野国から陸奥国白河関へと向かったのである。この主力たる東山道軍に関しては、『吾妻鏡』文治五年（一一八九）七月十九日条に、頼朝の鎌倉進発の「御供輩」百四十四名の交名が載せられている。これに先陣を承った畠山重忠を加えれば、当該期の鎌倉幕府軍主力の構成が理解できることになる。本交名に関しては、乾佐知子氏の業績があるが、概括的なもので、交名全体の分析には及んでいない。(1) また、筆者も交名中の足立遠元と安達盛長に関連して考察を行っているが、(2) 交名全体に関しては考察を行っていない。そこで、改めて、本交名全体を分析対象として、文治五年段階に於ける鎌倉幕府軍の構成を考えてみたいと思う。

一、東山道軍の交名一覧

まず、『吾妻鏡』文治五年（一一八九）七月十九日条に載せる交名を先頭から順に示す。最初に、『吾妻鏡』記載名を、括弧内に当人の名字諱と出身国出自を記してある。

1. 武蔵守義信（平賀義信・義光流信濃源氏）
2. 遠江守義定（安田義定・義光流甲斐源氏）
3. 参河守範頼（源範頼・頼朝異母弟）
4. 信濃守遠光（加々美遠光・義光流甲斐源氏）
5. 相摸守惟義（大内惟義・義光流信濃源氏）
6. 駿河守広綱（源広綱・頼光流馬場源氏）
7. 上総介義兼（足利義兼・義国流下野源氏）
8. 伊豆守義範（山名義範・義国流上野源氏）
9. 越後守義資（安田義資・義光流甲斐源氏）
10. 豊後守季光（毛呂季光・藤原季仲子孫）
11. 北条四郎（北条時政・伊豆国北条氏族）
12. 同小四郎（北条義時・伊豆国北条氏族）
13. 同五郎（北条時房・伊豆国北条氏族）

14. 式部大夫親能（藤原親能・文吏僚）
15. 新田蔵人義兼（新田義兼・義国流上野源氏）
16. 浅利冠者遠義（浅利長義・義光流甲斐源氏）
17. 武田兵衛尉有義（武田有義・義光流甲斐源氏）
18. 伊沢五郎信光（伊沢信光・義光流甲斐源氏）
19. 加々美次郎長清（加々美長清・義光流甲斐源氏）
20. 同太郎長綱（加々美長綱・義光流甲斐源氏）
21. 三浦介義澄（三浦義澄・相模国三浦氏族三浦流）
22. 同平六義村（三浦義村・相模国三浦氏族三浦流）
23. 佐原十郎義連（佐原義連・相模国三浦氏族佐原流）
24. 和田太郎義盛（和田義盛・相模国三浦氏族和田流）
25. 同三郎宗実（和田宗実・相模国三浦氏族和田流）
26. 岡崎四郎義実（岡崎義実・相模国三浦氏族岡崎流）
27. 同先次郎惟平（岡崎惟平・相模国中村氏族土肥流）
28. 土屋次郎義清（土屋義清・相模国三浦氏族岡崎流）
29. 小山兵衛尉朝政（小山朝政・下野国太田氏族小山流）
30. 同五郎宗政（長沼宗政・下野国太田氏族小山流）
31. 同七郎朝光（結城朝光・下野国太田氏族小山流）

32. 下河辺庄司行平（下河辺行平・下総国太田氏族下河辺流）
33. 吉見次郎頼綱（吉見頼綱・武蔵国）
34. 南部次郎光行（南部光行・義光流甲斐源氏）
35. 平賀三郎朝信（平賀朝信・義光流信濃源氏）
36. 小山田三郎重成（稲毛重成・武蔵国秩父氏族畠山流）
37. 同四郎重朝（榛谷重朝・武蔵国秩父氏族畠山流）
38. 藤九郎盛長（安達盛長・武蔵国足立氏族）
39. 足立右馬允遠元（足立遠元・武蔵国足立氏族）
40. 土肥次郎実平（土肥実平・相模国中村氏族土肥流）
41. 同弥太郎遠平（土肥遠平・相模国中村氏族土肥流）
42. 梶原平三景時（梶原景時・相模国鎌倉氏族梶原流）
43. 同源太左衛門尉景季（梶原景季・相模国鎌倉氏族梶原流）
44. 同平次兵衛尉景高（梶原景高・相模国鎌倉氏族梶原流）
45. 同三郎景茂（梶原景茂・相模国鎌倉氏族梶原流）
46. 同刑部丞朝景（梶原朝景・相模国鎌倉氏族梶原流）
47. 同兵衛尉定景（梶原定景・相模国鎌倉氏族梶原流）
48. 波多野五郎義景（波多野義景・相模国波多野氏族）
49. 波多野余三実方（波多野実方・相模国波多野氏族）

50. 阿曽沼次郎広綱(阿曽沼広綱・下野国淵名氏族足利流)
51. 小野寺太郎道綱(小野寺道綱・下野国首藤氏族小野寺流)
52. 中山四郎重政(中山重政・武蔵国秩父氏族?)
53. 同五郎為重(中山為重・武蔵国秩父氏族?)
54. 渋谷次郎高重(渋谷高重・相模国秩父氏族渋谷流)
55. 同四郎時国(渋谷時国・相模国秩父氏族渋谷流)
56. 大友左近将監能直(大友能直・相模国)
57. 河野四郎通信(河野通信・伊予国)
58. 豊島権守清光(豊島清光・武蔵国秩父氏族豊島流)
59. 葛西三郎清重(葛西清重・下総国秩父氏族豊島流)
60. 同十郎(下総国秩父氏族豊島流)
61. 江戸太郎重長(江戸重長・武蔵国秩父氏族江戸流)
62. 同次郎親重(江戸親重・武蔵国秩父氏族江戸流)
63. 同四郎重通(江戸重通・武蔵国秩父氏族江戸流)
64. 同七郎重宗(江戸重宗・武蔵国秩父氏族江戸流)
65. 山内三郎経俊(山内経俊・相模国首藤氏族山内流)
66. 大井二郎実春(大井実春・武蔵国紀氏)
67. 宇都宮左衛門尉朝綱(宇都宮朝綱・下野国宇都宮氏族宇都宮流)

68. 同次郎業綱（宇都宮業綱・下野国宇都宮氏族宇都宮流）
69. 八田右衛門尉知家（八田知家・常陸国宇都宮氏族八田流）
70. 八田太郎朝重（八田朝重・常陸国宇都宮氏族八田流）
71. 主計允行政（二階堂行政・文吏僚）
72. 民部丞盛時（平盛時・文吏僚）
73. 豊田兵衛尉義幹（豊田義幹・常陸国大掾氏族）
74. 大河戸太郎広行（大河戸広行・武蔵国太田氏族大河戸流）
75. 佐貫四郎広綱（佐貫広綱・上野国淵名氏族佐貫流）
76. 同五郎（上野国淵名氏族佐貫流）
77. 同六郎広義（佐貫広義・上野国淵名氏族佐貫流）
78. 佐野大郎基綱（佐野基綱・下野国淵名氏族足利流）
79. 工藤庄司景光（工藤景光・伊豆国工藤氏族工藤流）
80. 同次郎行光（工藤行光・伊豆国工藤氏族工藤流）
81. 同三郎助光（工藤助光・伊豆国工藤氏族工藤流）
82. 狩野五郎親光（狩野親光・伊豆国工藤氏族狩野流）
83. 常陸次郎為重（伊佐為重・常陸国伊佐氏族）
84. 同三郎資綱（伊佐資綱・常陸国伊佐氏族）
85. 加藤太光員（加藤光員・伊勢国）

86. 同藤次景廉（加藤景廉・伊勢国）
87. 佐々木三郎盛綱（佐々木盛綱・近江国佐々木氏族）
88. 同五郎義清（佐々木義清・近江国佐々木氏族）
89. 曽我太郎助信（曽我助信・相模国）
90. 橘次公業（小鹿島公業・伊予国）
91. 宇佐美三郎祐茂（宇佐見祐茂・伊豆国工藤氏族宇佐美流）
92. 二宮太郎朝忠（二宮朝忠・相模国中村氏族）
93. 天野右馬允保高（天野保高・伊豆国）
94. 同六郎則景（天野則景・伊豆国）
95. 伊東三郎（伊豆国工藤氏族伊東流）
96. 同四郎成親（伊東成親・伊豆国工藤氏族伊東流）
97. 工藤左衛門祐経（工藤祐経・伊豆国工藤氏族宇佐美流）
98. 新田四郎忠常（新田忠常・伊豆国）
99. 同六郎忠時（新田忠時・伊豆国）
100. 熊谷小次郎直家（熊谷直家・武蔵国私市党）
101. 堀藤太（伊豆国）
102. 同藤次親家（堀親家・伊豆国）
103. 伊沢左近将監家景（伊沢家景・文吏僚）

104. 江右近次郎（大江久家・文吏僚）
105. 岡辺小次郎忠綱（岡部忠綱・駿河国）
106. 吉香小次郎（駿河国）
107. 中野小太郎助光（中野助光・信濃国）
108. 同五郎能成（中野能成・信濃国）
109. 渋河五郎兼保（渋河兼保・上野国）
110. 春日小次郎貞親（春日貞親・信濃国）
111. 藤沢次郎清近（藤沢清近・信濃国）
112. 飯富源太宗季（飯富宗季・元平家家人）
113. 大見平次家秀（大見家秀・伊豆国）
114. 沼田太郎（相模国）
115. 糟屋藤太有季（糟屋有季・相模国）
116. 本間右馬允義忠（本間義忠・相模国）
117. 海老名四郎義季（海老名義季・相模国）
118. 所六郎朝光（佐藤朝光）
119. 横山権守時広（横山時広・相模国横山党）
120. 三尾谷十郎（武蔵国）
121. 平山左衛門尉季重（平山季重・武蔵国西党）

122. 師岡兵衛尉重経（諸岡重経・武蔵国秩父氏族師岡流）
123. 野三刑部丞成綱（小野成綱・武蔵国猪俣党？）
124. 中条藤次家長（中条家長・武蔵国横山党）
125. 岡辺六野太忠澄（岡辺忠澄・武蔵国猪俣党）
126. 小越右馬允有弘（越生有弘・武蔵国児玉党）
127. 庄三郎忠家（庄忠家・武蔵国児玉党）
128. 四方田三郎弘長（四方田弘長・武蔵国児玉党）
129. 浅見太郎実高（浅見実高・武蔵国児玉党）
130. 浅羽五郎行長（浅羽行長・武蔵国児玉党）
131. 小代八郎行平（小代行平・武蔵国児玉党）
132. 勅使河原三郎有直（勅使河原有直・武蔵国丹党）
133. 成田七郎助綱（成田助綱・武蔵国）
134. 高鼻和太郎（武蔵国）
135. 塩屋太郎家光（塩谷家光・武蔵国児玉党）
136. 阿保次郎実光（安保実光・武蔵国丹党）
137. 宮六傔仗国平（元平家家人）
138. 河勾三郎政成（河匂政成・武蔵国猪俣党）
139. 同七郎政頼（河匂政頼・武蔵国猪俣党）

140．中四郎是重（中原惟重・文吏僚）
141．一品房昌寛（僧侶）
142．常陸房昌明（僧侶）
143．尾藤太知平（尾藤知平）
144．金子小太郎高範（金子高範・武蔵国村山党）

以上、百四十四名である（『吾妻鏡』は四名列記で記している）。交名の前に、地の文として、従軍五騎―長野重清（弟）・大串重親（武蔵国横山党）・本田近常（武蔵国丹党）・榛沢成清（武蔵国丹党）・柏原太郎（武蔵国丹党）―らを率いる「先陣」畠山重忠（武蔵国秩父氏族畠山流）が記してある。この先陣に続いて、頼朝自身が進み、後に御供輩が続き、鎌倉出陣の総勢千騎となっている。

二、交名の国別構成

最初は国別（本貫地）構成の分析である。前節で述べたように、「先陣」の畠山重忠を加えた百四十五名が交名総数である。しかし、69の八田知家は東海道大将軍として一族を率いて、常陸国から陸奥国浜通へと向かうことに決められていた。(3) 同じ東海道大将軍となった千葉常胤とその一族は交名には見えない。とすれば、同格の大将軍が別行動を取るというのは不自然なことで、知家は常胤と同一行動を取って、東海道軍を率いて鎌倉進発軍とは別行動を取ったと考えるのが至当である。すなわち、知家は鎌倉進発軍には存在していなかったということである。70の八田朝重は知家の嫡男であるから、父と同行動を取っているのが自然であるので、朝重も存在していなかったと考える。そうすると、彼等の直前に位置する67・68の宇都宮朝綱・業綱父子は朝綱と知家とが兄弟として同族である。第四節で詳細に触れるが、鎌倉進発軍交名の武士御家人の配列構成は一族単位（家）を基本としていることである。ということは、67から71までの四人は宇都宮氏族として同族で配列されている。では、八田氏が常陸国御家人（東海道大将軍）として別行動を取ったとしても、宇都宮氏は下野国御家人であるから、頼朝が直卒する東山道軍の一員として交名にあってもおかしくないと考えることも出来る。しかし、当該時期に於いて武士御家人として序列第五位に入る宇都宮氏[4]が交名の中位という位置にいることは極めて不自然である。武士御家人のトップは21以下の三浦氏で、三浦氏は東海道大将軍の千葉氏に次いで第二位の位置を占める一族で、次いで、29以下の小山氏は第三位を占める一族である[5]。彼等と比較して、宇都宮氏の配列位置が如何に低いか理解できよう。以上考えると、67から71の宇都宮氏族の四人は交名に存在していないと考えるのが至当である。すなわち、交名百四十五名から以上の四人を除いた百四十一名が分析対象となる。

交名は基本的に源家御一族（門葉）、御家人の順に配列され、御家人は武士御家人と文士御家人が混在している。以上の三区分を基本として、門葉と武士御家人とはさらに出身国別分析を行う。以下に示すのがその結果である。

〔門葉〕十八名（一二・七六％）
甲斐　八名　信濃　三名　上野　二名
下野　一名　武蔵　一名　その他　二名
〔武士御家人〕百十五名（八一・五七％）
武蔵　三十六名　相模　二十九名　伊豆　十八名
下野　六名　上野　四名　信濃　四名

下総　三名　常陸　三名　駿河　二名
伊勢　二名　近江　二名　伊予　二名
不明　二名　元平家家人　二名
〔文士御家人〕六名（四・二五％）
〔僧侶〕二名（一・四二％）

以上、鎌倉進発軍の主力が武士御家人であり、この百十五名中、出身国別トップスリーは武蔵国三十六名（武士中の三一・三三％、全体の二五・五三％）、相模国二十九名（二五・二二％、二〇・五七％）、伊豆国十八名（一五・六五％、一二・七七％）である。この三か国で武士御家人の七二・一七％、全体の五八・八七％と圧倒的である。すなわち、頼朝直卒の東山道軍の主力、すなわち鎌倉幕府の軍事力の主力が武蔵・相模・伊豆三か国であることを示している。これは、治承・寿永の内乱当初の鎌倉軍権の最初の勢力圏、すなわち南関東であることを、幕府成立後も如実に示しているといえる。

これに下野・上野・信濃国の東山道三か国、下総・常陸・駿河国の東海道三か国を加えると、後の東国十五か国（但し、奥州合戦以前では、陸奥・出羽両国は鎌倉幕府の勢力は及んでいないので、これは除き、十三か国）に属する国で、遠江・甲斐・安房・上総国四か国を除く、九か国の武士御家人が参列しており、東海道軍が主力であることを示している。では、武士御家人の参列のない四か国について考えてみる。まず、甲斐国は治承・寿永の内乱当初、頼朝とは独立して、甲斐源氏が蜂起した国であり、奥州合戦では第三節の門葉で見るように甲斐源氏が総力を挙げて参列しており、国内の武士は彼等のもとに組織されていたと考えるべきで、このため独立した参列武士がいなかったといえよう。また、遠江国は内乱初期に甲斐源氏安田義定が侵攻し、以来義定が実力支配し、後に朝廷から遠江守に補任されてこれ

を追認されていることから分かるように、義定の支配する国として当国武士はこの統率下にあったとすべきである。(6)

上総国は本来寿永二年(一一八三)に頼朝により誅殺された上総介広常の支配した国で、広常死後、支配下にあった武士団は解体され、個々の武士は御家人として編成されたが、有力武士はおらず、中小武士のみである。また、下総国の千葉常胤の勢力が浸透してゆく。(7)そして、常胤は東海道大将軍として八田知家とともに常陸・下総両国の武士を率いて出陣しているから、(8)上総国の武士も常胤の指揮下で東海道軍に参軍したと考える。安房国も同様といえる。

東国以外の伊勢・近江両国の加藤・佐々木氏は内乱当初に本貫地を離れて東国に亡命中であったが、頼朝の伊豆挙兵から参加しており、(9)内乱の勝利により本国の所領を回復し、堂々たる武士御家人となっており、その参列は自然といえよう。

伊予国の橘公業(成)は本来平家の知盛家人であったが、平家家人としてはいち早く、内乱当初の富士川合戦後に頼朝に帰順して御家人になっている。(10)以後、鎌倉中での射手として活動しており、(11)鎌倉での活動が認められる御家人である。また、河野通信は内乱初期に伊予国で独自に蜂起して、(12)以後平家軍の反攻により雌伏したこともあるが、源義経の屋島合戦勝利直後に兵船を引き連れて合流している。(13)すなわち、伊予国の二人は内乱に於いて西国の有力な与党であったのである。いわば、西国の御家人代表としての交名入りといえよう。

門葉に関しては、十八名中八名と、甲斐国、すなわち義光流甲斐源氏が群を抜いて最多で、その主力であることを示している。治承・寿永の内乱でその嫡系である武田信義・忠頼父子を失脚させて勢力を削いだとしても、奥州合戦時点でも甲斐源氏が門葉の主力たりえたのである。鎌倉幕府の軍事力に甲斐源氏は欠かせない存在であったといえよう。次が信濃国の三名、すなわち義光流信濃源氏平賀氏族である。これらに関しては次節で述べる。

三、交名の門葉構成

交名は源家御一族(門葉)、武家御家人の順で配列構成され、文士御家人は両者に個別に配列されている。そこで、配列順に従い、門葉の配列構成を分析する。

門葉は十八名で、34・35の南部光行・平賀朝信を除き、1の平賀義信から20の加々美長綱まで、交名先頭部に集中して配列されている。この配列は北条氏三名を夾んで、前半部の五位級(諸大夫)十名と後半部の六位・無位級(侍)の六名とに分かれる。

この諸大夫級門葉の顔ぶれを見ると、最初の関東御分国である武蔵守平賀義信・駿河守源広綱[14]、次いで文治受領の信濃守加々美遠光[17]・相模守大内惟義・上総介足利義兼・伊豆守山名義範・越後守安田義資[15]、そして豊後守毛呂季光[16]と、関東御分国九か国の内、八か国の名国司が配列されている。ここで交名に見えない下総守源邦業は醍醐源氏であり[18]、後に頼朝の政所別当に就任しているように[19]、武士ではなく文士である。従って、関東御分国の武士名国司八人全員が交名に配列されているのである。これに寿永二年(一一八三)の源軍第一次上洛で頼朝とは無関係に自身の力量で任官した国務国司の、2の遠江守安田義定[20]と、頼朝の推挙を受けているが、やはり国務国司である3の源範頼[21]を含めて、頼朝の影響下にある東国国司の門葉が全員参列している。このことは奥州侵攻幕府軍が東国武士の総力を挙げたものであることを表している。そして、次節で述べるように、武士御家人が一族単位で交名配列がなされているのに対して、門葉国司には義信・惟義父子と義定・義資父子の二組がいるが、個人別に配列されている。すなわち『吾妻鏡』の行事供奉人交名の初見である、文治元年(一一八五)十月二十四日条の勝長寿院落成供養交名と同様に、個人別の配列となっている。諸大夫級門葉は一族ではなく個人として頼朝に把握されていることになる。以上、頼朝直卒の鎌倉進発の中軍に東国の諸大夫級門葉を勢揃いさせ、かつ個別に把握されていることは、東国武士の頂点に立つのが頼朝であることを見せつけているのである。すなわち、武家棟梁は頼朝であることである。同時に交名先頭に諸大夫級門葉が配列されたことは、彼等が頼朝の補翼であるとともに、彼に替わりえて武家棟梁有資格者であることも示している。それは、武士御家人の交名配列が基本的に一族単位であったのと異なり、諸大夫級門葉と侍級門葉を峻別して配列したことにも現れていよう。なお、侍級の34・35の南部光行・平賀朝信の二人のみが他の門葉と分離して武士御家人の中に配列されていることは、門葉と武士御家人を峻別することからいえば、不自然なことで、ここに何らかの誤謬があると考えてよい。

同時に配列順は当該期に於ける頼朝から見た門葉の序列を表示しているといえる。当然ながら、これには各人の実力も反映される。すなわち、序列第一位は信濃源氏の平賀義信であり、この序列は文治・建久期の『吾妻鏡』交名に於いては不動である(22)。第二位は甲斐源氏の安田義定である。第三位は頼朝異母弟の範頼である。第四位は甲斐源氏の加々美遠光である。以上、身内である範頼よりも、治承・寿永の内乱初頭で独自に蜂起した信濃・甲斐源氏の代表者を上位することで、頼朝の出自である清和源氏頼義流が総力を挙げて奥州侵攻に参加していることを表している。特に甲斐源氏に於いては、1・9の安田義定父子、4・19の加々美遠光父子、そして武田系では、内乱時の嫡系である信義・忠頼父子の死去により実力は落ちているが、17の有義(23)と18の信光との兄弟が順に配列されて、ここに甲斐源氏の三大潮流が勢揃いしている。いわば甲斐源氏が総力を挙げているといえる。以上を逆にいうと、信濃・甲斐源氏が反頼朝で奥州藤原氏に呼応するとしたら、東西から頼朝は挟撃されて、奥州侵攻はできないということである。

7の足利義兼、8の山名義範と、関東(下野・上野)の義国流は甲斐源氏の下位となっており、甲斐源氏に比較してその地位・実力が低いことを反映している。また、序列的には平賀義信が第一位で上位であるが、第二位の安田義定が実力で切り取った遠江国を国務国司として寿永元年(一一八三)以来掌握しており、三大潮流が勢揃いしている甲斐源氏総体では明らかに信濃源氏平賀氏に実力的に上位している。逆にいうと、平賀氏の序列が上位ということは頼朝が平賀氏を信頼してこれに依拠して高く買っていることを表している。以上、実力からいうと東国源氏では甲斐源氏、信濃源氏平賀氏、義国流の順ということになり、序列からいうと信濃源氏、甲斐源氏、義国流の順ということになる。

なお、11～13の北条時政父子が門葉諸大夫の次ぎに配列されていることは、この配列に作為がないとしたら、北条氏が門葉扱い(准門葉)となっていよう。

四、交名の武士御家人構成

門葉に次いで、武士御家人の配列構成の分析である。武士御家人では21の三浦義澄がトップである。34の南部光行・35の平賀朝信の門葉を別として、以後、一部に文士御家人を夾むが、武士御家人となる。義澄に次いで三浦義村・佐原義連・和田義盛・和田宗実・岡崎義実・岡崎惟平(24)・土屋義清と、28までの八人が相模国三浦一族関係である。29の小山朝政から、長沼宗政・結城朝光・下河辺行平・吉見頼綱(25)と、33までの五人が下野国小山一族関係である。36の小山田重成・37の榛谷重朝、と武蔵国畠山一族関係(兄弟)である。38の藤九郎盛長、39の足立遠元は後述する。次の40の土肥実平・41の土肥遠平と、相模国土肥一族関係(父子)である。42の梶原景時から、梶原景季・梶原景高・梶原景茂・梶原朝景・梶原定景と、47までの六人が相模国梶原一族関係である。48の波多野義景・49の波多野実方と、相模国波多野一族関係である。以上、武相両国等の有力御家人(郡級武士)が配列されている。このように、ここまで鎌倉幕府を代表する有力御家人一族が連続して纏まって配列記載されている。

50以下でも、52の中山重政・53の同為重の武蔵国中山氏、58の豊島清光・59の葛西清重・60の同十郎の武蔵国豊島一族、61の江戸重長・62の同親重・63の同重通・64の同重宗の武蔵国江戸氏父子、75の佐貫広綱・76の同五郎・77の同広義の上野国佐貫氏、79の工藤景光・80の同行光・81の同助光の伊豆国工藤氏父子、83の伊佐為重・84の同資綱の常陸国伊佐氏、85の加藤光員・86の同景廉の伊勢国加藤氏兄弟、87の佐々木盛綱・88の同義清の近江国佐々木氏兄弟、93の天野保高・94の同則景の伊豆国天野氏、95の伊東三郎・96の同成親の伊豆国伊東氏、98の新田忠常・99の同忠時の伊豆国新田氏兄弟、101の堀藤太・102の同親家の伊豆国堀氏、107の中野助光・108の同能成の信濃国中野氏、138の河匂政成・139の同政頼の武蔵国河匂氏、と一族が纏められて配列記載されている。一族が分離されて配列記載されているのは、下野国の50の阿曽沼広綱・78の佐野基綱の兄弟と、伊豆国の91の宇佐美祐茂・97の工藤祐経の兄弟のみである。以上、中小御家人(荘・郷村級武士)でも一族単位の配列が基本となっているのである。当時の軍事動員編成が一族単位でなされていたことを考えれば、一族関係が纏まって行列し、これが配列記載となったのは当然なことである。

以上考えてくると、38の盛長の前は畠山一族の重成・重朝兄弟、39の遠元の次は土肥実平・遠平父子となっており、両人とは異なる氏族によって夾まれている。従って、武相両国の有力御家人と否して盛長と遠元のみが別氏族でそれぞれ単独で行列したと理解するより、盛長と遠元が同族であるから連続して記載されていると理解する方が自然である(26)。すなわち、盛長と遠元とは足立氏族である。以上から、一部例外もあるが、武士御家人の交名配列は一族単位でなされていたことになる。

武士御家人の配列記載順を見ると、第一位が三浦氏族関係、第二位が小山氏族関係である。第三位が畠山氏族である。奥州合戦の勝利を引っ提げて頼朝が上洛し、鎌倉幕府成立史上の一劃期となった建久第一次上洛の翌年、すなわち建久二年(一一九一)の『吾妻鏡』に初見し、これ以後恒例となる正月垸飯に於いて、一日千葉常胤、二日三浦義澄、三日小山朝政、四日畠山重忠(推定)、五日宇都宮朝綱との沙汰人序列[27]と比較すると、ベストワンの千葉常胤が東海道大将軍として当然ながら交名に姿を見せていないことを別として、その順は一致しており、本交名の配列構成が武士御家人の実力と幕府に於ける位置を如実に反映しているといえる。

次ぎに、上記の三氏族に続いて、足立氏族、土肥氏族、梶原氏族、波多野氏族と、49までは一族単位で配列されており、これらの氏族が上記の三氏族に続く有力武士御家人であることを示している。そして、小山氏族を除きこれらの氏族がすべて武相両国御家人であることは、頼朝が直卒する鎌倉幕府軍の中核が武相両国であることも示している。

51の小野寺通綱の上野国御家人を始めに、51以下となると、単独参加の氏族が配列されてくる。その武士御家人百十五名の内、単独参加総数は四十四名である。51から99までは武士御家人四十三名中十一名であり、ここには複数参加氏族が十二氏(二十九名)あり、複数参加氏族が過半となっており、両者を合わせた出身国も伊豆・相模・武蔵・上野・下野・常陸の東国の外、近江・伊勢・伊予と西国が入っている。すなわち、交名中段では参列武士範囲も関東全体に広がるのみならず、治承・寿永の内乱時から頼朝麾下に入っていた佐々木・加藤・河野・小鹿島氏といった鎌倉幕府の西国を代表する御家人が参列することで、今回の動員が東国のみならず西国を含み、その全力を果たしていることを表示しているといえる。

そして、100以下では武士御家人四十名中単独参加数は三十三名で、複数参加氏族は三氏(六名)と、単独参加が圧倒的多数となり、その内、100の熊谷直家を始めとする、武蔵武士が二十一名と過半で、これには西党・猪俣党・児玉党・丹党・村山党といった武蔵七党が含まれ、武蔵国の郷村級武士が行列の後半の主力となっていることを示している。

以上、武士御家人の交名配列を見ると、前段(50まで)が武相両国を中心とした有力御家人、中段(99まで)が中堅御家人を主体として、東国のみならず西国を含む武士御家人の全力動員を示し、後段（100から）が武蔵国を中核とした東国の小御家人という構成であることが理解できる。

最後に文士御家人（六名）と僧侶（二名）である。文士御家人の役割は勝利後の処理をも見据えた軍政・兵站担当としてのものであるといえる。全百四十一名の行列の中にわざわざ六名の文士御家人を加えたことは彼等に軍事行動であることを自覚させ、この意味での役割を果たさせるとともに、軍事編成自体が単なる軍事進攻だけではなく、奥州を鎌倉幕府勢力下に繰り込むことを明らかにしているものであるといえる。最上位は14の式部大夫藤原（中原）親能である。門葉配列の中に含まれ、この諸大夫級の最後に位置している。親能は、治承・寿永の内乱に於いて、寿永二年（一一八三）十一月、源義経とともに代官として上洛して以来、対平家戦に参戦して、源範頼軍の一員として九州に進攻している。(28) 戦争の場を踏んでいる特異な文士御家人である。(29) また、中原（大江）広元・三善康信と並ぶ文士御家人の代表的存在である。以上のことから、奥州軍参加となり、その最上位に配列されたことになる。諸大夫級門葉に次いで諸大夫級文士御家人が配列されることは、勝長寿院落成供養交名に見られ、(30) 順当なところである。主計允二階堂行政以下の五名はそれぞれの幕府内に於ける地位に応じた配列順といえよう。

僧侶である。141の昌寛の『吾妻鏡』初見は大姫第等の作事のための安房国在庁への工匠進上命令の奉行人としてである。(31) これで明らかなように、僧侶の役割は文吏僚、すなわち文士としてのものである。それに昌寛は対平家戦で源範頼軍に従軍しており、(32) また昌明は比叡山僧兵の経歴を持っており、(33) これらの面も合わせた起用と考える。以上、文士御家人・僧侶の役割は軍政・兵站要員としてのものである。

終言

奥州侵攻の大手軍である東山道軍は源頼朝が直卒して、文治五年（一一八九）七月十九日、鎌倉を進発した。この交名を『吾妻鏡』同日条に記載している。この交名配列は源家御一族（門葉）と武士御家人の二大区分の順で基本配列されている。門葉は五位級（諸大夫）と六位・無位級（侍）が峻別されてこの順に配列されて、かつ門葉では個人単位の配列となっている。すなわち、交名先頭部が諸大夫門葉で、これには東国の武士名国司全員が含まれており、侍門葉の武田氏系をも含めて門葉が総力を挙げて参軍して頼朝を翼賛していることを示している。

門葉に続く武士御家人の交名配列では一族単位の配列を基本として、前段では筆頭が相模国の三浦氏一族関係であることに象徴されているように、武相両国を中心とした有力御家人がしめる。次いで、中段では中堅御家人を主体として、近江国の佐々木氏や伊予国の河野氏等に見るように、東国のみならず西国を含む武士御家人の全力動員を示している。後段では武蔵国猪俣党の河匂政成に見るように、武蔵国七党を中核とした東国の小御家人という構成であることが理解できる。そして、武士御家人は武蔵・相模・伊豆三か国を主力として構成され、この中核が武蔵七党に代表される武蔵国の中小御家人といえる。

最後に、文士御家人はその序列に基づき、門葉と武士御家人の中に配列されている。そして、彼等が従軍することは僧侶も含め軍政・兵站要員としてのものである。

註

（1）乾佐知子氏、「奥州兵乱と東国武士団（補訂版）」『政治経済史学』第百七十七号一九八一年二月。
（2）拙稿Ⅰ、「武蔵武士足立遠元」『政治経済史学』第五百五十四号二〇一三年二月。
（3）『吾妻鏡』文治五年七月十七日条。
（4）佐久間広子氏、「『吾妻鏡』建久二年正月垸飯について」『政治経済史学』第四百四十六号二〇〇三年十月。
（5）同上。
（6）安田義定に関しては、伊藤邦彦氏、『鎌倉幕府守護の基礎的研究【論考編】』第二部第九章安田義定と遠江国支配二〇一〇年岩田書院。
（7）千葉氏に関しては、福田豊彦氏、人物叢書『千葉常胤』一九七三年吉川弘文館、および野口実氏、『鎌倉の豪族Ⅰ』第二章・二・Ⅱ苦闘する武士団千葉氏一九八三年かまくら春秋社、「鎌倉幕府の権力と千葉氏」『千葉氏の研究』（関東武士研究叢書第2期第5巻）二〇〇〇年名著出版。
（8）『吾妻鏡』文治五年七月十七日条。
（9）『吾妻鏡』治承四年八月十七日条等。
（10）『吾妻鏡』治承四年十二月十九日条。小鹿島（橘）氏の本貫が伊予国宇和島郡であることは同上嘉禎二年二月廿二日条。
（11）『吾妻鏡』文治四年正月六日条等。
（12）『吾妻鏡』養和元年閏二月十二日条。
（13）『吾妻鏡』文治元年二月廿一日条。
（14）拙稿Ⅱ、「蒲殿源範頼三河守補任と関東御分国」『政治経済史学』第三百七十号一九九七年四・五・六月。
（15）『吾妻鏡』文治元年八月廿九日条。

(16)『吾妻鏡』文治二年二月二日条。季光は公家の太宰権帥藤原季仲子孫(同上)であるが、『吾妻鏡』建久元年十一月七日条に見るように、奥州合戦勝利後の源頼朝建久第一次上洛の入洛行列交名に於いて、後陣随兵十三番として、前後を清和源氏の武士とともに列しており、門葉武士扱いといえる。

(17)『吾妻鏡』文治二年三月十三日条。

(18)『吾妻鏡』文治二年二月二日条、『尊卑分脈』第三篇頁四六七。

(19)『吾妻鏡』建久三年六月廿日条。

(20)浅香年木氏、『治承・寿永の内乱論序説』第二編第三章一九八一年法政大学出版局。

(21)拙稿Ⅱ、註(14)前掲論文。

(22)『吾妻鏡』文治元年十月廿四日・建久三年十一月廿五日条等。平賀氏に関しては、彦由一太氏、「鎌倉初期政治過程に於ける信濃佐久源氏の研究」『政治経済史学』第三百号一九九一年四・五・六月。

(23)平家時代に武田信義父子で唯一兵衛尉の任官歴をもち、信義嫡男と考えられていた(五味文彦氏、「平氏軍制の諸段階」『史学雑誌』第八十八編八号一九七九年八月)。

(24)惟平は、本交名以外での『吾妻鏡』の所見に於いて、建久六年三月十日条に「土肥先次郎」と、見えるように、本来土肥一族である(『系図纂要』第八冊平氏四頁二一〇に土肥遠平息とある)。土肥実平の姉妹が岡崎義実妻となり嫡男義忠の母(『三浦系図』続群書類従第六輯上系譜部所収、『系図纂要』第八冊平氏四頁二〇九)であることから、義実と猶子関係になり、岡崎を名乗っていたと考えられる。

(25)武蔵国吉見郡が名字の地といえる吉見頼綱は『結城系図』(続群書類従第六輯下系譜部所収)に小山政光養子として見える。よって、『吾妻鏡』文治五年七月廿五日条に小山政光「猶子頼綱」と見えるのは吉見頼綱のことである。以上、吉見頼綱は小山氏族関係である。

(26) 拙稿Ⅲ、「武蔵武士足立氏の系譜再論」『政治経済史学』第五百六十二号二〇一三年十月に於いて、遠元・盛長が甥・叔父関係であることを考察し、両人が足立氏であること論証している。『吾妻鏡』の交名配列はその傍証となる。
(27) 佐久間広子氏、前掲註(4)論文。
(28) 『玉葉』寿永二年十一月七日・十二月一日条。
(29) 『吾妻鏡』文治元年正月廿六日条。
(30) 『吾妻鏡』文治元年十月廿四日条。
(31) 『吾妻鏡』養和元年五月廿三日条。
(32) 『吾妻鏡』文治元年正月廿六日条。
(33) 『吾妻鏡』文治四年六月十七日条。

（『政治経済史学』第五百七十四号二〇一四年十月）

付章　武蔵武士足立氏

第一節　鎌倉幕府成立期に於ける武蔵国々衙支配をめぐる公文所寄人足立右馬允遠元の史的意義

序言

元暦元年（一一八四）十月六日、鎌倉内では公文所吉書始がなされ、十月二十日の問注所設置と共に、ここに鎌倉幕府政権の三大機関たる公文所（政所）、問注所、侍所が成立した。公文所の人事として別当に中原広元、寄人に藤原親能、藤原行政、足立遠元、大中臣秋家、藤原邦通が任命された(1)。広元、親能は京下官人として衆知の人物であり、行政、邦通も同様な出身と考えられている。そして、秋家は、甲斐源氏棟梁の故一条忠頼家人の歌舞曲達者として、知られており(2)彼の右筆であったと思われる。以上の如く、公文所の人事は、京下官人層を中核とした、右筆として行政能力を有した人物といえる。

ここに遠元は、かかる出身とはいえず、武蔵の在地領主層に属する武士として、衆知のところである。遠元に関しては、矢代国治・渡辺世祐氏、『武蔵武士』一九一三年博文館に、一章を割いて述べている以外には、『埼玉縣誌』上巻一九一二年埼玉県、稲村坦元氏、『埼玉縣史』第二巻・鎌倉時代一九一三年埼玉県等の中で、鎌倉武士の一人として述べられているのみで、『吾妻鏡』に治承四年（一一八〇）以来、承元四年（一二〇七）に至り、四十六ヶ日数も所見するにも拘わらず、戦後では本格的な考究がなされていない。先学は、『吾妻鏡』に依拠して、諸系図類を参照し、遠元の行動を述べるという、いわば略伝的内容であり、鎌倉幕府成立史上、彼の果した政治経済的役割に、本格的な鍬が入ったとはいえない。そこで、筆者としては、彼の出自を諸系図類の再検討を通して考究し、同族といわれている安達藤九郎盛長との関係をも求めつつ、足立氏と武蔵国との関係を見ることにより、幕府成立期に於ける武蔵国々衙支配が、如何なる構造となっていったか、東国の諸武士団の絡の中で考察してゆく。そして、唯一人、関東武士として公文所寄人になった背景を、武蔵国支配との関わりで求め、公文所寄人の構成を考察する中で、その史的意義を究明してゆきたい。

一、足立遠元をめぐる系譜

足立遠元に関して、諸先学は、『尊卑分脈』第二篇・魚名公孫を根拠に、山陰裔孫としている。これに対して、太田亮氏は、武蔵国造の裔で、『将門記』に見える足立郡司武蔵武芝裔孫とされ(3)、これを受けて、安田元久氏は、『尊卑分脈』は信用出来ずとし、結局のところ出自不明であるとされている(4)。

さて、諸家の引くところの『尊卑分脈』について検討してみることとし、関係部分を次に載せる。この「遠基」を遠元とするのが諸先学である。一方、『吾妻鏡』を見ると、遠元は「足立右馬允」と表記されているが、建久第一次上洛(一一九〇年)で、勲功賞で左衛門尉に任官しており(5)、以後「足立左衛門尉」遠元として一貫して所見する。このことは、『尊卑分脈』の「遠基」の傍註に、「左衛門尉」とあるのに一致する。建仁三年(一二〇三)より承久元年(一二一九)まで所見する足立元春は、「足立八郎」、「足立八郎左衛門尉」と表記されており(6)、『尊卑分脈』の基春の傍註、「八郎左衛門」と一致する。又、安貞二年(一二二八)より弘長三年(一二六三)まで所見する足立元氏は、「足立三郎左衛門尉」と表記されており、[7]彼に相応する人物は『尊卑分脉』に見えないが、『吾妻鏡』での所見時期から考えて、元春の男子と思われる。従って、『吾妻鏡』に於ける足立氏は、三代にわたって、遠元、元春、元氏と、「元」の字を通字としている。故に、「基」と「元」は同訓の「もと」であることから、『尊卑分脉』の「遠基」、「基春」は、『吾妻鏡』の所見と矛盾せず、信用しうる。

ところで、『尊卑分脉』第一篇・長家流(二八七〜八頁)に注目すると、藤原光能男子、知光の母を、「左衛門尉遠元女」とし、弟光俊の傍註にも、「母同知光」とあり、知光・光俊兄弟の母は、「左衛門尉遠元女」となる。『大友系図』(続群書類従第六輯上・系譜部所収)にも、同様な記載があるが、知光に関して、以上の外に母を記すものは管見にない。『公卿補任』によると、元仁元年(一二二四)に非参議従三位に光俊は昇叙するが、彼の尻付に母は記しておらず、その最終官位は非参議従二位である。再び『尊卑分脉』を見ると、「遠基」の「女子」の傍註に、「二位俊光母」とある。国史体系編者の頭註(二八九頁)には、「按上文内麿孫及補任弁官補任俊光母賀茂神主能継女」とあるが、この「俊光」は、第二篇二三七頁にある日野俊光で、正二位前権大納言として嘉暦元年(一三二六)に、六十七才で薨去している。[8]他に公卿となった俊光は存在しない故、時代が合わず、頭註は誤りである。従って、「二位俊光母」が、「二位光俊母」との錯簡とすれば、「遠基」は遠元であり、知光・光俊の母「左衛門尉遠元女」が、『吾妻鏡』での「足立左衛門尉遠元」との記載と『尊卑分脉』の「遠基」と一致するとの前段の考察からしても、足立遠元女子として矛盾がない。この点、知光が嘉禄二年(一二二六)に卒去したことを、藤原定家が記載した中に、「時房妻依親昵僅雖憐愍」とあるのが注意される。[9]というのも、北条時房嫡子の四郎朝直と、兄の三郎資時の母は、足立遠元女であるから[10]で、定家の記述は傍証たりえる。故に、『尊卑分脉』の「二位俊光母」は「二位光俊母」との錯簡であり、この点からも信用出来る。

他方、『兵範記』仁安三年(一一六八)八月十九日条に、「山城国司信家」と見えるのが、『尊卑分脉』の「信家」傍註

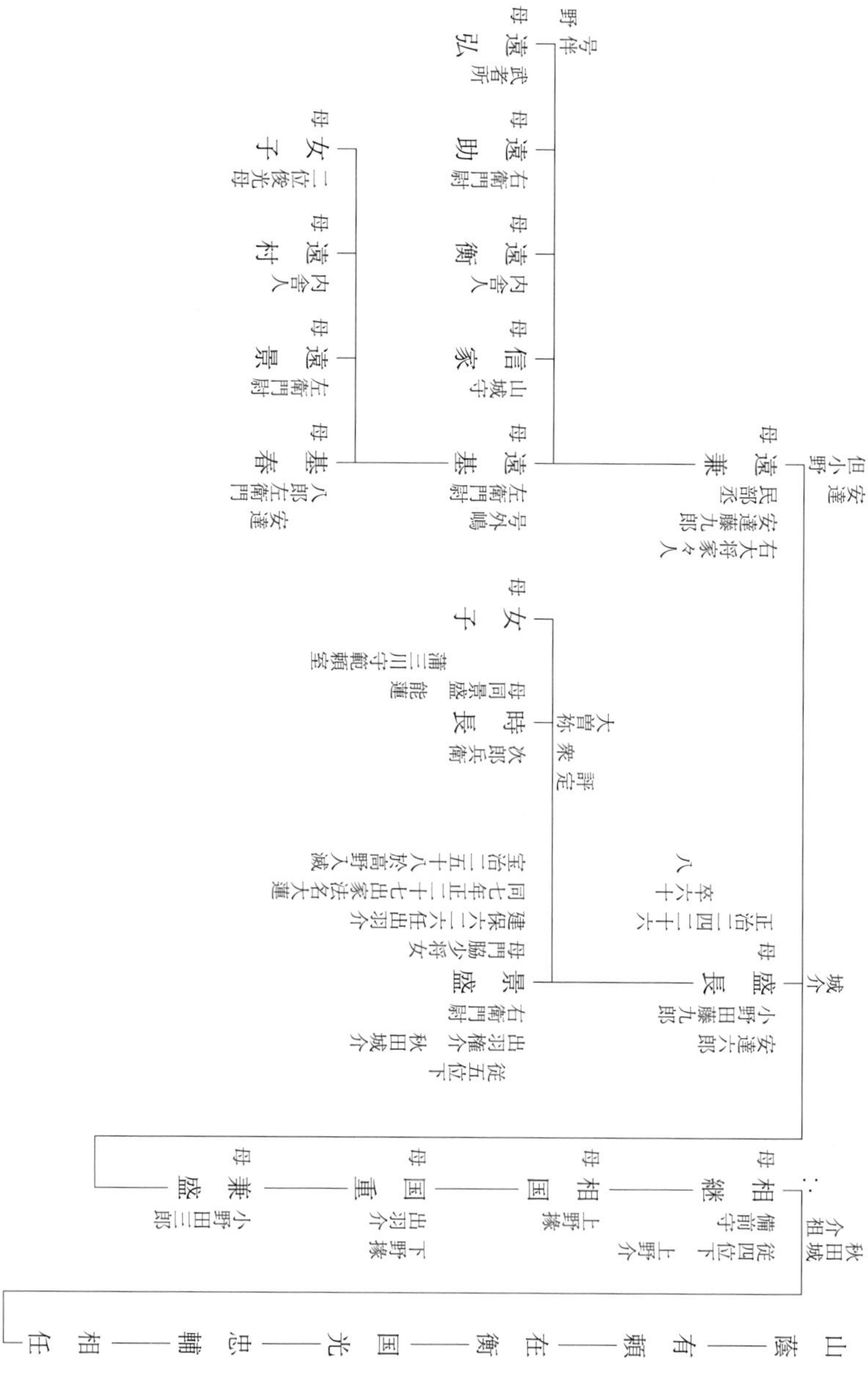

(『尊卑分脈』第二篇二八四～九頁)

に「山城守」とあるのに、時期的に相応している。以上の如く、『尊卑分脈』の「遠基」、「基春」、「女子」、「信家」に関する記載は、信頼性があり、彼等の系譜関係にも矛盾が見えない。従って、「遠兼」、「遠基」等と、「遠」を通字とすることからも、「遠兼」以下の系譜の信頼性は高いといえる。一方、「盛長」は衆知の安達藤九郎盛長で、以後の系譜には信頼性がある。(11)次いで、『尊卑分脈』で「基春」が「安達」とあり、『延慶本平家物語』第二中・卅八兵衛佐伊豆山ニ龍ル事(白帝社版三五九頁)に、安達盛長が「足立藤九郎盛長」とあることから、「安達」と「足立」は同訓「あだち」故に同訓異字として等値出来る。又、「兼盛」と「盛長」、「遠兼」は、その通字性より、親子関係を認めるものが出来る。以上のことから、少なくも兼盛以下の系譜には信頼性がある。

『尊卑分脈』を検討した結果には、兼盛以後の系譜に信頼性があり、従って、盛長と遠元は同族で伯父・甥となる。しかし、盛長を「安達六郎」とし、遠兼を「右大将家々人安達藤九郎」としており、盛長を嫡家にしているが、『吾妻鏡』では、盛長を「藤九郎」としているのと異にし、それは正しいのであろうか。そこで、遠元、盛長の生没年を考えてみよう。盛長は、正治二年(一二〇〇)に六十六才で死去した故に、(12)保延元年(一一三五)生である。遠元に関しては、残念ながら、両者共に不詳であるが、平治の乱(一一五九年)に参戦して、右馬允に任官したことからして、(13)一人前の武士として成人していたことは明白である。

そこで、遠元と光能との姻戚関係から推定してみよう。光能は長承元年(一一三二)、(14)知光は仁安元年(一一六八)、(15)光俊は治承三年(一一七九)の生となる。(16)よって、遠元女と光能の結婚は、治承・寿永内乱以前たる仁安元年より前となる。故に、関東より女子が上洛した上での結婚であることを考えると、洛中貴顕の女子の初婚年齢よりも高いと推定され、遠元の年令も、知光誕生時には、少なくとも三十代半には達していたと推定される。とすると、遠元は盛長より年上と考えられる。当然のことながら、遠元の父たる遠兼は、盛長の兄となり、『尊卑分脈』の序列とは逆になる。このことは、前述の両者の傍註が、実は反対であることを示唆している。かくして、遠兼が「安達六郎」、すなわち足立六郎遠兼となる。

では如何にして両者の序列が反対となったか思う時、盛長の子孫が、衆知の如く、城氏として景盛、義景、泰盛と、霜月騒動（一二八五年）に至るまで、幕府中枢に位置しえた雄族となったのに比して、遠元の子孫は、『吾妻鏡』に足立八郎左衛門尉元春、足立三郎左衛門尉元氏、足立太郎左衛門尉直元等が御家人として所見するが、その勢は城氏より下位であることからして、たとえ霜月騒動で城氏一党が壊滅したとしても、同時に足立氏も与同していた故に、鎌倉幕府での両系の力関係が、系図に反映したと考えることが出来る。従って、兄弟の順が逆転して記載され、同時に、遠兼、盛長の「六郎」、「九郎」も逆転して整合させんとしたが、盛長が「藤九郎」と称したことは、『吾妻鏡』や『平家物語』以下にも見られており、公知の事実であったことから、盛長の傍註にも「小野田藤九郎」が記載されることとなったと思われる。かく見て来れば、『尊卑分脈』の兼盛以下の系譜の信頼性は妥当さを持っていよう。[17]

だが、兼盛以下に信頼性があることが、それ以前を保証するものとは、直ちにいえない。それは、相任、相継、相国の三代は、国守の傍註を持ち、「国」の通字を有しており、相国と国重は、「上野掾」、「下野掾」とあり、「国」の通字があることから、以上四代の系譜の連接は、有効性を保持している。これに比して、国重、兼盛には、何の通字もなく、兼盛は無官の「小野田三郎」と称するのみである。この点、彼が国重の実子として土着したのか、在地豪族が、国重との婚姻関係等で、養子関係に入ったのか、いずれとも判断出来、ここで『尊卑分脈』のみを根拠として、足立氏が山陰流とはいえない。いわば、足立氏の真の出自を明確にするものはないが、何らかの縁を山陰流に持つと共に、『尊卑分脈』の兼盛以後の系譜は信頼性があり、足立右馬允遠元は、著名な安達藤九郎盛長を叔父とするが、彼より年上で、「小野田」系の嫡系であるといえよう。

遠元をめぐる系譜が明らかになると、元暦元年(一一八四)六月に鎌倉殿源頼朝が池大納言頼盛の帰洛に当って宴をもようした時、遠元等が「馴京都之輩」として伺候したが、[18]この「馴京都之輩」について、これまでは、単に、大番等で上洛し、京洛の文化風流を嗜んだ関東御家人と解されて来たが、彼にとっては、より重い意味を持っていたといえる。というのも、光能との姻戚関係である。光能は、後白河院近臣として、平清盛の治承クーデター(一一七九年)によって、息の淡路守知光と共に、参議右兵衛督皇太后宮太夫の三官を解任されており、[19]その知光も、「近臣之一分」とされる。[20]これに加え、光能の妹は以仁王の「妾」として、真性を仁安二年(一一六七)に生んでいる。[21]従って、内乱以前から光能父子は院近臣で、かつ以仁王身内である。これと遠元は姻戚である。遠元は、たんなる東国武士として大番等で京洛を知る以上に、強力なパイプを保持していたのである。ただ、両者が如何なる経緯で結びついたかを、明らかにするものはない。

二、足立氏と比企氏

視点を変えて、関東内部での遠元をめぐる位置を見てみよう。『吉見系図』(続群書類従第五輯上・系譜部所収)の源範頼の項に、

頼朝乳人比企局、其比武州比企郡少領掃部允妻女也、三人之息女在之、嫡女者在京、初奉仕二条院、号丹後内侍、無双歌人也、密通惟宗広言生忠久、其後関東下向、藤九郎盛長嫁生数子、比企禅尼二女河越太郎重頼妻也、禅尼三女伊藤九郎祐清妻也、頼朝牢浪之間、比企禅尼令哀憐、武州比企郡ヨリ運送粮、又三人婿ニ命ジテ奉扶助コト二十年余、然而頼朝天下安治之後、婿三人之内伊東助清平家ニ随ヒ討死、其妻頼朝之一門平賀義信給ハル、其腹

之子朝雅頼朝一字給、北条時政婿トナル、扨又比企禅尼婿藤九郎盛長武州足立郡給、盛長女範頼之内室給、とあるのに注目される。本系図は、すでに諸先学の取上げるところで、とりわけ、島津忠久を記しているため、島津氏研究でより問題となっているが、朝河貫一氏の研究[22]が最も緻密にして実証性に溢れている。氏の本系図に対する史料批判は、厳密を極め、その論証・結論は評価されるが、ここで改めて、氏の論証を追試してみよう。

第一に、『吾妻鏡』寿永元年(一一八二)八月十二日条の頼家誕生記事に、「河越太郎重頼妻比企尼女、依召参入、候御乳付」とあり、比企二女と重頼との結婚は確かである。朝河氏は、同上記事を「比企女」としたため、両者の婚姻に確証を与えていないが[23]、それは誤謬である。

第二に、『吾妻鏡』建久四年(一一九三)六月一日条に、「祐清加平氏、北陸道合戦之時、被討取之後、其妻嫁武蔵守義信」とあり、伊東祐清が、寿永二年(一一八三)五月の加賀篠原合戦にて平氏方として戦死し[24]、その後に彼の妻が義信に再嫁したことを示しており、この点で、本系図と一致するが、これだけで、彼女が比企尼女とはいえない。ここまでは、朝河氏も述べているとおりで、氏の考察はここで止まっている[25]。『尊卑分脈』第三篇三五四～六頁では、義信妻や朝雅母として比企尼女は見えない。が、『吾妻鏡』文治四年(一一八八)七月十日条に、義信を頼家「乳母夫」として、比企能員を「乳母兄」と記しており、他方寿永元年十月十七日条で、能員は、比企尼を「姨母」として、彼女の「猶子」であるとしている。なお、同上により能員妻も乳母である。以上のことから、義信妻は比企尼女であって、矛盾がない。

第三に、盛長妻であるが、息の景盛母を、『尊卑分脈』第二篇二八六頁では、「門脇少将女」としているが、『吾妻鏡』宝治二年(一二四八)五月十八日条に、景盛「母丹後内侍」とある。文治二年(一一八六)六月十日条に、「丹後内侍、於甘縄家病悩、二品為令訪其体給」とあり、甘縄に盛長亭があることは明白であり[26]、以上のことから、景盛母は「丹後内侍」が正しく、盛長妻は「丹後内侍」と称していた。ここまでは、朝河氏の論証と一致するが、氏は慎重にも「丹後内侍」が、『吉見系図』の「丹後内侍」比企尼長女と同一人である可能性は認めているが、保留している一方、『吉見系図』の「無双歌人」で「奉仕二条院」たることを、『従三位頼政卿集』(続群書類従第十四輯・和歌部所収)によって証明されている。(27)従って、すでに、比企尼二女と三女との『吉見系図』での記載が証認されており、長女「丹後内侍」も、後述する惟宗広言とのことを別とすれば、氏も認めるとおり、盛長妻たる確証がない以外の記述は正しいのであり、以上の本系図の比企尼息女をめぐる記載が実証される故に、『吾妻鏡』の「丹後内侍」と本系図の「丹後内侍」は同一人として矛盾がない。

かくて、朝河氏が、惟宗広言と丹後内侍との間に島津忠久が生まれたことを、明確に否定したことを、(28)除外すると、比企尼の三女が、盛長、重頼、祐清・義信と結婚したという『吉見系図』の記載は立証されるところである。ただ、朝雅が比企尼三女の所生の確証はない。彼が時政の婿であったことは明らかであり、かつ頼朝の猶子となったことは、(29)「朝雅頼朝一字給、北条時政婿トナル」なる記載を傍証するものである。本系図のここまでの記述は、いままで述べてきた如く、忠久関係を除外すれば、信頼出来、従って、朝雅の母を比企尼三女とすることは、十分な説得力を保っている。

以上の結婚が、治承四年(一一八〇)八月の頼朝挙兵を基点に、何時なされたか考えてみると、「三人婿ニ命ジテ奉扶助」とあることから、盛長、重頼、祐清の場合には、挙兵以前であるといえる。これは、盛長が挙兵前から頼朝に近侍していたこと、(30)伊東一族中で祐清が最も親頼朝的であったことをも、(31)矛盾なく説明出来る。一方、祐清の戦死が寿永二年(一一八三)五月より、義信との結婚はそれ以後となる。朝雅の生年は不詳であるが、北条義時嫡男の泰時が、将軍頼朝御前にて十三才で元服し、「頼時」と命名された如く、(32)彼が頼朝猶子として「朝」一字を賜っていることから、

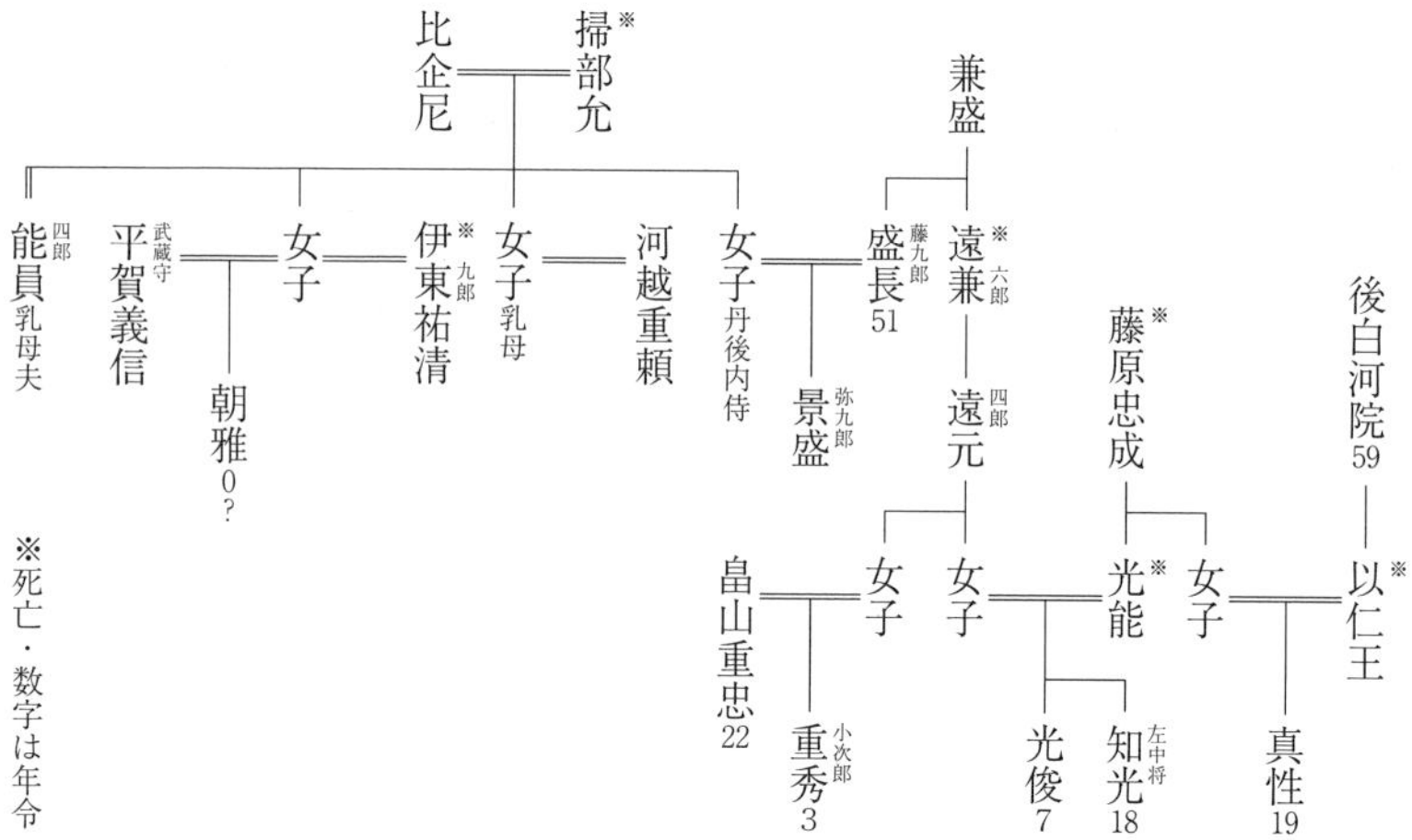

『吾妻鏡』に何らかの記述があって当然である。しかし、彼の初見が頼家の代たる正治二年(一二〇〇)二月二十六日条に「武蔵守朝政」とあることから、欠文たる建久七～九年(一一九六～八)の間に元服したと推定される。従って、彼の誕生は、寿永二年から数年内に、よって結婚はより早く寿永二年にごく近い頃と考えられる。

安達盛長は、頼朝乳母比企尼の婿であった。甥である足立遠元はというと、『吾妻鏡』元久二年(一二〇五)六月十二日条の畠山重忠滅亡記事中に、彼の二男「小次郎重秀年二十三、母右衛門尉遠元女、」とあることから、寿永二年(一一八三)に、足立遠元女と重忠の間に重秀が生まれ、畠山氏と姻戚となっている。

前節での考察をも含めて、以上の足立氏をめぐる姻戚関係を文治初頭年(一一八五)段階で、次に系図化した。かくて、比企氏とその子女は、頼朝・頼家二代の乳母を占め、比企氏と足立氏は姻戚となる。挙兵以後に、比企氏は平賀氏と、足立氏は畠山氏と姻戚となった。かかる、東国武士団の身内関係は、如何なる意義を有していたのであろうか。次節で考えてみたい。

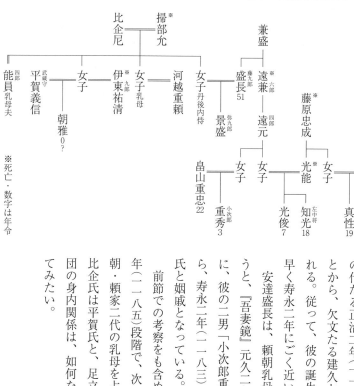

三、武蔵国に於ける足立氏

伊豆流人時代の頼朝は、衆知の如く、乳母比企尼等の庇護を受け、安達藤九郎盛長が近侍しており、洛中の三善康信より中央情勢を通信されていた。前節までの考察による比企・足立両氏の身内関係は、頼朝にとって高い意義を有していた。すなわち足立遠元が、後白河院近臣たる光能と姻戚であり、かつその縁から以仁王にも繋がっているので、この線による京洛との結合は、たんに前中宮少属たる下級官人であった三善康信の線とは異にし、まさしく後白河院政の中枢に直結したからである。従って、定説の如く、比企尼が頼朝の日常生活を扶持していたのは当然であるが、盛長はたんなる日常の近侍というよりも、甥遠元の情報ラインの頼朝への報告者に位置することになり、ここに頼朝は、康信以上に有力な中央情勢へのパイプを保持していたことになる。こうして、比企尼の身内として、足立氏は、京洛貴顕との身内関係により、頼朝にとって有力な支持者たりえたのである。挙兵以前の足立遠元のかような立場を考えれば、石橋山合戦に敗北し、房総半島に再起した頼朝が、上総権介広常、千葉介常胤等を率いて下総・武蔵国境たる隅田川に到着した時、『吾妻鏡』治承四年（一一八〇）十月二日条に「足立右馬允遠元、兼日依受命、為御迎参向」とあるのは、当然の行動といえ、そして十月七日に鎌倉に入った翌日たる八日条に、「足立右馬允遠元、日者有労之上、応最前召、参上之間、領掌郡郷事不可有違失之旨、被仰」とあるのは、『吾妻鏡』で東国在地領主層への本領安堵の初見である。『吾妻鏡』で、東国御家人へ勲功賞として、本領安堵・新恩をなしたのは、十月二十三日条により富士川合戦後、相模国府で北条時政以下二十五名に行ったのが本格的なもので、この中には挙兵以来の安達盛長を別として、武蔵武士は一名も入っていない。そして、武蔵武士が本領安堵されるのは、実に佐竹合戦に勝利し、鎌倉の大倉新造御所に入御した直後の、十二月十四日条である。かく見れば、遠元への安堵が、他の関東御家人に比して、異例かつ急速なことが明白である。「日者有労之」とは、『吾妻鏡』には何の説明もないが、すでに述べて来たことを考えれば、当然といえ、逆にいえば、如何に遠元を頼朝が頼みにしていたかを示すものである。同時に、「領掌郡郷事」とは、足立郡を指すものと考える。それも武蔵七党の分布を見ると、足立郡は事実上の空白となっていることを思う時、郡最大の在地領主として一円領掌に近い状況であったと考えられ、『吉見系図』の「盛長武州足立郡給」とは、実は遠元のことであり、それが本領安堵であったことは、挙兵以前から、足立氏の嫡系が遠元であったことを示しており、これは第一節での考察と矛盾しない。(34)

武蔵国にて足立郡が如何なる位置にあるかを見ると、埼玉県を南北に、北と東を元荒川(旧荒川)、南と西を荒川(旧入間川)にはさまれた、脊柱の如き場を占めており、吹上町を北限に、大宮・浦和両市を含み、東京都のほぼ足立区を南限とした地域である。関東平野中央に位置する大宮台地を中核とした足立郡は、荒川をはさんで、比企郡や河越庄のある入間郡に接している。管見の範囲では、平安より鎌倉中期に至るまで、当郡内に立地する荘園の存在を示すのは、大河戸御厨を除いてなく、それも埼玉郡を中心として、その一部が当郡内に入っていると考えられるので、足立郡が一円国衙領であった可能性が高い。この点からも、遠元への安堵が、足立郡司職であったことは十分にいえる。(35)

衆知の如く、小山氏が累代にわたって下野押領使職・寒河御厨等の所職を領掌したように、足立氏も、遠元の代というよりも、先代より累掌してきたとも考えられる。さすれば、第一節での太田亮氏の足立郡司武蔵武芝裔孫が足立氏であるという説に、蓋然性がないとはいえないのである。従って、桶川市末広二丁目に足立遠元館跡、鴻巣市糠田に安達盛長館跡と伝承される地が存在することは、(36)いずれも足立郡中であり、同族として郡中に出身したことを示唆し、いままでの考察から、逆にこの伝承の可能性が高いといえる。

勿論、郡内の郷村には足立氏以外の在地武士が存在しなかったわけではなかろうが、『吾妻鏡』には少なくとも頼朝期では、郡内に立地する所見のある御家人は足立氏のみである。従って、事実上からも、足立氏は郡一円領掌を果たしていたといえよう。かくて、足立氏は一郡規模の武士団といえ、下野足利郡の藤姓足利氏が、小山氏と比肩する「一国之両虎」(37)とされ、「郡内棟梁」(38)といわれた如く、武蔵国では秩父一党に並ぶべき勢力であったといえよう。

四、武蔵国々衙支配をめぐる比企ファミリー

足立遠元を嫡系とする足立氏の武蔵国に於ける勢力が、隅田川に駒を進めた頼朝にとって頼みになるべき集団であり、真先にその本領安堵をなしたのも、身内関係からしても当然といえる。さて、治承・寿永内乱により成立する鎌倉幕府政権にとって、武蔵国の掌握は必須要件であり、その国衙在庁を支配下におくのは必然であった。それでは、内乱以前に、在庁官人として、国衙行政の中核に存在していたのは、誰であろうや。『吾妻鏡』寛喜三年（一二三一）四月廿日条に、「河越三郎重員本職四ヶ条事、去二日被尋下留守所、自秩父権守重綱之時、至于畠山二郎重忠奉行之条、符合于重員申状」とあり、この「本職」とは、二日条の「武蔵国惣検校職」、嘉禄二年（一二二六）四月十日条の、「武蔵国留守所総検校職被補之、是先祖秩父出羽権守以来、代々補任」に対応したもので、武蔵国留守所総検校職のことであり、そして「四ヶ条事」とは、貞永元年（一二三二）十二月廿三日条に、「国検之時事書等国中文書加判、及机催促加判等事」とあるのに相応している。従って、秩父一党は、重綱以来、重忠に至るまで、武蔵国留守所総検校職と、その職務たる国文書加判権を含む四ヶ条の権能を、累代継承していたのであり、相模の三浦氏や下野の小山氏等と同等な在庁官人であった(39)。それ故に挙兵当時に、在庁官人の最右翼に位置していたのが秩父一党であることは明らかであ

る。

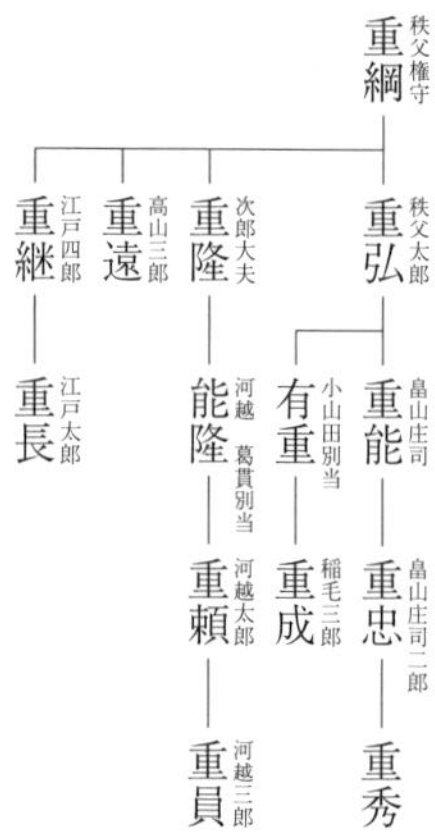

ここに秩父一党の系譜を略記してみる。これを見るに、重綱から、重弘、重能、重忠へと、単純に継承された如く考えられるが、そう簡単ではなかろう。武蔵国は、永暦元年（一一六〇）に平知盛が国守となって以来、平氏が一貫として国務を掌握しており、治承四年（一一八〇）段階では、彼が知行国主である。[40]又、頼朝に呼応して起った相模三浦一党に対して、武蔵武士を動員して、三浦の統領の義明を敗死させたのが畠山重忠を筆頭とした秩父一党であったことは、衆知のことである。いわば、頼朝が隅田川に達した時、武蔵国はまだ頼朝陣営ではなかった。そこで、足立遠元の参陣と共に貫達人氏の述べる如く、[41]治承四年十月四日の畠山重忠、河越重頼、江戸重長の帰参が、武蔵国を反平氏へと決定的に転回させた。当然、ここで頼朝は蹶起当初の平氏知行国の伊豆国目代平兼隆を夜討して、その支配を奪取した如く、平氏支配下の武蔵国衙在庁を、己が支配下に置かんとすることになる。『吾妻鏡』によると十月六日に相模国に入り、翌七日に鎌倉入りしている。そして、五日条に、「武蔵国諸雑事等、仰在庁官人並諸郡司等、可令致沙汰之旨、所被仰付江戸太郎重長也」とあるのは、武蔵国衙が府中市にあったことから、隅田川より一日行程で矛盾なく、まさに、この日に頼朝が国衙に入城し、国務を簒奪したことを、如実に示している。さらに、系図を見ればわかるよう、

秩父一党で重長が「四男」家ではあるが、重忠等に比較して一世代上であり、いわば長老である。そして、八月廿六日条に、「重頼於秩父家、雖為次男流、相続家督」とあることから、重綱以来の総検校職は、平氏政権下では重頼であったと考えられる。次いで、隅田川に陣を張った頼朝が、遣使して重長の帰降を誘った九月廿八日条に、「重能、有重、折節在京、於武蔵国、当時汝已為棟梁、専被恃思食」と述べたことを考えると、いわば秩父一党嫡流であり、かつ衣笠城攻略の最高責任者でもある畠山重忠や、平氏政権下での在庁官人であった重頼を、ともあれその立場上から平氏政権下での責任ある職務より外し、長老である庶流の重長を、在庁の責任者に据えることのよって、新体制を発足させたといえよう。

かくして、佐竹攻撃に武蔵武士を動員し[42]、合戦の劫火によって、鍛えあげることで、「御奉公」を実証させたといえそれが前節での十二月十四日の本領安堵によって、「安堵」として結実し、ここに武蔵在地領主層が、多く頼朝の御家人化するのである。勿論、全武士団が頼朝の旗下に入ったわけでなく、著名な斎藤実盛の如く、平氏方として戦死してゆくものもあり、又平氏より「木曾殿」源義仲の麾下に変遷していった秩父一党も渋谷重助の例もあり[43]、個別の武士を見れば、その立場によってより良き武家棟梁の下に走ってゆくのは当然である。だが、武蔵国をトータルとして見れば、「鎌倉殿」源頼朝の実力支配下といえる。

このようにして武蔵国を掌中にした頼朝は、「鎌倉殿」として関東に簒奪者政権を樹立していった。かくて、養和元年（一一八一）二月に、足利義兼と北条時政女を、加賀美長清と上総権介広常女が、頼朝の手によって婚姻した如く[44]、第二節で考察したよう、畠山重秀が寿永二年（一一八三）生であることから、足立遠元女と畠山重忠の婚姻は、挙兵後の養和・寿永（一一八一・二）段階といえようし、そこに頼朝の意志が働いていたと思われる。これは、武蔵雄族の秩父一党嫡流と足立氏嫡系とを身内関係にする、重大な政治行為といえる。ここに、比企尼と、足立氏、河越氏との姻戚関係を、さらに強化することにもなり、少なくも、比企尼を要石に、比企氏・足立氏・秩父一党を結ぶ身内関係の環が、武蔵国に位置したのである。まさに、従前の平氏方たる衣笠城攻略最高責任者の重忠は、頼朝近臣として、寿永元年(一一八二)には入ると、新登場するのである。(45)

治承・寿永内乱前期たる寿永二年(一一八三)七月の源軍第一次上洛以前では「謀反人」として、文字通りに関東を簒奪した「鎌倉殿」頼朝は、武蔵国支配を、乳母比企尼を要石とした、武蔵武士の比企・足立・秩父一党の身内関係を基礎として成立させ、当初の在庁責任者とした重長より、秩父一党中で、重忠が頭角を出してくることとなる。

元暦元年(一一八四)正月の源軍第二次上洛、「木曾殿」源義仲敗死、「甲斐殿」一条忠頼誅殺と続く、甲斐信濃源氏連合の解体により、「鎌倉殿」源頼朝は、源家棟梁の筆頭に完全に位置した。(46)そして、六月五日、頼朝は武蔵国知行国主となり、国守に信濃源氏平賀義信が申任されたことは、衆知のことである。この義信は、第二節で述べた如く、前年にごく近い時期に、比企尼女で伊東祐清後室と結婚している。甲斐信濃源氏連合より離脱して、頼朝の旗下に入ったのが、前年春であると、彦由一太氏が述べていることを考えても、(46)この除目と両者の婚姻が密接な関係にあったと思われよう。義信は単なる名国司ではなく、国衙で国務を執行した。(47)従って、ここにも、武蔵国衙行政の最高責任者たる義信も、比企尼身内となるのである。かくて、鎌倉幕府成立期に於ける武蔵国衙支配は、基本的には比企尼ファミリーと称することの出来る身内集団によって、担われるのである。第二節に掲示した系図は、武蔵国支配の根幹であった。この中から、文治元年(一一八五)十一月の源義経失脚に縁坐して、河越重頼が誅されるのを(48)を除くと、それ以降へも継続してゆく。

『吾妻鏡』文治四年(一一八八)四月九日条に、「下向奥州之官使国光等(中略)、今日已参着鎌倉、宿次雑事等、有官宛文、仍守其旨、無懈怠之儀、可致沙汰之由、被仰重成、重忠、重長等」とあり、沙汰を命じられたのが秩父一党の三人であることから、「宿次雑事」とは、鎌倉内のことではなく、奥州下向の途上に当る武蔵国に関すると考える。従って、宿駅の整備や将軍上洛の宿次の主要負担者として、宿駅行政の責任者が守護であるとの佐藤進一氏の説(49)を考えれば、重長が前述の如く、国衙在庁での諸事沙汰をなしたことから、重頼誅殺後、在庁支配に畠山重忠等が主要な役割を果たしたことを示している。又、平氏政権下での重頼の総検校職も、前述の河越重員の申状の如く、秩父一党嫡流たる重忠の手に委ねられたといえよう。

文治四年(一一八八)七月十日、頼朝嫡子の万寿(頼家)が七才にて着甲始儀を挙行するが、『吾妻鏡』同日条に、

次若公出御、武蔵守義信、乳母夫、比企四郎能員、乳母兄、奉扶持之、(中略)三浦介義澄、畠山次郎重忠、和田太郎義盛等奉扶乗、(中略)三度打廻南庭下御、今度、足立右馬允奉抱之、(中略)次於西侍有盃酌、二品出御于釣殿西面、上母屋御簾、武州所経営也、

とある。この儀式に於いて、主要な行事を奉仕した人々は、注目すべきものがある。とりわけ、頼家の出御から、甲姿で騎上し、次いで降りて、最後に大倉幕府釣殿西面での酒宴となる。このすべてに於いて登場するのは、源家一族たる平賀義信を筆頭に、有力御家人である。すなわち、頼家出御の両脇に扶持するのは、武蔵守平賀義信と比企能員、乗馬を補佐するのは、相模三浦一党の三浦義澄・和田義盛(侍所別当)と秩父一党嫡流の畠山重忠、馬上より降りるのを補佐するのは、足立遠元、最後に酒宴の経営は、義信である。いずれも、錚々たる面々であるが、三浦一党を別とすれば、すべて比企尼を要石とした武蔵国の身内関係の環を形成する顔触である。勿論、義信や能員が乳母夫であったという、頼家乳母集団としての側面も有しているが、これが同時に、比企ファミリーを重なっていることに注意すべきである(50)。武蔵国守(国務)たる平賀義信、総検校職として在庁官人の最右翼たる秩父一党嫡流の畠山重忠、足立郡司として秩父一党に次ぐ足立氏嫡系の遠元、そして比企尼猶子として比企氏代表たる能員、といずれもが武蔵国に主要

な位置を占めている。かく見れば、着甲始儀の以上の奉扶者はまさしく、当該期の武蔵国々衙支配体制を反映したものといえ、かつそれが比企ファミリーと等値されるのだ。

治承・寿永内乱に勝利し、鎌倉幕府政権を成立させた源家棟梁「鎌倉殿」頼朝の武蔵国支配は、知行国主として、その簒奪した国衙指揮権を完全に京洛政権に追認させ、源家一族たる信濃源氏平賀義信を国司として国務を掌握させ、在庁の責任者として秩父一党の畠山重忠を配置し、建久四年(一一九三)の丹・児玉両党の騒動に、彼が鎮定を命じられたように(51)、武蔵七党に代表される中小在地領主の統制をなさせ、これに加えて、郡司級の有力御家人たる足立遠元と比企能員に補完させる、という構造となっていた。そして、以上の構成者が、頼朝乳母比企尼を要石とした身内関係の環、すなわち比企ファミリーをなし、同時にこれが次代頼家の乳母集団たりえたのである。

頼朝期の武蔵国支配構造がかくあれば、北条氏が頼朝薨後に、其の覇権を樹立するためには、武蔵国支配が幕府成立の必須要件であったことからして、比企ファミリー的支配構造に対して、その一員として頂点を占めるか、逆に打倒しなければならない。しかも、これが頼家乳母集団でもあったことは、後者の道が、頼家打倒へとつながるのは、必須であろう。ここに、後年の比企氏の乱、修善寺の悲劇、二俣川合戦への道が開かれている。

五、公文所寄人の史的意義

足立遠元をめぐる武蔵国支配構造の中で、彼の公文所寄人は、如何なる意味を持ったのであろうか。そこで、再び元暦元年(一一八四)の公文所吉書始に於ける、別当・寄人の出身・経歴を確認してみよう。広元、親能、行政、秋家、邦通の五人であり、彼らが右筆として実務官僚の才があったことは、一般に知られているところである(52)。

中原広元は、一般に大江維光男で、中原広季養子として知られたおり、嘉応二年(一一七〇)に権少外記、翌年に少外記に昇任して、『玉葉』承安二年(一一七二)六月七日条等にも外記としての活動が見られ、局務中原氏の一員として、その練達者といえる。(53)藤原親能は、中原広季男で、藤原光能猶子であり、幼少時には相模で生育し、頼朝とも面識があり、前斎院次官であった。(54)藤原邦通は、出自は不詳であるが、『吾妻鏡』治承四年(一一八〇)六月廿二日条に、「大和判官代邦通右筆」と、八月八日条に、「洛陽放遊客也、有因縁、盛長依奉中、候武衛」とあることよりで、京洛貴顕家の下家司の経歴を有していたといえる。

以上の三人には共通項がある。というのも、邦通が東下して、盛長を直接に頼ったというよりも、盛長と遠元との関係からして、洛中に強力なパイプを有した遠元を頼みにしたと考えるほうが自然といえ、それが「因縁」といえよう。従って、邦通は遠元より盛長を経由して、頼朝右筆となったといえる。一方、第一説で述べた如く、遠元は藤原光能と身内関係にある故、親能と遠元も藤原光能の身内である。さらに、たとえ血が繋がっていないとしても、当該時には、親能、広元は共に、中原光季息として九条兼実が認識していたように、(55)兄弟の縁があり、これが広元の鎌倉入りの前提でもある。従って、広元、親能、邦通の三人は、いずれも足立遠元に結節点を有していた。

秋家は、序言で述べた如く、甲斐源氏棟梁一条忠頼家人であった。他方、行政は、裔孫が政所執事を独占する二階堂氏の祖として知られているように、通説では単なる京下官人としてのみ思われている。だが、『吾妻鏡』には、元暦元年(一一八三)八月廿四日条で、三善康信と共に公文所立柱奉行として、彼が突然に初見することは、秋家が、六月十八日条で、一条忠頼誅戮直後に召出されるのに比較しても、遅いのであるし、寄人中、最も初見の遅い人物である。この唐突な登場は、彼の前歴を暗示するものではなかろうか。

行政は、治承四年(一一八〇)正月の県除目で、主計寮修造成功として寮奏により、主計允に任官した。(56)康信の如く、裔孫町野・太田氏が問注所執事として幕府重鎮となり、同様な二階堂氏と共に、『吾妻鏡』編纂に加わっていたと考えられている故、(57)京下官人ならば、彼の鎌倉入りの日時が康信と同様に記述されてよいのでなかろうか。(58)そこで彼の出自を考えると、彼の祖父維行以前は、諸系図により異同があって確定するものがないが、『尊卑分脈』第二篇五〇二頁により、南家乙麿流工藤氏族となる。従って、伊東、工藤、宇佐美、狩野、天野、入江、岡部、吉川、船越等の伊豆・駿河・遠江等の駿河湾域に広く分布した工藤一族の一員となる。以上の氏族が、鎌倉御家人として、多く『吾妻鏡』に所見するところは、鎮西奉行として衆知の、天野遠景に見られるところである。遠景は、挙兵当初に参加していたにも拘わらず、元暦元年（一一八四）六月十六日条の、一条忠頼の鎌倉営中誅戮の仕手として再登場するまで、養和元年（一一八一）以後は所見しないのである。この『吾妻鏡』上での彼の所見の特異点を、すでに彦由一太氏は指摘されているが、挙兵時の彼について、「双方（筆者注、甲斐源氏及鎌倉殿）の『武家棟梁』に『二俣』をかけて仕えることが出来得る『海賊兼山賊』（海軍陸戦隊的ゲリラ）の頭目であった」と評価されている。(59)この指摘は示唆に富むものであり、行政が一説では、「本者号白波四郎左衛門尉」(60)と称されたのが注目されよう。「白波」とは、治承五年（一一八一）四月十日付肥後住人菊池高直追討宣旨に「海路設白波之賊徒、陸地結緑林之党類」とあるまでもなく、山賊たる「緑林」に対比される、(61)海賊を示す言葉である。しかも、忠頼誅戮後の初見から、それ以後も健在な遠江守安田義定のもとではなく、秋家と同様に、忠頼の右筆であった可能性が高い。こうしてみると、行政、秋家は、甲斐源氏棟梁の旗下より、鎌倉殿頼朝へと転進した輩といえる。

以上の如く見れば、公文所寄人の性格が見えてこよう。元暦元年（一一八四）正月の「木曾殿」源義仲、六月の「甲斐殿」源忠頼の滅亡に代表される、甲斐・信濃源氏連合の解体に伴い、鎌倉殿権力は東国に於いて、絶対的優位を勝ち得た。その体制の中で成立した公文所とは、第一に、解体した中部日本軍事ブロック（甲斐・信濃源氏連合）の内部に精通した行政・秋家を寄人に引抜くことにより、逆にその旗の下に結集した在地諸勢力への、行政的な切込隊としての意義を有している。第二に、武蔵豪族の足立遠元に代表されるよう、武蔵武士団の掌握に力点があり、同時に、その身内たる親能が相模に生育した如く、相模武士団への目配をしており、関東の中核たる武・相武士団掌握を目的としている。そして、第三に、足立氏の縁者たる局務経験者として、練達した行政官僚であった広元を別当に据えることで、行政機関としての実務執行能力に万全を期したのである。かく、公文所寄人は、甲斐グループとでもいう行政・秋家と、足立グループとでもいう遠元・広元・親能・邦通の、異なる二つの出身者より構成されている。しかも、その任命はたんなる官僚としての前身による以上に、当該期の政治情勢を考慮したものであることは、すでに述べたとおりであり、まさしく公文所の成立は、甲斐・信濃源氏連合の解体に連接して、たんなる鎌倉殿頼朝の一家政機関の創設以上の史的意義を有したといえ、鎌倉幕府政権成立史上の劃期たりえよう。

結語

元暦元年(一一八四)十月の公文所吉書始での寄人を出発点に、足立遠元をめぐる系譜を、『尊卑分脈』や『吉見系図』の分析を通して見て来た。その結果、足立氏は武蔵国の雄族として、遠元が京洛貴顕の後白河院近臣たる藤原光能と身内関係にあり、比企尼を要石とした、足立・比企・秩父一党の身内関係の環、すなわち比企ファミリーの一員であった。この比企ファミリーが、挙兵当初に於いて、関東を簒奪した「鎌倉殿」軍権での武蔵国支配を構成する存在となった。そして、甲斐・信濃源氏連合の解体の中で、これより「鎌倉殿」源頼朝へ鞍替した信濃源氏平賀義信を、ファミリーに繰込んで、知行国主源頼朝、国義信・在庁畠山重忠なる支配構成が形成され、ここに比企ファミリー的武蔵国支配体制が確立した。

一方、公文所寄人の分析を通して、寄人の構成は、甲斐グループ「行政・秋家」と、足立グループ「遠元・広元・親能・邦通」との、出縁を異にする二ケ集団よりなっている。前者は、解体した中部日本軍事ブロックへの行政的配置であり、後者は、関東支配の根幹たる武・相武士団へ相応するものであり、通説の如き、たんなる京下官人による実務官僚集団としての家政機関に、止まらない意義を有していたといえ、鎌倉幕府政権成立史上の劃期たりえた。そして、武蔵国支配と公文所成立のいずれにも、足立遠元が存在し、両者の結節点たりえたことは興味深い。

ここで、若干の問題が残る。というのは、六波羅平氏政権期には、平知盛の知行国であった武蔵国は、平氏都落たる寿永二年(一一八三)六月より、頼朝の知行国化した元暦元年(一一八四)六月までの間が、空白となっていることである。この点に関して、筆者は全く触れてこなかった。だが、ここに武蔵守として、甲斐源氏棟梁一条忠頼が存在したとの説がある。(62) この説の最終的正否は、当該期の全政治状況の中で考察せねばならず、ここでは詳論しないが、ともあれ正しとすれば、平氏政権より頼朝との間に、甲斐源氏一条忠頼の国守が入ることになる。よって、甲斐・信濃源氏連合の解体なくして、頼朝の武蔵国支配は完成することは出来ない。寄人の甲斐グループは、すなわち一条忠頼右筆であり、足立グループは、すなわち武蔵国関係であったのであるから、結局のところ、甲斐・信濃源氏連合の解体を鏡の表とすれば、武蔵国支配をめぐる状況は鏡の裏となっているのだから、従って、寄人の二つのグループは、全く別個の無縁なものではなく、鎌倉殿源頼朝権力にとって、表裏一体なものである。武蔵雄族たる足立遠元も、かかる意味での寄人の要たりえよう。

最後に、遠元や盛長が、治承・寿永内乱中、『吾妻鏡』では、畠山重忠や比企能員が西国へ出戦した記事があるのと異にし、かかる所見がなく、鎌倉内での活動が主体であるといえることは、彼ら足立氏の軍事力が、出陣した秩父一党に比して、武蔵国内の押であり、鎌倉内での頼朝親衛隊であったことを窺わせることを、指摘して筆を終えたい。

註

(1)『吾妻鏡』元暦元年十月六日条。
(2)『吾妻鏡』元暦元年六月十八日条。
(3)太田亮氏、『姓氏家系大辞典』第一巻一九六三年角川書店頁一一二〇。
(4)安田元久氏、『鎌倉幕府』一九六五年人物往来社頁二六八。
(5)『吾妻鏡』建久元年十二月十一日条。
(6)『吾妻鏡』建仁三年十月十日、建保四年三月廿六日、承久元年正月廿七日、七月十九日条等。
(7)『吾妻鏡』安貞二年七月廿三日、建長四年四月十四日、弘長三年八月九日条等。
(8)『公卿補任』嘉暦元年条。
(9)『明月記』嘉禄三年正月八日条。
(10)拙稿Ⅰ、「仁治三年順徳院崩御と六月関東政変(Ⅲ)」四、北条諸流と有力御家人『政治経済史学』第九十一号一九七三年八月。
(11)安達盛長に関しては、八幡義信氏、「鎌倉幕府における安達盛長の史的評価」『神奈川県立博物館研究報告』第一巻三号一九七〇年三月。
(12)『尊卑分脉』第二篇頁二八六。
(13)『平治物語』上・信西の子息尋ねらるる事付けたり除目の事併びに悪源太上洛の事(岩波古典文学大系版頁一九六)等。

(14)『公卿補任』寿永二年(一一八三)条により、五十二才で出家薨去した故。
(15)『明月記』嘉禄三年(一二二七)正月六日条により、その前年に五十九才で卒去した故。
(16)『公卿補任』建長元年(一二四九)条で、七十一才で出家した故。
(17)「熊谷直之氏所蔵梵網本疏日珠抄裏文書」安達泰盛乱自害者注文(『鎌倉遺文』第二十一巻一五七三四号)。
(18)『吾妻鏡』元暦元年六月一日条。
(19)『玉葉』治承三年十一月十七日条。
(20)『明月記』嘉禄三年正月八日条。
(21)『尊卑分脉』第一篇二八八頁。『天台座主記』六十七世真性(第一書房版一九七三年頁一三六)に建仁三年(一二〇三)に三十七才で座主に就任した故。
(22)朝河寛一氏、「島津忠久の生ひ立ち」『史苑』第十二巻四号一九三九年七月。
(23)同上頁二八八・九三。
(24)『延慶本平家物語』第三末・十三実盛打死スル事(白帝社版頁五八一)。
(25)朝河寛一氏、註(22)前掲論文頁二八八。
(26)『吾妻鏡』治承四年十二月廿日、寿永元年正月三日、建久二年三月四日条等。
(27)朝河寛一氏、註(22)前掲論文頁二八四~九四。
(28)朝河寛一氏、註(22)前掲論文に於いて、忠久に関する『吉見系図』の記載を詳細に論証して、その誤謬たることを確証させ、かつ源頼朝落胤伝説をも明瞭に否定されており、氏の論証は確かといえる。
(29)『愚管抄』巻第六順徳(岩波古典文学大系版頁三〇五)。

(30)『吾妻鏡』治承四年六月廿四日条。
(31)『吾妻鏡』寿永元年二月十五日条。『延慶本平家物語』第二中・卅八兵衛佐伊豆山ニ籠ル事(頁三五八～九)。
(32)『吾妻鏡』建久五年二月二日条。
(33)『山槐記』応保二年(一一六二)二月十九日条により、二条帝中宮藤原育子(忠通女)の少属に、右少史として兼官した三善康信は、十月廿八日条で、「史」として叙爵している等、三善氏出身者として、官務方の下級官人層に属しておる。おそらく、挙兵直前には、『吾妻鏡』治承四年六月十九日条に、「散位康信」とあるよう、前少史太夫であったといえる。
(34)八代国治・渡辺世祐氏、序言前掲書附図参照。
(35)『吾妻鏡』元暦元年正月三日条に、「武蔵国埼西足立両郡内大河土御厨」と見える。この大神宮領大河土御厨の四囲を決定出来る史料はない。建保元年五月十七日条に、「御厨内八条郷」とあるが、これは現在の八潮市に当り、旧埼玉郡南限として綾瀬川と元荒川に東西を囲まれ、西に旧足立郡と接している。江戸時代では、足立、埼玉両郡の郡境は、綾瀬川であった。しかるに本稿中では元荒川を郡境の如く記している。というのも中世に於いては、旧荒川の河道は一定せず、元荒川より綾瀬川の間で河遷を繰返していたと考えられており、この意味で、両郡の鎌倉初頭に於ける郡境を現在地名・河川名で確定しえない。従って、もし綾瀬川を郡境とすると、八条郷は埼玉郡中であり、大河土御厨について、吉田東伍氏が、「埼玉を本として、足立郡へも渉りて」と述べたこと(同氏、『増補大日本地名辞書』第六巻坂東一九七〇年冨山房頁五三〇)が妥当なところである。
(36)『新編武蔵風土記稿』(第五巻一九六九年復刊頁七六七、頁八七七)。なお、稲村坦元氏、序言前掲書一六二頁によると、遠元館跡と称する地には、小石祠があり、「神明宮、建久三歳城主足立右馬允建之、文化六巳歳再建、府川甚右衛門義重」と刻んである。さて、足立盛長の鎌倉甘縄亭の近くには、伊勢別宮甘縄神明社があり、現存している(八幡義信氏、註

(11)前掲論文)。又、『新編武蔵風土記稿』によると、遠元館跡地たる桶川宿の鎮守は神明社であり、盛長館跡地たる糠田村にも神明社がある。かく、足立遠元・安達盛長には神明社が関係していると考えられ、かの小祠には蓋然性があるといえよう。

(37)『吾妻鏡』養和元年閏二月廿三日条。

(38)「吾妻鏡」養和元年九月七日条。

(39)竹内理三氏、「在庁官人の武士化」『日本封建制成立の研究』一九五五年吉川弘文館所収。

(40)拙稿Ⅱ、「治承・寿永内乱期に於ける国衙指揮権」(近日発表予定)。

(41)貫達人氏、人物叢書『畠山重忠』一九六二年吉川弘文館。

(42)『吾妻鏡』治承四年十一月四日条の常陸金砂城攻に、熊谷直実と平山季重が所見する。

(43)『吾妻鏡』文治元年四月十五日条。

(44)「吾妻鏡」養和元年二月一日条。

(45)『吾妻鏡』寿永元年正月三日、四月五日条。

(46)彦由一太氏Ⅰ、「甲斐源氏と治承寿永争乱」『日本史研究』第四十三号一九五九年七月。同氏Ⅱ、「治承寿永争乱推進勢力の一主流」『国学院雑誌』第六十三巻十・十一号一九六二年十・十一月。

(47)佐藤進一氏、『増訂鎌倉幕府守護制度の研究』一九七一年東京大学出版会頁六二一。

(48)『吾妻鏡』文治元年十一月十二日、三年十月五日条。

(49)佐藤進一氏、註(47)前掲書頁四〇～四。

(50)義信、能員、重頼と、比企尼ファミリーに属する以外に、頼家乳母夫としては、梶原景時が知られている(『愚管抄』巻第六順徳（岩波古典大系版頁三〇一）。
(51)『吾妻鏡』建久四年二月九日条。
(52)目崎徳衛氏、「鎌倉幕府草創期の吏僚について」『三浦古文化』第十五号一九七四年五月参照。
(53)『尊卑分脈』第四篇頁九七。
(54)拙稿Ⅲ、「鎌倉幕府公事奉行人藤原親能考」（近日発表予定）。
(55)『玉葉』治承四年十二月六日、寿永三年二月一日、承安二年六月七日・寿永三年三月廿三日条。
(56)『玉葉』治承四年正月廿八日条、『除目大成抄』巻第七（『新訂増補史籍集覧』別巻一所収頁四五〇）。
(57)八代国治氏、『吾妻鏡の研究』一九一二年吉川弘文館頁七五。
(58)康信の鎌倉入りは、『吾妻鏡』元暦元年（一一八四）四月十四日条。
(59)彦由一太氏Ⅲ、「十二世紀末葉武家棟梁による河海港津枢要地掌握と動乱期の軍事行動（中）」『政治経済史学』第百号一九七四年九月。
(60)『二階堂系図』（『続群書類従』第六輯下系譜部所収）。
(61)『吉記』治承五年四月十四日条。
(62)『大日本史』巻三百八十一・表第十二国郡司三の武蔵国には、「一条忠頼　寿永三年六月見、尋為頼朝所被誅」と、平賀義信の前に一条忠頼を挙げているが、出典はない。又、彦由一太氏も、武蔵守一条忠頼説を出しているが、残念ながら論証は別稿によるとして未発表であり、ただ『尊卑分脈』を重要な出典たりえることを示している（同氏Ⅰ、註(46)前掲論文）。

(『政治経済史学』第百五十六、七号一九七九年五月、六月所載)

第二節　武蔵武士足立氏の系譜再論

序言

筆者は、先年、『尊卑分脈』の考察を通じて、武蔵武士足立氏の系譜に関して、足立左衛門尉遠元と安達藤九郎盛長が同族で甥・叔父関係にあることを、拙稿Ⅰに於いて論証した(1)。同時に、拙稿Ⅰで、鎌倉幕府成立期に於ける足立遠元が、一つには後白河院近臣藤原光能と身内関係にあり、挙兵以前の源頼朝の情報ルートたりえたこと、一つには比企尼を頂点とする比企ファミリーの一員として武蔵国支配を構成する存在であること、一つには元暦元年(一一八二)の公文所寄人構成が解体した中部日本軍事ブロックへの行政的配置(甲斐グループ)と武相武士団への対応的配置(足立グループ)からなり、遠元が後者の立場であることを、明らかにした。

しかるに、細川重男氏は、遠元と盛長とが同族ではなく、盛長が三河国宝飫郡小野田荘を名字の地とする小野田氏とされた(2)。しかし、拙稿Ⅰをあげながら、拙稿の考察への反証なしに結論をえられている。その後、拙稿Ⅰに触れず細川氏の論を引いている論考もあり(3)、改めて、遠元・盛長の系譜に関して、再考する必要があると考える。

一、『尊卑分脈』にみる足立氏

安達・足立氏の系図は、『尊卑分脈』第二篇左大臣魚名公五男伊勢守藤成孫（二八四～二八九頁）と、兵庫県丹波市足立九代次氏所蔵「足立系図」（『新編埼玉県史』別編4年表・系図一九九二年埼玉県六八～七二頁）との二種類がある。拙稿Ⅰでは後者は触れてこなかったので、今回は両系図を考察の対象として、足立・安達氏の系譜の再検討を行う。ここでは考察の関係から、重複するが拙稿の考察も繰り返すことにする。(4)

両系図は足立・安達氏の出自を共に藤原氏とするが、『尊卑分脈』は魚名・山陰流、「足立系図」は冬嗣・高藤流として、異にしている。まず『尊卑分脈』であるが、相任・相継・相国の三代は、国司の傍註を持ち、「相」の通字を有しており、相国と国重は、「上野掾」「下野掾」とあり、「国」の通字があることから、以上四代の系譜の連接は、有効性を保持している。これに比して、国重、兼盛には、何の通字もなく、兼盛は無官の「小野田三郎」と称するのみである。この点、彼が国重の実子として土着したのか、在地豪族が、国重との婚姻関係等で、養子関係に入ったのか、いずれとも判断出来、ここで『尊卑分脈』のみを根拠として、足立氏が山陰流とはいえない。

次いで、「足立系図」であるが、高藤孫朝忠までは『尊卑分脈』と同一記述で、信頼性があるが、その子資忠に関しては『尊卑分脈』等に一切の記述がなく、信頼性に欠ける。(5)すなわち、両系図から足立・安達氏が藤原氏の出自とは明白にいえず、不確かといえる。従って、太田亮氏が、遠元が武蔵国造の裔で、『将門記』に見える足立郡司武蔵武芝裔孫とされ、(6)これを受けて、安田元久氏が、『尊卑分脈』は信用出来ずとし、結局のところ出自不明であるとされているのが諸先学の見解なのである。(7)筆者もこれを支持する。

（『尊卑分脈』第二篇二八四〜九）

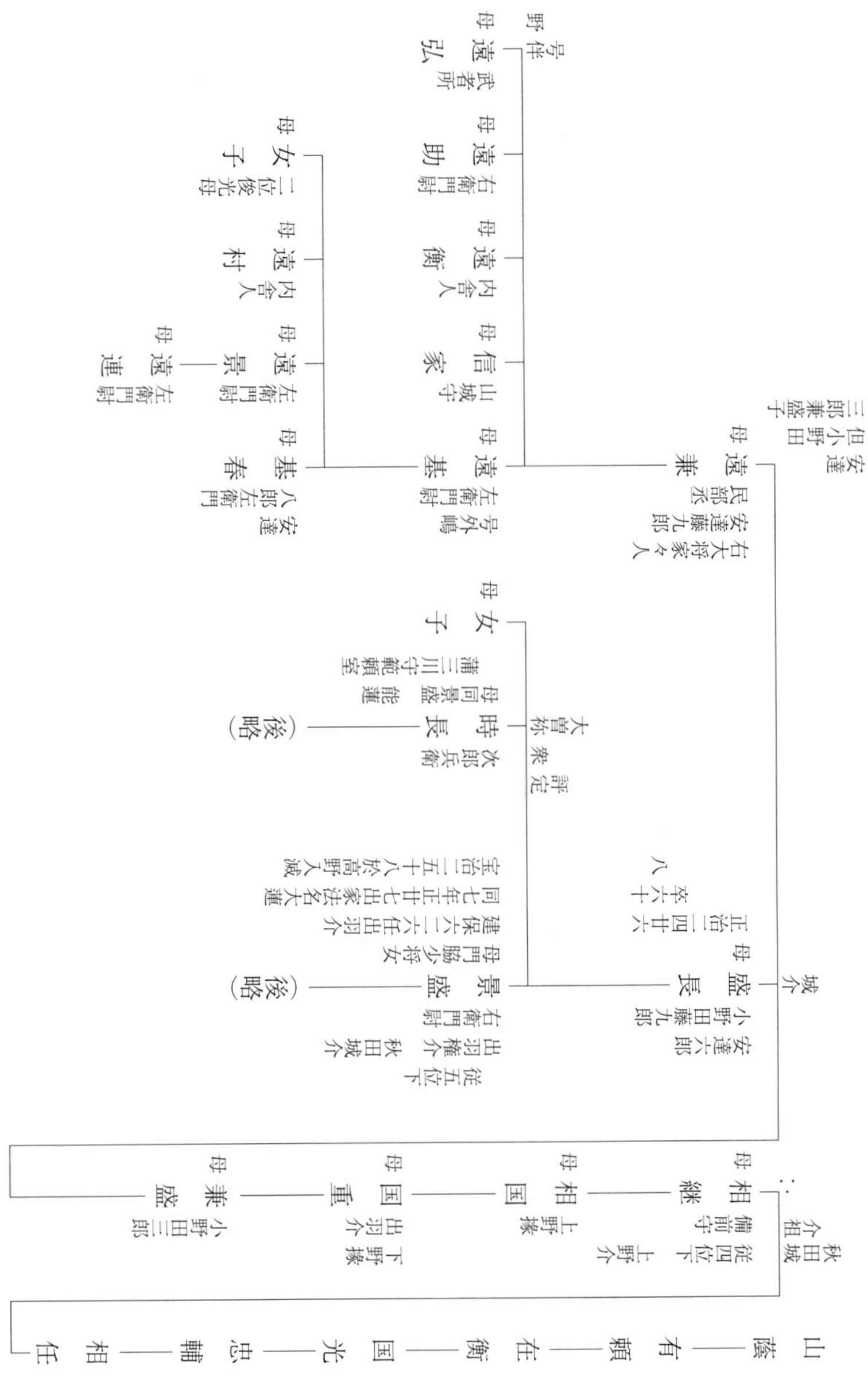

さて、まず『尊卑分脈』について検討してみることとし、関係部分を載せておく。この「遠基」を遠元とするのが諸先学である。一方、『吾妻鏡』を見ると、遠元は「足立右馬允」と表記されているが、第一次建久上洛（一一九〇年）で、勲功賞で左衛門尉に任官しており[8]、以後「足立左衛門尉」遠元として一貫して所見する。このことは、『尊卑分脈』の「遠基」の傍註に、「左衛門尉」とあるのに一致する。建仁三年（一二〇三）より承久元年（一二一九）まで所見する足立元春は、「足立八郎」「足立八郎左衛門尉」と表記されており[9]、『尊卑分脈』の基春の傍註、「八郎左衛門尉」と一致する。又、安貞二年（一二二八）より弘長三年（一二六三）まで所見する足立元氏は、「足立三郎左衛門尉」と表記されており[10]、彼に相応する人物は『尊卑分脈』に見えないが、『吾妻鏡』での所見時期から考えて、元春の男子と思われる。従って、『吾妻鏡』に於ける足立氏は、三代にわたって、遠元・元春・元氏と、「元」の字を通字としている。故に、「基」と「元」は同訓の「もと」であることから、『尊卑分脈』の「遠基」「基春」の二代の所見は、『吾妻鏡』の所見「遠元」「元春」と矛盾せず、信用出来る。

ところで、『尊卑分脈』第一篇長家卿孫（二八七〜八頁）に注目すると、参議藤原光能男子、知光の傍註に、「母左衛門尉遠元女」とあり、弟光俊の傍註にも、「母同知光」とあり、知光・光俊兄弟の母は「左衛門尉遠元女」となる。『大友系図』（続群書類従第六輯上系譜部所収）にも、同様な記載があるが、知光に関して、以上の外に母を記すものは管見にない。『公卿補任』によると、元仁元年（一二二四）に非参議従三位に光俊は昇叙するが、彼の尻付に母は記しておらず、その最終官位は非参議従二位である。再び『尊卑分脈』を見ると、「遠基」の「女子」の傍註に、「二位俊光母」とある。国史体系編者の頭註（二八九頁）には、「按上文内麿孫及補任弁官補任俊光母賀茂神主能継女」とあるが、この「俊光」は、『尊卑分脈』[11]第二篇二三七頁にある権大納言日野俊光で、正二位前権大納言として嘉暦元年（一三二六）に、六十七才で死去している。他に公卿となった俊光は存在しない故、時代が合わず、頭註は誤りである。従って、「二位俊光母」が、「二位光俊母」との錯簡とすれば、「遠基」は遠元であり、知光・光俊の母「左衛門尉遠元女」が、『吾妻鏡』での「足立左衛門尉遠元」との記載と『尊卑分脉』の「遠基」と一致するとの前段の考察からしても、足立遠元女子として矛盾がない。この点、知光が嘉禄二年（一二二六）に卒去したことを、藤原定家が記載した中に、「時房妻依親昵僅雖憐愍」とあるのが注意される(12)。というのも、北条時房嫡子の四郎朝直と兄の三郎資時の母は足立遠元女であるから(13)で、定家の記述は傍証たりえる。故に、『尊卑分脉』の「二位俊光母」は「二位光俊母」との錯簡であり、この点からも『尊卑分脉』は信用出来る。

他方、『兵範記』仁安三年（一一六八）八月十九日条に、「山城国司信家」と見えるのが、『尊卑分脉』の「信家」傍註に「山城守」とあるのに、時期的に相応している。以上の如く、『尊卑分脉』の「遠基」、「基春」、「女子」、「信家」に関する記載は、信頼性があり、彼等の系譜関係にも矛盾が見えない。従って、「遠兼」、「遠基」等と、「遠」を通字とすることからも、「遠兼」以下の系譜の信頼性は高いといえる。一方、「盛長」は周知の安達藤九郎盛長で、以後の系譜には信頼性がある(14)。

次いで、『尊卑分脉』で「基春」が「安達」とあり、『延慶本平家物語』第二中・卅八兵衛佐伊豆山ニ龍ル事（白帝社版三五九頁）に、安達盛長が「足立藤九郎盛長」とあることから、「安達」と「足立」は同訓「あだち」故に同訓異字として等値出来る。又、「兼盛」と「盛長」、「遠兼」は、その通字性より、親子関係を認めるものが出来る。以上のことから、少なくも兼盛以下の系譜には信頼性がある。

『尊卑分脉』を検討した結果は、兼盛以後の系譜に信頼性がある。従って、盛長と遠元は同族で叔父・甥となる。しかし、盛長を「安達六郎」とし、遠兼を「右大将家々人安達藤九郎」としており、盛長を嫡系にしているが、『吾妻鏡』では、盛長を「藤九郎」としているのと異にし、それは正しいのであろうか。そこで、遠元、盛長の生没年を考えてみよう。盛長は、正治二年（一二〇〇）に六十六才で死去した故に[15]、保延元年（一一三五）生である。遠元に関しては生没年共に不詳であるが、平治の乱（一一五九年）に参戦して、右馬允に任官したことからして[16]、一人前の武士として成人していたことは明白である。

そこで、遠元と光能との姻戚関係から遠元の年齢を推定してみよう。光能は長承元年（一一三二）[17]、知光は仁安元年（一一六八）[18]、光俊は治承三年（一一七九）の生となる[19]。よって、遠元女と光能の結婚は、治承・寿永内乱以前の仁安元年より前となる。故に、関東より女子が上洛した上での結婚であると考えられるので、洛中貴顕の女子の初婚年令よりも高いと推定され、遠元の年令も、知光誕生時には、少なくとも三十代半には達していたと推定される。とすると、遠元は盛長より年上と考えられる。当然のことながら、遠元の父たる遠兼は、盛長の兄となり、『尊卑分脈』の序列とは逆になる。このことは、前述の両者の傍註が、実は反対であることを示唆している。かくして、遠兼が「安達六郎」、すなわち足立六郎遠兼となる。

では如何にして両者の序列が反対となったか思う時、盛長の子孫が、周知の如く、城氏として景盛、義景、泰盛と、霜月騒動（一二八五年）に至るまで、幕府中枢に位置しえた雄族となったのに比して、遠元の子孫は、『吾妻鏡』に足立八郎左衛門尉元春、足立三郎左衛門尉元氏、足立太郎左衛門尉直元等が御家人として所見するが、その位置は城氏より下位であることからして、霜月騒動で城氏嫡流が壊滅したとしても、同時に足立氏も与同していた故に[20]、鎌倉幕府での両系の力関係が、系図に反映したと考えることが出来る。従って、兄弟の順が逆転して記載され、同時に、遠兼、盛長の「六郎」、「九郎」も逆転して整合させんとしたが、盛長が「藤九郎」と称したことは、『吾妻鏡』や『平家物語』以下にも見られており、公知の事実であったことから、盛長の傍註にも「小野田藤九郎」が記載されることとなったと思われる。かく見て来れば、『尊卑分脈』の兼盛以下の系譜の信頼性は妥当さを持っていよう。

以上、『尊卑分脈』の考察からは、足立氏の真の出自を明確にするものはないが、『尊卑分脈』の兼盛以後の系譜は信頼性があり、足立右馬允遠元は、安達藤九郎盛長を叔父とするが、彼より年上で、「小野田」系の嫡系であるといえよう。

遠元をめぐる系譜が明らかになると、元暦元年（一一八四）六月に鎌倉殿源頼朝が池大納言頼盛の帰洛に当って宴をもようした時、遠元等が「馴京都之輩」として伺候したが[21]、この「馴京都之輩」について、これまでは、単に、大番等で上洛し、京洛の文化風流を嗜んだ関東御家人と解されて来たが、彼にとっては、より重い意味を持っていたといえる。というのも、光能との姻戚関係である。光能は、後白河院近臣として、平清盛の治承クーデター（一一七九年）によって、息男の淡路守知光と共に、参議右兵衛督皇太后宮太夫の三官を解任されており[22]、その知光も、「近臣之一分」とされる[23]。これに加え、光能の妹は以仁王の「妾」として、真性を仁安二年（一一六七）に生んでいる[24]。従って、内乱以前から光能父子は院近臣で、かつ以仁王身内である。これと遠元は姻戚である。遠元は、たんなる東国武士として大番等で京洛を知る以上に、強力なパイプを保持していたのである。ただ、両者が如何なる経緯で結びついたかを、明らかにするものはない。

二、「足立系図」にみる足立氏

「足立系図」は丹波国氷上郡佐治庄（兵庫県丹波市青垣町佐治）に西遷した足立氏庶流の後裔が伝来した系図で、現存のものは江戸時代後期に書写されたと推定できるものである[25]。関係部分を載せておく。これでは冬嗣・高藤流の後裔を足立氏としている。しかし、前節で述べてあるように、『尊卑分脈』と同様に本系図をもって足立氏が藤原氏出自とは明白にいえない。

さて、遠兼と遠元との父子関係は『尊卑分脈』と同様であるが、遠兼以前の父子関係は、資忠・遠忠・定忠・忠兼・遠兼と、いちおう通字性を有して不合理ではない。だが、『尊卑分脈』のそれとは全く名を異にしており、いずれに真実性があるか何ともいいがたいものがある。すなわち、遠兼以前は両系図からは不明といわざるをえないのである。

そこで、遠兼以下について考えてみる。一番注目される記載は、次の遠元の傍註である。すなわち、「号足立、母豊嶋平傔伏(仗カ)泰家女、外祖泰家譲与足立郡地頭職、仍一円知行之、」とあることである。これは『尊卑分脈』にはない記述である。まず遠元の母が武蔵国豊島郡(東京都豊島区)の武士豊島泰家の女子であることである。次いで、遠元の足立郡地頭職は泰家が譲ったものであることである。すなわち、足立郡地頭職は元来豊島氏のものであったことである。前者については遠元の母に関する所見があるのは本系図のみであるから、信用できるかどうかの問題である。後者に関しては、まず豊島氏について考えてみてからである。

豊島氏は桓武平氏良文流の後裔として諸系図に載せられており、異同はあるが武蔵国の雄族秩父氏の分流となっている。治承・寿永の内乱に於いて、石橋山合戦に一敗地にまみれ、再起を期して海を渡り安房国に逃れ、房総半島の雄千葉常胤・上総広常の与力をえて、十月二日、三万余騎と称する大軍でもって武蔵下総国境の隅田川を渡り武蔵国に進出した源頼朝のもとに、泰家の子豊島清光(元)・葛西清重父子とが頼朝陣営に武蔵武士として真っ先に参軍し、同時に、足立遠元が兼ねてからの命を受けたとして参軍した[26]。しかし、勝長寿院落慶供養の供奉人行列に於いて、清光は権守という官位を帯びながらも、息男葛西清重が先陣随兵五番目に列しているのに、先陣随兵(十四人、先頭畠山重忠・最後尾小山朝政)・御後五位六位(三十二人、先頭源頼兼・最後尾足立遠元)・後陣随兵(十六人、先頭下河辺行平・最後尾加々美長清)のいずれにも列せず、その後となる次随兵(東西それぞれ三十人)の西方一番に甘んじていたのである[27]。こ

（「足立系図」）

- 良門 ― 高藤 ― 定方 ― 朝忠（中納言） ― 資忠（実清和御孫貞固親王王子也、朝忠為猶子仍為藤原姓）
  - 遠忠（遠江守） ― 定忠 ― 忠兼（蔵人） ― 遠兼（武蔵国足立郡住） ― 遠元（号足立、母豊島平傔伏泰家女、外祖泰家譲与足立郡地頭職仍一円知行、又鎌倉右大将并右大臣両代武勇之師範也、）
    - 守長（藤九郎）
    - 元春（対馬守　左衛門尉）
      - 遠長（従五位下　杢之助）
        - 基氏（尾張守　右兵衛尉） ― 遠氏 ―（後略）
        - 直元
        - 元義
      - 「親」（朱書）
    - 元重（左衛門尉　号淵江田内） ― 遠清（藤内左衛門尉） ― 元員（三郎） ―（後略）
    - 遠光（五郎先子父死去　母源三位女二条院讃岐守子）
      - 遠春（三角入道ムホンノトキ足立五郎左衛門尉子息又五郎精兵ニ打タル、石見ニテ、）
      - 遠政（号久不田左衛門尉　佐治庄拝領）
        - 政遠（左衛門尉） ―（後略）
        - 遠信 ―（後略）
        - （後略）
    - 遠景（肥後守　号安須吉）
    - 遠村（民部大夫　号河田谷）
    - 遠継（兵衛尉　号平柳）
    - 盛長（藤九郎）
    - 女（畠山次郎平重忠妻也、六郎重保小次郎重末等母也、）
    - 女（修理権大夫平時房朝臣遠江守時直等母也、自父遠元手譲足立領家職者也、）

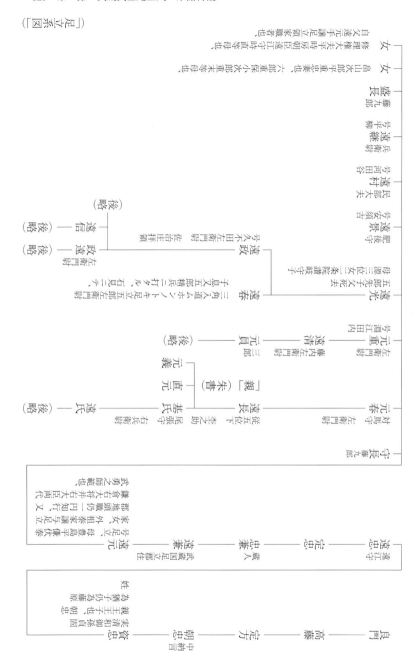

のことは、武蔵国で真っ先に参加したにもかかわらず、最初は敵対して頼朝挙兵の主力たりえた三浦氏の惣領義明を戦死させ、その後に豊島氏に遅れて参軍したことで周知の畠山重忠の下座に位置するという、豊島氏が千葉・三浦・畠山氏等の有力御家人よりランク下に位置づけられていたことを示す。それは豊島氏の実力の反映といってよいだろう。本系図の示すとおりだとすると、名字の地である豊島郡よりも広大な地である足立郡を遠元に譲与しても、豊島氏の所領は足立郡を凌駕していたはずである。とすれば、遠元と同じ最前参加の功があり、実力的にも凌駕していたはずの清光が遠元の下風に甘んじていたこととは矛盾する。本系図の示すところ、すなわち泰家が遠元に足立郡を譲与したという記述は信頼できないとするのが、この矛盾を解決することになる。ともあれ、足立郡の豊島氏から遠元への譲与は否定された。しかし、このことで豊島氏と遠元とが姻戚関係になかったことまで否定されるわけではない。『尊卑分脈』での遠元の傍註に「号外嶋」とあり、これらのことを考えると、遠元が豊島氏と何らかの縁戚関係があったと考えて差し支えないだろう。

次に、遠元の男子として守長、元春・遠光・遠景・遠村・遠継、盛長（元春・遠景・遠村は『尊卑分脈』にも）が記載されており、その傍注に見える「淵江田」・「安須吉」・「河田谷」・「平柳」は足立郡内の地名を示しており[28]、遠元の子孫が足立郡内に分布した反映と考えてよいのである。ただし、遠元子の傍註に見える「対馬守」等の国司表記は、『吾妻鏡』での足立氏の官職表記に一切国司表記がないことからして、信用できない。

『尊卑分脈』では甥叔父関係である遠元・盛長は父子関係となっており、異にしているが、前節での考察から、甥の遠元が年上であり、盛長が遠兼の末弟とすると、遠兼の猶子となったことが誤って遠元猶子とした反映ではないかと考えることも出来る。

次に、佐治庄を拝領したとの傍注のある遠政（丹波足立氏の祖とされる）の父遠光の傍注に、「母源三位女二条院讃岐守子」とある点である。これは摂津馬場源氏の嫡系、源三位頼政（周知のように治承・寿永の内乱の火付け役として宇治川に敗死）の女子で、『百人一首』九十二番の二条院讃岐のことである。ただし、「子」とあるから二条院讃岐の女子ということになる。二条院讃岐自身は葉室流の祖顕隆の孫藤原重頼の妻として重光らを儲けているし、(29)歌人として都で活躍しているから、(30)彼女が遠元に嫁したとは思えない。重頼は妻が讃岐の縁からか、前述の勝長寿院供養では御後五位六位に列している等して、親鎌倉派公家として平家没官領を知行している。(31)とするなら、当該期の女子の表記の通例からすると、「重頼女」とするのが自然なのに、特段の理由もなく女性側、「讃岐子」とするのは不自然である。作為が感じられるのである。ここに、この傍注が本来の系図にあった記載ではなく、後世の追加的なものであると判断する。とすれば、何らかの理由で百人一首で名の通った二条院讃岐をはめ込もうとしたが、時代的に不自然なのでその女子としたと考える。かくして、母云々の記載は信用しかねる。

最後に女子である。二人記載されている。傍註により、一人が畠山重忠に嫁した女子である。『吾妻鏡』元久二年（一二〇五）六月廿三日条に、「小次郎重忠年廿三、母右衛門尉遠元女、」とあり、傍註を裏付けており、小次郎重秀が寿永二年（一一八三）生まれであることが分かる。この時重忠は二十歳であるから、(32)おそらく初婚ではないかと考えられる。すなわち、治承・寿永の内乱の発生後（一一八〇年）、重忠が頼朝麾下に入ってから、武蔵国の有力武士を結びつけるべく頼朝の斡旋のもとに両者の婚姻がなされたと考えるのが至当である。

もう一人が北条時政の子五郎時房に嫁した女子である。三郎資時が正治元年（一一九九）に、嫡男四郎朝直が建永元年（一二〇六）に生まれて、彼等の母が遠元女であることを筆者は論証しているから、(33)本系図の記載は「妻」が脱落したものである。(34)時房は文治五年（一一八九）に十五歳で頼朝御前に於いて元服する。(35)時房長男の時盛は建久八年（一一九七）生まれであるが、その母は不明で、彼は嫡男になれなかったことから、母の出自は低く側室腹と考える。以上のことから、両人の結婚は建久年間にはなされたと推定できる。論証は省くが、その当時の足立氏と北条氏の武士団の実勢力を考えると、[36]この婚姻は足立氏から持ちかけたものというより、北条氏から接近したと考える。

以上見てきたとおり、「足立系図」の傍注記載は女子と名字表記を除き信頼性に欠けるものといわざるをえない。従って、その遠兼以前の系譜に於いても信用できるところではない。

三、治承・寿永の内乱当初に於ける遠元

前節で述べたように、治承四年（一一八〇）十月二日、遠元は武蔵武士として真っ先に頼朝陣営に参軍した。そして、鎌倉に入った頼朝が鶴岡八幡宮に参詣した翌日、八日、遠元は「領掌郡郷事不可有遺失」と武蔵国足立郡を本領安堵されたのである。[37]頼朝麾下の武士たちに本領安堵等の行賞が行われたのは、富士川合戦後の十月二十三日で、これには北条時政・千葉常胤・上総広常・三浦義澄・土肥実平そして安達盛長等が含まれていた。[38]遠元への本領安堵は最初の例なのである。他の武蔵武士への本領安堵は、常陸国の雄義光流の佐竹氏攻撃に一応勝利し、十二月十二日、頼朝が大倉新御所に入御し、鎌倉の地に独立した政権を発足させた直後の、十四日なのである。[39]このようにして見れば、遠元への本領安堵が如何に厚遇であったが理解できよう。

何故に、遠元がかかる厚遇をえたのだろうか。この点に関して、『吾妻鏡』同年十月八日条は「日者有労上、応最前召、参上之間」と記述している。ここで、「労」とは労績のことであり、これは具体的に何だろうか。第一節で述べているように、都の後白河院の近臣で以仁王の身内である藤原光能に娘を嫁がせているという、特別な縁故を遠元は中央に有していた。周知のように、頼朝のもとへは、母が頼朝乳母の妹という縁から、三善康信が京洛情勢を月に三度

も通信していたのである。ここで、遠元の叔父が盛長であることを思い起こしてもらいたい。比企尼の長女婿である盛長[40]は伊豆流罪中の頼朝に近仕していた。とすれば、院近臣の光能は中央の機密を知ることのできる立場にあることから、光能・遠元・盛長のラインは康信以上に中央の機微に接した情報を頼朝にもたらすことが可能であったといえる。すなわち、遠元は頼朝にとって康信以上に有力な中央情勢へのパイプだったといえる。同時に、比企尼の係属の一員(比企ファミリー)として、日頃から頼朝の生活を支えていたと考える。以上が「労」の具体的内容なのである。

「最前」「参上」とは文字通りに武蔵武士として最初に頼朝陣営に参軍したことを意味する。が、それ以上と考える。遠元が参軍した日、同時に豊島清光・葛西清重父子が参軍している。下総国国府(千葉県市川市)から大井川(江戸川)を渡り、武蔵国へと向かわんとする頼朝軍にとって、豊島氏は豊島庄(東京都北区上中里辺等)を名字の地とし、葛西氏は下総国葛西御厨(東京都葛飾区)を名字の地として、その進路を扼していた。そして、彼等の参加に次いで、江戸重長の参加を招き、武蔵国に頼朝が進出し、さらには当初は敵対していた武蔵国最大の豪族畠山重忠以下の秩父氏族が味方になることで、雪崩現象を起こし、南関東を制覇した頼朝が鎌倉に入城したことは周知のことである。このように、清光・清重の参軍は武蔵武士の頼朝軍への参加の端緒となったのである。では、この清光・清重はどうして頼朝陣営に参加したのだろう。もちろん、房総半島を席巻して勢力を拡大させた頼朝軍自身の実力が根本である。事前に頼朝は彼等に接触を図り誘引している[41]。もちろん、これらの頼朝による直接の誘引が清元・清重参軍の要因たることはいうまでもないが、これに力となったのが、豊島氏と縁戚関係を有したといえる遠元ではないかと考える。すなわち、遠元は自ら頼朝軍に加わることを決めるとともに、清光・清重父子とに参加を呼びかけたと考える。「最前・参上」とは、遠元自身のみならず、清光・清重父子を参加させた功績も含まれていたと考える。

以上考えてくれれば、遠元の功績は合戦の場(軍功)ではないが、それに上位する政治的立場から見て他者に抜きんでいたと理解できる。それ故に、彼は真っ先にしかも単独で本領安堵を受けたのである。

四、『吾妻鏡』にみる遠元・盛長関係

『吾妻鏡』に於ける交名記事は鎌倉幕府内での各武士御家人の序列関係、ひいては実力をおおむね反映していると考えることが出来る。そこで、遠元と盛長の両人が同時に所載されている交名記事を見てみよう。文治元年（一一八五）十月廿四日条の勝長寿院落慶供養に於ける交名記事は先随兵十四人、御後五位六位三十二人、次（後）随兵十六人、次随兵六十人とあり、御後が最上位序列で、先随兵・次（後）随兵が次位、次随兵が下位である。遠元は御後最末（三十二位）、盛長は先随兵九位に位置している。すなわち、遠元の序列が盛長に上位しているのは明らかである。同様に、他の交名記事でも遠元は盛長に上位している(42)。

しかるに、文治五年（一一八九）七月十九日条の源頼朝が直卒する奥州攻略大手軍の鎌倉出立交名百四十四人では、盛長が第三十八位、遠元が第三十九位と、他の序列と異なり盛長上位である。そこで、本交名を分析することで、両人の関係を考えてみることにする。

この交名では、武蔵守平賀義信を筆頭に第十位の豊後守藤原季光の後に、北条氏三人（時政・義時・時房）を夾み、第十四位の文士の式部大夫藤原親能を除き、第二十位の加々美太郎長経まで源家御一族（門葉）が続く。武士御家人では第二十一位の三浦義澄がトップである。以後、一部に文士御家人を夾むが、武士御家人となる。次いで三浦義村・佐原義連・和田義盛・和田宗実・岡崎義実・岡崎惟平・土屋義清と、第二十八位までの八人が相模国三浦一族関係である。第二十九位の小山朝政から、長沼宗政・結城朝光・下河辺行平・吉見頼綱(43)と、第三十三位までの五人が下野国小

山一族関係である。次の南部光行と平賀朝信は源家御一族であるが、この位置にあることは彼等が武士御家人待遇ということであろう。第三十六位の小山田重成、第三十七位の榛谷重朝、と武蔵国畠山一族関係である。盛長・遠元の次、第四十位の土肥実平、第四十一位の土肥遠平と、相模国土肥一族関係である。第四十二位の梶原景時から、梶原景季・梶原景高・梶原景茂・梶原朝景・梶原定景と、第四十七位までの六人が相模国梶原一族関係である。第四十八位の波多野義景、第四十九位の波多野実方と、相模国波多野一族関係である。以上のように、ここまでの交名記載は鎌倉幕府を代表する有力御家人一族が連続してまとまって記載されている。当時の軍事編成が一族単位でなされていたことを考えれば、一族関係がまとまって行列し、これが交名記載となったのは当然である(44)。そして、盛長の前は畠山一族の重成・重朝、遠元の次は土肥実平・遠平親子となっており、両人とは異なる氏族である。従って、盛長と遠元のみが別氏族でそれぞれ単独で行列したと理解するより、盛長と遠元が同族であるから連続して記載されていると理解する方が自然であろう。すなわち、このことは両人が一族である何よりの証拠となるのである。細川重男氏が『吾妻鏡』には両人が同族である微証がないし、盛長が三河国の小野田氏出身とするのは明らかに誤りである(45)。改めて『吾妻鏡』からも遠元と盛長とが同族であることが裏付けられる。すなわち、『尊卑分脈』からの分析による、遠元の叔父が盛長で、両人は足立氏なのである。なお、序列上、盛長上位に見えるのは、『吾妻鏡』の交名記載では一行四名列記となっているが、実際の行列は基本が二列縦隊でなされて平賀義信等の一部の武士は単独行列でなされたと考えれば、両人は並列で行列したと考えるのが至当であろう。

以上、『吾妻鏡』での序列をみると基本的に遠元が盛長の上位であり、このことは足立氏同族の甥・叔父関係にある遠元が足立氏嫡流、盛長が庶流であることを表していよう。

終言

足立氏は藤原氏と名乗っているが、真の出自は不明であり、遠元の父遠兼が武蔵国足立郡を本貫地として足立氏を名乗ったことになる。そして、鎌倉幕府草創に活躍した足立左衛門尉遠元と安達藤九郎盛長が同族で甥・叔父関係にあることを改めて確認できる。すなわち、足立氏嫡流が遠元であり、庶流が盛長である。盛長は陸奥国安達郡を所領とすることで安達氏を名乗ることになる。

註

（1）拙稿Ⅰ、「鎌倉幕府成立期に於ける武蔵国々衙支配を巡る公文所寄人足立右馬允遠元の史的意義」『政治経済史学』第百五十六、百五十七号一九七九年五月、六月。

（2）細川重男氏、『鎌倉政権得宗専制論』二〇〇〇年吉川弘文館頁六九～七一。
細川氏は、『吾妻鏡』での遠元・盛長両人の記載から、検証抜きで「同族である微証はみられず、むしろ別族と判断される」として、盛長の名乗りの安達は陸奥国安達荘に由来し、『尊卑分脉』などの系図類の足立氏説は信憑性がないとされる。そして、『尊卑分脉』第二篇二八五～六頁に盛長父兼盛に「小野田三郎」、盛長に「小野田藤九郎」とあることに注目して、三河国宝飫郡小野田荘を名字の地とする小野田氏の庶流として、三河国出身とされる。最後に、拙稿をあげて、筆者の遠元・盛長同族説を否定している、しかし、拙稿Ⅰの『尊卑分脉』の考察に対する具体的な反論は一切なされておらず、真面目に拙稿を読んでいるか疑いざるをえないといえよう。

（3）鈴木宏美氏、「安達一族」北条氏研究会編『北条時宗の時代』二〇〇八年八木書店。
伊藤邦彦氏、『鎌倉幕府守護の基礎的研究【国別考証編】』二〇一〇年岩田書院頁一五二。
（4）ここでいう拙稿とは、註（1）の拙稿Ⅰ、および拙稿Ⅱ「武蔵武士足立遠元」『政治経済史学』第五百五十四号二〇一三年二月のことである。
（5）「足立系図」は江戸時代後期に筆写されたと推定され、この資忠には、「実清和御孫貞固親王子也、朝忠為猶子仍為藤原姓」と傍註にあるが、資忠は『本朝皇胤紹運禄』（『群書類従』第五輯系譜部所収）や『尊卑分脉』に全く見えず、不詳である。
（6）太田亮氏、『姓氏家系大辞典』第一巻一九六三年角川書店頁一一一〇。
（7）安田元久氏、『鎌倉幕府』一九六五年人物往来社頁二六八。
（8）『吾妻鏡』建久元年十二月十一日条。
（9）『吾妻鏡』建仁三年十月十日、建保四年三月廿六日、承久元年正月廿七日、七月十九日条等。
（10）『吾妻鏡』安貞二年七月廿三日、建長四年四月十四日、弘長三年八月九日条等。
（11）『公卿補任』嘉暦元年条。
（12）『明月記』嘉禄三年正月八日条。
（13）拙稿Ⅲ、「仁治三年順徳院崩御と六月関東政変（Ⅲ）」『政治経済史学』第九十一号一九七三年八月。『関東評定衆伝』（『群書類従』第四輯補任部所収）。
（14）安達盛長に関しては、八幡義信氏、「鎌倉幕府における安達盛長の史的評価」『神奈川県立博物館研究報告』第一巻三号一九七〇年三月。

(15)『尊卑分脈』第二篇二八六頁。
(16)『平治物語』上・信西の子息尋ねらるる事付けたり除目の事并びに悪源太上洛の事(岩波古典文学大系版頁一九六)等。
(17)『公卿補任』寿永二年(一一八三)条により、五十二才で出家薨去した故。
(18)『明月記』嘉禄三年(一二二七)正月六日条により、その前年に五十九才で卒去した故。
(19)『公卿補任』建長元年(一二四九)条で、七十一才で出家した故。
(20)「熊谷直之氏所蔵梵網本疏日珠抄裏文書」安達泰盛乱自害者注文(『鎌倉遺文』第二十一巻一五七三四号)。
(21)『吾妻鏡』元暦元年六月一日条。
(22)『玉葉』治承三年十一月十七日条。
(23)『明月記』嘉禄三年正月八日条。
(24)『尊卑分脈』第一篇二八八頁。『天台座主記』六十七世真性(第一書房版一九七三年頁一三六)により、建仁三年(一二〇三)に三十七才で座主に就任した故。
(25)『新編埼玉県史』別編4年表・系図一九九一年埼玉県頁一一。
(26)『吾妻鏡』治承四年十月二日条。豊島清光と葛西清重が父子関係にあることは、『千葉上総系図』『笠井(葛西)系図』(『続群書類従』第六輯上系譜部所収)等。
(27)『吾妻鏡』文治元年十月廿四日条。
(28)『新編武蔵風土記稿』では武蔵国の区分として郡と村の間に領を設け、足立郡の領として、淵江領・平柳領があり、「淵江」は東京都足立区保木間等、「平柳」は埼玉県川口市元郷等に比定される。「河田谷」は埼玉県桶川市川田谷に比定される。「安須吉」は「畔吉」との考え方があり、すると埼玉県上尾市畔吉に比定される(以上、『日本歴史地名体系』第十一巻埼玉県の地名一九九三年平凡社参照）。いずれも旧足立郡内である。
(29)『尊卑分脉』第二篇九七頁。
(30)十三世紀初頭に京都で行われた「千五百番歌合」（後鳥羽上皇主催）等で歌を詠んでいる。
(31)『吾妻鏡』文治四年十一月廿二日条。
(32)『吾妻鏡』元久二年（一二〇五）六月廿二日条の二俣川合戦での戦死時、重忠は四十二歳故。
(33)拙稿Ⅱ、註（4）前掲論文。なお、拙稿Ⅱでは五郎時直の母は不明であるとして、朝直などの同母兄弟の可能性を指摘したに止めたが、本系図の記載に従うと、同母兄弟となる。
(34)『吾妻鏡』文治五年四月十八日条。
(35)拙稿Ⅲ、註（13）前掲論文。
(36)北条時政が嫡系ではなく庶流であったことに関しては、杉橋隆夫氏、「北条時政の出身」『立命館文学』第五百号一九八七年三月参照。
(37)『吾妻鏡』治承四年十月七日条。
(38)『吾妻鏡』同廿三日条。
(39)『吾妻鏡』同年十二月十四日条。
(40)『吉見系図』（『続群書類従』第五輯上系譜部所収）。比企尼を巡る姻戚関係を比企ファミリーと名付けその意義を拙稿Ⅰ、註（1）前掲論文で述べた。
(41)『吾妻鏡』治承四年九月三日条で頼朝は小山朝政・下河辺行平・豊島清元・葛西清重に誘引の手紙を出し、廿九日条では、葛西清重に中惟重を使者として派遣している。

(42)『吾妻鏡』文治四年三月十五日条、同五年六月九日条、建久六年三月十日条では、遠元・盛長両人は御後に位置しているが、いずれも遠元が上位。ただ、建久元年十一月七日条の源頼朝入洛交名は他の行列と異なり、独特の配列をしており、序列関係を推し量ることは出来ないが、盛長が後陣随兵三十八番に対して、遠元は頼朝に次ぐ水干輩五番に位置しており、遠元が特別待遇を受けていることを表している。

(43) 武蔵国吉見郡が名字の地といえる吉見頼綱は『結城系図』(『続群書類従』第六輯下系譜部所収)に小山政光養子として見える。よって、『吾妻鏡』文治五年七月廿五日条に小山政光「猶子頼綱」と見えるのは吉見頼綱のことである。以上、吉見頼綱は小山氏族関係である。なお、御家人制研究会編『吾妻鏡人名索引』一九七一年吉川弘文館では宇都宮頼綱とするが誤謬である。

(44) 第五十位以下でも、足立遠元と姻戚関係にあったとみられる豊島氏族も、五十八番の豊島清光から六十番の葛西十郎まで、三人の同族が並んでおり、続いて六十一番の江戸重長から六十四番の七郎重宗まで、四人の江戸氏族が並んでおり、また百番以下でも百七番の中野小太郎助光、百八番の同五郎能成と信濃国中野氏が並んでおり、中小御家人でも基本的に同族同士で並んで記載されている。すなわち、同族が離れた位置に列することは基本的にないのである。

(45) 細川重男氏、註(2)前掲書。細川氏は盛長が三河守護となったのは三河国に縁のある三河国宝飫小野田荘の小野田氏庶流であるからとする。また、福島金治氏も、盛長の小野田姓の由来には同荘があるのではないかとされている(『安達泰盛と鎌倉幕府』二〇〇二年有隣堂新書頁一四)。

ところで、筆者が考察したごとく、三河国は頼朝の異母弟範頼の単独国務国司として、一一八三(元暦元)年から失脚する一一九三(建久四)年まで継続していた(拙稿Ⅳ、「蒲殿源範頼三河守補任と関東御分国」『政治経済史学』第三百七十号一九九七年四・五・六月)。そして、拙稿Ⅰ(註(1))で明らかにしているように、範頼は盛長婿であり、両人は比企ファミリーの一員である。とすれば、『尊卑分脉』の兼盛・盛長の傍註「小野田」から盛長を三河国に結びつけるよりも、範頼失脚後の三河国を頼朝の伊豆流人時代からの側近で、比企ファミリーの一員で、かつ範頼舅であった盛長に三河国を任せたのは当然といえる。

「小野田」地名は三河に限らず、全国各地にあり、関東内でも上総国小野田郷(千葉県長南町下小野田)があるのであり、『萩藩閥閲録』巻七十三では、遠元の養子との傍註のある天野遠景に関して、その曾祖父としての兼広(盛)の傍註に「上総国小野田郷領之ス」とあり(『萩藩閥閲録』第二巻一九六八年山口県文書館頁八五)、足立氏が上総国小野田郷出身としている。

もし、盛長が三河国小野田氏庶流出身なら、盛長とその子孫が鎌倉幕府での重鎮となっている以上、三河国在住の小野田氏は御家人に列せられていよう。そこで、「六条若宮造営注文」(海老名尚・福田豊彦氏、「『田中穣氏旧蔵典籍古文書』「六条八幡宮造営注文」について」『国立歴史民俗博物館研究報告』第四十五号一九九二年十二月)を見ると、三河国御家人として小野田氏は記載されておらず、それのみかその存在を明証する史料所見はおろか、三河国小野田氏の存在を微証する史料の存在も他に見られないのである。すなわち、両氏の説には無理があるといわざるをえない。

(『政治経済史学』第五百六十二号二〇一三年十月所収)

第三節　武蔵武士足立遠元

鎌倉幕府草創に武蔵武士が大きな役割を果たし、この草創期の武蔵武士として桓武平氏秩父氏族の畠山氏、比企氏と並んで足立氏が存立していることは周知なことである。この足立氏に関しては、筆者は治承・寿永の内乱期に於ける遠元について、拙稿を発表している。(1) しかし、『吾妻鏡』に治承四年(一一八〇)から承元元年(一二〇七)まで延べ四十八日も所見があるにもかかわらず、その全体像には触れてこなかった。そこで、改めて足立遠元の生涯を考究することにする。(以下に於いて、拙稿で述べてあることは、基本的には結論のみを示すことで、細部の考証は拙稿に譲る)。

一、遠元の系譜

足立遠元の名乗りから、遠元の名字の地は武蔵国足立郡である。足立郡はほぼ関東平野の中央に位置し、東を元荒川、西を荒川に挟まれて、埼玉県吹上町を北限に、鴻巣・北本・上尾・さいたま・川口市等を含み、東京都足立区を南限とする、江戸時代には六十六か郷と称された武蔵国でも屈指の郡域の広さがあった。この在地領主が遠元であったのである。

拙稿に於いて、『尊卑分脉』を分析しその出自と系譜を考察した。新訂増補国史大系『尊卑分脉』第二篇二八五頁以下に魚名後裔山蔭流として秋田城介（安達）氏が載せてある。「小野田三郎」兼盛以降の系譜記載については信頼性を認めることができるが、その子として記載されている「安達六郎」盛長・「安達藤九郎」遠兼は、実はその兄弟順が逆で、六郎遠兼・藤九郎盛長となることを論証した。ここに於いて、嫡系は兼盛・遠兼・遠元（基）と続き、藤九郎盛長（安達氏祖）は遠元の叔父となる。そして、次に述べる遠元の女子と藤原光能の間の子知光が仁安元年（一一六八）生まれから考えて、保延元年（一一三五）生まれの盛長に比して、遠元は年長と推定する。しかし、『尊卑分脈』のいう国重と兼盛との親子関係に関しては確実性がなく、足立氏の真の出自が山蔭流であるかどうかは分からない。すなわち、太田亮氏の述べるように、武蔵国造の後裔、つまり土着豪族の子孫か、それとも中央貴族藤原氏の子孫かは明瞭ではないのである。(2)

遠元の嫡子は八郎元春であるが、歴史上の観点から、見逃せないのはその女子である。遠元には三人の女子が確認される。まず、『尊卑分脈』に唯一人所載されている女子である。彼女は参議藤原光能に嫁して知光・従二位光俊を生む。出自からいうと光能は道長の子長家後裔で、叔母豪子の夫右大臣公能の養子となり、また歌人として名高い定家と従兄弟である。(3)同時に、平家の治承三年クーデター（一一七九年）で、子の知光とともに解官の憂き目を見るという、後白河院の近臣であったのである。これに加え、妹は以仁王の子真性の母である。以上により、光能は公卿として後白河院政の近臣であり、以仁王身内でもあり、京都政界の中枢に位置していたのである。このことは、遠元が単なる地方武士ではなく、京都に強いパイプを持っていたことを意味する。ただ彼女がどのようにして、光能と結ばれたかは史料上に見えていないため想像するしかない。知光が仁安元年（一一六八）に誕生しているから、それ以前といえる。

次に、畠山重忠に嫁した女子である。彼女は小次郎重秀を寿永二年（一一八三）に生んでいる。この時重忠は二十歳であるから、おそらく初婚ではないかと考えられる。すなわち、治承・寿永の内乱の勃発後（一一八〇年）、重忠が頼朝麾下に入ってから、武蔵の有力武士を結びつけるべく頼朝の斡旋のもとに両者の婚姻がなされたと考えるのが至当である。

最後が北条時政の子五郎時房に嫁した女子である。彼女は三郎資時を正治元年(一一九九)に、嫡男四郎朝直を建永元年(一二〇六)に生んでいる。(4) 時房は文治五年(一一八九)に十五歳で頼朝御前に於いて元服する。(5) 時房長男の時盛は建久八年(一一九七)生まれであるが、その母は不明で、彼は嫡男になれなかったことから、母の出自は低く側室腹と考える。ともあれ、両人の結婚は建久年間にはなされたことになる。論証は省くが、その当時の足立氏と北条氏の実勢力を考えると、(6) この婚姻は足立氏から持ちかけたものというより、北条氏から接近したと考える。

ここで視点を変えて、遠元と盛長が甥叔父関係であることから、盛長の周辺を見てみよう。まず、保延元年(一一三五)生まれの盛長と比較して、遠元は年上と考えることができることを確認しておく。頼朝の伊豆流人時代からの側近が盛長である。その盛長の妻は頼朝乳母の比企尼の長女である。比企尼は、伊豆に流された頼朝を扶助し続け、頼朝が心から頼りにした恩人である。『吉見系図』(続群書類従第五輯上系譜部所収)の分析から、比企尼の三人の女子は、長女が盛長に、次女が武蔵国有力豪族の河越重頼(平家期の秩父氏嫡系)に、三女が伊豆国有力豪族の伊東祐清に嫁して、この婿たちが流人頼朝を扶助したのである。であるから、盛長は頼朝の側にいたわけである。寿永二年(一一八三)五月の加賀国篠原合戦で平家方として祐清は戦死する。その後、三女は信濃源氏の平賀義信と再婚して朝雅(政)を生む。盛長の女子が頼朝の異母弟範頼、重頼の女子が義経へと嫁ぐ。彼女達は比企尼の女子の所生とするのが至当だろう。

こうして頼朝兄弟は比企尼の身内となるのである。同時に、治承・寿永の内乱が平家の滅亡で終わった文治年間に入ると、比企尼をめぐる縁戚関係者は、武蔵国知行国主鎌倉殿源頼朝を頂点に、武蔵守平賀義信・国沙汰人比企能員(比企尼甥)(7)・留守所総検校職畠山重忠・足立郡領主足立遠元と、武蔵国支配を覆うのである。さらに、頼朝の後継者頼家の乳母も重頼妻(比企尼次女)・義信妻(比企尼三女)と、梶原景時妻を除けば、比企尼身内なのである。このように、頼朝・頼家父子は比企尼縁戚者に蝟集されているのである。この比企尼縁戚者集団を比企ファミリーと名付ける。比企ファミリーは鎌倉殿(将軍)とその支配の中核地域である武蔵国支配を掌握しているのである。

遠元の出自と系譜の終りに、拙稿では検討していなかった「足立系図」(『新編埼玉県史』別編4年表・系図一九九一年埼玉県六八〜七二頁)を検討してみたいと思う。これは、丹波国氷上郡佐治庄(兵庫県丹波市青垣町佐治)に西遷した足立氏庶流が江戸時代に残した系図である。これでは太政大臣良房の孫高藤の後裔が遠兼であるとしている。同じ藤原氏でも、『尊卑分脈』の山蔭流とは異なり、遠兼の父も忠兼としており異なる。同時に、盛長自身の記載はあるが、その系は載せておらないから、純粋に遠元とその子孫のみを載せているといえる。この遠兼以前がその記載から信頼性に欠けることは『尊卑分脈』と同様である。従って、本系図からも足立氏が藤原氏出自であるかは決定できないのである。

改めて遠元の傍注を見ると、「号足立、母豊嶋平傔仗泰家女、外祖父泰家譲与足立郡地頭職、仍一円知行之、」とある。これは『尊卑分脈』にはない記述である。まず遠元の母が武蔵国豊島郡(東京都豊島区)の武士豊島泰家の女子であることである。次いで、遠元の足立郡地頭職は泰家が譲ったものであることである。すなわち、足立郡地頭職はもと豊島氏のものであったことである。前者については遠元の母に関する所見があるのは本系図のみであるから、信用できるかどうかの問題である。後者に関しては、まず豊島氏について考えてみてからである。豊島氏は桓武平氏良文流の後裔として諸系図に載せられており、異同はあるが武蔵国の大族秩父氏の分流となっている。治承・寿永の内乱に於いて、石橋山合戦に敗れ、再起を期して房総半島に逃れ、千葉・上総両氏の参加により武蔵国に進出した頼朝のもとに、泰家の子清光(元)は武蔵武士として真っ先に参加した(8)。この時、遠元も同時に参加した。しかし、文治元年(一一八五)の勝長寿院落慶供養の供奉人行列に於いて、清光は権守という官位を帯びながらも、先陣随兵(十四人、先頭畠山重忠・最後尾小山朝政）・御後五位六位（三十二人、先頭源頼兼・最後尾足立遠元）・後陣随兵（十六人、先頭下河辺行平・最後尾加々美長清）のいずれにも列せず、その後となる次随兵（東西それぞれ三十人）の西方一番に甘んじていたのである。[9]このことは、武蔵国で真っ先に参加したにもかかわらず、最初は敵対して三浦義明を戦死させた畠山重忠の下座に位置するという、豊島氏が千葉・三浦・畠山氏等の有力御家人よりランク下に位置づけられていたことを示す。それは豊島氏の実力の反映といってよいだろう。本系図の示すとおりだとすると、名字の地である豊島郡よりも広大な地である足立郡を遠元に譲与しても、豊島氏の所領は足立氏を凌駕していたはずである。とすれば、遠元と同じ最前参加の功があり、実力的にも凌駕していたはずの清光が遠元の下風に甘んじていたこととは矛盾する。本系図の示すところ、すなわち泰家が遠元に足立郡を譲与したという記述は信頼できないとするのが、この矛盾を解決することになる。ともあれ、足立郡の豊島氏から遠元への譲与は否定された。しかし、このことで遠元と豊島氏とが姻戚関係になかったことまで否定されるわけではない。『尊卑分脈』での遠元の傍注に「号外嶋」とあり、これらのことを考えると、遠元が豊島氏と何らかの縁戚関係があったと考えて差し付えないだろう。

　次に、遠元の男子として元春・元重・遠光・遠景・遠村・遠継・盛（守）長（元春・遠景・遠村は『尊卑分脈』にも）が記載されており、その傍注に見える「淵江」・「安吉須」・「河田谷」・「平柳」等は足立郡内の地名を示しており（例示、淵江は現東京都足立区保木間）、遠元の子孫が足立郡内に分布した反映と考えてよいのである。

　最後に、佐治庄を拝領したとの傍注のある遠政（丹波足立氏の祖とされる）の父遠光の傍注に、「母源三位女二条院讃岐子也」とある点である。これは摂津馬場源氏の嫡系、源三位頼政の女子で、『百人一首』九十二番の二条院讃岐のことである。ただし、「子」とあるから二条院讃岐の女子ということになる。二条院讃岐自身は葉室流の祖顕隆の孫藤原重頼の妻として重光らを儲けているし、[10]歌人として活躍しているから、[11]彼女が遠元に嫁したとは思えない。重頼は妻が讃岐の縁からか、前述の勝長寿院供養では御後五位六位に列している等して、親鎌倉派公家として平家没官領を知行している。[12]とするなら、当該期の女子の表記の通例からすると、「重頼女」とするのが自然なのに、特段の理由もなく女性側、「讃岐子」とするのは不自然である。作為が感じられるのである。ここに、この傍注が本来の系図にあった記載ではなく、後世の追加的なものであると判断する。とすれば、何らかの理由で百人一首で名の通った二条院讃岐をはめ込もうとしたが、時代的に不自然なのでその女子としたと考える。かくして、母云々の記載は信用しかねる。

以上見てきたところでは、「足立系図」の傍注記載は名字表記を除き信頼性に欠けるものといわざるをえない。従って、その遠兼以前の系譜に於いても信用できるところではない。

二、平治の乱に於ける遠元

遠元はその誕生も死去も史料には見えていない。何時生まれ何時死んだかは不明なわけである。ただ、前節に述べてあるように、叔父盛長より年長と推定できるから、保延元年（一一三五）以前に生まれたことになる。その彼が歴史に登場するのは、平治の乱（一一五九年）である。彼のことは『平治物語』に出ている。この年十二月九日夜、平清盛の熊野参詣の留守を衝いて、権中納言藤原信頼がクーデターを起こす。平治の乱の開始である。この軍事力の中核となったのが源義朝である。彼等は三条殿にいた後白河上皇を大内裏に監禁し、三条殿を焼払う。実権を握った信頼は除目を行う。『平治物語』上・信西の子息尋ねらるる事付けたり除目のこと幷びに悪源太上洛の事には日付を明記していないが、物語に書かれていない頼朝の右兵衛権佐任官の日付から、[13]それは十四日である。首謀者の権中納言信頼は大臣兼近衛大将、左馬頭義朝は播磨守を兼ねる。『平治物語』に見える任官者の中で、公卿の信頼は別格として、義朝以下の源末実（文徳源氏）までの五人が五位（受領級）以上の軍事貴族で、六位（侍級武士）は鎌田次郎正清（義朝乳母子）の兵衛尉と遠元の右馬允の二人だけである。この除目が実際に行われたものか、物語だけに絶対的な信憑性に欠けるが、建久元年（一一九〇）の第一次頼朝上洛に際して、左衛門尉に任官する（第六節）まで、『吾妻鏡』では治承四年（一一八〇）初出記事（第三節）から一貫して「右馬允」遠元と表記されているので、それは信頼できると考える。とすると、義朝とともに最期を遂げるという、義朝の一の郎等正清と並んで、遠元が任官に名を連ねた意味をどう考えることができようか。

さて、『平治物語』上・源氏勢汰への事(14)が示す義朝軍交名からその構成をみると、三河国以下で名を載せている武士二十四名中、武蔵武士は長井斎藤実盛・岡部忠澄・猪俣範綱・熊谷直実・平山季重・金子家忠そして足立遠元の七人と最多数であり、義朝軍の主力たりえたといえる。ここで、遠元だけが郡級武士で、その他は全て荘郷村級武士である。(15)武士団としての実力に明らかな差がある。すなわち、武蔵武士の中核は遠元ということになる。以上、義朝軍を構成する一方の郎等代表が鎌田正清なら、一方の東国武士の主力である武蔵国武士を代表するのが遠元である。すなわち、正清が義朝一の郎等として任官したように、彼は武蔵武士の代表として右馬允に任官したと考える。二人は頼朝軍の構成メンバー、郎等と武蔵武士のそれぞれの象徴としての任官なのである。もちろん、『平治物語』の除目記事に頼朝の名が見えないように、彼等以外に侍級の任官者が存在していたかもしれないが。

遠元は、この時三十歳前後と推定される、武士としても働き盛りの時期だろう。ところで、『平治物語』中・六波羅合戦の事(16)には、遠元に関する記述がある。二十六日、内裏の義朝軍に六波羅の清盛軍が攻撃し、合戦する。(17)清盛軍の攻撃を受け止め、六波羅へと義朝軍は逆襲する。この時、武蔵武士の村山党金子家忠は矢も尽き刀も折れてしまう。ここに遠元が通りかかり、家忠は替太刀を所望する。替太刀を持っていなかった遠元は、前方にいた自分の郎等の太刀を取って、与える。家忠は喜んで敵と戦う。一方、郎等は主の遠元を恨む。そこで、遠元は郎等を待たせ、敵に矢を射て、見事に仕留めるや、馬から下りてその太刀を取って引っ返してから、郎等に、「汝心短くこそ恨みつれ。すは太刀よ」と言って、渡して自分の前を駆けさせる。このエピソードに於いて、中国の故事を引いて、それとの比較に於いても、遠元の行為を褒めている。これが事実であるかは定かではなく、むしろ説話の色が濃いと思う。しかし、合戦の経緯に於いて、義朝側を長男の悪源太義平、清盛側を嫡男重盛に代表させて描写しているのは別として、侍級武士で特記して描写されているのは、義平に随った正清を除き、遠元だけといってよいのである。他の義朝の武士は基本的には交名に出てくるだけなのである。以上、遠元が武士としては『平治物語』の記述に於いて傑出した存在であることが理解できるだろう。

以上の如く、除目といい合戦に於けるエピソードといい、『平治物語』は遠元の存在を浮かび上がらせており、このことは遠元の武蔵武士の代表として反映の記述と考える。

合戦に敗北した義朝軍は東国へと落ちてゆく。竜華越えにて、前途をふさぐ叡山横河の法師を破るが、近江国堅田浦（滋賀県大津市）で軍を解散する。これ以後、義朝に随行するのは義平・朝長・頼朝（以上息男）、源重成（従兄弟・濃尾源氏）、平賀義信（信濃源氏）、鎌田正清・渋谷金王丸の七人である。波多野義通・三浦義澄（以上相模武士）、長井斎藤実盛・岡部忠澄・猪俣範綱・熊谷直実・平山季重・足立遠元・金子家忠（以上武蔵武士）、上総広常（上総武士）以下の二十人は各自が落ち延びることになった。この歴名は頼朝軍の主力が武蔵武士であったことを表わしている。ともあれ、遠元は名字の地である武蔵国足立郡へと帰って行き、歴史の表面から消えることになる。

三、治承・寿永の内乱に於ける遠元

治承四年（一一八〇）八月、伊豆国に挙兵した源頼朝は、相模国石橋山合戦に一敗地にまみれ、海を渡り安房国に逃れ、房総半島の雄千葉常胤・上総広常の与力をえて、十月二日、三万余騎と称する大軍でもって武蔵下総国境の隅田川を渡り武蔵国に進出した。

この日、当地の豊島清光と葛西清重とが頼朝陣営に参加し、同時に、足立遠元が、兼ねてからの命を受けたとして参加した[18]。そして、鎌倉に入った頼朝が鶴岡八幡宮に参詣した翌日の八日、遠元は武蔵国足立郡を本領安堵されたのである[19]。足立郡を支配するのが遠元なのである。頼朝麾下の武士たちに本領安堵等の行賞が行われたのは、富士川合戦後の十月二十三日で、これには北条時政・千葉常胤・上総広常・三浦義澄・土肥実平等が含まれていた[20]。遠元への本領安堵は最初の例なのである。他の武蔵武士への本領安堵は、常陸国の雄義光流の佐竹氏攻撃に一応勝利し、十二月十二日、大倉新御所に入御し、鎌倉の地に独立した政権を発足させた直後の、十四日なのである[21]。このようにして見れば、遠元への本領安堵が如何に厚遇であったが理解できる。

何故に、遠元がかかる厚遇をえたのだろうか。この点に関して、『吾妻鏡』同年十月八日条は「日者有労之上、応最前召、参上之間」と記述している。

「労」とは労績のことであり、これは具体的に何だろうか。第一節で述べたように、都の後白河院の近臣藤原光能に女子を嫁がせているという、特別な縁故を遠元は中央に有していた。周知のように、頼朝のもとへは、母が頼朝乳母の妹という縁から、三善康信が中央情勢を月に三度も通信していたのである。ここで、遠元の叔父が盛長であることを思い出してもらいたい。盛長は比企尼の婿として頼朝に近仕していた。とすれば、院近臣の光能は中央の機密を知ることのできる立場にあることから、光能・遠元・盛長のラインは康信以上に中央の機微に接した情報を頼朝にもたらすことが可能であったといえる。すなわち、遠元は康信以上に有力な中央情勢へのパイプであったといえる。同時に、比企ファミリーの一員として、日頃からあれこれと頼朝の生活を支えていたと考える。以上が「労」の具体的内容なのである。

「最前」「参上」とは文字通りに武蔵武士として最初に頼朝陣営に参軍したことを意味する。が、それ以上と考える。遠元が参軍した日、同時に豊島清光と葛西清重が参軍している。下総国国府（千葉県市川市）から大井川（江戸川）を渡り、武蔵国へと向かわんとする頼朝軍にとって、豊島氏は豊島庄（東京都北区上中里辺等）を名字の地とし、葛西氏は下総国葛西御厨（東京都葛飾区）を名字の地として、その進路を扼していた。そして、彼等の参加に次いで、江戸重長の参加を招き、武蔵国に頼朝が進出し、さらには当初は敵対していた武蔵最大の豪族畠山重忠以下の秩父氏族が味方になることで、雪崩現象を起こし、南関東を制覇した頼朝が鎌倉に入城したことは周知のことである。このように、清光・清重の参軍は武蔵武士の頼朝軍への参加の端緒となったのである。では、この清光・清重はどうして頼朝陣営に参加したのだろう。もちろん、房総半島を席巻して勢力を拡大させた頼朝軍自身の実力が根本である。であるが、江戸重長誘引に使者を発したように(22)、事前に頼朝側から彼等に接触を図った者もいたはずである(23)。これに力となったのが、豊島氏と縁戚関係を有したといえる遠元ではないかと考える。すなわち、遠元は自ら頼朝軍に加わることを決めるとともに、清光に参加を呼びかけたと考える。『笠井（葛西）系図』（続群書類従第六輯上系譜部所収）等の多くの系図では清光・清重を父子関係としているように両人は同族であることは疑いえない。とすれば、清光を遠元が誘ったことは彼等の参加を促したことになる。従って、「最前」「参上」とは、遠元自身のみならず、清光・清重を参加させた功績も含まれていたと考える。

以上考えてくれば、遠元の功績は合戦の場（軍功）ではないが、それに上位する政治的立場から見て他に抜きんでいたと理解できる。それ故に、彼は真っ先にしかも単独で本領安堵を受けたわけである。

かくて、第一節でも述べたように、頼朝陣営に入った畠山重忠に女子を嫁し、比企ファミリーとして武蔵国支配の一員にともに列し、鎌倉殿源頼朝政権に於いて、重要な一員となったのである。元暦元年（一一八四）十月六日、公文所が創設され、遠元は寄人に任命される。(24)この公文所の創設と二十日の問注所設置は鎌倉幕府成立のメルクマールとなりうる政治的劃期であるが、正月の木曾殿源義仲戦死、四月の甲斐源氏棟梁一条忠頼謀殺(25)に表われた、頼朝の鎌倉軍権に対抗しえた中部日本を支配してきた甲斐・信濃源氏ブロックの解体により、頼朝の武家棟梁として位置が完全に諸源氏に抜きんでることができたことが、かかる統治機構の整備をもたらしたと指摘するだけに止めておきたい。

さて、同時に、別当に因幡守中原（大江）広元、寄人に斎院次官藤原（中原）親能・主計允二階堂行政・甲斐四郎大中臣秋家・判官代藤原邦通が任命された。遠元以外の五人はすべて吏僚としての才のあった人物として知られている。武士ではなく文士なのである。(26)武士として任命されたのは遠元一人ということになる。

では、なぜ遠元が任命され、これらメンバーの人選にはいかなる意味があるのだろうか。この点は、すでに拙稿に於いて考察しているので、その結論のみを示す。三点ある。第一に、解体した中部日本軍事ブロック（甲斐・信濃源氏）の下にいたと考えられ、その内部に精通していた行政・秋家を構成メンバーに加えることで、その下に結集していた武士への、行政的な逆編成の切り込み役としての役割を果たさせることである。第二に、武蔵有力武士の遠元に代表されるように、武蔵武士団の掌握に力点があり、同時に、彼と縁戚関係にある親能が相模国で生育したことで同国武士への繋がりを有しており、同国武士への目配りもし、幕府の中核である武相武士団掌握を基本としていることである。第三に、遠元の縁者である局務経験者としての練達した行政官僚である広元を筆頭に据えることで、行政機関としての実務執行能力に万全を期していることである。こうしてみると、公文所の構成メンバーは、甲斐グループとでもいうべき行政・秋家と、遠元グループとでもいうべき遠元・広元・親能・邦通の、異なる二つの出身者からなることが理解できる。

文治元年(一一八五)四月、武蔵国威光寺領に対する頼朝の裁定に遠元は連署しており[27]、公文所寄人として活動していた。これは前年に武蔵国知行国主となった源頼朝の武蔵国支配に公文所がかかわったことを示してしているものである。しかし、翌文治二年以降には、彼の寄人としての活動を示す記事は『吾妻鏡』に見られなくなり、また他の史料にもそれを伺わせるものは見あたらない。このことは、平家滅亡により、一応の治承・寿永の内乱が終息し。鎌倉殿源頼朝政権が平家追討の軍事体制から一応の平時体制となったため、公文所も軍事的押さえの意味を持つ遠元の存在よりも、実務執行能力を求められてきたため、彼はその第一線より引退いたことを示しているのではないかと考える。遠元は本来の武士としての奉公に戻ったことになる。

治承・寿永の内乱に於いて、『吾妻鏡』や『平家物語』を見ると、遠元は西国への戦いに出戦した記載がない。むしろ、公文所寄人に任命されたこともそうであるが、寿永二年(一一八三)八月の平家都落ちで京に残り、その後鎌倉に下ってきた平頼盛(清盛弟)が帰洛する餞別の宴に、「馴京都之輩」として遠元が参席するように[28]、鎌倉内での活動しか記載されていない。この点、叔父の盛長も同様である。同じ武蔵国の有力武士の畠山重忠や比企能員が出戦していたのとは異にする。これらのことは、遠元らの足立一族は出戦することなく関東内に位置して、鎌倉殿源頼朝の親衛隊としての役割を果たしていたと考える。足立一族と頼朝との繋がりを考えればこれは自然なことである。

四、文治元年十月の勝長寿院落慶供養行列に於ける遠元の序列

文治元年(一一八五)三月二十四日の壇浦海戦で平家本宗は壊滅し、治承・寿永の内乱は一応の終息を迎え(本当の意

味の終息は、文治五年〔一一八九〕の奥州平泉藤原政権滅亡と、翌年の出羽国大河兼任反乱鎮圧を待たなければならない。この文治元年から文治五年までを広義の治承・寿永の内乱として、治承・文治の大乱と称することにする)、戦争の時から政治の時となった。この中で、鎌倉殿源頼朝とその異母弟判官義経が対立したことは周知のことである。頼朝は、十月二十四日、鎌倉に父義朝の菩提を弔うために創建した勝長寿院＝南御堂落慶供養を行う。これは、義経等ではなく、頼朝が頼義・義家・義朝の正統な継承者であることを示すためのものであり、ここに源氏棟梁は頼朝であることを宣言するデモンストレーションであった。これ以前の十八日に義経・行家に頼朝追討宣旨が下され、その報が二十二日には鎌倉に告げられていたのである。であるから、この落慶供養への参加は頼朝の麾下に入ることと同じなのである。

幸いなことに、『吾妻鏡』同二十四日条には頼朝に従った行列の交名が記載されている。この中に遠元も含まれているのである。この交名は、先頭に先(前)随兵十四人、頼朝の御剣持役以下の三役、御後五位六位三十二人、次(後)随兵十六人、そして次随兵六十人(東西三十人ずつで、南御堂に頼朝が入った後は門外東西に随う)である。当然これに列することは名誉であり、御後三十二人、先随兵十四人と次随兵十六人、次随兵六十人の順で格が高いことになる。特に前三者が重要である。

それではこの具体的なメンバーを見てみよう。先随兵は先頭列が畠山重忠(武蔵国秩父氏族嫡系)と千葉胤正(常胤嫡男)である(『吾妻鏡』は一行に四人列記しているが、実際の行列は二列縦隊と考える)。二列目が三浦義澄(相模国三浦氏族嫡系)と佐貫広綱(上野国秀郷流淵名氏族)、三列目が葛西清重と八田知重(知家嫡男)、四列目が榛谷重朝(武蔵国秩父氏族畠山流)と加藤景廉(伊勢国・山木夜討参加)、五列目が藤九郎盛長と大井実春(武蔵国紀姓)、六列目が山名重国(義範男)と武田信光(甲斐源氏武田信義末男)、最後が北条義時と小山朝政(下野国秀郷流大田氏族)である。

三役は御剣役に長沼宗政(朝政弟)、御鎧着役に佐々木高綱(定綱弟・山木夜討参加)、御調度役に愛甲季隆(相模国横山党)である。

御後は先頭列が蔵人大夫源頼兼(源三位頼政男)と武蔵守平賀義信(義光流信濃源氏)、二列目が三河守源範頼と遠江守安田義定(甲斐源氏信義叔父)、三列目が駿河守源広綱(頼兼弟)と伊豆守山名義範(上野国新田義重男)、四列目が相模守大内惟義(義信嫡男)と越後守安田義資(義定嫡男)、五列目が上総介足利義兼(下野国源姓)と前対馬守藤原親光、以下八列目に因幡守大江広元(公文所別当)、十一列目に判官代藤原邦通(公文所寄人)がいる。そして、十三列目が千葉介常胤(下総国桓武平氏良文流)と東大夫胤頼(常胤末男)、十四列目が宇都宮左衛門尉朝綱(下野国宇都宮氏族嫡系)と八田右衛門尉知家(常陸国朝綱弟)、十五列目が梶原刑部丞朝景(景時弟)と牧武者所宗親(北条時政後妻牧方父)、最後の十六列目が後藤兵衛尉基清(頼朝妹婿一条能保家人)と足立右馬允遠元となっている。

次随兵は先頭列が下河辺行平(下総国秀郷流大田氏族)と稲毛重成(武蔵国秩父氏族畠山流)、二列目が結城朝光(朝政末弟)と佐原義連(義澄末弟)、三列目が長江義景(相模国鎌倉氏族)と天野遠景(伊豆国南家工藤氏族・山木夜討参加)、四列目が渋谷重国(相模国秩父氏族)と糟屋有季(相模国藤原氏良方流)、五列目が佐々木定綱(近江国守護・宇多源氏・山木夜討参加)と小栗重成(常陸国桓武平氏大掾氏流)、六列目が波多野忠綱(相模国秀郷流)と広沢実高(相模国秀郷流)、七列目が千葉常秀(常胤孫)と梶原景季(景時嫡男)、最後が村上頼時(頼清流信濃源氏)と小笠原長清(甲斐源氏信義弟信濃守加賀美遠光男)である。

以上の他に、交名には見えないが、主要な役割を果たした武士に、供養中に門外に位置して行事を行った侍所別当和田義盛(義澄甥)と所司梶原景時(相模国鎌倉氏族)がいる。それに、布施として献納した鞍付の馬十匹を引いた武士の中に、比企能員・土肥実平(相模国中村氏族)・工藤祐経(伊豆国南家狩野氏族)・岡崎義実(相模国三浦氏族)・狩野宗茂(伊豆国南家狩野氏族)・中条家長(武蔵国横山党)・工藤景光(伊豆国南家工藤氏族)が見えている。

以上に見える人々は当該期の鎌倉政権を構成する主要メンバーを総揚げしたものといってよいものである。その序列から政権内での地位・実力が窺えるのである。すなわち、この行列で占める位置は鎌倉政権内での地位・実力を反映していると考える。では、遠元の位置を考えてみよう。まず、遠元のいる御後は有位者で構成されており、それが五位・六位の順となっていることである。さらに、五位では頼兼以下義兼までの源家御一族(門葉)受領を最初に並べ、次いで親光以下広元までの受領級の頼朝縁者・京出身者と続き、さらに五位六位の源家御一族と京出身者が混在して続き、最後に遠元を含む武士＝御家人八人が締めている。この京出身者の中には広元に代表される文士＝文吏寮も含まれている。以上のように、御後は五位六位の順を基本としながらも、源家御一族・京出身者(文士を含む)・御家人の三グループによって構成されて、源家御一族受領を先頭に位置させ、御家人は最後に一つの集団を作っていたのである。これにより、源家御一族受領が政権内で最高の格であったことが理解できる。彼等は鎌倉殿頼朝の補翼として、その後継者の資格を有した、言い換えれば頼朝の競争者(源氏棟梁有資格者)ともなりえる存在でもあったのである(29)。

さて遠元を含む御家人である。筆頭の千葉常胤は、石橋山合戦に敗北して房総にかろうじて逃れた頼朝のもとに子息を挙げて味方し、この時に「須以司馬為父」と頼朝に言われたほど(30)、頼朝が頼りにした下総国の豪族的御家人である。治承・寿永の内乱に於いて、その後、範頼軍に従軍して九州まで遠征し軍功を挙げる。文治五年(一一八九)の奥州合戦に於いては、東海道大将軍として出陣するが、事前に恩賞第一番と約束されていたのである(31)。軍功に於いても目覚ましいものがあり、頼朝の信頼も厚い彼は御家人実力トップといってよく、その彼が武士の筆頭に列するのは自然だろう。このことは、彼に肩を並べているのが末男の胤頼であることからも窺える。父子揃っているのは千葉氏だけである。頼朝挙兵前に三浦義澄とともに胤頼自身は伊豆国北条にいる頼朝を訪れ、密談を行っており(32)、この会談は頼朝の挙兵に大きな影響を与えており、千葉氏の頼朝味方に彼自身は大いに功があったのである。ここに、千葉氏に対する頼朝の配慮が如実に表われていると思う。先随兵第一列の常胤嫡男胤正・次随兵第七列の孫常秀も含めれば、千葉氏が御家人ナンバーワンであることは動かせないところである。この表徴が常胤の御後武士の筆頭である。

次いで第二列は宇都宮朝綱・八田知家兄弟である。朝綱は下野国宇都宮(二荒山神社)社務職として守護小山氏に並び、壇浦海戦後に平清盛の一の側近平貞能を匿いその助命を頼朝から勝ち取ったほどの実力者である[33]。知家は常陸国へと進出し、奥州合戦には千葉常胤とともに東海道大将軍を務め、同国守護になる。このように両人は有力御家人として重きをなしているが、とりわけ奥州に接した下野・常陸両国の有力御家人として対奥州藤原氏戦を意識した配慮として、両人を重視して列したと考える。義経と奥州藤原氏の軍事連携による攻勢が鎌倉殿頼朝にとって最大の脅威であったのであるから。

第三列は梶原朝景と牧宗親である。石橋山合戦敗戦後の山中での頼朝見逃しのエピソードで象徴されるように、帰参後に頼朝の信頼を勝ち取った梶原景時はその側近第一であったが、侍所所司として総括責任を努めて、行列に加わることができないし、自身は平三景時として無位であるからその点でも参列できない。であるから、刑部丞朝景は弟として景時の代理と考える。宗親は北条時政後妻の牧方の父である。北条氏は先随兵に下野国守護の小山朝政とともに時政嫡男の義時が最後尾に列しているから、有力御家人の位置を占めていることになり、それなりの待遇に処せられていることが分かる。本供養は父義朝の菩提を弔うものとして、頼朝一家個人の側面もあった。そのため、供養に於いては、南御堂の前の左右に仮屋を設けて、左方に頼朝が、右方に公家の一条能保正室(頼朝同母妹)と正室北条政子が座した。このことは、父義朝の正統な血を継ものとして、頼朝と同母妹が弔う主催者であることを形式上からも明示させたものである。このように、両正室を特別に遇したのである。これに対応して、本来ならば、頼朝舅家の北条氏としては当主の時政が御後に列すべきなのだろうが、四郎時政と無位であり、列席できない。景時と同様である。

姻戚関係で有位者であった武者所宗親が時政代理として列したと考える。

第四列は後藤基清と遠元である。基清は能保の家人であり[34]、讃岐守能保の目代を務めているように[35]、その有力家人として京を活動の場としていた。従って、彼は能保＝頼朝妹の家人を代表して列したと考える。同時に、在京武士の有力者として対義経戦を睨んだともいえる。

以上のように御後の御家人を考えてくれば、宗親・基清を除けば、いずれも関東の名だたる有力御家人たちである。遠元がこれに列したということは、彼もまた彼等に伍した有力御家人であったことを示す。この時点での関東内の有力御家人の一人が遠元なのであり、武蔵国御家人を代表していたといってよいだろう。ここに、武蔵・相模・下総・下野と、鎌倉政権を支える主要国の御家人代表が顔を出したことになる。

ここで、比較のため、建久上洛から帰還した直後に行われた建久二年（一一九一）歳首垸飯の沙汰人を見てみよう。歳首垸飯はこれ以後恒例儀式として行われるようになり、幕府の実力者がその沙汰人となった。『吾妻鏡』同年正月条にはその沙汰人が記載されており、元旦千葉常胤・二日三浦義澄・三日小山朝政・五日宇都宮朝綱で、所見しない四日は畠山重忠と推定されて、この序列は御家人の地位・実力を反映したものである[36]。いずれも御家人を代表する有力者で、豪華な顔ぶれである。

勝長寿院落慶供養行列と比較するに、先随兵最終列に小山朝政・御剣役に長沼宗政・次随兵二列目に結城朝光と兄弟三人が揃い、さらに次随兵先頭列に同族の行平も列している小山氏はともかくとして、三浦氏の位置が低いことが分かる。すなわち、惣領の義澄は先随兵の二列目、末弟義連が次随兵二列目である。明らかに宇都宮氏や小山氏より下に位置している。鎌倉政権樹立に当たって、三浦氏は千葉氏と双璧をなす一族である。であるからこそ、歳首垸飯では千葉氏に次いで二日の沙汰人を務めたのである。なぜこのような序列になったかは不思議といえるだろう。

一応ここまで御家人の行列序列からその地位・実力を考えてきた。そのことから、遠元が御後最後尾列・叔父盛長が先随兵第五列目に列していることで、足立氏が関東でも有数の実力を有していた御家人であることが理解できる。同時に、遠元はこの供養に於いて布施の鞍付馬の一番引役を千葉常胤とともに務めており、重なる名誉として千葉氏に肩を並べるような、まさしく、足立氏は頼朝の信頼厚い、武蔵国を代表する御家人なのである。

ところで、次随兵が十六人なのに、先随兵が十四人と少なく、同数ならば足せば御後三十二人と同数になることに気づかれただろうか。この数は不自然だろう。すなわち、事前には先随兵も十六人に予定されていたと考える。すなわち、供養前日に随兵予定の河越重房（武蔵国秩父氏族）が義経縁者、義経正室が重頼（重房父）の女子故に、除かれていたのである。[37] このため、重房と同列するはずの某（それが誰であったかは不明）もはずされて、先随兵が当初の十六人から十四人に減ったと考える。従って、数が揃っていないのである。

五、頼朝期に於ける遠元（上）―「宿老」―

文治五年（一一八五）三月二十四日の檀浦海戦により、平家本宗は滅亡し、治承・寿永の内乱が終り、鎌倉殿源頼朝を頂点とする鎌倉武家政権（鎌倉幕府）の覇権がなる。この鎌倉幕府内に於いて、足立遠元は「宿老」として遇せられる。[38]『吾妻鏡』治承四年（一一八〇）十一月二日条で、富士川合戦後の常陸国佐竹氏攻撃開始に際して、頼朝と「群議」を行った御家人、千葉常胤・上総広常・三浦義澄・土肥実平以下を、「宿老」と記しているのが、その初見である。遠元が「宿老」と見える初見の文治二年（一一八六）十二月一日条は、国元から出仕した千葉常胤が頼朝に盃酒を献じた席に列席した、千葉常胤・小山朝政・三善善信（問注所執事）・岡崎義実・足立遠元・安達盛長以下を「宿老」と記している。

次に遠元が「宿老」と見えるのは、文治三年（一一八七）九月九日条で、重陽節に比企尼亭の菊観賞に頼朝夫妻が訪れたとき、三浦義澄・足立遠元以下の「宿老」が供をしたとある記事である。

以上が頼朝期に「宿老」として見える御家人である。千葉常胤と三浦義澄が鎌倉幕府創建の双璧であることは前節に述べてあるとおりである。土肥実平・岡崎義実は頼朝の反乱蹶起当初からの参加者である(39)。安達盛長が頼朝流人時代からの側近であることはいうまでもない。内乱途中で誅殺されたが、上総広常の味方なくして、石橋山合戦に敗北した頼朝が房総半島での再起をなしえなかったことは周知のことである。頼朝の武蔵進出に際して、武蔵武士として最初に味方したのが遠元である。また、前節での勝長寿院落慶供養に、常胤は嫡子胤正と共に供奉しているように、三浦義澄（平六義村）・土肥実平（弥太郎遠平）・岡崎義実（余一義忠、石橋山合戦で戦死）はそれぞれの嫡子を内乱期の『吾妻鏡』に登場させているし、遠元・盛長も年齢的に内乱終結の文治元年（一一八五）時点で五十代に達していたと考えられる。こうしてみれば、宿老とは、年齢的にも成熟して、内乱に於いて当初から頼朝に味方し、その生死を共にした面々であり、頼朝の覇権の成就に欠くことのできなかった御家人ということができる。

寿永二年（一一八三）秋、鎌倉の源頼朝と京の木曾殿源義仲が対立する。この中で、頼朝同母妹の夫一条能保は鎌倉に避難する。何時脱出したかは正確なところは不明であるが、平家一門で京に残留していた池殿頼盛が同様に十月十八日に京を逐電する(40)。そして、頼盛が子息二人と家人を引き連れて鎌倉に来着したことを伝える『玉葉』同年十一月六日条には、同時に能保が頼朝異母弟全成亭に宿したことを記している。このことから、本来武家であり、武力を有していた頼盛に同行して、能保が鎌倉に逃れたと考えるのが自然だろう。こうして、前回の勝長寿院供養に能保正室が頼朝とともに主催したように、ずっと鎌倉に留まっていた。

勝長寿院供養を終えた夫妻がいよいよ本来の京に帰ることになった。文治二年（一一八六）二月六日である(41)。これに先立ち、正月二十八日、頼朝夫妻はその宿所に赴き、餞別を贈り、酒宴を催し、ここより能保夫妻は出発することになる。それが遠元亭なのである。[42] 先の『玉葉』の宿所とは異なる。鎌倉滞在が二年以上になっているわけであるから、何度かその宿所を移ったと考える。もちろん、それをできるのはそれなりの経済力を有した者でなければならない。その意味で、遠元は有力御家人なのである。そして、能保夫妻が鎌倉滞在の最後を遠元亭で過ごしたということは、遠元が頼朝の信頼を如何に勝ち得ていたかを如実に表わしている証拠である。第一節で示した遠元と藤原光能との姻戚関係を思えば、遠元が公家の能保を接待するのに適任であったことはいうまでもない。ともあれ、この酒宴は終夜に及び頼朝・能保夫妻は大いに歓談したことだろうし、遠元も面目を施したことになる。

義朝追福の勝長寿院万灯会の沙汰人を、遠元は平賀義信・千葉常胤とともに務め、[43] 後白河院一周忌の千僧供養の一方の奉行人(二十人)を務めたように、[44] 仏事に於いて主要な役割を果たした。鎌倉内の仏事の供奉人に於いても御後に列しており、[45] その地位に変動はない。

以上述べてきたように、鎌倉幕府内に於いて、遠元は宿老として重きをなしていたのである。

六、頼朝期に於ける遠元(中)―奥州合戦と第一次建久上洛―

文治五年(一一八九)七月、鎌倉殿源頼朝は奥州侵攻を開始し、九月には奥州平泉藤原政権を滅亡させる。奥州合戦である。この戦争は、南は九州の薩摩国からと、全国の武士を動員しての侵攻で、二十八万四千騎と称する大軍を結集させた。[46] もちろんこれは誇張された数で、実数はこれよりかなり低いと思われるが、治承・寿永の内乱で頼朝の動員した兵数を超えていることは確実だろうから、これまでの日本歴史上で、最大の大軍といえよう。千葉常胤・八田知家を大将軍とする東海道軍は常陸国から陸奥国浜通へ、比企能員・宇佐見実政を大将軍とする北陸道軍は越後国から出羽国念珠ヶ関へ、そして頼朝が直卒する大手の東山道軍は下野国から陸奥国白河関へと侵攻するのである。

七月十九日、頼朝は鎌倉を出陣する。『吾妻鏡』同日条には、これに従軍した武士の交名があり、筆頭の武蔵守平賀義信以下、百四十四名が記載されている。この三十九番目に足立遠元が記載されている。同時に、その前三十八番目に藤九郎盛長がいる。この交名に於いては、最初は義信に代表される源家御一族が続く。御家人では二十一番目の三浦義澄がトップである。以後、少数の源家御一族・文吏僚を夾み、武士御家人となる。二十八番目の土屋義清までが三浦一族である。同じく二十九番目の小山朝政から三十三番目の吉見頼綱[47]までが小山一族関係である。このように、この交名は一族関係が連続してまとまって記載されている。そして、盛長の前は畠山一族の重成・重朝(三十六・七番目)、遠元の次は土肥実平・遠平親子(四十・一番目)となっており、両人とは異なる氏族である。従って、盛長と遠元が連続して記載されていることは両人が一族である何よりの証拠となる。すなわち、第一節で述べた遠元の叔父が盛長で、両人は足立氏なのである。

治承・寿永の内乱では出陣した気配がない両人は、ここに奥州合戦に出陣するのである。残念ながら、奥州合戦に関する『吾妻鏡』の記載にはこの交名以外に両人は姿を現わさないし、他の史料も同様であるから、彼等の具体的活動については述べることは出来ない。治承・寿永の内乱に於いて足立氏が頼朝親衛隊として鎌倉内に位置したことを考えると、今回に於いても、おそらく頼朝親衛隊としてその身の回りにあって、直接前線で戦うことはなかったと考える。

奥州合戦に勝利した鎌倉武家政権は、その冬に起きた出羽国大河兼任の反乱を、翌建久元年(一一九〇)三月に鎮圧した。ここに治承四年(一一八〇)に源頼政の蜂起により口火を切った内乱がようやく終結することになった。治承・

文治の大乱である。鎌倉殿頼朝は、ここに南は喜界島（奄美群島）から北は外が浜（津軽）までと、北海道を除く日本列島全体の武士に君臨する存在となった。この成果を引っさげて、頼朝は平治の乱（一一五九年）により伊豆国に流罪となってから、最初の入洛を果たす。頼朝の第一次建久上洛である。十一月七日、頼朝は、畠山重忠を先陣に、前に三騎ずつ列した武士が先陣随兵に六十番百八十騎、後に水干輩五番十騎、後陣随兵四十六番百三十八騎、最後を後陣として千葉常胤・梶原景時ら三人、という堂々たる軍列を組んで入京し、六波羅に入る(48)。当然ながら都人に鎌倉政権の実力を眼前で示すためのものである。この軍列に於いて遠元は工藤祐経とともに水干輩五番に位置した。水干輩には三浦義澄や八田知家らが列しており、当然ながらあまたいる御家人から選ばれた者たちであるから、名誉ある位置ということが出来る。

入洛した頼朝は、京洛公家政権を総覧する治天の君の後白河法皇、摂政九条兼実と会談を遂げるとともに、九日に権大納言に、二十四日に右近衛大将に任じられる。後に鎌倉幕府の権威の象徴となる右大将家頼朝の誕生である。この任官により、恒例に従って、十二月一日、頼朝は右大将拝賀の儀を執り行う(49)。この拝賀行列に於いて、侍として七人が列する。三浦義澄・千葉胤正・工藤祐経・足立遠元・後藤基清・葛西清重・八田知重である。いずれ劣らぬ有力御家人である。これに選ばれたということは、彼等がそれだけ頼朝から認められたことを意味するから、名誉に過ぎるものはないということになる。遠元はその一人なのであるから、如何に彼が頼朝に信頼されていたかが分かる。

前年の奥州合戦が、事後追認とはいえ、七月十九日付の泰衡「追討宣旨」が発せられたことで(50)、「公戦」として頼朝は勲功賞をえることになる。それが権大納言への昇進であるが、これ以外の勲功賞として「郎従」（御家人）の成功推挙権が与えられる(51)。人数で交渉があり、最終的には十人が推挙され、『吾妻鏡』同年十二月十一日条に、その面々の名と官が記載されている。左兵衛尉に千葉常秀（祖父常胤譲り）・梶原景茂（父景時譲り）・八田知重（父知家譲り）、右兵衛尉に三浦義村（父義澄譲り）・葛西清重、左衛門尉に和田義盛・佐原義連・足立遠元、右衛門尉に小山朝政・比企能員の十人である。いずれも初期から頼朝に味方した、鎌倉幕府草創に欠かすことのできない功労者たちである。とりわけ三浦一族三人と他氏に抜きんでていることはこの一族の功績と政権内での実力を示すものといえよう。ここに遠元も名を連ねていることは彼の功績も幕府創建に欠かせない存在であり、幕府を支える代表的な有力御家人であったことを示している。『吾妻鏡』では遠元は「藤原遠元」と記載されているから、彼の正式な氏は藤原となる。なお、この十人の正式発令は頼朝が京を離れた十四日である。(52)ともかくその八氏は鎌倉幕府創建を担った氏族といえる。

こうして、遠元は建久第一次上洛に於いて頼朝の信任厚い有力御家人の一人として十分にその立場を示しえ、面目を施したのである。

七、頼朝期に於ける遠元（下）―第二次建久上洛―

遠元が頼朝とその嫡子頼家に蝟集する比企ファミリーの一員であることは、すでに第一節に於いて述べたところである。そこで、話を少し前にさかのぼらせる。

すでに拙稿に於いて述べているが、文治四年（一一八八）七月十日、頼朝の嫡子万寿（頼家）は七歳で甲着始の儀を行なった。(53)この儀式に於いて、平賀義信（比企尼三女婿・乳母夫）・比企能員（比企尼甥・乳母夫）が万寿の登場を扶持し、小山朝政が甲直垂を持参しこの着替えで腰帯を結び、千葉常胤父子四人が甲櫃を持参し扶助し甲着をし、梶原景季（父景時が乳母夫）以下が剣等を進め、八田知家が馬を献じ、三浦義澄・畠山重忠・和田義盛が万寿の乗馬を扶助し、結城朝光等が補佐して三度南庭を打ち回った。そして、下馬を足立遠元が扶助した。甲着を終えた後、場所を西侍に移して、義信の経営で盃酌の儀が行なわれ、万寿の甲着始の儀を祝った。以上の甲着始の儀に登場するメンバーはみな鎌倉幕府を支えている有力御家人であることはいうまでもない。両翼ともいえる千葉・三浦氏が登場するのは当然として、儀式の基本場面は、登場の義信・能員、乗馬補佐の重忠、下馬補佐の遠元と、比企ファミリーで構成されているといっても過言ではない。遠元もこの一員として万寿を奉持していたといえよう。かように、万寿の廻りは比企ファミリーで蝟集されて、母政子の生家北条氏は、義時が頼朝出御の時の御簾上げ役のみで、影が薄いのである。

甲着始の儀の翌々年である建久元年（一一九〇）四月十一日、九歳の万寿は小笠懸射始の儀を行なった(54)。師範としての下河辺行平（下総国藤姓秀郷流大田氏族）が弓を献じて、これを扶持した。三浦義澄・千葉常胤以下が的以下を進めた。そして、南庭で小笠懸射始の儀が行なわれた。小山朝政・足立遠元・畠山重忠・小山田重朝・和田義盛・梶原景時が招請されて、この場に随った。万寿は三度射て、天性の技として皆を感心させたのである。ともあれ、万寿は頼朝の後継者としてのお披露目を無事果たしたことになる。

以上にように、比企ファミリーの一員として、頼朝後継者万寿（頼家）の節目の儀式に、遠元は参加しそれを扶持しているのである。

他方、文治五年（一一八九）四月十八日の北条時政三男の五郎時連（時房・十五歳）、建久五年（一一九四）二月二日の嫡孫太郎頼時（泰時・十三歳）の頼朝御前に於ける元服の儀に、遠元は参列している(55)。いずれも、平賀義信を筆頭に源家御一族や千葉常胤・三浦義澄等の有力御家人が参列している。遠元も押しに押されぬ有力御家人の一員なのである。そして、第一節で述べてあるように、遠元の女子が時房の正室になる。この婚姻が何時なされたかは史料には見えていない。彼女の生んだ三郎資時は正治元年（一一九九）・四郎朝直は建永元年（一二〇六）生まれである。他腹の太郎時盛は建久八年（一一九七）生まれである（なお、次郎時村は生年不明である）。以上からいえることは、婚姻は建久年間になされたとするのが妥当である。さらにいうなら、時房兄の義時が御所官女の姫前（比企朝宗の女子）に思いをかけ、それを知った頼朝が離別不可の起請文を義時から取り、二人の婚姻を認めたことを、『吾妻鏡』建久三年（一一九二）九月廿五日条に、記載されていることを考えると、時房と遠元女子の婚姻も『吾妻鏡』に記載された可能性が高いだろうから、現在残されている『吾妻鏡』にその記載がないのは、逆に残されていない部分、すなわち欠文部分（建久七・八・九年条）に婚姻がなされたと考えることができる。すなわち、両人の婚姻は建久七～九年（一一九六～八）の間になされたと考える。このことは、時盛・資時等の生年から考えても至当といえる。こうして、北条氏は義時兄弟が比企ファミリーと婚姻関係を結んだのである。

建久六年（一一九五）、頼朝は第二次建久上洛を行なう。治承・寿永の内乱で平家により焼討ちされた東大寺の再建落慶供養（三月十二日）に参列するためである。今回も東国の多数の武士を引き連れ上洛した頼朝は、十日、先陣畠山重忠・和田義盛、次（先）随兵百二十騎、（御後）狩装束十六騎、次（後）随兵百二十三騎、後陣梶原景時・千葉胤正、最末水干十一騎からなる、堂々とした行列を組んで南都の東南院に入った[56]。遠元は今回も参加し、三浦義澄・比企能員等と同じく御後に位置し、それは十二番目である。第一次建久上洛と同じ御後に位置しており、彼の立場が揺るぎなく、有力御家人の一員であることを示している。

本上洛の最後として、五月二十日、頼朝は四天王寺参詣を行う。先頭に畠山重忠・千葉（相馬）師常とする先陣随兵二十六騎、御後十四騎、千葉胤正・足立遠元を後尾とする後陣随兵二十六騎、それに最末として和田義盛という行列を組んだ[57]。ここで、注意されるのは、遠元がいままで位置していた御後ではなく、後陣随兵最後列に位置していることである。

では、一般的に序列の劣る後陣随兵への移動は遠元の地位の低下を表わすものだろうか。そうではないと考える。

何故ならば、これが後尾であるからである。この二回の上洛に於いて、先陣先頭に畠山重忠、後陣後尾に千葉氏を配することは、第一次上洛の鎌倉出発の際の『吾妻鏡』記事、すなわち建久元年(一一九〇)十月三日条に見るとおり、基本である。いままで述べてきた上洛関係の行列記事を見れば、この原則が貫徹していることは明らかだろう。すなわち、この先頭と後尾は特別な位置なのである。重忠は奥州合戦に於いても大手先陣を務めており、治承・寿永の内乱でも西国へ出陣し、活躍していることは『平家物語』等にも記載されているように著名である。千葉氏が頼朝の片腕として内乱を戦い抜いたことはすでに述べているとおりである。両者は実戦経験豊かであり、かつ有功の武士であり、都に於いても広く知れていたといえる存在である。とりわけ、千葉常胤は、京都治安維持のため、文治三年(一一八七)に下河辺行平とともに派遣されて、後白河院の叡感を受け、任務を全うしており(58)、都人に取っては周知の武士である。これに比して、遠元は頼朝の親衛隊的存在として東国では重きをなしていただろうが、姻戚関係に繋がる公家らを除くと、京に於いてはそれほど知られていたとは思われない。この意味で、千葉氏と同列を組むということは、その存在を御後に位置するよりは際だたせることになり、遠元個人の存在を西国人に示すことになる。すなわち、決して遠元の位置の低下ではなく、むしろ名誉といえるものである。こうして、第二次上洛に於いても遠元は名誉ある位置を示したのである。

この第二次建久上洛の年、建久六年(一一九五)を最後に、頼朝の死去する正治元年(一一九九)正月条まで現存の『吾妻鏡』は欠文となる。であるから、頼朝最晩年の遠元については示すことが出来ない。が、彼が比企ファミリーの一員として、武蔵国の有力御家人として、同国の支配の一翼を担い、時期後継者頼家を扶持し、幕府宿老として重きをなしていたことには変わりがないだろう。

八、頼家・実朝期に於ける遠元

正治元年(一一九九)正月十三日、将軍源頼朝が五十三歳で死去し、次いで二月六日、嫡子頼家は政所吉書始の儀を行ない、ここに正式に第二代将軍として出発する。父頼朝の将軍独裁制を引き継ぐが、創業者としてカリスマ性を備えた頼朝と異なり、十八歳と若く経験も浅い頼家の前途には未知なものがあった。

二か月後の四月十二日、頼家の親裁が停止され、十三人衆の合議による成敗と定められた(59)。所謂十三人合議制である。構成メンバーは有力御家人、すなわち東国武士御家人と文士御家人(文吏寮)からなる。文士は、政所筆頭別当中原(大江)広元、問注所執事三善善信(康信)、公事奉行人藤原(中原)親能(在京・責任者)、政所別当二階堂行政の四人で、当該期に於ける文士トップ層で順当なものである。武士は、伊豆国出身で将軍頼家の外祖父北条時政・義時父子、相模国の三浦氏族の三浦義澄・和田義盛(侍所別当)、相模国の大庭氏族の梶原景時(侍所別当)、武蔵国の頼家乳母夫比企能員、武蔵国の足立一族の足立遠元・安達蓮西(盛長)、常陸国の宇都宮氏族の八田知家の九人である。遠元も十三人衆の一人なのである。

さて、武士メンバーは、北条氏を除けば、少なくとも郡規模の本領を有する氏族で、関東の有力御家人の代表者といえる存在である。しかし、重要な氏族が姿を見せていない。どの氏族であろうか。

そこで、鎌倉幕府の歳首垸飯の沙汰人メンバーを見てみよう。というのは、垸飯とは、臣が主人に酒肴を献じてともに盃事をすることで、主従の縁を確認し固める儀式である。沙汰人はこの儀式で酒肴を献じる臣である。鎌倉・室町幕府では正月(歳首)の恒例儀式として、重臣が沙汰人になった。鎌倉幕府に於いては、沙汰人は当該期の幕府内の有力御家人の実力・地位を反映したものになっている。さて、頼朝期の建久二年(一一九一)の歳首垸飯沙汰人は、第四節で述べてあるように、元日千葉常胤・二日三浦義澄・三日小山朝政・四日畠山重忠・五日宇都宮頼綱となっている。頼家期の正治二年(一二〇〇)のそれは元日北条時政・二日千葉常胤・三日三浦義澄・四日中原広元・五日八田知家・六日大内惟義・七日小山朝政・八日結城朝光となっている。(60)

さて、この二つの歳首垸飯の両方とも務めている沙汰人の中で、十三人合議衆に姿を見せていない氏族は下総国の千葉氏族(千葉常胤)と下野国の大田氏族(小山朝政・朝光)の二氏族である。第四節で述べたように、鎌倉幕府樹立に当たって、三浦氏とともに千葉氏は双璧をなす一族で、御家人ナンバーワンの存在である。

では、小山氏はどうだろうか。小山氏は「一国之両虎」(61)と称された下野国の豪族である。治承・寿永の内乱前期の寿永二年(一一八三)二月、常陸国の志田義広(頼朝叔父)が反頼朝の兵を挙げる。この時、義広は北関東の雄、藤姓足利氏と小山氏に参加をうながし、頼朝を撃破しようとする。しかし、下野国野木宮(栃木県野木町)に小山氏は単独でこれを破った。野木宮合戦である。(62)頼朝にとって、この義広の攻撃は危機であったのである。それを排除したのが小山氏で、これにより頼朝の軍権は北関東へと浸透して行き、彼に並ぶ者はいなくなる。このように、鎌倉幕府樹立に当たって、小山氏も欠くことのできない氏族なのである。そして、前節で述べたように、文治五年(一一八九)の奥州合戦での頼朝直卒の鎌倉進発軍交名に於いて、大田氏族は御家人中で三浦氏族の次に記されており、御家人ナンバースリーといってもよいだろう(千葉氏は東海道軍大将軍として別進発)。このことは頼朝期の歳首垸飯序列とも一致する。

こうしてみると、十三人合議衆には御家人ナンバーワンとスリーが欠けていることになる。又、地域的にいっても、利根川から東の代表である両氏を欠いては偏りが出る。これでは十三人合議衆が真の意味で有力御家人の合議になっているとはいえないだろう。この意味で十三人合議衆が機能していかなかったと考える。

頼家将軍期で、遠元は梶原景時弾劾連署に名を連ねるが、(63) 以後『吾妻鏡』には所見しない。であるから、建仁三年(一二〇三)九月の所謂「比企氏の変」に於いて如何なる行動を取ったかは明かではない。ただいえることは、頼朝期に武蔵国支配を掌握していた比企ファミリーでは、平賀氏も畠山氏も北条氏側として比企氏撃滅に参加したことである。(65) 比企ファミリーは崩壊していたのである。

「比企氏の変」により、頼家は失脚し、弟千幡(十二歳)が第三代将軍になる。同年十月八日、千幡は北条時政名越亭で元服の儀を遂げる。源実朝の誕生である。翌九日、将軍政所始の儀と垸飯盃酒の儀を行なった後、実朝の甲着始の儀が執り行われる。時政がこれを扶持し、小山朝政と足立遠元が甲冑を着せる。(65) 第七節で触れたように、頼家甲着始の儀でも遠元は重要な役を果しているから、その意味からいえば、その役は当然ともいえよう。ともあれ、遠元は面目を果したことになる。次いで、十一月十五日の鎌倉中寺社奉行改定で、永福寺阿弥陀堂奉行人となる。(66) 他の奉行人のメンバーと比較すると、遠元は七十代に達そうとし最高年齢と考えられる。すでに、頼朝期の宿老(千葉常胤・上総広常・三浦義澄・土肥実平・岡崎義実・安達盛長そして遠元)は寿永二年(一一八三)の上総広常、正治二年(一二〇〇)の三浦義澄・安達盛長・岡崎義実、(67) 建仁元年(一二〇一)の千葉常胤と死去しており、(68) 土肥実平も一説では建久二年(一一九一)死去となっているから、(69) 遠元はその最後の一員として、高齢にもかかわらず第一線で頑張っていたのである。

しかし、同年十二月十四日の将軍実朝永福寺参詣で、『吾妻鏡』同日条には、北条時房以下が供奉したとし、御家人を結城朝光・長沼宗政・安達景盛・三浦義村・足立遠元・千葉常秀・佐々木定綱・和田朝盛と順に記している。このことは、前段での実朝元服の儀に、従兄弟の安達景盛(盛長嫡男)が列座しているのに、姿が見えないことを合わせ考えると、足立一族間での力関係が安達氏上位へとなっていくことが窺える(詳細は略するが、頼朝期の『吾妻鏡』記載に於いて遠元は基本的に盛長の上位である)。

元久二年（一二〇五）元旦、実朝将軍を擁立した北条時政は垸飯沙汰人を務める。幕府第一人者であることを示したのである。『吾妻鏡』同日条にはこの沙汰人以下の諸役が記されている。『吾妻鏡』の記載でこのことは頼朝期の建久二年（一一九〇）に次ぐものである。三役は御剣役小山朝政・御弓箭役三浦義村・御行縢役足立遠元で、馬引役の一員として足立八郎、すなわち遠元の嫡子元春が見える。元春の『吾妻鏡』初見である。足立氏に於いても後継者が登場したことになる。この三役を頼朝期の建久二年歳首垸飯では沙汰人一族が務めたことを思う時[70]、ここに、完全に北条氏に下位し、これに奉仕する足立氏の立場が見えている。しかし、それは足立氏に限ったわけではなく、この垸飯諸役を務めた諸氏にもいえることである。

この年は鎌倉幕府にとって激動の年であった。それは、六月の武蔵国最有力者の畠山重忠の滅亡（二俣川合戦）と、北条時政失脚・武蔵守平賀朝政誅殺の所謂「牧氏の変」である。この二俣川合戦は遠元にとって痛恨の一事であったと思う。というのは、第一節で述べてあるとおり、遠元の娘婿が次郎重忠であり、二人の間には小次郎重秀が儲けられていたのであるが、重忠（四十二歳）が戦死し、その子重秀（二十三歳）も自害したからである[71]。これに先立ち、同日早朝、重忠息の六郎重保（時政外孫）も鎌倉内で誅される。ここに、比企氏に続いて、武蔵国の豪族畠山氏が滅亡する（なお、名跡は足利氏庶流に継がれる）。当然ながら、重忠の件は遠元にとって打撃となったことは言うまでもない。武蔵国を代表する畠山・比企氏が滅亡した今、残るは足立氏一族である[72]。しかし、安達景盛が二俣川合戦で先陣を切ったこと[73]で分かるよう、すでに北条氏には敵対しえなかったのである。前述してあるように、ここに安達氏が足立氏に上位することになる。そして武蔵国支配に於いて、国守足利氏・（後見）北条氏・（在国支持）安達氏の体制が形成されることになる[74]。遠元は『吾妻鏡』のこの合戦関係記事には所見しないから、彼がどのような行動をなしたかは明かではないが、積極的に行動することなく、おそらく在国して事態の動きを傍観せざるをえなかったと想像する。

翌々年の承元元年（一二〇七）三月三日条の、幕府の北御壷で行なわれた鶏闘会への出席を最後に、遠元は『吾妻鏡』から姿を消す。これには北条時房以下、源（中原）親広・結城朝光・和田義盛・足立遠元・安達景盛・千葉常秀・和田常盛・三浦義村・長沼宗政等が参加した。すでに高齢でもあり、これから間もない時期に世を去ったと考えてもいいだろう。

遠元の跡は嫡子八郎左衛門尉元春に継がれ、さらに木工助遠親、太郎左衛門尉直元と『吾妻鏡』に所見する如く継承されていく。北条氏と姻戚関係を結ぶなどして、安達氏が景盛・義景・泰盛と権力中枢に位置したのに対して、足立氏は幕府内での地位は下がるが、それでも御家人三区分「鎌倉中」・「在京」・「諸国」の最上位の「鎌倉中」御家人にランク付けられて、安達氏と同様に足立氏は武蔵国を代表する御家人である。[75] しかし、その両家とも弘安八年（一二八五）の霜月騒動で嫡系（足立直元・安達泰盛）が滅亡する。これ以後、おそらく庶流の一部が北条氏得宗被官として存続し、南北朝期以降では、足立氏は武蔵国での足跡よりも、遠元の孫遠政を祖とする丹波国氷上郡佐治庄（兵庫県丹波市青垣町）に西遷した丹波足立氏の方に残されることになる。

註

（1）拙稿Ⅰ、「鎌倉幕府成立期に於ける武蔵国々衙支配をめぐる公文所寄人足立右馬允遠元の史的意義」上・下『政治経済史学』第百五十六、百五十七号一九七九年五月、六月。

（2）太田亮氏、『姓氏家系大辞典』第一巻一九六三年角川書店頁一一二〇。

（3）『尊卑分脈』第一篇頁一七七、二八五～九二。

（4）『関東評定衆伝』（『群書類従』第四輯補任部所収）。

（5）『吾妻鏡』文治五年四月十八日条。
（6）北条時政が北条氏庶流であることに関しては、杉橋隆夫氏、「北条時政の出身」『立命館文学』第五百号一九八七年三月。
（7）伊藤邦彦氏、『鎌倉幕府守護の基礎的研究【国別考証編】』二〇一〇年岩田書院頁五〇。
（8）『吾妻鏡』治承四年十月二日条。
（9）『吾妻鏡』文治元年十月廿四日条。
（10）『尊卑分脈』第二篇九七頁。
（11）十三世紀初頭に京都で行われた「千五百番歌合」（後鳥羽上皇主催）等で歌を詠んでいる。
（12）『吾妻鏡』文治四年十一月廿二日条。
（13）『公卿補任』文治元年条源頼朝尻付。
（14）『愚管抄』巻第五（岩波日本古典文学大系版頁二一二）。
（15）『平治物語』上・源氏勢汰への事（同上頁二一八）。
（16）『平治物語』中・六波羅合戦の事（同上頁二三四～六）。
（17）『百練抄』平治元年十二月廿六日条。
（18）『吾妻鏡』治承四年十月二日条。
（19）『吾妻鏡』同年十月八日条。
（20）『吾妻鏡』同年十月廿三日条。
（21）『吾妻鏡』同年十二月十四日条。
（22）『吾妻鏡』同年十月廿八日条。

(23) 『吾妻鏡』同年九月二日条では、味方になるように頼朝が手紙を出した武士の中に清元・清重も入っている。
(24) 『吾妻鏡』元暦元年十月六日条。
(25) 拙稿Ⅱ、「甲斐源氏棟梁一条忠頼鎌倉営中謀殺の史的意義」Ⅰ・Ⅱ『政治経済史学』第二百七十二号、第四百四十六号一九八九年一月、二〇〇三年十月。
(26) 五味文彦氏、『武士と文士の中世史』一九九二年東京大学出版会。北爪真佐夫氏、『文士と御家人』二〇〇二年青史出版。
(27) 『吾妻鏡』文治元年四月十三日条。
(28) 『吾妻鏡』元暦元年六月一日条。
(29) 彦由一太氏、「鎌倉初期政治過程に於ける信濃佐久源氏の研究」『政治経済史学』第三百号一九九一年四・五・六月。
(30) 『吾妻鏡』治承四年九月十七日条。
(31) 『吾妻鏡』文治五年九月廿日条。
(32) 『吾妻鏡』治承四年六月廿七日条。
(33) 『吾妻鏡』文治元年七月七日条。
(34) 『吾妻鏡』同年五月十七日条。
(35) 『正閏史料外編一阿弥陀寺所蔵』「文治四年十月日付源有経解写」(『鎌倉遺文』第一巻三四九号)。
(36) 佐久間広子氏、「『吾妻鏡』建久二年正月垸飯について」『政治経済史学』第四百四十六号二〇〇三年十月。
(37) 『吾妻鏡』文治元年十月廿三日条。
(38) 『吾妻鏡』文治二年十二月一日条。
(39) 『吾妻鏡』治承四年八月六日・廿日条。

(40)『玉葉』寿永二年十月廿日条。
(41)『吾妻鏡』文治二年二月六日条。
(42)『吾妻鏡』同年正月二十八日条。
(43)『吾妻鏡』文治四年七月十五日条。
(44)『吾妻鏡』建久四年三月十三日条。
(45)『吾妻鏡』文治四年三月十五日条、同五年六月九日条、建久三年十一月廿五日条、同五年十二月廿六日条。
(46)『吾妻鏡』文治五年九月四日条。
(47)「結城系図」(『続群書類従』第六輯上系譜部所収)に小山政光養子とある。よって、『吾妻鏡』文治五年七月廿五日条に、「(政光)猶子頼綱」と見えるのは、吉見頼綱のことである。
(48)『吾妻鏡』建久元年十一月七日条。
(49)『吾妻鏡』同年十二月一日条。
(50)『吾妻鏡』文治五年九月九日条。
(51)『玉葉』建久元年十二月十日条。
(52)『玉葉』同十三日条。
(53)『吾妻鏡』文治四年七月十日条。
(54)『吾妻鏡』建久元年四月十一日条。
(55)『吾妻鏡』文治五年四月十八日、建久五年二月二日条。
(56)『吾妻鏡』建久六年三月十日条。

(57)『吾妻鏡』同年五月廿日条。
(58)『吾妻鏡』文治三年十月八日条。
(59)『吾妻鏡』正治元年四月十二日条。
(60)『吾妻鏡』正治二年正月条。
(61)『吾妻鏡』養和元年閏二月廿三日条。
(62)石井進氏、「志田義広の蜂起は果たして養和元年の事実か」(『石井進著作集』第五巻二〇〇五年岩波書店所収)。
(63)『吾妻鏡』正治元年十月廿八日条。
(64)『吾妻鏡』同年九月二日条。
(65)『吾妻鏡』建仁三年十月九日条。
(66)『吾妻鏡』同年十一月十五日条。
(67)義澄と義実は『吾妻鏡』正治二年正月廿三日・六月廿一日条。
(68)『吾妻鏡』建仁元年三月廿四年条。
(69)『系図纂要』第八　平氏四　土肥(新版第八冊上一九九五年名著出版頁二〇八)。
(70)佐久間広子氏、註(36)前掲論文。
(71)『吾妻鏡』元久二年六月廿二日条。拙稿Ⅰ。
(72)岡田清一氏、『鎌倉幕府と東国』第四章武蔵国惣検校職について二〇〇六年八木書店頁一一三で、二俣川合戦の結果、足立郡が北条氏の所領に組み込まれたとされる。すなわち、遠元は本領を失い、失脚したことになるが、後述してあるように、遠元は健在であり、その嫡系は以後も『吾妻鏡』に所見しており、その見解は誤りといわざるをえない。ここでは詳細は述べないが、足立氏嫡系の失脚、本領足立郡を失ったのは霜月騒動（一二八五年）の時と考える。

（73）『吾妻鏡』元久二年六月廿二日条。

（74）当該期の武蔵国支配に関しては、拙稿Ⅲ、「十三世紀初頭に於ける武蔵国国衙支配」『政治経済史学』第二百二十二号一九八五年一月。

（75）『田中穣氏旧蔵典籍古文書』「六条若宮造営注文」（海老名尚・福田豊彦氏、「『六条若宮造営注文』について」『国立歴史民俗博物館研究報告』第四十五号一九九二年十二月）。

（『政治経済史学』第五百五十四号二〇一三年二月所収）

第四節　遠元以降の足立氏系譜

一、『吾妻鏡』に見る足立氏

鎌倉御家人としての足立氏を築き上げた、足立遠元に関してはすでに拙稿を発表している。[1] そこで、今回はその子孫を考究することで、足立氏の系譜・消長を考えてみたい。

『吾妻鏡』に所見する足立氏で実名（諱）の分かる人物は遠元以後に九人で、所見順に次の通りである。

①（十郎）太郎親成（文治元年〔一一八五〕十月廿四日〜建久六年〔一一九五〕三月十日条[2]）
②八郎左衛門尉元春（建仁三年〔一二〇三〕十月十日〜承久元年〔一二一九〕七月十九日条）
③右衛門尉遠政（嘉禎元年〔一二三五〕七月廿九日〜同二年〔一二三六〕九月九日条）
④兵衛尉遠信（嘉禎元年〔一二三五〕七月廿九日条）
⑤木工助遠親（安貞二年〔一二二八〕七月廿三日〜仁治元年〔一二四〇〕八月二日条[3]）
⑥太郎左衛門尉直元（寛元三年〔一二四五〕八月十六日〜弘長三年〔一二六三〕八月九日条）
⑦三郎左衛門尉元氏（建長三年〔一二五一〕一月廿日〜弘長三年〔一二六三〕八月九日条）
⑧藤内左衛門三郎政遠（建長五年〔一二五三〕七月十七日〜弘長三年〔一二六三〕八月九日条[4]）

⑨左衛門五郎遠時（弘長三年〔一二六三〕正月一日〜四月廿六日条）

まず①親成である。親成は所見時期と仮名からして、「足立系図」[5]には記載されていないが、遠元の嫡子「太郎」と考えることが出来る。だが、建久年間で所見が終わっていることは父に先立ち早世したと思え、それ故にしかるべき子孫がなく記載されなかったのであろう。

次いで②元春・⑤遠親・⑥直元・⑦元氏である。彼等は所見時期から、「足立系図」の示す系譜順と一致し、親成の早世により元春が嫡子となり、足立郡地頭職を継承して、その子孫が嫡系となったといえる。遠親は讃岐国本山庄地頭職を得ていた。[6]『吾妻鏡』には所見しないが、正応三年（一二九〇）に豊前国佐田庄地頭職と見える足立五郎左衛門尉遠氏[7]は登場時期からして、「足立系図」の基氏（元氏）の子「遠氏」に一致する。以上、足立氏嫡系に関する「足立系図」の示す系譜、「遠元—元春—遠長「親」—基氏—遠氏」等には信頼性があるといえよう。そして、嫡系は本領以外に取得時期は不明であるが、西国に新恩として所領を得ていたことが確認できる。

③遠政・④遠信である。両人は所見時期から「足立系図」の示す丹波国佐治庄を拝領した遠政・遠信父子に一致する。両人が所見する記事は、延暦寺と近江佐々木氏の紛争により、延暦寺衆徒が神輿を振って強訴したのを防衛するため出動した六波羅軍の先陣としてである。この結果、遠政は備後国に流罪となった。[8]このことは、庶流である遠政の系統が、承久新恩であろう丹波国佐治庄に入部し、在京御家人として活動していたことを示すものである。両人の他、弘安年間に『勘仲記』に所見する「基政」は遠政の子政基ではないかと考えられる。[9]以上、「足立系図」は元春以下の嫡系と遠政以下の庶流の系譜に信頼性があるといえよう。

最後に⑧政遠と⑨遠時である。政遠は所見時期と「藤内左衛門三郎」の名乗りから、「足立系図」の元員が相当するかとも思えるが、諱が違っており、後述することにする。遠時は系譜類にその諱は見えず、直元・元氏と同時に所見し、官位を保持していないことから、その次世代であろうと考えられる。すると、仮名の「五郎」から、後に改名して、上述の遠氏になったと考えることも出来よう。

以上の他に諱の不明な人物として次の四人が所見する。

⑩足立九郎（建保元年（一二一三）正月二日条）

⑪足立三郎（建長四年（一二五二）八月六日～正嘉二年（一二五八）六月十七日条）

⑫足立左衛門（尉）四郎（建長六年（一二五四）正月廿二日～康元元年（一二五六）七月廿九日条）

⑬足立左衛門太郎（弘長三年（一二六三）正月廿三日条）

ここで⑩足立九郎は後述する。⑪の足立三郎はその所見時期から見ると、直元・元氏兄弟に近い縁戚（直元子か）と考えることが出来るが不明である。[10] ⑫足立左衛門四郎・⑬足立左衛門太郎は所見時期とその仮名から、足立（藤内）左衛門三郎政遠の兄弟と考えられる。

二、「六条八幡宮造営注文」に見る足立氏

『吾妻鏡』建長二年（一二五〇）三月一日条の「造閑院殿雑掌事」目録に閑院内裏造営の担当として、紫宸殿北条時頼以下が載せられている。その中に、西四足左衛門陣担当として「足立左衛門尉跡」とある。次いで、建治元年（一二七五）の「六条八幡宮造営注文」[11]に各御家人負担分が、「鎌倉中」・「在京」・「国」の三分類で、「鎌倉中」筆頭の北条時宗五百貫以下が記されている。その「鎌倉中」に「足立八郎左衛門尉跡廿貫」、「足立九郎左衛門尉跡十貫」とある。

建長の閑院造営負担の「足立左衛門尉跡」とは足立左衛門尉遠元を指すと考えてよく、当時期では足立氏一族総体

に負担が課せられたことになる。次いで、建治の六条八幡宮負担では「足立八郎左衛門尉跡」「足立九郎左衛門尉跡」と足立氏の負担は二分されている。八郎の方は遠元の子、八郎左衛門尉元春と比定して問題ない。

では、もう一人の九郎の方は誰であろうか。『吾妻鏡』・系譜類にその仮名・官途の一致する人物は見いだせない。しかるに、『吾妻鏡』建保元年(一二一三)正月三日条の垸飯記事に、「一御馬　足立八郎兵衛尉　同九郎」と見える。八郎は元春のことである。さすれば、ここに見える「九郎」が建治の「九郎」と同一人と考えて差し支えないだろう。『吾妻鏡』の「九郎」は本記事のみの所見で、官途不明であるが、父遠元・兄元春が左衛門尉の官途を帯びた先例にならい、後に左衛門尉に任官したと考えれば、そのことは首是されよう。しかし、「九郎左衛門尉」なる人物は系譜類に見当たらない。そこで、注目すべきは、上述の「藤内左衛門三郎」政遠である。上述では諱の違いから「足立系図」の元員と断定しなかった。ここで改めて、政遠の『吾妻鏡』での所見を見ると、建長六年(一二五四)六月十六日条の鎌倉中物騒により御家人が御所に群参した着到記事に直元とともに名を載せている。そして、政遠は鶴岡宮放生会で将軍宗尊親王の供奉人を奉仕するなど、直元・元氏と同様に鎌倉での活動が確認できる[(12)]。さすれば、政遠は同世代の直元・元氏と並んで鎌倉内で行動しており、その諱が「元員」に後に変わったと考えれば、「足立系図」の元員と『吾妻鏡』の政遠は同一人となる。そうすると、「足立系図」の元春孫の元氏・直元と、元春弟の元重孫元員が同時代に鎌倉で御家人として活動していたことになる。従って、『吾妻鏡』および建治の「九郎」、すなわち⑩足立九郎をこの元重と比定してもよいのではないか。すなわち、遠元の後、足立氏の嫡流たる「鎌倉中」は元春流と元重流とに分かれたことになる。そして、建治の負担量から見て、元春流が足立氏嫡系、元重流が庶流ということになる。

以上、建治段階で、足立氏は、「鎌倉内」嫡系元春流(直元・元氏)・庶流元重流(元員)と、丹波国佐治庄に西遷した庶流の遠政流と、少なくとも三つの分流を形成しているのである。

嫡系元春流に関して、改めて『吾妻鏡』を見ると、直元が延二十二日、元氏が延十九日所見している。[13]曾祖父遠元が延五十日所見するのを別格として、祖父元春が延八日、父遠親が延六日、同世代の又従兄弟政遠（元員）[14]が延四日、元氏の子遠時（遠氏）が延三日、と直元・元氏兄弟の所見日数は突出している。[15]

そこで、直元・元氏兄弟の所見を分析することにする。基本的に両人の所見は交名記事である。すなわち、交名の所在位置により両人の幕府での序列が分かるのである。両人が同時に所見する記事は五か所ある。建長三年（一二五一）八月十五日条（鶴岡放生会将軍御参供奉人交名）では、後陣随兵（十騎）の八番目に元氏、十番目に直元が列している。建長四年（一二五二）四月十四日条（将軍鶴岡八幡宮御参供奉人交名）では、殿上人に次ぐ「此外」（三十六名）の二十二番目に元氏、三十二番目に直元が列している。同年十二月十七日条（将軍鶴岡八幡宮御参供奉人交名）では、御車脇（十二名）の四番目に元氏、御後布衣（四十四名）の三十九番目に直元が列している。康元元年（一二五六）六月廿九日条（鶴岡放生会供奉人御点散状）では、百六十一名中、九十五番目に元氏、百五番目に直元が列している。弘長三年（一二六三）七月十三日条（鶴岡放生会供奉人申故障輩）では、布衣に元氏、随兵に直元が記載されている。以上、建長四年十二月十七日条を除けば、他の四か所は元氏が直元に上位した序列となっている。特に、最後の康元元年六月廿九日条では元氏が布衣、直元が随兵と格を異にしており、明白に元氏上位である。かく見てくれば、当該期に於いて、兄弟順とは異なり、幕府序列では弟元氏が兄直元に上位していたことになる。

足立氏は、「鎌倉内」嫡系元春流（直元・元氏）・庶流元重流（元員）と丹波国佐治庄に西遷した庶流の遠政流と、大きく三つの分流を形成していると上述した。この嫡系に於いて、孫の代に直元・元氏兄弟がそれぞれ独立して御家人役を奉仕しており、しかも太郎直元と三郎元氏との交名序列に於いて、弟元氏上位である。このことは、当該代に於いて嫡系が二分、すなわち兄直元と弟元氏に二分されたことを意味している。ただ、弟の交名序列がなぜ兄の上となったかは不明であるが。しかし、建治段階で「足立八郎左衛門尉跡」として負担していることは、二分されたとしても、嫡系は両者が一体として負担区分されていたことになり、完全に分離独立したわけではないことになる。以上、建治段階（一二七五年）での足立氏は、「鎌倉内」の嫡系元春流の直元流・元氏流と庶流元重流（元員）、それに丹波国佐治庄に西遷した庶流の遠政流と、改めて少なくとも四つの分流を形成していたことになる。

では、嫡系元春流は「鎌倉中」御家人として如何なる位置にあったのであろうか。幕府行事供奉交名に於ける位置から、遠元のそれと比較してみる。遠元は基本的に供奉交名に於いて、前陣随兵・御後・後陣随兵との構成で最上位となる御後に列していた(16)。遠元の子元春は基本的には随兵位置と考える(17)。孫の遠親も同様に随兵位置と考える(18)。曾孫の直元・元氏兄弟は上述の通り、御後に位置することもあれば、随兵に位置することもあったのである。この意味では父に比してその位置は上昇したといえる。しかし、曾祖父遠元が基本的に御後に列していたとの比すればこの子孫の位置は後退していたことになる。

三、霜月騒動後の足立氏

霜月騒動（一二八五年）は鎌倉後期に於ける幕政史上の一大事変である。本事変により、幕府中枢にいた、足立氏の庶流であった安達盛長の曾孫泰盛が鎌倉内で自害するとともに(19)、足立直元が与党として鎌倉内で自害している(20)。そこで、建武新政に於ける恩賞として、足利尊氏に「同国足立郡泰家」に与えられていることから(21)、足立氏の足立郡地頭職は没官されて、北条氏の手に帰したとするのが定説となっている(22)。

足立郡で庄園の存在を示すのは『新編武蔵風土記稿』に見える髙鼻庄（埼玉県さいたま市大宮区）を除きなく、本庄は高鼻郷(埼玉県さいたま市大宮区高鼻町等)由来のものと考えられ、足立郡はほぼ一円の公領といえよう。治承・寿永の内乱当初に、「領掌郡郷事」(23)と遠元が足立郡郡司職を安堵されている。この郡司職は所管する郷村を含み、ほぼ郡一円を領掌しているものと理解される。ただ、郡内には足立氏以外の在地の武士、例えば、高鼻郷を本貫とした御家人の高鼻和氏が存在するので(24)、それらは除外されて、足立氏の領掌する郷村は足立郡のすべてではない。それでも足立郡の過半は足立氏の領掌下にあったといえよう。「足立系図」に「号淵江田内」(東京都足立区保木間等)等の足立郡名の地名を脇注に付した遠元子が複数いて、その地名が広く郡内に分布していることは、遠元が領掌した郡内の所領を分与したことを示しているとともに、やはり郡内の過半を所領としていたことの反映といえよう。

確かに遠元は足立郡の過半を所領としていただろうが、これがそのまま曾孫の直元に継承されていたのだろうか。前節の通り、遠元の子、元春・元重兄弟が「鎌倉中」御家人として分流して、建治の六条若宮造営での負担分から、彼等の所領規模は二対一程度とされるので、足立氏の本領である足立郡もその割合で分割されたとすべきであろう。彼等にはさらに兄弟もいるので、この相続分も考えると、実際にはさらに少なくなろう。そして、元春系は曾孫の直元・元氏兄弟が並列して、しかも元氏上位で鎌倉内での幕府行事に参加していることから、元春系がさらに二分されたと考えてよい。以上見てくると、嫡系が直元としても、彼の保持している所職の主体である足立郡地頭職は、遠元の時にはほぼ郡域全体に及んでいたとしても、直元のそれは郡域の一部にしか及んでいなかったといえよう。

上述の通り、直元は霜月騒動で自殺し、その所職である足立郡地頭職は没官され、北条氏の所領となり、幕末には得宗高時の弟泰家の所職となっていた。「足立系図」を見ても、直元の子孫の記載はなく、このことは霜月騒動で直元系が没落して、おそらく滅亡した反映であると考えてよい。では、他の系統、嫡系の元氏流、庶流の元重流、西遷した遠政流はどうなったのであろうか。第一節で述べたように、元氏の子遠氏は正応段階で九州豊前国に地頭職を所持しており、さらに「足立系図」に記載されて、元氏の曾孫に当たる遠宣は建武新政の武者所結番四番に列しており、[25]「足立系図」を裏付けて、元氏の子孫が少なくとも建武新政まで継続していたことを表しており、元氏流は霜月騒動で滅んでいないことになる。

次いで、元重流である。第二節で述べたとおり、直元と同世代の元氏の孫元員の「鎌倉中」御家人としての存在は確認できる。しかし、その子孫の存在の徴証は見当たらないようである。しかし、「足立系図」にはさらに元員子孫として孫元兼まで記載されている。これは霜月騒動後も存続していたことの反映と考えてよいだろう。

正中二年(一三二五)四月、「足立彦五郎」は松尾社領丹波国雀部庄に於ける悪党景資法師等を制圧のため荻野総三郎入道等とともに六波羅から出動を命じられている。[26]彼は「足立系図」に見える遠政の孫の五郎政継、その子の孫五郎政家との二代の仮名から、世代的に政家の子政重に相当しよう。丹波国御家人としての遠政流の活動が裏付けられ、健在であることが分かる。

以上、遠政流を加えると、直元流を除く足立氏の三流はたとえ霜月騒動で影響を受けたとしても、基本的に御家人として存続していたことになる。特に、「鎌倉中」御家人たる元氏・元重の二流が存続したことは、足立氏が足立郡内に相当の所職を依然として保持していた、とすべきである。

霜月騒動後、上述以外に足立氏の存在を示す史料には如何なるものがあろうか。まず、徳治二年(一三〇七)の「円覚寺毎月四日大斎結番次第」の一番の中に「足立源左衛門入道」が見える。[27]本史料は得宗の北条貞時が父時宗の仏事を毎月四日に円覚寺で行い、この奉仕の結番を定めたもので、同じ一番に見える長崎氏・安東氏等の他の顔ぶれからしても、御内人の奉仕である。すなわち、ここに見える足立源左衛門入道は御内人といえる。

次いで、元亨三年(一三二三)の「北条貞時十三年忌供養記」で、十月二十六日の供養結願日の御布施取の「御使」として「足立余三左衛門」が、「諸方進物」として銀劔・馬を献じている「足立三郎左衛門入道」とが見えている。(28)この「御使」は尾藤・諏訪氏等の御内人が勤めていることから、「足立余三左衛門」は御内人とみてよかろう。「諸方進物」の筆頭が連署金沢貞顕、二番が内管領の長崎円喜である一方、千葉貞胤・足利貞氏等多くの御家人も名を連ねており、「足立三郎左衛門入道」が御家人か御内人かはここでは明瞭でない。しかるに、「足立三郎左衛門入道」は正中二年(一三二五)に内管領長崎高資の所領加賀国大野荘の代官であった。(29)とすれば、「北条貞時十三年忌供養記」の「足立三郎左衛門入道」は御内人として、長崎氏所領の代官であったことになる。

さらに、加賀国冨永御厨の地頭請所の地頭として「足立幷諏訪」が見え、彼等は正中年間に押妨している。(30)相方が諏訪氏であることから、この足立氏は御内人であり、先の「足立三郎左衛門入道」と同一人物か近い一族と考える。

鎌倉幕府滅亡に当たって、近江国番場宿に於いて敗残の六波羅勢が自害した人物を記した「陸波羅南北過去帳」中に「足立源五長𪚲」「同参河又六則利」「同弥六則幌」の三人が記載されている。(31)彼等三人は少なくとも北条氏家人とみてよい。また、本来足立氏は藤原氏を称していたのに、「源五」とあることから、「円覚寺毎月四日大斎結番次第」に見える足立源左衛門入道と繋がる系譜の人物と考えてよく、そうならば彼等も御内人ということになる。ただ、彼等が源氏を何故称したかは不明といわざるをえない。

以上、霜月騒動後に史料所見する足立氏はそのほとんどが御内人と考えてよい人物である。彼等が霜月騒動後も関東に存続した元重・元氏の二流の系譜か、それとも遠元の他の庶子の系譜は明らかにするものがない。いずれの系譜としても、存続した足立氏が氏族をあげて御内人化したのではあるまい。あくまでもその一部が御内人化して、同時に他の氏族で御内人化した例からして、御家人身分は保持していたと考えてよい。

四、南北朝期の足立氏

鎌倉幕府滅亡に際して、六波羅敗残勢として近江国番場宿にて自害した、御内人化した足立氏がいたことは前節で述べた通りである。このように、足立氏に御内人化して北条氏とともに運命を共にして滅んだ者がいたことは確かである。しかし、それで足立氏が族滅したのでないことは、西遷した遠政流の子孫が戦国期まで丹波国衆として存在していたことで明らかである。では、関東に存続していた足立氏はどうなったのであろうか。

前節で述べたように、元氏流の遠宣は建武新政の武者所の構成員である。これは鎌倉幕府滅亡に当たって、後醍醐帝側に立って、幕府滅亡に功績を立てた結果といえる。遠宣が関東で幕府に反旗を翻したのか、幕府上洛軍の一員として、足利尊氏同様に反旗を翻したかは史料がなく確かめられない。この反旗を翻したことから、遠宣は御内人化して北条氏と運命を共にした足立氏と別系統と考えてよいのではないか。いずれにせよ、武蔵国足立郡等で保持していた所職は安堵されたことはいうまでもない。すなわち、建武新政で足立氏の嫡系元氏流は足立郡の在地領主として生き残ったのである。

西遷した遠政流の存在をうかがわせるのは『太平記』の記載である。巻第八の「主上自令修金輪法給事付千種殿京合戦事」に後醍醐帝側近の千種忠顕軍の一員として「丹波国ノ住人萩野彦六ト足立三郎ハ五百余騎ニテ四条油小路マデ責入タル」と所見するのを初めとして[32]、以後、基本的には北朝方として、足立氏は度々所見する[33]。『太平記』に所見する足立氏が丹波足立氏であろうことは上述のことから間違いない。仮名から、「足立系図」に見える遠政の孫、三郎光基、五郎政継の子孫だといえよう。おそらく、「足立系図」の示すように、南北朝期には丹波足立氏は光基流と政継流に別れていたのであろう。

鎌倉公方足利氏満の応永四年(一三九七)年七月廿日付円覚寺黄梅院宛寄進状に円覚寺黄梅院に寄進した所職として「同郡淵江郷石塚村等内足立大炊助跡事」とある。[34]すなわち、室町前期に足立郡内に足立氏の存在が確認されるのである。この「足立大炊助」は、「足立系図」に遠元の子元重の傍註に「淵江田内」とあることから、元重の末裔である推定されるとの見解がある。[35]この見解には筆者としても賛意を示すものである。とすれば、室町前期までは足立郡内に少なくとも元重流足立氏が存続していたことになる。ただ、「跡」とあって、如何なる理由かは不明であるが、所領石塚村を足立大炊助は失ったことになり、この後も武士として存続しえたかは不明である。また、建武新政期に所見する元氏流の遠宣子孫に関する史料は管見になく、その存在は不明といわざるをえない。そして、その後の関東内に足立氏の存在を示す徴証は残念ながら筆者の管見にはなく、丹波足立氏は別として、武蔵武士足立氏は歴史の彼方に消えたといえよう。

最後に、「足立系図」に鎌倉期末期・南北朝期初頭の存在と考えられる元氏流の「遠宣」、元重流の「元兼」までの系譜が記載されていることは、この時期まで関東の足立氏と丹波足立氏は何らかの繋がりがなされていたことを伺わせているといえる。これはともに同族御家人としての本来的な繋がりであろう。ここで系譜が終わっていることは、南北朝の混乱期により在地で各自がそれぞれ活動(国人化)していったことで、これが切れたことを示唆しているのかも知れない。

註

(1)　拙稿Ⅰ、「鎌倉幕府成立期に於ける武蔵国々衙支配を巡る公文所寄人足立右馬允遠元の史的意義」『政治経済史学』第百

五十六、百五十七号一九七九年五月、六月。

拙稿Ⅱ、「武蔵武士足立遠元」『政治経済史学』第五百五十四号二〇一三年二月。

拙稿Ⅲ、「武蔵武士足立氏の系譜再論」『政治経済史学』第五百六十二号二〇一三年十月。

（2）『吾妻鏡』文治元年十月廿四日条の勝長寿院落慶供養に於いて五御馬引役として「足立十郎太郎親成」が所見する。また、建久五年十一月廿一日条の千番小笠懸射手として「足利太郎親成」が所見する。また、建久六年三月十日条の東大寺供養行列交名に於いて、（先陣）次随兵第二列に「足立太郎」と所見する。以上から、建久五年条のは「足立太郎親成」の誤謬である。以上、三件の所見は同一人物で、御家人として堂々たる位置を占めており、遠元の嫡子として処遇されていたと考える。なお、足利義兼息の足利太郎義純は『吾妻鏡』に所見せず。

（3）『吾妻鏡人名索引』では遠親は嘉禎二年（一二三六）七月廿五日条が初見である。しかし、安貞二年（一二二八）七月廿三日条から貞永元年（一二三二）閏九月十日条に所見する「足立三郎」を「三郎左衛門尉」元氏として所収しているが、時期・世代的に遠親とすべきである。そして、正嘉二年三月一日条の将軍宗尊親王二所詣御進発行列交名の先陣随兵に「瀧口左衛門尉」が記載されて、この傍註に「足立木工助跡」とある。これは「足立木工助」遠親であるが、「跡」とあるので、それ以前に死去していたことになる。なお、随兵の「瀧口左衛門尉」は、遠親息の太郎直元か三郎元氏かと考えるのが妥当であろうが、いずれかは不明といわざるをえない。

（4）『吾妻鏡人名索引』では政遠は弘長元年八月十五日条が初見である。しかし、建長五年七月十七日条と同六年六月十六日条に「足立左衛門三郎」と所見するのも政遠とすべきである。

（5）兵庫県丹波市足立九代次氏所蔵「足立系図」（『新編埼玉県史』別編4年表・系図一九九二年埼玉県六八〜七二頁）。

（6）『吾妻鏡』嘉禎二年七月廿五日条により、石清水領讃岐国本山庄地頭職を、石清水社一円領とするため、遠親の地頭職が停止されている。おそらくその替えとして新地が給付されただろうが、それは不明である。なお、本山庄は現香川県三豊市豊中町本山付近である。

(7) 「豊前佐田文書」正応三年十月四日付関東下知状(『鎌倉遺文』第二十三巻一七四六〇号)。なお、佐田庄は現大分県宇佐市安心院佐田付近である。

(8) 『百練抄』嘉禎元年八月八日条、『天台座主記』第七十六世二品尊性親王・嘉禎二年八月七日条(第一書房版一九七三年頁一九四)。

(9) 『勘仲記』弘安十一年十月廿一日条に、「足立馬允、基政、藤原」と所見する。「足立系図」では、政基の子孫が丹波足立氏となる。

(10) 「足立三郎」は延四日所見する。四か所の交名所見では直元か元氏の次に列している。建長六年六月十六日条の着到交名所見では、「足立太郎左衛門尉」直元に次いで「同三郎」、次いで「足立左衛門三郎」政遠と、足立氏は纏まって記載されている。これは着到記載なので一族単位の記載は当然といえる。ここには、直元弟の元氏が見えず、すると「同三郎」はより直元に近い人物と推定しえる。

(11) 海老名尚・福田豊彦氏、「『田中穣氏旧蔵典籍古文書』「六条八幡宮造営注文」について」『国立歴史民俗博物館研究報告』第四十五号一九九二年十二月。

(12) 『吾妻鏡』弘長元年八月十五日条。この他、将軍宗尊親王の上洛路地供奉人の第十六列(全四十四列八十七名)に直元・元氏と共に選ばれている(同弘長三年八月九日条)。

(13) 『吾妻鏡人名索引』では、直元は延二十二日で問題ないが、元氏は宝治二年閏十二月十日・建長四年四月三日・弘長元年一月一日条の三か所の脱落と、父遠親とすべき所見(安貞二年七月廿三日条から貞永元年閏九月十日条の三か所の「足立三郎」）があり、上記の日数となる。

（14）生前は延四十八日であるが、宝治元年十二月廿九日・建長二年三月一日条の「足立左衛門尉跡」を含む。

（15）『吾妻鏡人名索引』では延二日であるが、建長五年七月十七日・同六年六月十六日条の「足立左衛門三郎」も含めるべきである。

（16）拙稿Ⅱ、註（1）前掲論文。

（17）『吾妻鏡』に於ける元春の交名記事は三件である。承久元年七月十九日条の九条三寅の鎌倉入り行列では後陣随兵に列している。これに対して、建保六年六月廿七日条の将軍源実朝左大将拝賀行列では御車後の随兵に続く衛府侍として列しており、承久元年正月廿七日の将軍源実朝任右大臣拝賀の行列では御車後の随兵に続いて、公卿を夾んで「次」に列している。後者の二件は「御後」に相当する「前駈」に位置していないので、以上三件とも元春の位置は随兵ランクといえる。

（18）『吾妻鏡』に於ける遠親の交名記事は二件である。安貞二年七月廿三日条の将軍九条頼経の三浦義村田村山荘渡御行列では御後第四十二位（四十九名）に列している。暦仁元年二月十七日条の将軍九条頼経入洛行列では「御所随兵」百九十二騎中で中段の第四十二番中に位置している。又、交名記事ではないが、安貞二年八月十三日条では、鶴岡八幡宮放生会供奉人として前後随兵に加わるよう決定されている。以上、遠親の位置も随兵ランクといえる。

（19）拙稿Ⅲ、註（1）前掲論文。

（20）「熊谷直之氏所蔵梵網戒本蔬流珠抄裏文書」安達泰盛乱自害注文（『鎌倉遺文』第二十一巻一五七三四号）。

（21）「比志島文書」足利尊氏・同直義所領目録（『新編埼玉県史』資料編5二七〇号一九七五年埼玉県）。ここで泰家とは北条氏最後の得宗高時弟である。すなわち、足立郡地頭職は北条得宗領であった。

(22)『新編埼玉県史』通史編2第一章第四節・第二章第一節等一九八八年埼玉県。
(23)『吾妻鏡』治承四年十月八日条。
(24)『吾妻鏡』文治五年七月十九日条の源頼朝鎌倉進発軍交名中の「高鼻和太郎」。
(25)『建武年間記』(群書類従第二十五輯雑部所収)の延元元年四月日付「武者所結番次第」の四番に「遠宣」と見え、傍註には「足立安芸前司」とある。
(26)「山城松尾社文書」正中二年四月廿四日付六波羅御教書(『鎌倉遺文』第三十七巻二九〇九八号)。
(27)「相模円覚寺文書」円覚寺毎月四日大斎結番次第(『鎌倉遺文』第三十巻二二九七八号)。
(28)「相模円覚寺文書」北条貞時十三年忌供養記(『新編埼玉県史』資料編7・中世3記録1第Ⅰ編鎌倉期30号一九八五年埼玉県)。
(29)『新編埼玉県史』通史編2第一章第四節一九八八年埼玉県頁二二九。なお、「足立三郎左衛門入道」は『山城天龍寺文書』「加賀大野荘藤江村等田数注文」(『鎌倉遺文』第三十七巻二九二〇六号)等に所見する。
(30)「山城天龍寺文書」山城臨川寺所領目録(『鎌倉遺文』第四十一巻三一七七一号)。
(31)近江蓮華寺所蔵「陸波羅南北過去帳」(『新編埼玉県史』資料編7・中世3記録1第Ⅰ編鎌倉期33号)。
(32)『太平記』巻第八・主上自令修金輪法給事付千種殿京合戦事(岩波古典文学大系版『太平記』一頁二七〇)。
(33)足立氏の所見のある記事は次の四か所である。
巻第九・足利殿着御篠村則国人馳参事に於ける高山寺に盾籠もる勢の「足立」(岩波古典文学大系版『太平記』一頁二八八)。

巻第十九・新田義貞落越前府城事に於ける新田義貞軍の「足立新左衛門」(同上二頁二七八)。

巻第二十八・三角入道謀叛事に於ける高師泰軍の「足立五郎左衛門尉、子息又五郎」（同上三頁八七）。巻第三十二・神南合戦事に於ける足利直冬軍の「足立」（同上三頁二三〇）。従って、南朝方としての所見は巻第十九の一回のみである。

（34）「相模黄梅院文書」応永四年七月廿日付足利氏満寄進状（『新編埼玉県史』資料編5六〇五号一九八二年埼玉県）。

（35）『日本歴史地名体系』第十三巻東京都の地名二〇〇二年平凡社頁九一一。なお、石塚村は江戸期の村名としては存在しないが、栗原村（東京都足立区栗原等）内と比定され、現栗原一丁目近辺かと考えられる（同上頁九一六）。

（『政治経済史学』第五百六十八号二〇一四年四月所収）

第五節　鎌倉期に於ける武蔵国足立郡の武士

「特徴的なことは足立郡は武蔵七党の空白地区で、足立氏の勢力下にあったことが知られている」と『新編埼玉県史』に記述されているように[1]、足立郡には足立郡地頭職である足立氏以外にみるべき武士が存在していないようにみられてきた。実際、同書で鎌倉初期の武蔵武士を九十七氏抽出しているが、足立氏を除き、本貫を同郡とするのは奴加田氏の一氏のみである[2]。奴加田氏に関しては後述することにする。では、本当に足立郡には足立氏以外にしかるべき武士は存在しておらず、足立郡は同氏の一円支配的郡であったのであろうか。そこで、鎌倉期に於ける足立郡の武士の存在を追究してみたい。

まず、『新編埼玉県史』の示す奴加田氏を検討する。同書は奴加田氏の本貫を足立郡糠田(鴻巣市糠田)とする。源頼朝第二次上洛での東大寺参詣供奉人交名が記載されている『吾妻鏡』建久六年(一一九五)三月十日条に、後陣「次御随兵」三十一列右に「奴加田太郎」と見えるのが奴加田氏の史料所見である。本交名では武蔵国中小武士の多くは、先陣「次御随兵」第一列左の「江戸太郎」重長から第七列右の「青木丹五」真直までとか後陣「次御随兵」第三十四列左の「猪俣平六」範綱から第三十九列右の「井田次郎」までとかのように、集中して固まって配列されている。これに対して奴加田太郎と同列左は「宗左衛門尉」孝親、中央は「金持二郎」と、両人とも武蔵国武士ではなく、本交名配列から奴加田氏が武蔵武士であるかは決定できない[3]。

『新編武蔵風土記稿』には足立郡忍領糠田村（鴻巣市糠田）の放光寺付近の「殿ノ内出」が安達盛長館址との記述がある。[4]そして、放光寺には南北朝期作の伝安達盛長坐像が伝来している。これらは伝承であるが、一概に無視しえるものではない。というのは、「殿ノ内出」近傍からは鎌倉期の渥美壺が出土しており、[5]鎌倉期に居館があった可能性が窺えること、これに加え、鎌倉幕府頼朝期の有力御家人であり、足立郡を本貫地としていた足立遠元と安達盛長とが甥・叔父関係にあること、[6]からである。さらに、盛長は武蔵国比企郡の有力武士である比企氏の娘婿、すなわち、頼朝乳母比企尼の長女を室にしていた。[7]すなわち、盛長が足立郡内、それも比企郡に近傍である同郡北部に館を構えていたことは蓋然性があるといえる。とすれば、上記の伝承にはうなずけるものがある。すなわち、糠田は盛長の支配地とすべきであり、奴加田（糠田）氏の本貫とするのは不適当といえる。以上により、奴加田氏は足立郡を本貫とする武士とはいえないのである。なお、「奴加田」は「額田」と同訓であるので、「糠田」よりも「額田」からの氏名とすべきではなかろうか。

改めて、足立郡内を本貫とする武士を『吾妻鏡』から抽出してみる。文治五年（一一八九）七月十九日条の源頼朝鎌倉進発交名の百三十四番目（全百四十四名）に「高鼻和太郎」が所見する。この前後の武士は百二十一番目の「平山左衛門尉季重」（武蔵国西党・多摩郡）から百三十六番目の「阿保次郎実光」（武蔵国丹党・児玉郡）まで武蔵国を確実に本貫とする中小武士が配列されており、高鼻和太郎も武蔵武士と見るのが至当である。ここで、吉川本では「高畠和太郎」となっている。すると、建久元年（一一九〇）十一月七日条の源頼朝第一次上洛での入洛行列交名で後陣随兵の第三十六番に配列されている「高幡太郎」も同一人物と考えてよい。以上、頼朝期の武蔵国御家人として高鼻氏が所見するのである。では高鼻氏の本貫は何処であろうか。それは武蔵国足立郡高鼻郷（埼玉県さいたま市大宮区高鼻町周辺）とするのが至当である。そして、建長二年（一二五〇）三月一日条の閑院内裏造営雑掌目録で裏築地「油小路面」中の二本を担当した「廳鼻和左衛門跡」が所見する。吉川本では「高鼻和左衛門跡」とある。さらに、播磨国下揖保庄地頭職が「高鼻和左衛門尉有景」で、「元仁元年（一二二四）十二月廿五日宛賜有景関東御下文」とあり、その後に有景女の越後局に譲与されて、幕府は「寛元元年（一二四三）七月廿二日越後局安堵御下文」としている。[8] 以上から年代的に有景が文治の高鼻和太郎かその子で、建長の高鼻和左衛門に相当するといえる。すなわち、頼朝期から足立郡高鼻郷を本貫とする御家人高鼻氏がおり、有景の代におそらく承久新恩で播磨国に地頭職を得たことになる。[9] しかし、高鼻氏は出自を示す史料所見がなく、その出自は不明である。ただ、武蔵国一の宮の氷川神社（埼玉県さいたま市大宮区高鼻町一‐四〇七）が当郷内に鎮座していることは、同氏が氷川神社と何らかの関係を有していたと思え、それなりの所領を有した武士であることを窺わせる。ただ、「建治（一二七五）六条若宮造営注文」[10]には記載されていないので、鎌倉中期においては同氏が鎌倉御家人として存続していたかは確定しかねるのである。

寛元元年（一二四三）二月十二日条の臨時評定記事により、「武蔵国足立郡内鳩谷地頭職」相論で鳩谷兵衛尉重元の再審議要求を受けて、再審議となった。鳩谷重元の名乗りおよび訴訟が鳩谷郷地頭職に関するものであるので、重元の本貫が足立郡鳩谷郷（埼玉県川口市本町等）であることは疑えない。次いで、康元元年（一二五六）六月二日条の奥大道警固令の「路次地頭」の一員として、「鳩井兵衛尉跡」と見える。「鳩谷」と「鳩井」は混交されて史料に所見するので、[11]「鳩井兵衛尉跡」とは時期的に見て、鳩谷重元跡を指すと見てよかろう。また、「建治六条若宮造営注文」の武蔵国中に「嶋谷八郎跡　八貫」とあるのは「嶋谷」が「鳩谷」の誤謬と考えてよく、「鳩谷八郎跡」となる。八郎と兵衛尉重元との系譜関係は不明であるが、鳩谷氏が武蔵国御家人であることが確認される。すなわち、鎌倉中期に足立郡の御家人鳩谷氏が存在していたのである。ただ、北条氏が鳩谷郷に何らかの所領を保持していたと考えることが出来るので、[12] 本郷に北条氏が進出していたことになる。

寛元三年(一二四五)八月十六日条の鶴岡馬場儀の十列三番に「石戸左衛門尉」が、翌年八月十五日条の鶴岡放生会将軍御出交名の「御後五位六位」二十五列目(全二十八列)に「石戸左衛門尉」が所見する。さらに「建治六条若宮造営注文」の武蔵国中に「石戸入道跡」と所見する。室町期に「武蔵足立郡石戸郷」[13]と見える石戸郷(埼玉県桶川市石戸宿)が石戸氏の本貫地と考えてよい。ただ、系譜類に石戸氏の記載はなく、石戸左衛門尉の諱は不明である。

上記の康元元年(一二五六)六月二日条には「矢古宇右衛門次郎」も所見する。「矢古宇」は足立郡矢古宇郷(埼玉県川口市峯等)を指すといえ、矢古宇氏の本貫は足立郡矢古宇郷といえる。[14]但し、承久の乱勝利により、矢古宇郷司職を幕府は鶴岡八幡宮に寄進している。[15]この寄進は足立郡が公領としての関東御領[16]である権能に基づくものといえ、承久の乱後、矢古宇氏の上に郷司職鶴岡八幡宮が位置することになろう。

文永二年(一二六五)正月二日条の元三垸飯記事の五御馬に戸田兵衛尉重平が所見する。戸田氏に関しては、他の史料所見は見られないし、戸田地名に関する中世の史料所見もないが、近世の足立郡戸田村(埼玉県戸田市上戸田町等)が戸田氏の本貫地とするのが妥当と考える。

『吾妻鏡』以外では『古活字本承久記』に北条時房以下の東海道軍の歴名に、「足立三郎」に次いで、「佐々目太郎」が所見する。[17]これは前後の所見武士からして、武蔵武士である。佐々目氏は、本史料にのみ所見するが、足立郡佐々目郷(埼玉県戸田市笹目等)を本貫地とするのが至当である。

以上が『吾妻鏡』以下の史料で確認できる武士御家人である。すなわち、髙鼻氏・鳩谷氏・石戸氏・矢古宇氏・戸田氏・佐々目氏の六氏で、郷村級武士といえる。石戸氏が足立郡北部に位置するのを別として、他の五氏は南部に位置している。足立郡の有力御家人である足立氏は、遠元の居館地として桶川市末広二丁目が伝承されており、[18]また叔父の安達盛長の居館地として鴻巣市糠田が伝承されており、この地にある放光寺には南北朝期造作の伝盛長坐像が伝来することから、本来的な本拠は郡北部にあったと考えることが出来る。それで、南部に他氏が盤踞していたことになろう。そして、遠元が治承・寿永の内乱で足立郡郡司職（地頭職）を獲得することで、その子が淵江等と号するように[19]、南部へ進出するようになったといえよう。

註

（1）『新編埼玉県史』通史編2・第一章鎌倉幕府と武蔵第一節鎌倉幕府の成立一九八八年埼玉県頁九三。

（2）同書、「1-24初期武蔵武士一覧」頁八八～九〇。

（3）宗孝親は、後に安芸国守護（佐藤進一氏、『増訂鎌倉幕府守護制度の研究』一九七一年東京大学出版会）となる。しかるに、近い血縁関係にあると見られる宗孝尚が『吾妻鏡』初見の元暦元年（一一八四）四月三日条以来、文吏僚としての活動であり、孝親も本来的には文士といえる。そして、本交名のみに所見する金持二郎であるが、金持氏は伯耆国日野郡金持（鳥取県日野町金持）を本貫とする西国武士とされている（太田亮氏、『姓氏家系辞典』第一巻一九六三年角川書店頁一五九九）。前後の列には武蔵武士がいるが、他国武士や文士が含まれて、本交名配列からは奴加田氏が武蔵武士であるかは決めることはできない。

（4）『新編武蔵風土記稿』巻之百五十・足立郡之十六忍領糠田村（『大日本地誌大系』13一九九六年雄山閣頁四二）。

（5）宮瀧交二氏、「鴻巣市糠田出土の渥美壺」『埼玉県立博物館紀要』第二十一号一九九六年三月。

（6）拙稿Ⅰ、「武蔵武士足立遠元の系譜再論」『政治経済史学』第五百六十二号二〇一三年十月。

（7）拙稿Ⅱ、「鎌倉幕府成立期に於ける武蔵国々衙支配を巡る公文所寄人足立右馬允遠元の史的意義」『政治経済史学』第百五十六、百五十七号一九七九年五月、六月。

(8)「旧越前島津家文書」弘安六年八月日付沙弥行照解(『鎌倉遺文』第二十巻一四九三五号)。
(9)拙稿Ⅲ、『浦和市史』通史編Ⅰ第三編第二章第二節執権北条氏の登場と武蔵武士一九八七年浦和市頁三八二～四。
(10)海老名尚・福田豊彦氏、「『六条若宮造営注文』について」『国立歴史民俗博物館研究報告』第四十五号一九九二年十二月。
(11)『角川日本地名大辞典』11・埼玉県一九八〇年角川書店頁六九〇参照。
(12)「相模国光明寺文書」文永九年正月十六日付良忠譲状(『鎌倉遺文』第十四巻一〇九五四号)に「免田武州在鳩井」を「奉為故武州前判史」「御寄進」とあり、北条氏が本郷に所領を有していたことになる。
(13)「米良文書」旦那引付注文写(『新編埼玉県史』資料編6一九八〇年埼玉県付七七)。
(14)『尊卑分脉』第二篇頁三八八に、国平の傍注に「近藤七」のほか、「矢古宇」とあり、国平が矢古宇と号したことになり、矢古宇氏と考えることが出来る。しかるに、この国平は『吾妻鏡』に「近藤七国平」と所見する時期的に一致(国平の又従兄弟が大友能直である)して、同一人物と見てよい。国平は石橋山合戦に参軍し(『吾妻鏡』治承四年八月廿日条)、文治元年、畿内等巡検使節として派遣されて、頼朝に褒められている(同文治元年六月十六日条)。これらの事績から、国平が矢古宇郷に関して何らかの所職を得て、これにより矢古宇と号したとするのは可能かと考えられる。しかし、「建長造閑院殿雑掌事」(同建長二年三月一日条)および「建治六条若宮造営注文」に「近藤七跡」と所見していることは、国平とその子孫は近藤氏を名乗っていたことになる。すなわち、『吾妻鏡』に所見する矢古宇氏と国平とは無関係といえる。
(15)『吾妻鏡』承久三年八月七日条。「相模鶴岡八幡宮文書」承久三年八月二日付関東下知状(『鎌倉遺文』第五巻二七九三号)。
(16)「新編追加」二七七(佐藤進一・池内義資氏、『中世法制史料集』一九五五年岩波書店頁三七〇)。

（17）『保元物語　平治物語　承久記』（『新古典文学大系』43一九九二年岩波書店）頁三八二。
（18）『桶川市史』第一巻・通史編一九九〇年桶川市頁一七一。
（19）拙稿I、註（6）前掲論文。

（『政治経済史学』第五百八十二号二〇一五年六月所収）

第六節　二俣川合戦に見たる安達氏主従
―飽間・加治・玉村・鶴見・野田氏―

序言

伊豆流人時代の源頼朝に近侍した藤九郎盛長を初祖とした安達氏は、鎌倉幕府の成立と共に鎌倉殿側近に位置し、北条氏執権体制下には景盛・義景とその外戚ともなり、権力中枢に座を占め、得宗専制への過程の中でも、外様の代表格として泰盛が寄合となっていたが、内管領平頼綱との抗争により、泰盛以下の嫡宗が滅亡した。霜月騒動（一二八五年）であり、武蔵・上野両国等の御家人が多く没落した。安達氏は武蔵国足立郡糠田（埼玉県鴻巣市糠田）に館があったと伝え、同郡を領掌し公文所寄人ともなった有力御家人の足立遠元の叔父が初祖盛長で、武蔵武士足立氏の庶流である。(1) 幕府成立以前では、下野国小山氏の如く、郷村級在地領主等を家人に繰込んでいた豪族的在地領主とは、安達氏はいえなかった。かかる安達氏は、霜月騒動に至るまでに、豪族的御家人として発展を遂げたことになる。

当然ながら、執権北条氏が他の御家人等を繰込んで家人として己が武士団を拡大させたと同様に、安達氏もその過程で家人形成をなしたといえよう。そこで、武蔵有力御家人の畠山重忠が滅亡した二俣川合戦（一二〇五年）に関する、『吾妻鏡』の記事を素材として、安達氏の家人を見てみたい。

一、武蔵国の家人

安達氏家人の存在を示す、『吾妻鏡』元久二年(一二〇五)六月廿二日条の関係部分を提示すると、

安達藤九郎右衛門尉景盛引率野田与一、加治次郎、飽間太郎、鶴見平次、玉村太郎、与藤次等畢、主従七騎進先登、取弓挟鏑、重忠見之、此金吾者、弓馬放遊旧友也、抜万人赴一陣、何不惑之哉、重秀対于彼、可軽命之由可下知、仍挑戦及数反、加治次郎家季以下多以為重忠被誅、

となる。二俣川合戦の戦闘開始の場面である。衆知のとおり、この合戦で秩父氏嫡系の畠山重忠・重秀父子は、幕府の追討軍の前に、戦死して、その本宗は滅亡した。本合戦で、安達氏主従七騎は、幕府軍の先陣として重忠父子へ攻撃し、加治家季以下を失った。ここに、安達氏家人として、野田与一・加治次郎家季・飽間太郎・鶴見平次・玉村太郎・与藤次の六人を見出せる。

加治次郎家季は、武蔵国高麗郡加治郷(埼玉県飯能市下加治から入間市野田への一帯)を名字の地とした丹党加治氏の祖で、『武蔵七党系図』丹(系図総覧下所収)にも、「元久二六廿二、為畠山被討於二俣河」と注記されている人物である。将軍頼朝の第二次上洛(一一九五年)に於て、兄の高麗太郎実家と共に彼は、将軍の東大寺参詣行列で、先陣随兵の第5列に轡を並べて供奉している(2)。四代将軍頼経の暦仁上洛(一二三八年)に於ても、将軍入洛行列の将軍随兵として、家季子の加治(中山)丹内左衛門尉助季等が供奉している(3)。従って、鎌倉中期に至るも、加治氏は将軍と主従関係を有した御家人である。しかるに、後期には得宗被官となり、幕府滅亡の時、家季五世孫の家貞が得宗の高時に殉じており、加治氏が得宗被官となったのは、安達氏本宗の崩壊した霜月騒動の結果であったと考えられている(4)。以上により、本

源的には加治郷の根本領主として、郷村級在地領主である加治氏は、幕府成立により御家人となり、安達氏二代の景盛の時までに、何らかの事情でその家人となったが、その後も御家人としての地位を保ち、両属関係を続け、一方の主家たる安達氏の没落により、残った一族が北条氏の支配化に入って得宗被官となり、幕府滅亡まで存続して来たことになる。なお、加治郷は秩父道の入間川渡河点を扼す要点でもある。(5)

武蔵国橘樹郡鶴見郷（神奈川県横浜市鶴見区鶴見中央一帯）は、景盛子の義景の時、安達氏の所領であることが確認される。(6)従って、鶴見平次は当郷を名字の地としていたことになる。鶴見氏は、『吾妻鏡』には上文以外に所見せず、他史料にも管見しないので、以後の動向は不明である。遠江国佐野郡河村庄（静岡県菊川町）の本主の河村高政が北条時政に寄進して、(7)同庄が北条氏所領となったと同様に、鶴見氏も名字の地を何らかの理由で安達氏に寄進したといえ、以後、その家人となったと推定される。よって、御家人身分を保った加治氏とは異なり、鶴見氏は御家人ではなくなり、安達氏家人として位置したことになる。当郷の地は、鎌倉幕府滅亡の時、鎌倉街道下つ道より鎌倉へと進攻する千葉貞胤と迎撃する金沢貞将が衝突する等、(8)南北朝期には再三にわたって合戦場となっており、鶴見川渡河点を制圧しうる鎌倉街道下つ道上の要地であった。

二、上野国の家人

盛長は幕府成立当初より上野国奉行人となり、景盛の代には同国守護職となっていた。(9)同国那波郡には田百二十五町を有した伊勢大神宮領玉村御厨（群馬県玉村町）がある。(10)当御厨北玉村郷は、霜月騒動直後に、北条氏より円覚寺御墓堂（故北条時宗）に寄進された如く、(11)当御厨は騒動の没官地たりえる。よって、山本隆志氏が立証されたよう、泰盛側近に玉村泰清が見出せ、当御厨内と考えられる地に安達氏屋敷跡の伝承が残されており、当御厨を名字の地とした玉村氏は安達氏重代家人となっていく。(12) 利根川と烏川との合流点から、西に井野川に挟まれた一帯を領域とされる当御厨は、山本氏の指摘されるよう、鎌倉より上野国々府（同県前橋市）へと通じる鎌倉街道上つ道が、安達氏屋敷跡伝承地（同県高崎氏八幡原町）付近を通過していたと考えられており、安達氏と上野国を連接させる要地たりえた。かくて、安達氏累代家人となった玉村氏は、御家人というよりも、側近として、霜月騒動で主家安達氏と運命を共にしたといえる。

上野国碓氷郡飽間郷（同県安中市秋間）が飽間太郎の名字の地と考えてよい。霜月騒動の満一年後、「集古文書」所収伊豆走湯山東明寺文書弘安九年十一月廿九日付将軍惟康親王家寄進状（『鎌倉遺文』一六〇四七号）が発給された。本寄進状は将軍惟康親王が相模国足下郡千葉郷内（神奈川県小田原市）を伊豆山権現に寄進したもので、同日付で武蔵国橘樹郡鹿嶋田郷（同県川崎市幸区）を鶴岡八幡宮に寄進した同一趣旨の寄進状もある。(13) 両状共に、執権北条貞時・連署北条業時が署判した奉書様式にも拘わらず、「征夷大将軍家、寄進」と冒頭に記している等、関東御教書とも異なる、極めて異例な文書であり、疑文書の疑いも強くある。(14) 本寄進状には、「相模国千葉郷内飽間二郎左衛門尉□」とあり、虫喰部分には、「跡」の字があったと推定され、千葉郷内の飽間二郎左衛門尉跡が伊豆山権現に寄進されたことになる。たとえ疑文書としても、その作成者等には、当郷内に飽間氏の所領があり、これが何らかの理由で没収されたことを、認識していたことになる。従って、飽間氏が安達氏家人であったことからして、玉村氏と同様に霜月騒動に連坐して当郷を失ったと考えられよう。又、当郷内飽間跡とあることから、この時期にも、飽間氏は御家人でもあったことになり、加治氏と同様な両属関係にあったことになる。幕府滅亡の時、衆知の如く、飽間氏は新田義貞軍の鎌倉攻撃の途上、久米原合戦で戦死し、徳蔵寺（東京と東村山市）所蔵の元弘板碑にその名を刻んでいる。旧安達氏家人として、加治氏と正反対の立場を取ったことになる。

元久年間（一二〇四～五）には、景盛が上野国碓氷郡「板鼻別宮」の預所であることが確認され、これは南北朝期に八幡庄（群馬県高崎市八幡町付近）と見えるのと同じと考えられる。[15]『曾我物語』巻第五に「板鼻の宿」と見える、東山道の宿駅たる板鼻宿（同県安中市板鼻）が、板鼻別宮、すなわち八幡庄の内に含まれていたかは問題となるが、いずれにせよ隣接している。安達氏は碓氷峠より国府へ通じる東山道を扼す地点を所領にしていた。しかも、飽間郷は板鼻宿の西二キロ余りで九十九河に合流する秋間川の流域一帯であり、板鼻宿、ひいては八幡庄の後背地たりえる。かくて、飽間氏は上野国内の安達氏所領に密接した関係にあったといえる。

三、家人野田氏

加治・鶴見氏は安達氏の本貫地たる武蔵国、玉村・飽間氏は守護職である上野国を名字の地としていた。従って、野田与一も同様と考えられる。野田の地名は、上野国には見出せないのに反して、武蔵国には多く存在している。近世の村名として、入間郡（埼玉県川越市野田町）、高麗郡（同県入間市野田）、比企郡（同県東松山市野田）、埼玉郡（同県白岡町上・下野田）、足立郡（同県浦和市上・中・下野田）の五ヶ所がある。

入間郡の地は近世初頭の開拓と考えられ、[16]比企郡は戦国期の草分と伝えているので、[17]除外される。高麗郡の野田は、加治氏の本貫たる加治郷に含まれ、加治氏関係の幾多の板碑を有する不動山円照寺が現存している。渡辺世祐・八代国治氏『武蔵武士』（一九一三年）では、丹党井戸八郎政成の息男野田三郎成光をこの地出身とする。しかし、政成の祖父白鳥行房は、加治家季の祖父秩父基房の弟で、その一流はいずれも秩父郡に名字の地があり、『武蔵七党系図』丹には成光に「野田」との注記はなく、基房の子孫が高麗郡に分布しているので、両氏の記述には疑問が残る。しかも、加治氏の菩提寺たりうる円照寺の北に接して小字名「馬場」があり、これ等一帯は「元加治」ともいい、加治郷の本源地であることを示している。さすれば、加治氏の本拠があったのも、延照寺を含む旧野田村の地といえるし、家季の兄弟・子孫に野田と称する人物も系譜類に見出せないので、これも除外すべきである。

埼玉郡の地は、鎌倉街道奥州道上に位置して、(18)『武州文書』埼玉郡大口村武助所蔵の所謂「市場之祭文」に「太田庄野田市」と初見する。足立郡のは、『大谷本願寺通紀』（『真宗史料集成』所収）に、西念が「於武州足立郡野田営寺（中略）明年〈筆者注一二八九〉三月十五日（中略）念仏而化」と、見えている。「市場之祭文」には「本書者、延文六年辛丑〈筆者注一二八九〉九月九日」等とあり、南北朝期には成立していた如く見えるが、実際には戦国期以降のものであると考えられている。(19)従って、埼玉郡のは鎌倉期の地名として確認しえないが、足立郡のは確認しえる。又、足立郡の中野田村に小字名「堀の内」があり、中世武士の館が存在していたことを示唆されるのに、埼玉郡にはかかる字名を見出せない。故に、野田与一の名字の地は、埼玉郡ではなく、足立郡であったと考えられる。

以上により、野田氏の名字の地は、足立・安達氏の本貫地たる足立郡内ということになるが、安達氏の嫡宗たる足立氏の館跡と伝える埼玉県桶川市末広二丁目・大宮市植田谷本等と比較して、(20)安達氏の館跡と伝える鴻巣市糠田の方がより遠く北にある。このことは、野田氏は本来的には足立氏の家人たるべきであったことを示唆される。従って、庶流の安達氏との力関係が、頼朝挙兵時と比して、逆転していたことを示していよう。実際に、頼朝の第二次上洛の東大寺参詣行列の「狩装束」供奉人に於て、足立遠元は第五列、安達盛長は第六列となっていたが、(21)三代将軍実朝の建仁三（一二〇三）年十二月の永福寺参詣供奉では、安達景盛が足立遠元に上位しており、(22)幕府内の序列が逆転したのだ。しからば、二俣川合戦時までに、足立一郡に勢威を有して、秩父氏系に並ぶべき武蔵国の豪族的御家人であった足立氏を、庶流の安達氏が追越すほどの勢力を有していたことになる。まさに、家人の加治・鶴見・玉村・飽間・野田各氏の分布が、それを示していよう。[23]

さて、野田氏も霜月騒動で滅亡したのであろうか。神宮文庫所蔵「類聚神祇本源神鏡篇紙背文書」正慶元年（一三三二）十一月廿四日付安達高景奉書案に、「武蔵国大河土御厨野田四郎丸雑掌冬俊申乃貢事、重訴状如此、野田太郎四郎背両度召符」とあり、大河土御厨に所領のある野田太郎四郎の年貢未進に関する召還拒否に対して、上使河越三郎太郎に召還執行を命じている。[24]野田氏の名字の地たる足立郡野田は、西に芝川、東に綾瀬川が流れ、埼玉郡須久毛郷（埼玉県岩槻市笹久保辺）と境を接している。埼玉郡には伊勢大神宮大河土御厨がある。埼玉・足立両郡にわたった当御厨の領域は確定するものがないが、同県越谷市神明町一帯を中核として、古利根川・元荒川と綾瀬川に挟まれた八潮市から越谷市にかけての郡南部地域を占めていたと考えられ、田八百町を有する大庄であった。[25]野田太郎三郎の所領が当御厨内の何処かは不明であるが、いずれにせよ名字に地に近接した処に所領を有していたことになる。この年貢未進により幕府より召還されたのであるから、彼は御家人たりうる。従って、野田氏は霜月騒動で族滅したわけでなく、その一族が御家人としても存続していたことになる。加治氏等と同様に、幕府と安達氏とに両属関係にあったといえる。

終言

『吾妻鏡』の示した安達氏家人は、玉村・飽間両氏が上野国、加治・鶴見・野田各氏が武蔵国の郷村級在地領主であり、飽間・加治・野田各氏が御家人身分を有して両属関係にあったと確認出来、玉村氏も同様ではないかとも考えられ、鶴見氏のみが名字の地を安達氏所領とさせて、その家人化を果たし、御家人身分を失ったといえる。いずれも、上野国守護職として、武蔵国の有力御家人としての安達氏にとって、両国の要地に位置しており、国内支配に欠かせない存在といえよう。以上の五氏は、安達氏累代の主従関係にあったわけではなく、盛長・景盛の二代で形成されたもので、とりわけ鶴見氏を除く諸氏はより自立度の高い所謂家礼型の家人といえる。そして、残る与藤次は、名字も持たず、彼等より一段と身分も低く、従属性の高い郎従級の家人で、彼こそ安達氏(足立氏)累代の者であったろう。こうして、二俣川合戦時には、本源的な郎従団の上に、武蔵・上野両国の中小在地領主層を家人化し、安達氏は重層的な大武士団を形成しえたことになる。

最後に、丹党の加治氏が家人化したことを考えてみよう。留守所総検校職として武蔵国在庁官人の最右翼に位置した畠山重忠は(26)、丹党の本田近常・榛澤成清を家人としており(27)、将軍頼朝の時に丹・児玉両党間の騒動の鎮撫を命ぜられている如く(28)、従前から丹党等に対する支配力を保持していたと考えられる。幕府成立当初では、頼朝乳母比企尼を要石とした比企ファミリーの面々、すなわち国守平賀義信、在庁畠山氏、及び比企・安達(足立)氏が武蔵国支配を構成していた(29)。しかし、比企尼・頼朝も死去し、二代将軍頼家の時、比企氏が壊滅し、ファミリーも解体した。そこで、丹党の加治氏が安達氏の家人化したことは、丹党内部に畠山氏の支配より離脱せんとする力が働いていたことになり、畠山氏の支配力弱化に繋がる。箱根山に西より当国の支配を目指す北条氏とは別に、旧ファミリー内部に於ても、国内支配を巡って内部矛盾があり、新興の安達氏と伝統の畠山氏も結局のところ、対決せざるをえなかったといえる。これが二俣川合戦への内部要因たりえたろう。かくて、安達氏は北条氏と手を結び、本合戦に勝利した後、北条氏と共に、武蔵国内により強固な支配を貫徹してゆくことになり、一段と飛躍することになろう。

註

(1) 拙稿、「鎌倉幕府成立期に於ける武蔵国国衙支配をめぐる公文所寄人足立右馬允遠元の史的意義」『政治経済史学』第百五十六、七号一九七九年五、六月。
(2) 『吾妻鏡』建久六年三月十日条。
(3) 同書暦仁元年二月十七日条。
(4) 石井進氏、『中世武士団』(『日本の歴史』第十二巻一九七四年中央公論社)。
(5) 埼玉県教育委員会、『埼玉県歴史の道調査報告書・県内鎌倉街道伝承地所在確認調査報告書』一九八二年三月埼玉県参照。
(6) 『吾妻鏡』仁治二年(一二四一)十月廿二日条。なお、「中野忠太郎旧蔵文書」寿永二年(一一八三)二月廿七日付源頼朝寄進状(『平安遺文』第八巻四〇七三号)では、鶴見郷＝大山郷は頼朝より鶴岡八幡宮に寄進されている。しかし、黒川高明氏、「源頼朝文書について」『神奈川県史研究』第七号一九七〇年三月では、本状を疑問の多い文書とされ、頼朝の真正文書と認めていない。当郷が鶴岡八幡宮領として初見するのは、「鶴岡八幡宮文書」延文三年(一三五八)八月十四日付鶴岡八幡宮放生会用途送進状(『神奈川県史』資料編3(1)・四三四五号)である。従って、当郷は頼朝の時に鶴岡八幡宮に寄進されたのではなく、鎌倉後期に至るまで安達氏所領として存在したといえ、おそらく、霜月騒動か鎌倉幕府滅亡を機会に寄進されたと推測させえる。
(7) 『吾妻鏡』建久二年十一月廿三日条。
(8) 『梅松論』上(『群書類従』第二十輯合戦部所収)。
(9) 佐藤進一氏、『増訂鎌倉幕府守護制度の研究』一九七一年東京大学出版会頁八九。

(10)『神鳳抄』(『群書類従』第一輯神祇部所収)。

(11)「円覚寺文書」弘安九年(一二八六)正月廿三日付北条家公文所奉行人奉書(『鎌倉遺文』第二十巻一五七八八号)。

(12)山本隆志氏、「安達氏の上野国経営」『群馬県史研究』第十六号一九八二年八月。

(13)「鶴岡八幡宮文書」弘安九年十一月廿九日付将軍惟康親王家寄進状(『鎌倉遺文』第二十巻一六〇四六号)。

(14)『鎌倉遺文』第二十一巻に両寄進状が収載されているが、いずれも「本文書検討の要あり」と注記されている。

(15)「椿葉集」仏事神事秋所収正月卅日付関東御教書に「上野国板鼻別宮預所左衛門尉景盛」と見える。本御教書は、同書所収の同日付北条時政書状と対になるもので、時政書状は「遠江守」署判している故に、彼が守になった正治二年(一二〇〇)四月一日(『吾妻鏡』同九日条)より、牧氏の変で失脚した元久二年(一二〇五)閏七月までの間となる。しかも、二代将軍頼家の時は、『醍醐寺文書』正治二年閏二月廿九日付関東御教書案(『鎌倉遺文』第二巻一一二一号)に、「依鎌倉中将殿御消息」とある如く、書止に頼家の官名が入っていたが、本御教書では「依鎌倉殿仰」と、三代将軍実朝の時の書止であり、彼の就任は建仁三年(一二〇三)九月故に、本御教書の発給は元久元・二年(一二〇四・五)となる。なお、本御教書の署判は「前右京進中原」仲業であり、執権北条時政でなく、不自然に見えるが、彼は政所別当も勤め(『花押かがみ』二　一九八一年吉川弘文館頁一二〇参照)、『阿蘇文書』承元四年(一二一〇)三月十七日付関東御教書(『鎌倉遺文』第三巻一八三〇号)等に署判しており、問題はない。次に、『上杉家文書』建武四年(一三三六)十一月二日付足利家執事高師直奉書に「八幡庄」と見えるのは、群馬県高崎市八幡町の大聖寺八幡宮の一帯を示し、当地は安中市板鼻と西に境を接し碓氷川北岸にある。さて、本御教書は「上総国市原別宮」預所へ石清水八幡宮の安居頭役勤仕を命じたもので、「尊経閣文庫所蔵文書」十二月十三日付長崎高資書状(『神奈川県史』資料編2・三〇九八号)に「上総国市原庄八幡宮」とあるのが、市原別宮のことといえる故に、板鼻別宮も八幡庄と同一と考えられる。

（16）『角川日本地名大辞典』11埼玉県一九八〇年角川書店参照。
（17）長谷部喜夫氏、『野田の昔むかし』一九七九年東村山市。
（18）埼玉県教育委員会、註（5）前掲書。
（19）豊田武氏、『増訂中世日本商業史の研究』一九五二年岩波書店。
（20）『大宮市史』第二巻一九七一年大宮市。
（21）『吾妻鏡』建久六年三月十日条。
（22）同書建仁三年十二月十四日条。
（23）拙稿、註（1）前掲論文。
（24）『新編埼玉県史』資料編5・二五八号（一九八二年）では、本状を署判の「秋田城介」より、安達時顕奉書案とされている。霜月騒動で嫡宗の大伯父泰盛や父宗顕等が敗北したが（『尊卑分脈』第二篇頁二八七）、時顕は襁褓のためようやく生残り（「金沢文庫文書」安達時顕卅三年忌表白文『神奈川県史』資料編2・二〇一〇号）、再興された安達氏の嫡宗として、元亨三年（一三二三）の北条貞時十三回忌供養には、「秋田城介時顕朝臣」と出席し（「円覚寺文書」北条貞時十三回忌供養記・同上二三六四号）、泰盛に続き寄合にもなっており（佐藤進一氏、「鎌倉幕府政治の専制化について」『日本封建制成立の研究』一九五五年吉川弘文館所収）、幕府中枢に位置していた。『北条九代記』（『続群書類従』二十九輯上雑部所収）では、引付頭五番に正和二年（一三一三）条「時顕」と初見し、元亨二年（一三二二）条まで同様に変化ないが、以後、四ヶ年は引付頭の記載はなく、嘉暦元年（一三二六）条の五月十三日付で再見した時、五番は「延明」となっており、「秋田城介入道延明」と、幕府滅亡の時、北条高時と共に自害した歴名の中に見れる（『太平記』巻第十一〈日本古典文学大系34頁三六〇〉）ので、同年三月十三日条に高時出家記事がある故に、時顕もこれに従って出家して延明と号したといえる。

一方、時顕の息高景は、『北条九代記』に引付頭五番として、元弘元年（一三三一）条で初見し、同年九月条に「秋田城介高景」とある。従って、本状の発給年時たる正慶元年（一三三二）での「秋田城介」とは時顕ではなく、息男の高景である。なお、本状の書止等の様式は関東御教書と同型であり、執権・連署以外にかかる奉書が他にも散見しうる故に、彼が幕府内での如何なる権能で発給しえたかが問題となろうが、上述の如く彼が引付頭であったことを指摘しておくのみで、止めておく。

(25)　大河土御厨は足立・埼玉両郡にわたり、田八百余町を有していた（『吾妻鏡』元暦元年正月三日条、建久三年十二月廿八日条）。しかし、『新編武蔵風土記稿』にも、大田庄等に入る村々にはその注記があるのに比して、当御厨との注記があるのは、後述する八条村（埼玉県八潮市八条）のみである。他に四囲を示す史料もなく、領域を確定しえない。『吾妻鏡』建保元年五月十七日条に、「大河戸御厨内八条郷」とあるのが、当御厨の地名を示す唯一の史料といえ、当郷は八条村にその名を止めており、その拡大した姿が近世の八条領と称した村々となり、古利根川と綾瀬川に挟まれた八潮市から草加市東部一帯の地域であると考えてよい。さて、武蔵国都筑郡榛谷御厨（神奈川県横浜市保土ヶ谷区）に於て、御厨神明神社（同区神戸町）が伊勢大神宮より勧請されて後に御厨の鎮守とされたと伝えている（吉田東伍氏『増補大日本地名辞書』第六巻一九七〇年冨山房頁一六四参照）如く、大寺社領の場合にはその鎮守神が勧請される例が多く見出せ、伊勢大神宮領では神明社が勧請されて御厨の鎮守となる。だが、『新編武蔵風土記稿』を見るに、八条村及びその周辺には村鎮守としての神明社はなく、この勢力は弱く、大河土御厨の中心地とは考え難い。しかるに、越ヶ谷領神明下村には村鎮守の「太神宮」（埼玉県越谷市神明二丁目の神明大神）があり、この一帯の古社で、その名称からしてもこれが当御厨に勧請されて鎮守となった神明社と考えてよい。従って、八潮市より元荒川沿に北上して奥州道に合流する越谷道（埼玉県教育委員会、註（5）前掲書）の途上に位置して、元荒川南岸の神明下村一帯が当御厨の中心地であったと考えうる。従って、当御厨の領域は綾瀬川（垳溜井川）と古利根川（中川）の合流点を南限として、両川の間にある八潮市、草加市東部、越谷市西部、埼玉郡南武地域の広大な沖積低地を占めていたと思えるが、綾瀬川以西の足立郡での領域は不詳であり、両川合流点南部の東京都足立区神明町一帯がそれに含まれるとも考えうる。

（26）拙稿、註（1）前掲論文（下）。
（27）『吾妻鏡』元久二年六月廿二日条。
（28）『吾妻鏡』建久四年二月九日条。
（29）拙稿、註（1）前掲論文。

（『武蔵野』第三百九号一九八六年五月所載）

著者紹介

金澤 正大（かなざわ　まさひろ）

1945年生
1975年國學院大學大学院文学研究科修士課程修了
1985年～2013年西安交通大学・湖北大学・西南交通大学外籍教師
主要論考
「仁治三年順徳院崩御と六月関東政変」1973年
「関東天文・陰陽道成立に関する一考察」1974年
「十三世紀初頭に於ける武蔵国国衙支配」1985年
「関白九條兼実の公卿減員政策」1985年

鎌倉幕府成立期の東国武士団

2018年（平成30年）9月　第1刷　300部発行　　**定価［本体9400円＋税］**
著　者　金澤 正大

発行所　有限会社岩田書院　代表：岩田　博　　http://www.iwata-shoin.co.jp
〒157-0062 東京都世田谷区南烏山4-25-6-103　電話03-3326-3757　FAX03-3326-6788
組版・印刷・製本：藤原印刷　　Printed in Japan

ISBN978-4-86602-047-1 C3021　¥9400E